アルク
www.alc.co.jp

CD 2枚付

耳から覚える　日本語能力試験

語彙トレーニング N1

本書で勉強する方へ

日本語を勉強するとき、土台となるのは言葉と漢字と文法です。

言葉は世界を広げます。聞く、話す、読む、書く、どの分野でも、知っている言葉の数が多ければ多いほど、それが力となります。

では、言葉を知るというのはどういうことでしょうか。聞いたり読んだりしたときに意味がわかるというのはもちろんですが、それだけでは十分でないと考えます。その言葉を使って話したり書いたりできて初めて、その言葉が本当に身についたと言えるでしょう。

「この名詞は『する』をつけて使えるのか？」「一緒に使う助詞は？」「他のどんな言葉と一緒に使えるのか？」「意味の範囲は？　『窓ガラスが破れる』と言えるのか？」「この言葉が使える場面は？　書くときに使ってもいいのか？」

ふつうの辞書は、あまりこれらの疑問にこたえてくれません。本書は日本語能力試験 N1 レベルの勉強をなさる方が、そのレベルの言葉を覚え、そして使えるようになることを願って作りました。

本書の構成

1　品詞別になっています（カタカナは名詞＋形容詞）。各ユニットの中では、なるべく関連のある語を近くに置くようにしました。自動詞と他動詞は並んでいます。

2　難易度を４段階に分けてあります。ステップが上がるほど難しくなります。

3　一つひとつの言葉に例文と、英語、中国語、韓国語の訳がついています。

4　コロケーション（連語＝よくひとまとまりになって使われる表現）を重視し、連 にはなるべく多くの情報を盛り込むようにしました。

5　２種類の練習問題が付いています。Ⅰは、学んだことが身に付いているかどうかを確認する問題、Ⅱは日本語能力試験と同じ形式の問題です。

6　覚えておくとよい言葉を集めた「コラム（1～26)」を作りました。

※　CD には見出し語と最初の例文が入っています。

勉強のアドバイス

1　知っている言葉でも、例文と連語を読んで、使い方を確認しましょう。
意味は一つとは限りません。知らない意味があったら、一緒に覚えましょう。
日本語は語彙の多い言語です。対義語、類義語、合成語、関連語を見て、言葉の数を増やしましょう。

2　CD を聞きながら勉強すると効果的です。目、耳、さらに口を使ったほうがよく覚えられますから、聞くだけでなく、声を出してリピートしましょう。

CDの使い方は他にもいろいろ考えられます。例えば、電車の中などで聞いて覚える、何ページか勉強したら、その部分を聞いて、すぐに意味がわかるかどうか確認する、などです。

3 練習問題Ⅰで自分の力をチェックしましょう。少しレベルが高い問題もありますが、くり返すうちに力がつきます。練習問題Ⅱは日本語能力試験と同じ形式の問題ですから、受験する方は、直前にもう一度やってみてください。

4 なるべく、漢字も一緒(いっしょ)に覚えましょう。少なくとも、読めるようにしましょう。

5 語彙索引(ごいさくいん)がチェックリストになっています。確認のために利用してください。

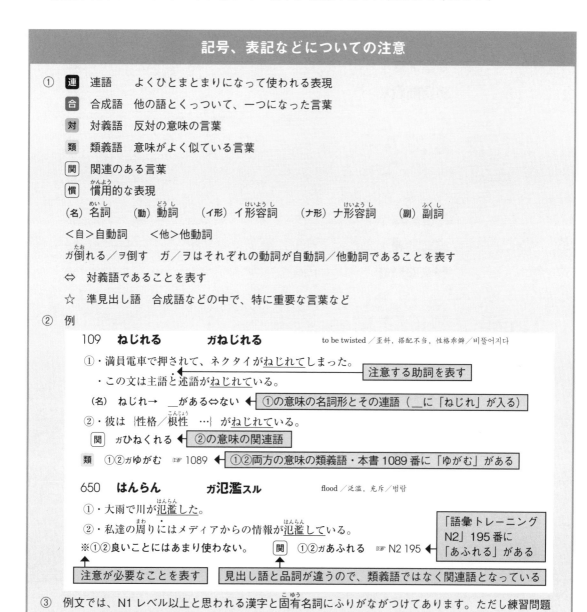

記号、表記などについての注意

① 連 連語　よくひとまとまりになって使われる表現

合 合成語　他の語とくっついて、一つになった言葉

対 対義語　反対の意味の言葉

類 類義語　意味がよく似ている言葉

関 関連のある言葉

慣 慣用(かんよう)的な表現

(名) 名詞(めいし)　(動) 動詞(どうし)　(イ形) イ形容詞(けいようし)　(ナ形) ナ形容詞(けいようし)　(副) 副詞(ふくし)

<自>自動詞　<他>他動詞

ガ倒(たお)れる／ヲ倒す　ガ／ヲはそれぞれの動詞が自動詞／他動詞であることを表す

⇔ 対義語であることを表す

☆ 準見出し語　合成語などの中で、特に重要な言葉など

② 例

109 **ねじれる**　**ガねじれる**　to be twisted／歪斜，搭配不当，性格乖僻／비뚤어지다

①・満員電車で押されて、ネクタイがねじれてしまった。← 注意する助詞を表す

・この文は主語と述語がねじれている。

(名) ねじれ→ ＿がある⇔ない ← ①の意味の名詞形とその連語（＿に「ねじれ」が入る）

②・彼は {性格／根性(こんじょう) …} がねじれている。

関 ガひねくれる ← ②の意味の関連語

類 ①②ガゆがむ ☞ 1089 ← ①②両方の意味の類義語・本書1089番に「ゆがむ」がある

650 **はんらん**　**ガ氾濫スル**　flood／泛滥，充斥／범람

①・大雨で川が氾濫(はんらん)した。

②・私達の周(まわ)りにはメディアからの情報が氾濫(はんらん)している。

※①②良いことにはあまり使わない。　関 ①②ガあふれる ☞ N2 195 ← 「語彙トレーニングN2」195番に「あふれる」がある

↑ 注意が必要なことを表す　↑ 見出し語と品詞が違うので、類義語ではなく関連語となっている

③ 例文では、N1レベル以上と思われる漢字と固有(こゆう)名詞にふりがながつけてあります。ただし練習問題では、そのふりがなをはずした言葉も多くあります。

C O N T E N T S

Step 1 2 **3** 4

Step 1 2 3 **4**

Unit 01 名詞 A

1 〜 100

Step 1 2 3 4

1-02

1 **せいしゅん** **青春** youth ／青春／청춘

・青春時代を懐かしく思い出す。

合 __時代

2 **ばんねん** **晩年** one's last years ／晩年／만년

・彼は若い頃は不遇だったが、晩年は幸せに過ごした。

合 最__

3 **そうしき** **葬式** funeral ／葬礼／장례식

・知人の葬式に参列した。 ・父の葬式は仏式で行った。 ・叔母の葬式に行った。

連 __をする、__を出す、__に行く 類 葬儀 関 埋葬、墓地、墓、墓参り

4 **せたい** **世帯** household, family ／家庭／세대

・都市部は一人住まいが多いので、世帯数が多い。

・二世帯住宅で、三世代が一緒に暮らしている家庭もある。

合 __主、__数、二__（住宅）

5 **せけん** **世間** world, society ／社会，世间／세상

①・汚職事件が世間を騒がせている。 ・彼女はまだ若いから、世間を知らない。

合 __知らず、__話、ガ__離れスル、__並み 類 世の中、社会

慣 渡る世間に鬼はなし

②・１億円の宝くじに当たったが、世間の口がうるさいので彼は黙っていた。

・彼はすぐに敵を作って、自分で世間を狭くしている。

合 __体 連 __が狭い⇔広い

6 **しょみん** **庶民** the masses, ordinary people ／老百姓，平民／서민

・こんな立派で広い家は、庶民には縁がない。

合 __的な（例．彼女は庶民的なアイドルとして人気がある。）、__階級

7 **おんぶ** **ガ／ヲおんぶスル** piggyback (carry on one's back), dependence (on) ／背，依靠／어부바，기댐

①・昔の母親は赤ん坊をおんぶして家事をしていたものだ。

関 ヲだっこスル

②・姉は結婚しているのに、何かにつけて実家におんぶしている。

関 ガ依存スル 慣 おんぶにだっこ

8　**かたこと**　**片言**　a few words, a smattering／只言片语／떠듬떠듬

・1歳の誕生日（たんじょうび）を過ぎ、息子が片言を話すようになった。

・母は片言の英語しか話せないが、アメリカでの一人旅は楽しかったそうだ。

9　**よふかし**　**ガ夜更かし(ヲ)スル**　staying up late／熬夜／밤늦게까지 안 자는 것

・休みの前の日は、ビデオを見て夜更（よふ）かしをする。

関　夜更（よふ）け

10　**いえで**　**ガ家出(ヲ)スル**　leaving home, running away from home／离家出走／가출

・高校生のとき、親に反発して家出をしたことがある。

11　**とじまり**　**ガ戸締まり(ヲ)スル**　locking/closing up／锁门／문단속

・寝る前に戸締（とじ）まりを確かめた。　・しっかり戸締（とじ）まり(を)して出かけた。

12　**ずぶぬれ**　a soaking, a drenching／全身湿透／흠뻑 젖음

・歩いていると、急に雨が降り出し、ずぶぬれになった。　・ずぶぬれの服。

13　**かおつき**　**顔つき**　face, expression／表情，相貌／표정，얼굴 생김새

①・医者の厳（きび）しい顔つきから、母の病状が良くないことがわかった。

類　表情　関　目つき

②・あの子は男の子だが、性格も優しく、顔つきも女の子のようだ。

類　顔立ち　関　体つき

14　**みなり**　**身なり**　personal appearance／装束／옷차림

・このレストランの客は、みな立派（りっぱ）な身なりをしている。

・人前に立つ職業の人は、身なりにも気を遣（つか）うことが多い。

連　__がいい⇔悪い、__が立派（りっぱ）だ⇔みすぼらしい、__に気を遣（つか）う、__を気にする

類　服装

15　**みのまわり**　**身の回り**　one's daily life, (things) in the vicinity (of a person)／日常生活／신변

・祖母は98歳だが、身の回りのことはすべて自分でできる。

・最近、身の回りでいろいろな出来事（できごと）があった。

類　身辺（しんぺん）

16　**みぶり**　**身振り**　gesture／动作／몸짓

・コミュニケーションでは、言葉だけでなく身振（みぶ）りも重要な役割を果たす。

・外国で、道を身振（みぶ）り手振（てぶ）りで教えてもらった。

関　振（ふ）り、手振（てぶ）り、ジェスチャー、振（ふ）り付（つ）け

1-03

17　**りょうしん**　**良心**　conscience／良心／양심

・やむを得ずうそをついたが、いつまでも良心が｛痛んだ／とがめた｝。

・彼女は良心の痛みに耐えられず、罪を告白した。

連　__がある⇔ない、__が痛む、__の痛み、__に恥じる、__がとがめる　__の呵責

合　__的な（例. この店は高級な革製品を良心的な値段で売っている。）

18　**そしつ**　**素質**　talent, potential／素质，资质／소질

・あの子は音楽の素質がある。　・教師は生徒の素質を見抜いた。

連　__がある⇔ない　**類**　才能

19　**こうい**　**好意**　affection, good will／好意，美意，善意／호의

・彼は一目見て彼女に好意を持った。　・先輩の好意（／厚意）に甘え、10万円貸してもらった。

・人からの言葉は、なるべく好意的に解釈するようにしている。

連　ニ__を持つ、ニ__を抱く、ニ__を寄せる、__を無にする、__に甘える　**合**　__的な

対　敵意　**類**　好感

※「厚意」は自分に対する他者の気持ちに使う。

20　**ためいき**　**ため息**　sigh／叹气，长吁短叹／한숨

・減っていく貯金残高を見つめながら、彼女は｛深い／大きな｝ため息をついた。

連　__をつく、深い__

21　**どわすれ**　**ヲど忘れスル**　(momentary) lapse of memory／一时想不起来，突然忘记／깜빡 잊어버림

・好きな俳優の名前をど忘れしてしまい、どうしても出てこない。

22　**ようじん**　**ガ／ヲ用心スル**　precaution, vigilance／注意，小心，提防，留神／조심，주의

・夜道を歩くときは、用心のために防犯ブザーを持っておくといい。

・「振り込め詐欺には十分用心してください」

・たぶん大丈夫だと思うが、用心するに越したことはない。

連　火の__　**合**　__深い　**対**　不__（な）　**関**　ガ／ヲ注意スル、ヲ警戒スル、気をつける

23　**よかん**　**ヲ予感スル**　premonition／预感，预兆／예감

・今日はなんだかいいことがありそうな予感がする。　・何か嫌な予感がする。

・彼が遺言状を書いたのは、死を予感したからかもしれない。

連　～__がする、～__がある、嫌な__、悪い__

24　**しせん**　**視線**　line of sight, gaze／视线／시선

・視線を感じて振り向くと、知らない人が私を見ていた。

・私は身長が2メートルもあるので、どこへ行っても好奇の視線を浴びる。

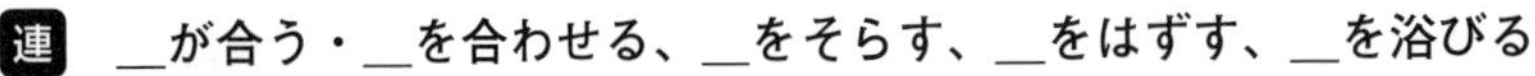

連　__が合う・__を合わせる、__をそらす、__をはずす、__を浴びる

25　**めいしん**　**迷信**　superstition／迷信／미신

・「玄関が北にあるのは、縁起が悪いんだって」「そんなの迷信だよ」

連　＿を信じる

26　**えん**　**縁**　connection, relationship／缘分，关系，因缘／인연，관계

①・「またお会いしましたね。ご縁がありますね」

②・祖父は政治家だが、私はこれまで政治とは縁のない人生を送ってきた。

連　①②＿がある⇔ない、＿が深い　**合**　②無＿（な）　**類**　②関係

③・家の財産を使い果たして、父に親子の縁を切られた。

合　血＿、＿故、離＿、絶＿、{親類／親戚}＿者、＿起

☆縁起

・「もし手術が失敗したら……」「縁起でもないこと、言わないで」

・日本では八は縁起のいい数、四と九は縁起の悪い数ということになっている。

連　＿がいい⇔悪い、＿でもない、＿を担ぐ　※もともとは仏教用語。

27　**つかいすて**　**使い捨て**　disposable／一次性的／일회용

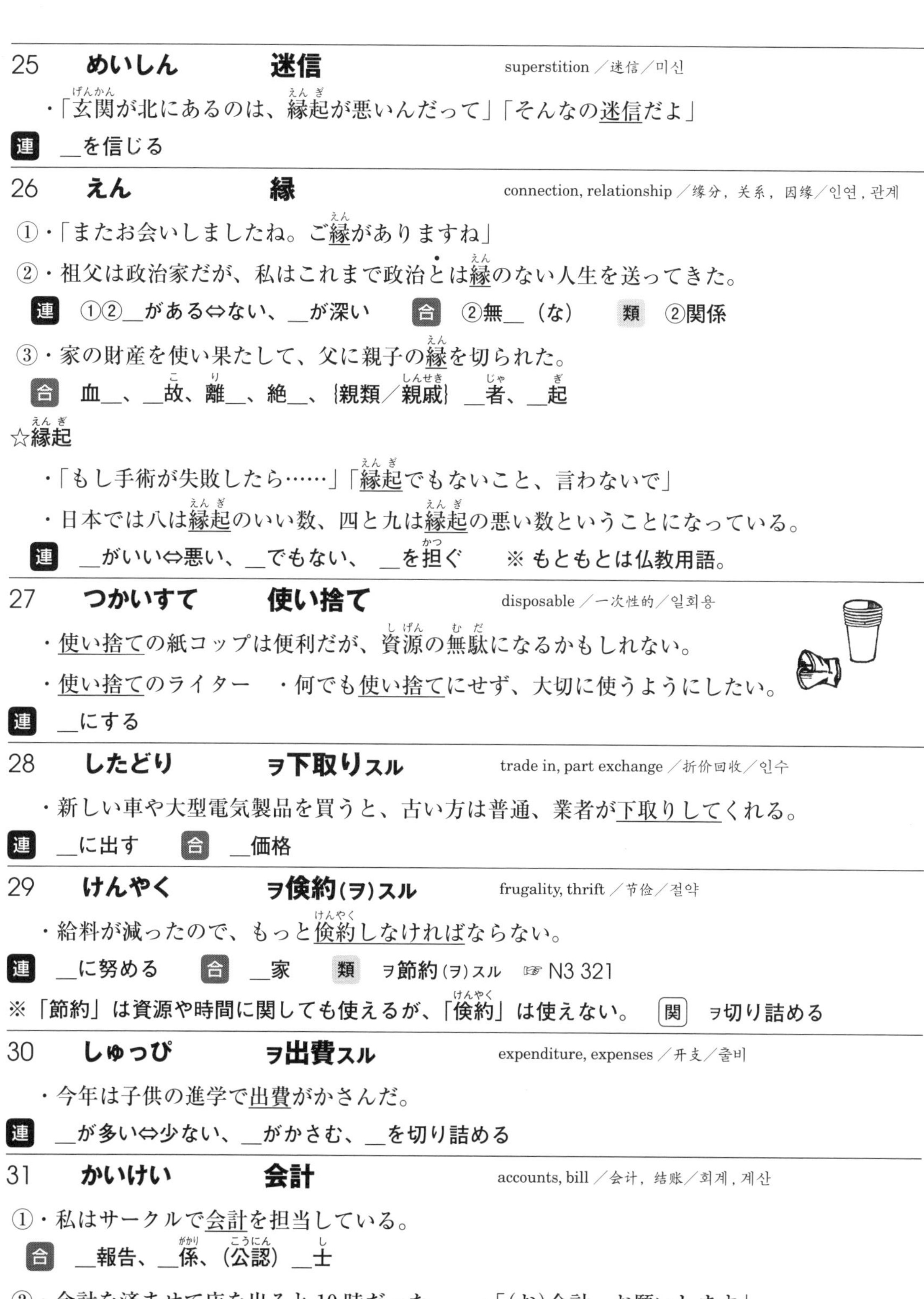

・使い捨ての紙コップは便利だが、資源の無駄になるかもしれない。

・使い捨てのライター　・何でも使い捨てにせず、大切に使うようにしたい。

連　＿にする

28　**したどり**　**ヲ下取りスル**　trade in, part exchange／折价回收／인수

・新しい車や大型電気製品を買うと、古い方は普通、業者が下取りしてくれる。

連　＿に出す　**合**　＿価格

29　**けんやく**　**ヲ倹約(ヲ)スル**　frugality, thrift／节俭／절약

・給料が減ったので、もっと倹約しなければならない。

連　＿に努める　**合**　＿家　**類**　ヲ節約(ヲ)スル　☞ N3 321

※「節約」は資源や時間に関しても使えるが、「倹約」は使えない。　**関**　ヲ切り詰める

30　**しゅっぴ**　**ヲ出費スル**　expenditure, expenses／开支／출비

・今年は子供の進学で出費がかさんだ。

連　＿が多い⇔少ない、＿がかさむ、＿を切り詰める

31　**かいけい**　**会計**　accounts, bill／会计，结账／회계，계산

①・私はサークルで会計を担当している。

合　＿報告、＿係、(公認)＿士

②・会計を済ませて店を出ると10時だった。　・「(お)会計、お願いします」

連　＿を済ませる　**類**　(お)勘定　**関**　計算

1-04

32　**しょとく　所得**　income／收入／소득

・所得の範囲内で生活する。　・第二次世界大戦後、政府は「所得倍増計画」を打ち出した。

連 __が高い⇔低い　**合** __格差、__控除、__税　**類** 収入　※収入の方が日常的な言葉。

33　**さいよう　ヲ採用スル**　hiring, adoption／录用，采纳／채용

①・新入社員を５人採用することになった。　・採用試験を受ける。

合 __試験、現地__、__条件、__基準　**関** ヲ雇用スル

②・会議で、私の案が採用された。

関 ヲ採り上げる

対 ①②不採用（× 不採用する　○不採用にする）

34　**こよう　ヲ雇用スル**　employment, hiring／雇用，就业／고용

・人手不足のため、会社は新たに５人を雇用した。

・雇用を促進するため、政府はさまざまな政策を打ち出した。

合 終身__、__主、__条件、__者⇔被__者、__促進　**対** ヲ解雇スル

関 ヲ雇う、ヲ採用スル、ヲ採る

35　**しょぞく　ガ所属スル**　member／属于／소속

・人事異動で営業部の所属になった。　・私は区のボランティア会に所属している。

合 __部隊

36　**たいぐう　待遇**　treatment, reception／待遇／대우

①・あの会社は給与も高く、従業員の待遇がいい。

・課長は地位に見合った待遇を受けていないと思う。　・彼は部長待遇で入社した。

合 ［名詞］＋待遇　**関** 処遇

②・息子の華やかなパーティーで、田舎から上京した両親は冷たい待遇を受けていた。

・大臣は、訪問した国で国賓待遇のもてなしを受けた。

関 もてなし

連 ①②__がいい⇔悪い、～__を受ける

37　**はけん　ヲ派遣スル**　dispatch, deployment／派遣，派出／파견

・国連は内戦の起きたＡ国に調査団を派遣した。

・今回のオリンピックには、過去最高の数の選手が派遣された。

合 人材__（会社）、__労働、災害__

38　**ふにん　ガ赴任スル**　moving to a different location with your job／上任／부임

・辞令を受けて東京本社から大阪支社｛へ／に｝赴任した。

合 単身__、海外__、__地、__先

39 **じもと** **地元** local area／当地／현지 지역

①・親元から離(はな)れたくないので、地元の会社で働きたい。

②・あの政治家は地元の声に耳を傾けている。

40 **げんえき** **現役** active duty, working, 3rd year high school student who passes a university entrance exam／現役，应届／현역

①・長島(ながしま)選手は40歳を超えているが、まだ現役としてがんばっている。

・現役の｛選手／医者／歌手 …｝ ・生涯(しょうがい)現役を貫(つらぬ)きたい。

連 __を退(しりぞ)く、__を引退(いんたい)する

②・現役で東京大学に合格するとはすごい。

合 __合格 対 浪人(ろうにん) 関 一浪(いちろう)、二浪(にろう)

41 **さしず** **ヲ指図スル** instructions／指示／지시，명령

・メンバーはリーダーの指図で動いている。 ・部下｛を／に｝指図して会議の準備をさせた。

・「あなたの指図は受けたくない」

連 __を受ける、__に従(したが)う 類 ヲ指揮(しき)スル 関 ヲ指示スル、ヲ命令スル

42 **そうじゅう** **ヲ操縦スル** controlling, piloting／驾驶，操纵／조종，꽉 잡다

①・将来は飛行機を操縦(そうじゅう)するパイロットになりたい。 ・船を操縦(そうじゅう)する。

※「操縦(そうじゅう)」は飛行機や船舶(せんぱく)などを動かすときに使う。

合 __かん（例. 操縦(そうじゅう)かんを握(にぎ)る） __士、__席、__性 関 ヲ運転スル、ヲ操(あやつ)る

②・あの家は、妻が夫をうまく操縦(そうじゅう)している。

類 ヲ操(あやつ)る

43 **しゅしょく** **主食** staple food／主食／주식

・日本人は米を主食にしている。

対 副食、おかず 関 ごはん

44 **しょくもつ** **食物** food／食物，食品／음식

・食物によって引き起こされるアレルギーもある。

・食物本来のおいしさを味わうには少し硬めの方がいいそうだ。

合 __繊維(せんい)、__連鎖(れんさ)

45 **こくもつ** **穀物** cereal, grain／粮食／곡물

・日本は、米以外の穀物(こくもつ)は輸入に頼っている。

※米以外の穀物(こくもつ)としては、麦(むぎ)、マメ、トウモロコシなどがある。 類 穀類(こくるい)

46 **ほうさく** **豊作** bumper crop／丰收／풍작

・今年は米が豊作だ。

対 不作、凶作(きょうさく)

1-04

47　**れいねん**　**例年**　average/ordinary year ／往年／예년

・例年（は）11 月に行われる学園祭が、今年は 10 月に繰り上げられた。

・今年の夏は、例年にない暑さだった。　・今年も新入生歓迎会が例年通りに行われた。

連　＿にない＋［名詞］、＿になく＋［形容詞など］

48　**たね**　**種**　seed/stone, subject, trick ／种子，话题，秘密／씨，거리，소재，술책，트릭

①・庭にアサガオの種をまいた。　・桃は種が大きい。

連　＿をまく、＿を取る／取り除く　合　＿なし（例．種なしぶどう）

②・いつまでたっても心配の種が尽きない。　・小説の種を探す。

連　悩みの＿、話の＿　慣　自分でまいた種

※俗語で「ネタ」という言い方がある。（例．・話のネタ　・すしのネタ）

③・手品の種を教えることはできない。

連　＿を明かす　慣　種も仕掛けもない

49　**とげ**　thorn, splinter, cutting, sharp (words) ／刺／가시

①・バラにはとげがある。

②・古い木材を触っていたら、とげが刺さってしまった。　・とげを抜く。

連　①②＿が刺さる、＿を抜く

③・とげのある言葉

連　①③＿がある⇔ない

50　**どく**　**毒**　poison, temptation, venom ／毒，害处，恶意／독，독기

①・このキノコには毒があるから、食べてはいけない。　・薬も飲みすぎると毒になる。

連　＿がある⇔ない　合　有＿⇔無＿、消＿、中＿、＿物、＿薬、＿殺

②・タバコの吸い過ぎは体に毒だ。

・ダイエットしている私にとって、お菓子のコマーシャルは目の毒だ。

慣　目の毒

③・意地悪な彼女は、ライバルに毒を含んだ言葉を浴びせかけた。

日本文化（にほんぶんか）

Japanese Culture／日本文化／일본 문화

【文学（ぶんがく）】

- 物語（ものがたり）
- 随筆（ずいひつ）
- 詩（し）　短歌（たんか）
　　　俳句（はいく）

【古典芸能（こてんげいのう）】

能（のう）　狂言（きょうげん）　歌舞伎（かぶき）　人形浄瑠璃（にんぎょうじょうるり）

【武道（ぶどう）】

柔道（じゅうどう）　剣道（けんどう）　合気道（あいきどう）　弓道（きゅうどう）　空手（からて）

相撲（すもう）

【美術（びじゅつ）】

日本画（にほんが）　墨絵（すみえ）　浮世絵（うきよえ）

【楽器（がっき）】

笛（ふえ）　鼓（つづみ）　三味線（しゃみせん）　尺八（しゃくはち）　琴（こと）

【その他（た）】

華道（かどう）（生け花（いけばな）／お花）　茶道（さどう）（お茶）　書道（しょどう）（習字（しゅうじ））

Unit 01 名詞A　1～50

練習問題Ⅰ

Step **1** 2 3 4

Ⅰ　「～する」の形になる言葉に○を付けなさい。

ど忘れ　　下取り　　使い捨て　　戸締(とじ)まり　　夜更(よふ)かし　　ずぶぬれ　　家出　　迷信(めいしん)

主食　　待遇(たいぐう)　　所得　　採用　　指図

Ⅱ　「～がある⇔ない」の形で使う言葉に○を付けなさい。

縁(えん)　　毒(どく)　　とげ　　片言(かたこと)　　素質(そしつ)　　視線(しせん)　　良心(りょうしん)　　会計　　庶民

Ⅲ　（　　　）に入る言葉を下から選んで書きなさい。

1．（　　　）なりのいい人　　　　2．厳しい（　　　）つき

3．ため（　　　）をつく。　　　　4．（　　　）振りをつけて話す。

5．（　　　）の回りをきちんとする。

息　　顔　　身

Ⅳ　対義語を書きなさい。

1．主食　⇔　（　　　　　／　　　　　）

2．採用　⇔　（　　　　　）

3．豊作　⇔　（　　　　　／　　　　　）

Ⅴ　正しい言葉を〔　　　〕の中から一つ選びなさい。

1．良心が〔　病(や)む　痛む　傷つく　〕。

2．葬式(そうしき)を〔　開く　出す　持つ　〕。

3．とげが〔　立つ　突(つ)く　刺(さ)さる　〕。

4．視線を〔　入れる　受ける　浴びる　〕。

5．待遇(たいぐう)が〔　いい　高い　強い　〕。

6．所得が〔　悪い　低い　弱い　〕。

7．〔　お米　お酒　お菓子(かし)　〕が豊作だ。

Ⅵ　次の説明に合う言葉を書きなさい。

1．一生の終わりに近い時期　（　　　　　　）

2．子供などを背負(せお)うこと　（　　　　　　）

3．考えを伝えるための体の動き　（　　　　　　）

4．まだ引退(いんたい)しないで活躍(かつやく)していること　（　　　　　　）

5．組織に一員として加わっていること　（　　　　　　）

76　**さよう**　**ガ作用スル**　effect／作用，起作用／작용

・薬の副作用で胃が悪くなった。　・放射能（ほうしゃのう）は人体（じんたい）にどのような作用を及（およ）ぼすのだろうか。

・この薬は神経に作用して痛みを和（やわ）らげる。

連 __を及（およ）ぼす　**合** 副__、反__

77　**いぞん／いそん**　**ガ依存スル**　dependence／依靠，依赖（于）／의존

・25 歳の姉は、まだ経済的には親に依存している。

・この国の経済はアメリカへの依存を強めつつある。

合 __心、相互__、__症（しょう）（例．アルコール依存症（いぞんしょう））　**関** ガ頼（たよ）る

78　**かいしょう**　**ガ／ヲ解消スル**　resolution, relief, cancellation／解除，取消，消灭／해소

・先輩（せんぱい）のアドバイスのおかげで悩みが解消した。　・不安が解消する。

・ストレスを解消するにはカラオケが一番だと思う。

・{契約／婚約　…} を解消する。

合 ストレス__、婚約__

コラム 2 病院（びょういん）

Hospitals／医院／병원

◆種類

大学病院（だいがくびょういん）	university hospital／大学附属医院／대학 병원
総合病院（そうごうびょういん）	general hospital／综合医院／종합 병원
診療所（しんりょうじょ）	doctor's office, clinic／诊（疗）所／진료소
個人病院（こじんびょういん）	private hospital／私人医院／개인 병원
クリニック	clinic／诊所，私立医院／클리닉
歯科医院（しかいいん）	dental clinic／牙科医院／치과 의원

◆場所

受付（うけつけ）	reception／挂号／접수
外来（がいらい）	outpatients／门诊／외래
病棟（びょうとう）	hospital ward／病房楼，住院楼／병동
ナースステーション	nurses' station／护士值班室／간호사 스테이션
医局（いきょく）	doctors' office／诊疗部门，医务室／의국
薬局（やっきょく）	pharmacy, dispensary／药房，取药处，药店／약국

◆書類（しょるい）・カード

保険証（ほけんしょう）	insurance card／保险证／보험증
診察券（しんさつけん）	patient card／挂号证／진찰권
問診票（もんしんひょう）	medical questionnaire, medical history form／病况调查表（卡）／문진표
カルテ	medical chart, medical records／病历，病历簿／카르테，진료 기록카드
診断書（しんだんしょ）	doctor's certificate, medical certificate／诊断书／진단서
処方箋（しょほうせん）	prescription／处方，药方／처방전

◆人

患者（かんじゃ）	patient／患者／환자
看護師（かんごし）／ナース	nurse／护士／간호사
医師（いし）／ドクター	doctor／医生／의사
臨床検査技師（りんしょうけんさぎし）	clinical laboratory technician／临床检查技师／임상 검사 기사
レントゲン技師（ぎし）	radiographer／X 光检查技师／엑스레이 기사
理学療法士（りがくりょうほうし）	physiotherapist, physical therapist／理学治疗师／이학요법사
薬剤師（やくざいし）	pharmacist／药剂师／약사

◆検査など

採血（さいけつ）	blood test／抽血／채혈
レントゲン	X-ray／X 光／뢴트겐，엑스레이
尿（にょう）(お小水（しょうすい）)、便（べん）	urine, stool／尿，小便／오줌，소변
心電図（しんでんず）	ECG／心电图／심전도
超音波（ちょうおんぱ）	ultrasound／超声波／초음파
ＣＴスキャン	CT scan, CAT scan／CT 扫描／CT 스캔
ＭＲＩ	MRI／磁共振成像／MRI
手術（しゅじゅつ）	surgery, operation／手术／수술

79 **そくしん** **ヲ促進スル** promotion, encouragement／促进／촉진

・脱原発を図るため、自然エネルギーの開発を促進する。

・販売促進のため、取引先へのマージンを高くした。

合 販売__ 対 ヲ阻害スル 関 ヲ推進スル

80 **いこう** **意向** intention, position／意向，打算，意图／의향

・佐藤氏は市長選挙に立候補する意向を固めたようだ。

・「マンションの建て直しに関し、住人の皆様のご意向をお聞かせください」

・会社は組合側の意向を無視して大規模なリストラを行った。

連 __を固める、__に従う、__を問う、__を打診する

81 **いと** **ヲ意図スル** intention, aim／意图，用意／의도

・提案の意図を説明した。 ・この法律は、低所得者層の税負担の軽減を意図して制定された。

連 __がある⇔ない 合 __的な（例．情報を意図的に漏らす。） 類 ねらい、目的

関 ヲ狙う ☞ N2 1043

82 **こうじょう** **ガ向上スル** improvement／提高／향상

・生活水準が向上すると、平均寿命が伸びる。 ・{学力／技術／レベル／意識 …} の向上

合 __心（例．・向上心が強い ・向上心がない） 対 ガ低下スル 関 ガ進歩スル、ガ上向く

83 **かっき** **活気** energy／活力／활기

・市場は活気に満ちていた。 ・このクラスは活気があって楽しい。

連 __がある⇔ない、__に満ちている、__にあふれている、__に乏しい

84 **はくりょく** **迫力** intensity／气势，感染力／박력

・ナイアガラの滝は、近くで見るとすごい迫力だ。

・「この大画面テレビでは、迫力のある映像をご覧になれます」

・この俳優は舞台で見ると迫力に欠ける。

連 __がある⇔ない、__に欠ける 合 大__、__満点

85 **しょうり** **ガ勝利スル** win, victory／胜利／승리

・Aチームは B チームに勝利した。 ・今回の選挙で、野党は与党に対し勝利を収めた。

連 __を収める 合 __者、__投手、__宣言 対 ガ敗北スル 関 ガ敗退スル

86 **てきおう** **ガ適応スル** adaptation, conformity／适应，顺应，适合／적응

・弟は気が弱く、新しい環境になかなか適応できないのに対し、私は適応力がある方だ。

・この薬の適応症は以下の通りです。 ・動物は環境に適応したものが生き残る。

合 __力（例．適応力がある⇔ない）、__性（例．・適応性に富む ・適応性に欠ける）、__症

類 ガ順応スル

87　**ちょうわ**　**ガ調和スル**　harmony／调和，协调，搭配，和谐／조화

・ファッションでもインテリアでも、全体の調和がとれている方が美しい。

・あの建物は新しいが、古い町並み｛と／に｝よく調和している。

・日本の組織(そしき)では人との調和が重んじられる。

連　__がある⇔ない、__がとれる・__をとる、__を欠く　関　釣(つ)り合(あ)い、バランス、統一(とういつ)

88　**けんりょく**　**権力**　power／权力／권력

・この国では、大統領(だいとうりょう)は強大な権力を持っている。　・権力の座につく。　・権力を行使する。

連　__を握(にぎ)る、__をふるう　合　__者、__闘争(とうそう)、国家__　関　権限

89　**けんい**　**権威**　authority／权威／권위

①・戦争に敗(やぶ)れ、王の権威(けんい)は失われた。

合　__者　類　権勢　慣　権威(けんい)を笠(かさ)に着る

②・ノーベル賞は、世界でも最も権威(けんい)（の）ある賞の一つだ。

③・佐藤教授(さとうきょうじゅ)は植物学の権威(けんい)だ。

90　**あっぱく**　**ヲ圧迫スル**　pressure／压迫／압박

①・出血(しゅっけつ)がひどいときは、傷口(きずぐち)を強く圧迫(あっぱく)するとよい。　・何か胸を圧迫(あっぱく)されるような感じがする。

②・物価高(ぶっかだか)が庶民(しょみん)の生活を圧迫(あっぱく)した。　・武力(ぶりょく)で隣国(りんごく)を圧迫(あっぱく)する。

関　ヲ抑圧(よくあつ)スル

合　①②__感

91　**きょうせい**　**ヲ強制スル**　coercion, force／强制，强迫／강제

・ボランティア活動は、強制されてするものではない。

・会社が社員に寄付を強制するのは問題だと思う。　・強制的に働かせる。

合　__的な、__送還(そうかん)、__労働　関　ヲ強要スル、ヲ強(し)いる　☞ 147

92　**きせい**　**ヲ規制スル**　regulation, control／限制，管制／규제

・このあたりでは、建物の高さは法律によって規制されている。

・産業界は自由競争をしやすくするため、規制（の）緩和(かんわ)を求めている。

・マラソン大会のため、交通規制が敷(し)かれた。

連　__がある⇔ない、__を強める⇔緩(ゆる)める、__を敷(し)く⇔解(と)く／解除(かいじょ)する

合　__緩和(かんわ)、交通__、__解除(かいじょ)

93　**きょひ**　**ヲ拒否スル**　refusal, veto／拒绝，否决，反对／거부

・会社側は組合(くみあい)の要求を拒否(きょひ)した。　・国連の常任理事国(じょうにんりじこく)は拒否権(きょひけん)を持つ。

・国民の多くは増税に拒否反応(きょひはんのう)を示した。

合　__権、__反応(はんのう)　対　ヲ承諾(しょうだく)スル　類　ヲ拒絶(きょぜつ)スル

94　**たいこう**　**ガ対抗スル**　opposition, rival／对抗，抗衡／대항，대응

・数学では彼に対抗できる学生はいない。　・クラス対抗リレーで私のクラスが優勝した。

・選挙で、与党のA氏の対抗馬として、野党はB氏を立てた。

合　＿策、＿馬、＿戦

95　**こうぎ**　**ガ抗議スル**　protest, objection／抗议／항의

・増税に抗議するデモが行われた。　・審判の判定に抗議したが、聞き入れられなかった。

連　＿を申し入れる　合　＿集会、＿デモ　慣　抗議の声を上げる

96　**かくしん**　**ヲ革新スル**　reform／革新／혁신

・平等な社会の実現のためには、思い切った政治の革新が必要だ。

合　＿的な、＿政党、技術＿　対　保守　類　ヲ改革スル

97　**げんそく**　**原則**　general rule／原则／원칙

・この奨学金は、卒業後に返済するのが原則だ。　・私は原則的には消費税値上げに賛成だ。

・原則として大学卒以上の学歴がなければ、この仕事には応募できない。

連　＿として　合　＿的な　関　法則

98　**けいか**　**ガ経過スル**　passage, progress, transition／经过，过程／경과

①・事件から3カ月が経過した。

②・手術後の経過は順調だ。　・交渉の経過を見守る。　・試合の途中経過

合　途中＿

99　**ちゅうけい**　**ヲ中継スル**　broadcast／（广播，电视）转播，直播，中转／중계

・イギリス王室の結婚式の模様は、世界中に中継された。

・宇宙の様子は人工衛星を中継して地球に送られた。

・テニスの試合を中継する。

合　＿局、＿車、＿放送、衛星＿、生＿、実況＿

100　**きぼ**　**規模**　size, scope, scale／规模／규모

・会社の規模は10年で2倍になった。　・調査は全国的な規模で実施された。

・遺跡の規模から、ここが大きな町だったことがわかる。

連　＿を拡大する⇔縮小する、＿を広げる

合　大＿な⇔小＿な（例．大規模な｛工事／調査　…｝）　関　スケール、サイズ

コラム 3 買(か)い物(もの)

Shopping／买东西／쇼핑

コンビニ＜コンビニエンスストア	convenience store／（24 小时）便利店／편의점
ドラッグストア	drugstore／（兼售简单饮食，杂志，日用百货的）药店／약국，의약품과 일상용품을 파는가게
薬局(やっきょく)	pharmacy, drugstore／药店／약국
ベーカリー	bakery／面包房，饼屋／제과점
100 円(えん)ショップ	100 yen store／百元店／100 엔 샵
ディスカウントショップ	discount store／折扣廉卖店／할인점
バラエティショップ	variety store／流行物品综合杂货店／잡화점
ホームセンター	hardware store, home improvement store／大型家居装修用品店／홈센터，생활용품 가게
キオスク	kiosk／站前售货亭／역 매점
小売店(こうりてん)	retail store／零售店／소매점
卸売店(おろしうりてん)	wholesale store／批发店／도매점
生花店(せいかてん)	flower shop, florist／鲜花店／꽃집
青果店(せいかてん)	greengrocer／蔬菜，水果店／채소 가게
書店(しょてん)	book store／书店／서점
雑貨店(ざっかてん)	general store, household goods store／日用杂货店／잡화점
文(ぶん)(房(ぼう))具店(ぐてん)	stationery store／文具商店／문구점
家電量販店(かでんりょうはんてん)	electronics retail store／家电批量销售廉价商店／가전 양판점
駅(えき)ビル	station building／车站大厦／역빌딩
ファッションビル	fashion building (shopping mall, department store, etc. that stocks the latest fashions)／时尚大厦／패션 빌딩
ショッピングセンター	shopping center／购物中心／쇼핑 센터
ショッピングモール	shopping mall／大型购物商城／쇼핑몰
アウトレット	outlet store/mall／廉价品专卖店（又称奥特莱思）／아웃렛
専門店街(せんもんてんがい)	specialty stores/mall／专营商店街／전문 상점 거리
商店街(しょうてんがい)	shopping street／商店街／상점가
地下街(ちかがい)	underground mall／地下商店街／지하가
デパ地下(ちか)＜デパートの地下(ちか)	basement of a department store／百货商场地下商店街／백화점 지하

Unit 01 名詞A 51 ～ 100

練習問題 I

Step 1 2 3 4

I （　　）に助詞を書きなさい。

1．戦い（　　）勝利した。
2．人が病気（　　）感染（かんせん）する。
3．党が二つ（　　）分裂した。
4．バスが市内（　　）循環（じゅんかん）している。
5．この薬は胃（い）（　　）作用（さよう）して食欲を増す。
6．田中（たなか）氏（　　）対抗して３人が立候補（りっこうほ）した。
7．この映画は映像（　　）音楽がよく調和している。
8．子供（　　）労働（　　）強制してはいけない。

II 「～的」が付く言葉に○を付けなさい。

作用　革新（かくしん）　強制　規制　原則　意図（いと）　面会　一括

III 「～がある⇔ない」の形で使う言葉に○を付けなさい。

意図（いと）　向上　活気　迫力（はくりょく）　圧迫（あっぱく）　規制　権力

IV （　　）に下から選んだ語を書いて、一つの言葉にしなさい。

1．（　　）欄（らん）　2．（　　）作用（さよう）　3．（　　）中継（ちゅうけい）
4．（　　）循環（じゅんかん）　5．（　　）規模（きぼ）

大	悪	空	副	生

V 対義語を書きなさい。

1．勝利 ⇔（　　）　2．革新（かくしん） ⇔（　　）

VI 下線の言葉と似た意味になるよう、□に漢字を１字書きなさい。

1．けがをする。→ □傷する
2．賞金を得る。→ □得する
3．病気がうつる。→ □染する
4．時間が経（た）つ。→ 経□する
5．本を図書館に返す。→ 返□する
6．親に頼（たよ）る。→ 依□する

Ⅶ　正しい言葉を〔　　　〕の中から一つ選びなさい。

1．申し出を〔　否定　拒否　〕する。　　2．命令に〔　抵抗　対抗　〕する。
3．権利を〔　強制　規制　〕する。　　4．退職の〔　意向　意図　〕を固める。
5．市民団体を〔　経営　運営　〕する。　　6．新聞に〔　投書　送信　〕する。
7．能力が〔　向上　進歩　〕する。　　8．たけが〔　高い　長い　〕。

Ⅷ　正しい言葉を〔　　　〕の中から一つ選びなさい。

A　1．ひびが〔　入る　走る　割れる　〕。
2．くじを〔　取る　引く　上げる　〕。
3．規模が〔　大きい　広い　高い　〕
4．卒業に必要な単位を〔　取る　持つ　つかむ　〕。
5．カップの〔　はし　わき　ふち　〕が欠ける。
6．部屋の〔　かど　すみ　かげ　〕に机がある。

B　1．〔　頭　薬　機械　〕が作用する。
2．〔　怒り　不安　心配　〕を解消する。
3．〔　環境　習慣　条件　〕に適応する。
4．〔　仕事　就職　雇用　〕を促進する。
5．〔　情報　データ　アンケート　〕を回収する。

Ⅸ　（　　　）に入る言葉を下から選んで書きなさい。

1．ネットで情報を（　　　　　）した。
2．山本教授は生物学の（　　　　　）だ。
3．傷口を（　　　　　）して血を止めた。
4．体罰を行った教師に親が（　　　　　）した。
5．このバスは乗車（　　　　　）によって料金が違う。
6．火にかけたやかんの湯が（　　　　　）している。
7．前の道路をトラックが通ると、家が（　　　　　）する。
8．公共の（　　　　　）は大切に利用しなければならない。
9．大企業と中小企業では、売上額の（　　　　　）が違う。
10．日本語は、もともと縦書きにするのが（　　　　　）だ。
11．ランナーは、10人ほどがひと（　　　　　）になって走った。

あっぱく　かたまり　くかん　けた　けんい　けんさく
げんそく　こうぎ　しせつ　しんどう　ふっとう

Unit 01 名詞A 練習問題Ⅱ

1 〜 100

Step 1 2 3 4

Ⅰ （　　）に入れるのに最もよいものを、a・b・c・dから一つ選びなさい。

1．（　　　）をきちんと整えて面接に行った。
a　身ごろ　　b　身たけ　　c　身なり　　d　身ぶり

2．うそをついていつまでも（　　　）がとがめた。
a　良心　　b　真心（まごころ）　　c　善意　　d　誠意

3．この国の経済は、貿易に大きく（　　　）いる。
a　任せて　　b　背負って　　c　依頼して　　d　依存して

4．身の（　　　）をきれいに整理整頓（せいとん）した。
a　回り　　b　辺り　　c　周囲　　d　周辺

5．健康に対する人々の意識は大きく（　　　）した。
a　発展　　b　発達　　c　進歩　　d　向上

6．（　　　）として、提出された履歴書はお返ししません。
a　規則　　b　ルール　　c　原則　　d　基本

7．支社を手伝うため、本社から社員が（　　　）された。
a　赴任（ふにん）　　b　着任　　c　派遣　　d　派出

8．光は音に比べて（　　　）違いの速度で進む。
a　桁　　b　分　　c　量　　d　単位

9．私は新しい（　　　）になかなか適応できない。
a　環境　　b　習慣　　c　友人　　d　製品

10．国の政策に（　　　）するデモが行われた。
a　対抗　　b　抗議　　c　苦情　　d　批判

Ⅱ ＿＿＿＿の言葉に意味が最も近いものを、a・b・c・dから一つ選びなさい。

1．彼女はいい<u>素質</u>を持っている。
a　特徴　　b　性格　　c　才能　　d　感覚

2．息子は<u>世間</u>をよく知らないので、少し心配だ。
a　常識　　b　一般　　c　世界　　d　社会

3．彼の発言の<u>意図</u>がよくわからない。
a　計画　　b　意志　　c　目的　　d　目標

4．夜道を歩くときは<u>用心</u>している。
a　心配　　b　警戒　　c　準備　　d　防止

5．家賃の半年分を<u>一括して</u>払った。
a　一回　　b　一度に　　c　一斉に　　d　一時的に

6．体を血液が循環している。

a　流れて　　b　走って　　c　動いて　　d　めぐって

7．ペットボトルを回収する。

a　回す　　b　集める　　c　片づける　　d　処分する

Ⅲ　次の言葉の使い方として最もよいものを、a・b・c・dから一つ選びなさい。

1．指図

a　資料を指図しながら説明した。

b　指図を見ながら目的地へ行った。

c　弟を指図して部屋を片付けさせた。

d　レポートの中に指図を入れて読みやすくした。

2．中継

a　二人の出会いは、私が中継した。

b　訪ねてきた客を社長に中継した。

c　いったんやめた仕事をまた中継した。

d　テレビ局がサッカーの試合を中継した。

3．待遇

a　お客様を手作りの料理で待遇した。

b　初めて会う人への待遇には気を遣う。

c　彼は、ここよりもっと待遇のいい会社に移った。

d　教師の学生に対する待遇に不満の声が上がった。

4．検索

a　見知らぬ土地を検索して歩いた。

b　データをさまざまな方法で検索する。

c　調子の悪い機械の内部を検索した。

d　転職したいので新しい仕事を検索している。

5．革新

a　政権が代わって、内閣が革新された。

b　憲法の革新にかかわる議論が盛んだ。

c　増産のために工場の機械を革新した。

d　古いシステムには思い切った革新が必要だ。

Unit 02 動詞 A

101 ～ 190

Step 1 2 3 4

1-09

101　こする　ヲこする　to rub, scrub, scrape／擦，搓，揉，蹭／문지르다，비비다，긁히다

・このなべは、固いたわしでこすると傷(きず)が付く。　・両手をこすって温(あたた)めた。

・目にごみが入ったとき、こすってはいけない。

・塀(へい)の角(かど)｛に／で｝こすって車に傷(きず)をつけてしまった。

合　ヲこすり付ける　関　ヲなでる　☞ 103、ヲさする　☞ 102

102　さする　ヲさする　to rub／抚摩／어루만지다

・気持ちが悪かったので、背中をさすってもらった。

関　ヲなでる、ヲこする

103　なでる　ヲなでる　to stroke／抚摸，抚摩，吹拂／쓰다듬다，(바람이) 스치다

・日本人は小さな子供を褒(ほ)めるときに、頭をなでることが多い。

・ネコはのどをなでてやると、気持ちが良さそうだ。　・柔(やわ)らかい風がほおをなでた。

関　ヲさする　慣　胸をなでおろす

104　いじる　ヲいじる　to fiddle with／摆弄，改动／만지다，손대다

①・髪の毛をいじるのが彼女の癖(くせ)だ。

②・ラジオをいじっていて、壊(こわ)してしまった。

・この文章はいじりすぎて、かえって読みづらくなっている。

※ マイナスの意味で使うことが多い。

類　①②ヲ触る

105　かきまわす　ヲかき回す　to stir, ransack／搅拌，翻找，扰乱／휘젓다，뒤지다

①・スープを火にかけ、焦(こ)げないようにかき回す。

②・判子(はんこ)が見つからず、引き出しの中をかき回して探した。

・彼は議長の静止(せいし)も聞かず勝手に発言して、会議をかき回した。

合　ヲ引っかき回す

☆ヲかく

①・かゆいところをかく。　☞ N3 413

合　ヲかきむしる

②・落ち葉をくまででかく。　・手で水をかいて水中を進む。

合　ヲかき集める、ヲかき混ぜる、ヲかき乱す

106　**つむ**　　**ヲ摘む**　　to pick／摘，采／따다，뜯다，뽑다

・花を摘む。　・イチゴ狩りに行って、おいしそうなイチゴをたくさん摘んだ。

・茶を摘む。　・悪い芽は早めに摘み取ったほうがいい。

合　ヲ摘み取る

107　**つまむ**　　**ヲつまむ**　　to pinch, pick at, pick up／捏住，挟，吃／쥐다，집다，(집어) 먹다

①・ひどい匂いに、思わず鼻をつまんだ。

・食卓のてんぷらをつまんで食べた。　・箸で豆をつまむのは難しい。

(名)　つまみ（例. ・酒のつまみに枝豆を頼んだ。　・ふたのつまみ）

②・今日のお昼はサンドイッチを少しつまんだだけだ。

合　ヲかい＿　（例.「要点をかいつまんでお話します」）

108　**つかむ**　　**ヲつかむ**　　to catch/get/take hold of, capture／抓住，到手，领会／잡다，붙잡다，쥐다，사로잡다，터득하다

①・警官は逃げようとする犯人の腕をつかんだ。　・母は子供の手をつかむとぎゅっと握った。

類　ヲ握る　　慣　溺れるものは藁をもつかむ

②・宝くじに当たって思いがけない大金をつかんだ。

③・彼女は人々の心をつかみ、大スターへと上り詰めた。　・固定客をつかむ。

④・スケートの練習でジャンプのこつをつかんだ。　・チャンスをつかむ。

連　こつを＿

類　①③④ヲ捉える　☞ 153

109　**ねじれる**　　**ガねじれる**　　to be twisted／歪斜，搭配不当，性格乖僻／비뚤어지다

①・満員電車で押されて、ネクタイがねじれてしまった。

・この文は主語と述語がねじれている。

(名)　ねじれ→　＿がある⇔ない

②・彼は {性格／根性　…} がねじれている。

関　ガひねくれる

類　①②ガゆがむ　☞ 1089

110　**ねじる**　　**ヲねじる**　　to twist／拧／돌리다，틀다，꼬다，비틀다

①・ペンチで針金をねじって切る。　・ガス栓をねじる。

・このキャンディーは一つずつ紙で包んで、両端をねじってある。

・相手の腕をつかんでねじりあげる。

合　ヲねじりあげる

②・{体／足首　…} をねじる。

類　①②ヲひねる　☞ 111　　※「ひねる」より「ねじる」の方が、力が必要。また、両端を逆方向に回す、あるいは一方が固定されている場合によく使う。

1-10

111　ひねる　ヲひねる　to tweak, turn, make tricky, puzzle over, be perplexed／拧，扭伤，别出心裁，绞尽脑汁，伤脑筋／돌리다，삐다，꼬다，색다르다，짜내다，갸웃거리다

①・蛇口をひねって水を出す。　・走っていて足首をひねった。

・袋の口をひねって輪ゴムで止めた。

②・先生はいつもテストにひねった問題を出す。

（名）①②ひねり

③〈慣用表現〉・いいアイデアを出そうと一生懸命頭をひねった。

・説明書に書いてあることがよく理解できず、首をひねった。

112　ちぎれる　ガちぎれる　to tear, break off／扯断，撕破，撕掉／찢어지다，끊어지다

・みんなで引っ張ったので、紐がちぎれた。　・ちぎれんばかりにハンカチをふった。

・寒さで耳がちぎれそうだ。

関　ガ切れる、ガ破れる

113　ちぎる　ヲちぎる　to tear, rip／撕／뜯다，（잘게）찢다

・レタスは手でちぎったほうが味がしみこんでおいしい。　・紙を手でちぎる。

合　ヲかみ__、ヲ食い__、ヲほめ__、ヲぶっ__

114　たばねる　ヲ束ねる　to tie up, bundle, manage／包，捆，扎，管理／묶다

①・古新聞を束ねて回収日に出した。　・暑いので、長い髪を一つに束ねた。

類　ヲくくる

②・この会社の部長は50人の部下を束ねている。

115　あおぐ　ヲ扇ぐ　to fan／扇（风）／부치다

・エアコンを使わず、うちわや扇子で扇いで夏を過ごした。

116　くむ　ヲくむ　to draw, fill, understand／打水，理解，／푸다，헤아리다

①・バケツで井戸水をくむ。

②・田中氏は上司の意をくんで、山田さんを課長にした。

連　意を__

117　くわえる　ヲくわえる　to hold in one's mouth／叼，衔／물다

・子供は指をくわえて、うらやましそうに友達のおもちゃを見ていた。

・動物は子供を口にくわえて運ぶ。　・{タバコ／パイプ　…}をくわえる。

118　なめる　ヲなめる　to lick, make fun of, make light of／舔，轻视／핥다，빨다，얕보다

①・うちの犬はうれしいとき、すぐに私の顔や手をなめる。

・{ソフトクリーム／あめ／くちびる　…}をなめる。

慣　なめるようにかわいがる

②・あの若い教師はすっかり学生になめられている。

・昨年勝った相手だからといってなめてかかると、負けるかもしれない。

連　ヲなめてかかる　類　ヲ侮る、ヲ軽く見る、ヲ甘く見る

119 **うつむく** **ガうつむく** to look down／俯首，垂头／고개를 숙이다

・その子はいじめられても、黙(だま)ってうつむいているだけだった。 ・叱(しか)られてうつむく。

・花がしおれてうつむいている。

合 うつむき加減(かげん)（例. うつむき加減に歩く。） 対 ガ仰向(あおむ)く

120 **はう** **ガはう** to crawl, creep／匍伏，爬，爬行，攀爬／기다，뻗다

①・敵(てき)に見つからないよう、はって進んだ。 ・赤ん坊がはう。

②・{虫／へび …} が {地面／壁(かべ) …} をはう。

③・植物のつるが壁(かべ)をはっている。 ・壁(かべ)にツタをはわせる。

121 **くぐる** **ガくぐる** to pass through, evade／（从物体的下面或中间）低头通过，穿过，钻空子／통과하다，빠져나가다

①・のれんをくぐって店に入った。 ・{門／鳥居(とりい)／トンネル／戦火(せんか) …} をくぐる。

②・監視(かんし)の目をくぐって試験中にカンニングをしていた学生が、退学処分となった。

・法の網(あみ)の目をくぐる。

合 ①②ガくぐり抜ける

122 **ささやく** **ヲささやく** to whisper, gossip／低声私语／소곤거리다，속삭이다，수군거리다

①・「ちょっと来て」と田中さんが耳元でささやいた。 ・恋人に愛をささやく。

関 ヲつぶやく ☞ N2 758

※「つぶやく」は独(ひと)り言(ごと)に、「ささやく」は相手に向かって言うときに使う。

②・あの会社は危ないのではないかとささやかれている。

関 噂(うわさ)

（名） ①②ささやき

123 **わめく** **ガ／ヲわめく** to shout, scream／喊叫／외치다，소리치다

・夜中に通りで誰(だれ)かが大声でわめいていた。

合 ガ泣きわめく、ガ／ヲわめき散らす、わめき声

慣 泣いてもわめいても（例. 泣いてもわめいても明日はもう締(し)め切(き)りだ。）

124 **いいつける** **ヲ言いつける** to order, tell on, report／吩咐，命令，告状／명령하다，일러바치다

①・母は姉に掃除(そうじ)をするよう言いつけた。 ・課長は私にばかり仕事を言いつける。

類 ヲ命じる （名） 言いつけ →＿を守る、＿に背(そむ)く

②・あの子は私達が悪いことをすると、すぐに先生に言いつける。

関 ガ／ヲ告(つ)げ口(ぐち)（を）する

125 **うちあける** **ヲ打ち明ける** to be frank/open／坦白／털어놓다，고백하다

・過去の過(あやま)ちを親友に打ち明けたら、心が軽くなった。 ・本心を打ち明ける。

類 ヲ告白(こくはく)する

1-11

126　みかける　　ヲ見かける

to see, catch sight of ／（偶然）看见／보다

・昨日街(まち)で課長が家族と歩いているのを見かけた。

・この言葉は最近メディアでよく見かける。

・「不審(ふしん)な荷物を見かけた方は、駅員までお知らせください」

類　ヲ目にする　（名）見かけ　☞ N2 901

127　みわける　　ヲ見分ける

to distinguish ／识别，判断／분간하다，가리다

・ひよこの雄(おす)と雌(めす)を見分けるのは難しい。

・会社の面接は、応募者(おうぼしゃ)の中から将来性のある人を見分けるために行われる。

類　ヲ識別する

（名）見分け→　＿がつく⇔つかない（例．この人工ダイヤは、本物とまったく見分けがつかない。）

128　みわたす　　ヲ見渡す

to look out over, survey ／放眼望去，环视，通盘看／내려다보다，보다，둘러보다

①・山に登って平野(へいや)を見渡した。　・目の前は見渡す限りの砂漠(さばく)だった。

・電車に乗って周囲を見渡すと、全員が携帯(けいたい)のゲームをやっていた。

慣　見渡す限り

②・工程全体を見渡して、不具合(ふぐあい)のある個所(かしょ)を修正(しゅうせい)した。

129　みおとす　　ヲ見落とす

to overlook, miss ／看漏／간과하다，빠뜨리다

・レポートの誤字(ごじ)や脱字(だつじ)を見落として提出(ていしゅつ)してしまった。

（名）見落とし→　＿がある⇔ない（例．「用紙に記入したら、見落としがないかどうか確認してください」）

130　のりすごす　　ガ乗り過ごす

to miss one's stop/station (train, bus, etc.) ／坐过站／지나치다

・本に夢中になっていて、一駅乗り過ごしてしまった。

関　ガ乗り越す　→乗り越し（料金）

131　のりこえる　　ガ乗り越える

to climb over, surpass, overcome ／越过，渡过（困难），超越／뛰어넘다，극복하다，이겨내다

①・泥棒(どろぼう)は塀(へい)を乗り越えて侵入(しんにゅう)したものと見られる。

②・この論文で、新井氏(あらいし)は師（の業績）を乗り越えたと言えるだろう。

類　ヲ追い抜く

③・災害(さいがい)で生き残った者は、悲しみを乗り越えて前へ進まなければならない。

類　ヲ克服(こくふく)する

132　あゆむ　　ガ歩む

to walk, go on foot ／走上／걷다

・グループ解散後、3人は別々の道を歩んだ。　・苦難の人生を歩む。

※「歩く」より文学的で、抽象的(ちゅうしょうてき)な意味で使うことが多い。

合　ガ歩み寄る　（名）歩み（例．戦後60年の日本の歩みを振(ふ)り返(かえ)る。）

133 **もつ** **ガもつ** to last／保存，经用，保持／오래가다，견디다

・卵は、冷蔵庫の中でなら10日以上もつ。

・この洗濯機は買って20年になる。よくここまでもったものだ。

・いくらダイエットだといっても、毎日果物(くだもの)ばかりでは体がもたない。

慣 体がもたない、身がもたない（例．こんなに働かされては身がもたない。）

(名) もち→ ＿がいい⇔悪い、日もち（例．「これは日もちがしないので、早く食べてください」）

134 **たもつ** **ヲ保つ** to maintain, preserve／保持，维持／유지하다，지키다

①・この部屋は、コンピューターにより、20度に保(たも)たれている。 ・秩序を保(たも)つ。

・{均衡(きんこう)／平静 …} を保(たも)つ。

②・モデルたちはスタイルを保(たも)つため、厳(きび)しい食事制限をしている。

・{若さ／健康(けんこう) …} を保(たも)つ。

類 ①②ヲ維持(いじ)する

135 **きずく** **ヲ築く** to build, construct／建造，建立／구축하다，쌓다，이루다

①・この城は17世紀(せいき)に築かれたものだ。 ・{ダム／堤防(ていぼう)／建物の土台 …} を築く。

②・「二人で力を合わせて幸せな家庭を築きたいと思います」

・{信頼関係／新しい社会／富(とみ)／繁栄(はんえい)／～の基礎(きそ) …} を築く。

合 ヲ築き上げる

136 **たえる** **ガ絶える** to stop, cease, be discontinued／断绝，消失／끊기다

・山本(やまもと)先生の話は面白いので、いつも授業中、笑い声が絶えない。

・{消息(しょうそく)／連絡／子孫／家系／息／国交(こっこう) …} が絶える。

類 ガ途絶(とだ)える ☞139

137 **たつ** **ヲ断つ／絶つ** to sever, abstain from／断绝，戒，绝命，消失／단절되다，끊다

①・両国は国交(こっこう)を断つに至(いた)った。 ・健康(けんこう)のために {酒／タバコ} をたつことにした。

関 ガ／ヲ断絶(だんぜつ)する

②・失恋した青年は、山の中で命を絶った。 ・会社再建の望みは絶たれた。

③・亡命した彼は、消息(しょうそく)を絶った。 ・家系が断たれる。 ・{連絡／退路 …} を絶つ。

138 **とぎれる** **ガ途切れる** to pause, be interrupted／间断，中断／끊어지다，중단되다

・車の流れが途切れないので、道が渡れない。

・会話の途中で話が途切れ、気まずい雰囲気(ふんいき)になった。

・中学卒業以来30年、彼女との付き合いは途切れることなく続いている。

・{通信／交流／連絡／記憶(きおく)／人通り …} が途切れる。

合 途切れ途切れ（例．彼女は途切れ途切れに状況を語った。） 関 ガ途絶(とだ)える ☞139

139 **とだえる** **ガ途絶える** to stop, cease／断绝，消失／끊어지다

・登山隊からの連絡が途絶えた。遭難した恐れがある。

・この辺りは、夜８時を過ぎると人通りが途絶える。　・{送金／交流／通信　…}が途絶える。

類 ガ絶える ☞136、ガなくなる　関 ガ途切れる ☞138

140 **くだる** **ガ下る** to be handed down, pass, descend, be less than, have diarrhea／宣（判决），下（命令），(时代）推移，少于，拉肚子，下（坡、楼梯），渡／내려지다，내려오다，밑돌다，설사하다，내려가다

①・１年にわたった裁判が終わり、被告に判決が下った。

・{宣告／指令／評価／天罰　…} が下る。

②・時代が下る。

③・この事故による損害は百万円を下らないだろう。

※ 否定の形で使う。　関 ガ上回る

④・腹が下る。

類 下痢になる、腹を下す

⑤・山道を３時間ほど下ると、駅に出た。　・{坂／階段　…} を下る。　・船で川を下る。

☞ N3 717

141 **くだす** **ヲ下す** to make (a decision), defeat, have diarrhea／下达，攻下，拉肚子／내리다，이기다，설사하다

①・部長はいつも的確な判断を下すので、尊敬されている。

・{結論／評価／判定／解釈／判決　…} を下す。

②・対戦相手を大差で下した。

類 ガ勝つ（例．相手に勝つ。）

③・食べ過ぎて腹を下した。

類 下痢をする、腹が下る

142 **たれる** **ガ／ヲ垂れる** to hang, droop, drip／低垂，下垂，流下，低下／늘어지다，처지다，떨어지다，숙이다

①・柳の枝が垂れている。　・台風で切れた電線が垂れ下がっている。

・パンダは目が垂れ下がっていているように見えて、可愛い。

合 ガ垂れ下がる　類 ガ下がる

②・冬の朝、屋根の氷が溶けて水滴が垂れてくる。　・{よだれ／鼻水} が垂れる。

類 ガ落ちる

③・校則違反をして捕まった学生たちは、首を垂れて校長の叱責を聞いていた。

・「実るほど頭を垂れる稲穂かな」

〈他〉ヲ垂らす（例．{髪／釣り糸／よだれ／鼻水　…} を垂らす。）

143 **しげる** **ガ茂る** to be in full leaf, grow thickly／（草木）繁茂／우거지다，무성하다

・山は木が茂って暗いくらいだった。　・この木は、葉は茂るが花は咲かない。

合 ガ生い＿

144　**たがやす**　　**ヲ耕す**　　to cultivate／耕种／갈다，일구다

・農家は田畑に肥料をまいて耕す。

145　**いかす**　　**ヲ生かす**　　to make (the best) use of, keep alive／活用，有效地利用，发挥，留活命／살리다，살려두다

①・得意な英語を仕事に生かしていきたい。

・日本料理には、素材そのものの味を生かしたものが多い。

対　ヲ殺す（例．あの映画では、この女優の個性が殺されている。）

②・獲物の動物を、すぐに殺さずに生かしておいた。

〈自〉ガ生きる

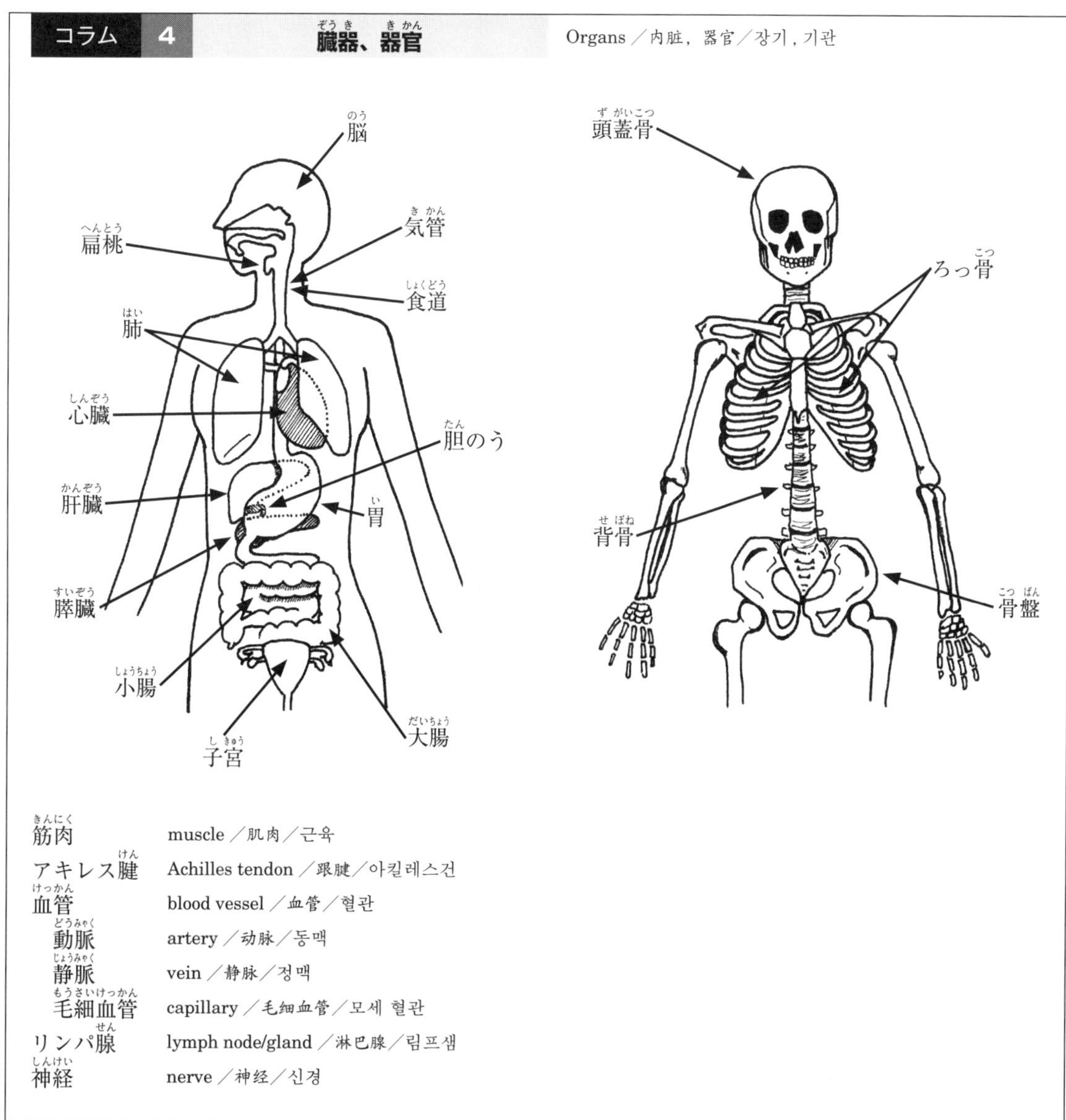

筋肉	muscle／肌肉／근육
アキレス腱	Achilles tendon／跟腱／아킬레스건
血管	blood vessel／血管／혈관
動脈	artery／动脉／동맥
静脈	vein／静脉／정맥
毛細血管	capillary／毛细血管／모세 혈관
リンパ腺	lymph node/gland／淋巴腺／림프샘
神経	nerve／神经／신경

Unit 02 動詞A 101 〜 145

練習問題Ⅰ

Step 1 2 3 4

Ⅰ （　　）に助詞を書きなさい。

1．虫が壁（　　）はっている。
2．門（　　）くぐって寺に入った。
3．大声（　　）わめく。
4．温度（　　）20度（　　）保(たも)つ。
5．日本語（　　）仕事（　　）生かしたい。
6．対戦相手（　　）下す。
7．動物は子供（　　）口（　　）くわえて運ぶ。

Ⅱ 「ます形」が名詞になる言葉に○を付けなさい。 例：ねじれる→ねじれ

摘(つ)む　つまむ　ねじる　ひねる　ちぎれる　ささやく　あおぐ　もつ
言いつける　打ち明ける　見分ける　見落とす　見渡す　乗り越える
かき回す　歩(あゆ)む　茂(しげ)る

Ⅲ A、B から一つずつ言葉を選び、一つの言葉にしなさい。

A

かく　築(きず)く　くぐる　摘(つ)む 泣く　乗る　~~見る~~

B

上げる　~~落とす~~　越える　取る 抜ける　回す　わめく

例：見落とす ＿＿＿＿＿＿　＿＿＿＿＿＿　＿＿＿＿＿＿

＿＿＿＿＿＿　＿＿＿＿＿＿　＿＿＿＿＿＿

Ⅳ 一緒(いっしょ)に使う言葉を下から選んで書きなさい。C は、似た意味の言葉を選びなさい。

A

1．（　　　）を摘(つ)む。
2．（　　　）をつまむ。
3．（　　　）をつかむ。
4．（　　／　　）をひねる。
5．（　　／　　）を束(たば)ねる。
6．（　　　）をくむ。
7．（　　／　　）をなでる。
8．（　　　）をなめる。
9．（　　　）を築(きず)く。
10．（　　　）を絶つ。

頭　あめ　髪　蛇口(じゃぐち)　消息　ダム　チャンス　花　鼻　水

（二度使う語もある）

B

1．うちわで（　　　）。
2．手で（　　　）。
3．口に（　　　）。
4．息が（　　　）。
5．ネクタイが（　　　）。
6．葉が（　　　）。
7．愛を（　　　）。
8．畑(はたけ)を（　　　）。
9．鼻水(はなみず)を（　　　）。

あおぐ　くわえる　ささやく　しげる　たえる　たがやす　たらす　ちぎる　ねじれる

C　1．本心を（　　　　　／　　　　　）。
2．健康を（　　　　　／　　　　　）。
3．連絡が（　　　　　／　　　　　）。
4．部下に仕事を（　　　　　／　　　　　）。
5．本物と偽物（にせもの）を（　　　　　／　　　　　）。

言いつける	維持（いじ）する	打ち明ける	告白する	識別する
保（たも）つ	途絶（とだ）える	なくなる	見分ける	命じる

V　一緒（いっしょ）に使う言葉を選びなさい。（　　）の数字は選ぶ数です。

1．［　うわさ　指令　判決　損害　坂道　時代　］が下る。（3）
2．［　頭　腹　チャンピオン　部下　評価　判断　見解　］を下す。（4）
3．［　体　腕　技術　こつ　人の心　希望　］をつかむ。（3）

VI　正しい言葉を選びなさい。（B の答えは一つとは限りません。）

A　1．「これは柔らかい素材（そざい）でできているので、固いもので〔　いじら　こすら　さすら　なで　〕ないでください」
2．歩き回って疲れている母の足を〔　いじって　こすって　さすって　〕あげた。
3．ひげを伸ばし始めた弟は、気になるのか、しょっちゅう〔　いじって　こすって　さすって　〕いる。
4．最近お隣のおばあさんを〔　見かけない　見分けない　見逃さない　〕。どうしたのだろう。
5．会場を〔　見かけた　見分けた　見渡した　〕が、外国人は私一人のようだった。
6．交通標識（ひょうしき）を〔　見分けなくて　見落として　見直して　〕、交通違反をしてしまった。
7．寝ていたので、一駅（ひとえき）〔　乗り越えて　乗り過ごして　〕しまった。
8．何とかしてこの不況を〔　乗り越え　乗り過ごし　〕、会社を存続させたい。

B　1．あの子は性格が〔　ねじって　ねじれて　ひねって　ゆがんで　〕いる。
2．あの先生のテストには、〔　ねじった　ねじれた　ひねった　ゆがんだ　〕問題がよく出る。
3．ガス栓を〔　ねじっても　ひねっても　〕ガスが出ない。

Ⅶ　（　　　）に入る言葉を下から選び、適当な形にして書きなさい。

1．先生に叱られた学生は、黙って（　　　　　　　）いた。
2．荷物を入れすぎて、紙袋のひもが（　　　　　　　）しまった。
3．このあたりでは夜9時を過ぎると、人通りが（　　　　　　　）。
4．高校卒業後、クラスメート40人はそれぞれの道を（　　　　　　　）。
5．輪ゴムは紙幣を（　　　　　　　）ために作られたそうだ。
6．山道でヘビが（　　　　　　　）いるのを見て、姉は悲鳴を上げた。
7．昨夜酒を飲み過ぎ、12時過ぎからの記憶が（　　　　　　　）いる。
8．このスープは、最後に卵を入れ、（　　　　　　　）出来上がりです。
9．「すみません、このお菓子、どのくらい（　　　　　　　）か」
10．「あんな新人に（　　　　　　　）、先輩として恥ずかしくないのか」
11．「彼女、前髪を（　　　　　　　）と感じが変わったね」
12．日本では昔、好きなものを（　　　　　　　）、神に願い事(ごと)をしたそうだ。

あゆむ	うつむく	かきまわす	たつ	たばねる	たらす
ちぎれる	とぎれる	とだえる	なめる	はう	もつ

1-13

146 **こばむ** **ヲ拒む** to refuse／拒绝，阻挡／거부하다，거절하다

・組織の人間である以上、理由なく異動や転勤を拒むことはできない。

・{要求／申し出／支払い …} を拒む。

類 ヲ拒否する、ヲ拒絶する、ヲ断る ※「拒む」の方がかたい表現で、意味も強い。

147 **しいる** **ヲ強いる** to force, coerce／强迫／강요하다

・同窓会館の改築のために寄付を強いられた。 ・会社は彼女に単身赴任を強いた。

類 ヲ強制する ☞ 91、ヲ強要する、ヲ押し付ける ☞ 401 慣 苦戦を強いられる

148 **きんじる** **ヲ禁じる** to prohibit／禁止，不准／금하다，금지하다

・20 歳未満の飲酒は法律で禁じられている。 ・医者は患者に激しい運動を禁じた。

合 ヲ禁じ得ない（例．被害者には同情を禁じ得ない。） 類 ヲ禁止する ☞ N3 659

※古くは「禁ず／禁ずる」。

149 **きそう** **ヲ競う** to compete (with)／竞争／겨루다，다투다

・参加者たちはコンテストで技を競った。 ・人と {優劣／勝敗／腕 …} を競う。

・男子学生たちは競って彼女の関心を引こうとした。 ※副詞的な用法。

合 ヲ競い合う 類 ガ／ヲ競争する ☞ N3 331、ガ／ヲ争う ☞ N3 738

150 **まかす** **ヲ負かす** to defeat, be beaten／打败，击败，战胜／이기다，패배시키다

・彼女は将棋が強くて、何度やっても負かされてしまう。

合 ヲ言い__ 類 ヲ破る 関 ガ勝つ、ヲやっつける

〈自〉ガ負ける

151 **やっつける** **ヲやっつける** to see off, dash off／打败，打垮，干完／쳐부수다，해치우다

・敵を徹底的にやっつけた。 ・早くこの仕事をやっつけて飲みに行こう。

※会話的な言葉。 関 ヲ負かす

152 **はげむ** **ガ励む** to make an effort, strive／努力，刻苦，辛勤／열심히 하다，힘쓰다

・オリンピック出場を目指して、毎日練習に励んでいる。

・{仕事／勉強／研究 …} に励む。

(名) 励み→ __になる・__にする（例．周囲の声援を励みにしてがんばった。）

〈他〉ヲ励ます ☞ N2 111

153 **とらえる** **ヲ捉える** to capture, grasp／抓住，陷入，捕捉／파악하다，사로잡다，잡다

①・上手な似顔絵は、うまく特徴を捉えて描かれている。

・{チャンス／真相／要点 …} を捉える。

②・その新しい音楽は、瞬く間に若者の心を捉えた。

・自分の無力さを知り、自己嫌悪に捉えられた。

類 ①②ヲつかむ ☞ 108

③・レーダーが機影を捉えた。

154 **とらえる** **ヲ捕らえる** to apprehend, arrest, capture ／抓住，捕抓／잡다

①・店員たちは協力して泥棒を捕らえた。 ・猟師は動物を捕らえるのが仕事だ。

・戦争中、祖父は敵に捕らえられて捕虜になったそうだ。

類 ヲ捕まえる

②・警官は逃げようとする犯人の足を捕らえて離さなかった。

類 ヲつかむ

155 **かばう** **ヲかばう** to cover for, cover up, protect ／庇护，保护／감싸다

①・彼は、罪を犯した恋人をかばって警察に自首した。

②・高橋投手は、けがをした肩をかばいながら投球を続けた。

156 **からかう** **ヲからかう** to tease ／嘲笑／놀리다，조롱하다

・私は何をやっても不器用で、よく家族にからかわれる。

類 ヲ冷やかす ☞729 （名） からかい

157 **おそう** **ヲ襲う** to attack, target ／袭击，侵袭，侵扰／습격하다，덮치다，사로잡히다

①・銀行が強盗に襲われ、1億円奪われた。 ・動物が｛人／獲物｝を襲う。

・台風が四国地方を襲った。

合 ガ襲いかかる 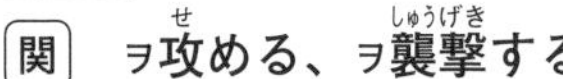 関 ヲ攻める、ヲ襲撃する  慣 不意を襲う

②・眠気に襲われる。 ・恐怖（の念）に襲われて、現場から逃げ出した。

※ 受身形で使うことが多い。

158 **あがる** **ガ挙がる** to go up, turn up, be listed, increase ／举起，举出，提名，取得，列出，找到／오르다，드러나다

①・司会者が意見を求めると、多くの手が挙がった。

②・ようやく犯人につながる証拠が挙がった。

③・この映画はアカデミー賞の候補として名前が挙がっている。

④・毎月100万円の利益が挙がっている。

159 **あげる** **ヲ挙げる** to raise, give (an example), praise, uproot, summon up, increase, conduct (a ceremony), arrest, rise up ／举手，举例，提名，举国，举家，竭尽全力，取得，举行，检举，举兵／들다，꼽다，다하다，올리다，붙잡다，일으키다

①・「賛成の方は手を挙げてください」

対 ヲ下ろす 関 ガ挙手（を）する

②・例を挙げて説明するとわかりやすい。

③・次期社長候補として、野村氏を挙げる声が多い。

④・国を挙げてオリンピック選手を応援する。 ・一家を挙げてカナダへ移住する。

⑤・佐藤氏は全力を挙げて患者のために尽くした。

⑥・新しい仕事を始めても、すぐに利益を挙げることは難しい。

⑦〈その他〉・結婚式を挙げる。（＝挙式する） ・犯人を挙げる（＝検挙する）

・兵を挙げる。（＝挙兵する）

160　**やとう**　**ヲ雇う**　to employ, hire／雇用，租用／고용하다，쓰다

①・この工場は新(あら)たに5人の従業員(じゅうぎょういん)を雇った。

合　雇い主、雇い手、日雇い　類　ヲ雇用する

②・市内の一日観光にタクシーを雇った。

161　**やしなう**　**ヲ養う**　to support, cultivate／抚养，养育，养精蓄锐，培养／부양하다，키우다，회복하다

①・彼女は一人で家族を養(やしな)っている。　・子供を養(やしな)う。

類　ヲ扶養(ふよう)する

②・山登りで体力を養(やしな)っている。　・夏休みに仕事を離(はな)れて英気(えいき)を養(やしな)った。

・{実力／知力／読解力　…}を養(やしな)う。

連　英気(えいき)を__

162　**まじわる**　**ガ交わる**　to intersect, associate, mingle with／交叉，交往／교차하다，교제하다

①・線と線が90°に交わった角を直角という。

・国道に県道が交わっている。

90°

類　ガ交差する、ガクロスする

②・このサークルでは先輩(せんぱい)とも後輩(こうはい)とも親しく交わることができる。

類　ガ付き合う、ガ交際する、ガ交流する　※「交わる」は1対1の付き合いには使わない。

（名）交わり　慣　〈ことわざ〉朱(しゅ)に交われば赤くなる。

163　**まじえる**　**ヲ交える**　to include, combine, cross／夹杂，参加，促膝谈心／포함하다，섞다，(머리를) 맞대다

①・仕事上の発言に私情を交えてはいけない。　・専門家を交えて審議(しんぎ)する。

・{ジェスチャー／手振(てぶ)り身振(みぶ)り／ユーモア　…}を交えて話す。

関　ヲ交ぜる

②〈慣用表現〉・教師は、問題を起こす生徒とひざを交えて話し合った。

・言葉を交える（＝言葉を交(か)わす　☞188）。

164　**よこす**　**ヲよこす**　to call (phone), send (e-mail, letter, etc.), give (hand over)／打电话，发信件，交给／하다，보내오다，내놓다

・最近、父がしばしば私に電話をよこすようになった。

・{便(たよ)り／手紙／メール／使い　…}をよこす。

・(目の前の相手に)「それをこっちへよこせ（＝渡せ)」

165　**あせる**　**ガ／ヲ焦る**　to be in a hurry, be flustered/worried／着急／서두르다，조급하게 굴다，초조하다

①・遅刻しそうで焦(あせ)っていたので、大事な書類を家に忘れてきてしまった。

・焦(あせ)るとろくなことはない。落ち着いて考えよう。

②・経験の浅い選手は、勝利を焦(あせ)って固くなり、自滅(じめつ)してしまうことも多い。

関　①②気がはやる、気がせく　（名）①②焦(あせ)り

③「学校をさぼったことが親にばれそうになって、焦(あせ)ったよ」　※会話的な表現

1-14

166　**せかす**　　**ヲせかす**　　to rush／催促／재촉하다，독촉하다

・外出しようとする母親は、小さい子供を「早く早く」とせかした。

・せかされるとかえって時間がかかることも多い。　・上司は部下に会計処理をせかした。

類　ヲ急(いそ)がせる　　関　ヲ促(うなが)す

167　**たえる**　　**ガ耐える**　　to endure, withstand／忍耐，承受，经受／참다，견디다

①・ダイエットの一番の課題は空腹に耐(た)えることだ。

・{訓練／痛み／禁断症状(きんだんしょうじょう)　…}に耐(た)える。

関　ヲ我慢(がまん)する

②・この家は象(ぞう)の重さにも耐(た)えるコマーシャルで話題になった。

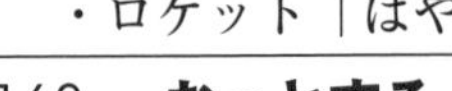

・ロケット「はやぶさ」は、度重(たびかさ)なるアクシデントに耐(た)えて地球に戻ってきた。

168　**むっとする**　　**ガむっとする**　　to be sullen/petulant, to be stifled/suffocated／怒上心头，闷得慌／불끈하다，후덥지근하다，숨이 막힐 듯하다

①・しつこくからかわれて、むっとした。　・むっとした顔をする。

②・暑い日に一日閉め切ってあったので、帰宅して部屋に入るとむっとした。

・むっとする暑さ

169　**ぞっとする**　　**ガぞっとする**　　to shudder／心有余悸／오싹해지다，소름이 끼치다

・先日自転車で転んだ。もしあの時、車がそばを走っていたらと思うとぞっとする。

関　怖い、恐怖

170　**ぎょっとする**　　**ガぎょっとする**　　to be startled／大吃一惊／흠칫하다，깜짝 놀라다

・夜道(よみち)で突然(とつぜん)声をかけられ、ぎょっとして振(ふ)り向(む)くと、おまわりさんだった。

類　ガびっくりする、ガ驚く

171　**くるう**　　**ガ狂う**　　to go mad, go wrong／疯狂，失常，乱套，沉溺于／미치다，빗나가다，틀어지다，이상해지다

①・彼は嫉妬(しっと)のあまり、気が狂(くる)ったようになってしまった。

・しばらく練習していなかったら、勘(かん)が狂(くる)った。

・「すぐにキレて人を殺すなんて、今の世の中は狂(くる)っていると思う」

連　気が＿、勘(かん)が＿　　合　ガ荒れ狂(くる)う、ガ怒り狂(くる)う

②・あの人はギャンブルに狂(くる)って、全財産を無くしたそうだ。　・〈文学的〉恋に狂(くる)う。

③・突然(とつぜん)来客があり、仕事の予定が狂(くる)った。　・{順番／ペース／手元／時計　…}が狂(くる)う。

172　**てれる**　　**ガ照れる**　　to be shy／羞涩，难为情／쑥스러워지다，부끄러워하다

・先生に、成績がいいのに謙虚(けんきょ)だとほめられて照れてしまった。

・幼稚園(ようちえん)でほめられた男の子は照れて、怒ったように横を向いた。

合　照れくさい、照れ屋

173　**かえりみる**　　**ヲ省みる**　　to reflect／反省／반성하다

・毎晩日記を書いて、我(わ)が身(み)を省みることにしている。

類　ヲ反省する

174 **かえりみる**　**ヲ顧みる**　to look back (over one's shoulder), reflect, consider／回顾，往回看，顾及，顾虑，照顾／회상하다，뒤돌아보다，무릅쓰다，돌보다

①・青春時代を顧みると、恥ずかしかったことばかりが思い出される。

類　ヲ回顧する、ヲ振り返る

②・母親は後ろからついてくる息子を顧みた。

関　ヲ振り向く

③・父親は子供を救うため、危険を顧みず火の中に飛び込んだ。

・失礼を顧みず、佐藤教授に依頼の手紙を出した。　・家庭を顧みない。

※否定の形で使うことが多い。

---

175 **こころがける**　**ヲ心がける**　to try to, aim to／留心，注意／마음에 두다，노력하다，조심하다

・健康のため、十分栄養を採るよう心がけている。

・{倹約／省エネ／早寝早起き／安全運転／整理整頓　…}を心がける。

(名) 心がけ→　＿がいい⇔悪い

---

176 **こころみる**　**ヲ試みる**　to try／尝试／시도하다，해 보다

・いろいろ試みたが、病気は一向に良くならなかった。

・{説得／抵抗／脱出／新しい方法　…}を試みる。

類　ヲ試す　※「試みる」の方がかたい言葉。　(名) 試み

---

177 **あんじる**　**ヲ案じる**　to be concerned about／担心，挂念／걱정하다

・母はいつも、単身赴任中の父のことを案じている。　・ことの成り行きを案じる。

類　ヲ心配する

---

178 **しみる**　**ガ染みる**　to permeate, sting／沾染，渗透，刺痛／배어들다，스며들다，따갑다，아리다

①・喫煙席に座ったら、服や髪にタバコの匂いが染み付いた。

・煮込んで味のしみたおでん

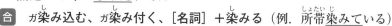

合　ガ染み込む、ガ染み付く、[名詞]＋染みる（例．所帯染みている）

(名) 染み（例．服にコーヒーのしみがついた。）

②・この目薬は目にしみる。

---

179 **にじむ**　**ガにじむ**　to run, stain, blur, brim, bead, show／渗，渗透，模糊，渗出，流露出／번지다，배다，맺히다

①・この紙に字を書いても、インクがにじんで読めない。　・血のにじんだ包帯を取り替える。

関　ガ染み込む

②・涙で町の明かりがにじんで見えた。

③・緊張して、額に汗がにじんだ。　・目に涙がにじむ。

慣　血のにじむような努力

④・彼の声には怒りがにじんでいた。　・この文章からは筆者の教養がにじみ出ている。

合　③④ガにじみ出る

180 **ぼやける**　**ガぼやける**　to be blurred/dim／模糊，不清楚／흐려지다，희미해지다

・霧(きり)が出て視界(しかい)がぼやけた。　・涙で目の前がぼやけた。

・この写真は焦点(しょうてん)がぼやけている。　・その時の記憶(きおく)はなぜかぼやけている。

類 ガぼんやりする、ガぼける　〈他〉ヲぼやかす

181 **よわる**　**ガ弱る**　to weaken, be dejected／衰弱，困窘／약해지다，곤란해지다

①・年を取ると足腰(あしこし)が弱ってくる。

・体が弱っていると風邪(かぜ)をひきやすい。

②・終電に乗り遅れて、弱ってしまった。

類 ガ困る

182 **ふける**　**ガ老ける**　to age／衰老，苍老／늙다，나이를 먹다

・あの人はしばらく会わない間にぐっと老けた。　・彼は20代なのにずいぶん老けて見える。

関 ガ老(お)いる　※「老いる」は、本当に年をとった場合に使う。

183 **こごえる**　**ガ凍える**　to freeze／冻僵／추위로 인해 몸의 감각이 둔해지다

・寒さで手が凍えて、指がうまく動かせない。　・今日は凍えるような寒さだ。

関 ガ凍(こお)る

184 **かなう**　**ガかなう**　to come true／能实现，能如愿以偿／이루어지다

・努力すれば、いつか必ず夢はかなうと信じている。

・歌手になるのは、かなわぬ夢だとあきらめた。

連 願いが＿、夢が＿、かなわぬ夢　**関** ガ実現する

185 **かなえる**　**ヲかなえる**　to come true／实现愿望／이루어지게 하다

・彼はオリンピックで金メダルを取り、ついに夢をかなえた。

連 願いを＿、夢を＿　**関** ヲ実現する／実現させる

186 **かける**　**ヲ懸ける／賭ける**　to risk, gamble／赌输赢，冒险／걸다

［懸］・若者たちは国を守るために、命を懸(か)けて戦った。　・投手はその一球に勝負を懸(か)けた。

連 ニ命を＿、勝負を＿　**合** 命がけ→ ＿で戦う

［賭］・競馬(けいば)では、多くの観客が金を賭(か)ける。

・どちらのチームが勝つかに昼ご飯を賭(か)けた。

合 賭(か)け事(ごと)　**関** ギャンブル　（名）賭(か)け→ ＿をする

187 **よす**　**ヲよす**　to give up／放弃，停止／그만두다

・海外旅行に誘(さそ)われたが、お金がないので今回はよすことにした。

・無駄遣(むだづか)いはもうよそうと思う。　・（けんかをしている人に）「よしなさい！」

類 ヲやめる

188　**かわす**　　**ヲ交わす**　　to exchange／交换／나누다，주고받다

・朝、お隣の人と挨拶を交わした。　・{言葉／握手／視線／約束／さかずき　…}を交わす。

合　ヲ見交わす、ヲ取り交わす（例．契約書を取り交わす。）

189　**にぎわう**　　**ガにぎわう**　　to be crowded, cause a sensation／热闹，大肆报导，丰富／북적거리다，떠들썩하다

・夕方になると、商店街は買い物客でにぎわう。

・最近、有名タレントのスキャンダルが週刊誌をにぎわせている。

※ 他動詞「にぎわす」のテ形「にぎわして」も使う。

（名）にぎわい（例．町にかつてのにぎわいを取り戻したい。）　関　にぎやかな

〈他〉ヲにぎわす（例．父が釣ってきた魚の料理が食卓をにぎわした。）

190　**うけいれる**　　**ヲ受け入れる**　　to accept, agree／接受，采纳／받아들이다

①・日本はまだあまり多くの難民を受け入れていない。

合　受け入れ先（例．ホームステイの受け入れ先）、受け入れ態勢（例．受け入れ態勢を整える。）、受け入れ準備

②・彼の提案は全会一致で受け入れられた。　・会社側は組合の要求を受け入れた。

類　ヲ認める

（名）①②受け入れ

Unit 02 動詞A 練習問題Ⅰ

146 ～ 190

Step 1 2 3 4

Ⅰ （　）に助詞を書きなさい。

1．痛み（　）耐える。
2．医者は患者（　）運動（　）禁じた。
3．練習（　）励む。
4．命（　）かけて戦う／命がけ（　）戦う。
5．煙（　）目（　）しみる。
6．安全運転（　）心がけている。
7．観光客（　）にぎわう。
8．勘（　）狂う／嫉妬（　）狂う。

Ⅱ 「ます形」が名詞になる言葉に○を付けなさい。　例：歩む→歩み

負かす　励む　かばう　からかう　襲う　老ける　交わる　案じる　凍える
あせる　せかす　耐える　心がける　試みる　かなう　にぎわう　受け入れる

Ⅲ 一緒に使う言葉を下から選んで書きなさい。

1．（　　）が弱る。
2．（　　）を賭ける。
3．（　　）がぼやける。
4．（　　）を競う。
5．（　　）をかなえる。
6．（　　）に襲われる。

金　体　焦点　願い　眠気　優劣

Ⅳ 下線の言葉と似た意味の言葉を下から選んで書きなさい。6は下線部と同じ形にしなさい。

1．新しい方法を<u>試みる</u>。（　　）
2．けんか相手を<u>負かす</u>。（　　）
3．泥棒を<u>捕らえる</u>。（　　）
4．「早く早く」と<u>急がせる</u>。（　　）
5．人の心を<u>捉える</u>。（　　）
6．もうけんかは<u>やめろ</u>。（　　）

せかす　ためす　つかまえる　つかむ　やっつける　よす

Ⅴ 下線の言葉と同じ意味になるよう、□に漢字を１字書きなさい。

1．相手の要求を<u>拒む</u>。→ 拒□する
2．社員に残業を<u>強いる</u>。→ 強□する
3．従業員を<u>雇う</u>。→ 雇□する
4．子供を<u>養う</u>。→ □養する
5．道が<u>交わる</u>。→ 交□する
6．多くの人と<u>交わる</u>。→ 交□する
7．1年を<u>顧みる</u>。→ □顧する
8．自分を<u>省みる</u>。→ □省する

Ⅵ 関係のある感情を下から選んで書きなさい。

1．案じる　―（　　）
2．照れる　―（　　）
3．むっとする　―（　　）
4．ぞっとする　―（　　）
5．ぎょっとする　―（　　）

怒り　驚き　恐怖　心配　恥ずかしさ

Ⅶ　一緒に使う言葉を選びなさい。(　　)の数字は選ぶ数です。

1.［　手　例　力　家族　利益　全力　］を挙げる。(4)
2.［　家　家族　国民　集中力　訓練　色彩感覚　英気　］を養う。(4)
3.［　気　調子　行為　時計　予定　未来　計算　文字　］が狂う。(5)
4.［　目　視線　握手　手　意見　思い出　約束　メール　］を交わす。(5)

Ⅷ　(　　)に入る言葉を下から選び、適当な形にして書きなさい。

A　1. 各テレビ局は視聴率を（　　　　　　　　）いる。
2. この写真は、写っている人の内面までを（　　　　　　　　）いる。
3. ノーベル物理学賞の候補として、日本人の名前が（　　　　　　　　）いるそうだ。
4. 落ち込んでいるときに励まされ、その友人の優しさが心に（　　　　　　　　）。
5. そのハガキは雨にぬれてインクが（　　　　　　　　）、とても読みにくかった。
6. 兄が亡くなってから、両親は一気に（　　　　　　　　）ように見える。
7. クラスのみんなが、転校生である私を温かく（　　　　　　　　）くれた。
8. 伊藤教授のユーモアを（　　　　　　　　）講義は、わかりやすくて人気がある。
9. 頭を打ったせいか、事故当時の記憶が（　　　　　　　　）いる。
10. A国は今、国を（　　　　　　　　）オリンピック誘致に取り組んでいる。
11. 失恋の悲しみを忘れようと、彼はいっそう仕事に（　　　　　　　　）。

あがる　あげる　うけいれる　きそう　しみる　とらえる にじむ　はげむ　ふける　ぼやける　まじえる

B　1. 父は自分勝手な人で、家族はいつも我慢を（　　　　　　　　）きた。
2. 自転車がぶつかってきそうになったとき、母親は子供を（　　　　　　　　）自分がけがをした。
3. 息子ときたら、イギリスへ行ったきり、電話一本（　　　　　　　　）。
4. この問題は、（　　　　　　　　）にゆっくり考えればできるはずだ。
5.「言い訳は（　　　　　　　　）」
6.「電車が不通？（　　　　　　　　）なあ」
7. 親からは早く結婚しろと（　　　　　　　　）いるが、私はまだその気になれない。
8. 友達にしつこく（　　　　　　　　）、子供はとうとう泣き出してしまった。
9. 溺れている子供を助けようと、青年は危険を（　　　　　　　　）に、川に飛び込んだ。
10. 寒波に（　　　　　　　　）、多くの羊が（　　　　　　　　）死んだ。

あせる　おそう　かえりみる　かばう　からかう こごえる　しいる　せかす　よこす　よす　よわる

Ⅰ （　　）に入れるのに最もよいものを、a・b・c・dから一つ選びなさい。

1．落ちていたごみを（　　　）ごみ箱に捨てた。
a　ちぎって　b　にぎって　c　つんで　d　つまんで

2．信頼関係を（　　　）には、ある程度の時間がかかるだろう。
a　築く　b　蓄える　c　建設する　d　蓄積する

3．友達を信頼して秘密を（　　　）明けた。
a　振り　b　告げ　c　打ち　d　取り

4．暖房が効きすぎていて、部屋は（　　　）ほど暑かった。
a　むっとする　b　そっとする　c　ぞっとする　d　すっとする

5．そんなに（　　　）と照れるよ。
a　しかられる　b　ほめられる　c　泣かれる　d　喜ばれる

6．プレゼンテーションでは、初めの1分で相手の心を（　　　）かどうかが勝負だ。
a　生かせる　b　かき回せる　c　見分けられる　d　つかめる

7．子供の頃（ころ）からの習慣は、すっかり体に（　　　）いる。
a　くっついて　b　受け入れて　c　染み付いて　d　巻き込んで

8．動物は傷口（きずぐち）を（　　　）治してしまう。
a　なめて　b　かじって　c　くわえて　d　かんで

9．あの人は怒るとすぐに大声でどなったり（　　　）する。
a　つぶやいたり　b　ささやいたり　c　しゃべったり　d　わめいたり

10．けが人は額（ひたい）からぽたぽたと血を（　　　）いた。
a　流れさせて　b　たらして　c　出して　d　落として

Ⅱ ＿＿＿の言葉に意味が最も近いものを、a・b・c・dから一つ選びなさい。

1．彼女は<u>うつむいて</u>私の話を聞いていた。
a　上を向いて　b　下を向いて　c　正面を向いて　d　そっぽを向いて

2．対戦相手<u>を下した</u>。
a　に勝った　b　に破れた　c　に負けた　d　を攻めた

3．そんなに<u>からかったら</u>かわいそうだ。
a　そっけなくしたら　b　軽蔑したら　c　ひどく責めたら　d　笑い者にしたら

4．田中（たなか）氏は10時間に及ぶ手術<u>に耐え</u>、1カ月後には退院した。
a　に従い　b　を我慢し　c　を乗り越え　d　を拒み

5．彼女は自分も非難されることを恐れず、<u>友人をかばった</u>。
a　友人の方が悪いと言った　b　友人は悪くないと言った
c　友人の責任を追及した　d　友人からの非難を受け止めた

Ⅲ　次の言葉の使い方として最もよいものを、a・b・c・dから一つ選びなさい。

1．さする

a　おじいさんは「かわいいなあ」と言いながら、犬の頭をさすった。

b　固いものでさすったところ、傷が付いてしまった。

c　道を歩いていて、ちょっと肩（かた）がさすってしまい、にらまれた。

d　子供のせきがひどいので、母親は背中をさすってやった。

2．ねじる

a　今回の試験はねじった問題が多く、平均点が悪かった。

b　さまざまな誤解が、二人の関係をねじった。

c　窓の外を見ようと体をねじったとたん、激痛が走った。

d　失敗の原因が分からず、彼は頭をねじった。

3．束ねる

a　リーダーは人を束ねて一つの目的に向かわせるのが仕事だ。

b　近所の人たちの希望を束ねて、私が市に提出することになった。

c　いろいろな資料やら本やらが、机の上に雑然と束ねて置いてある。

d　脱いだ靴はきちんと束ねて、隅（すみ）に並べておいてください。

4．養う

a　子供に一人暮らしをさせるのは、独立心を養うためだ。

b　若者は大きな夢を養うことが大切だ。

c　国家は国民を養うためにあるのだと思う。

d　健康のためには、体を大切に養うことが必要だ。

5．垂（た）れる

a　悲しくて涙が垂れそうだ。

b　眠くて目が垂れそうだ。

c　だるくて足が垂れそうだ。

d　寒くて鼻水が垂れそうだ。

6．凍える

a　冬になるとこの川は凍える。

b　吹雪の中で、多くの家畜が凍えて死んだ。

c　冷凍庫の肉は凍えているので、解凍しなければならない。

d　当分、空気が凍えるほどの寒さが続くそうだ。

Unit 03 形容詞 A

191 ～ 280

Step 1 2 3 4

1-16

191 **がんじょうな** **頑丈な** solid, sturdy／结实／튼튼한, 단단한

・この家具は頑丈にできているから、100年でももつだろう。

・頑丈な {家／ドア／体つき …}

合 頑丈さ　関 丈夫な、がっしりした

192 **じゅうなんな** **柔軟な** flexible／柔软，灵活／유연한

①・体が柔軟でないと、バレリーナになるのは無理だ。

合 柔軟体操、柔軟剤　類 柔らかい

②・「緊急事態に際しては、柔軟に対処してください」　・柔軟な {考え方／姿勢 …}

関 しなやかな、杓子定規な

合 ①②柔軟さ、柔軟性

193 **たいらな** **平らな** flat, smooth／平坦，整平／평탄한, 평평한

・このあたりの道は平らなので走りやすい。　・石の表面を削って平らにする。

関 平たい

194 **へいこうな** **平行な** parallel, concurrent／平行，并行／평행한

①・この2本の直線は平行である。　・話し合いは平行線をたどった。

合 平行線→ ＿をたどる、平行四辺形、平行棒　関 垂直な

②［(動) ガ平行する］・2面のコートで平行（／並行）して試合が行われている。

関 同時に

195 **てぢかな** **手近な** handy, familiar, near／近旁，常见／가까운, 손에 닿는, 흔한

・この本に載っている料理は、手近な材料で作れるものばかりだ。

・今日は忙しいから、お昼は手近なところで済ませよう。　・手近な例を挙げて説明する。

(名) 手近（例. 防災グッズはいつも手近に置くようにしている。）

196 **しぶい** **渋い** bitter, sober, grim, tight-fisted／涩，素雅，不快，吝啬／떫다, 수수하다, 떨떠름하다, 인색하다

①・お茶の葉を入れすぎて、お茶が渋くなってしまった。

合 渋み

②・母は好んで渋い色の着物を着ている。

類 落ち着いた

③・姉が大学院に進学したいと言うと、父は渋い顔をした。

④・あの会社は支払いが渋い。

関 ヲ渋る

合 ①②④渋さ

197　**こうばしい**　**香ばしい**　fragrant／香气扑鼻／구수하다，향기롭다

・パンを焼く香ばしい匂いがする。　・香ばしい｛お茶／コーヒー　…｝の香り

合　香ばしさ

198　**はなやかな**　**華やかな**　showy, florid／华丽／화려한

・アカデミー賞授賞式の会場は、華やかな雰囲気に包まれていた。

・成人の日には、華やかに装った若者たちが街にあふれる。

合　華やかさ　関　華々しい→ ＿活躍

199　**せいだいな**　**盛大な**　grand, magnificent／隆重，热烈／성대한

・選手団の激励会が盛大に行われた。　・演奏が終わると、盛大な拍手が湧き上がった。

合　盛大さ

200　**あざやかな**　**鮮やかな**　vibrant, vivid, skillful／鲜艳，清晰，巧妙，精湛／선명한，산뜻한，뚜렷한，멋진

①・このポスターは色が鮮やかで目を引く。　・新緑が目に鮮やかな季節になった。

・30年ぶりに級友たちの顔を見たとたん、当時のことを鮮やかに思い出した。

合　色＿、鮮やかさ　対　不鮮明な　類　鮮明な

②・鈴木さんは素人とは思えない、鮮やかな手品の腕前を披露した。

・柔道の山下選手は決勝で鮮やかな一本勝ちを決めた。

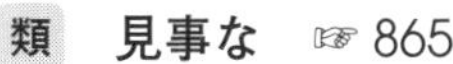

類　見事な　☞ 865

201　**なめらかな**　**滑らかな**　smooth, fluent／光滑，流利／매끄러운，유창한

①・大理石を磨いて表面を滑らかにする。　・滑らかな｛肌／布　…｝

関　すべすべ

②・アメリカに留学していたことがあるだけに、彼女の英語は滑らかだ。

関　ぺらぺら

合　①②滑らかさ

202　**へいぼんな**　**平凡な**　ordinary／平凡，平庸／평범한

・私は特に誇れるようなところのない、ごく平凡な人間だ。

・平凡な｛人生／生活／成績／作品　…｝

合　平凡さ　対　非凡な（例．非凡な才能）　類　ありふれた

203　**そぼくな**　**素朴な**　simple／简单，单纯／소박한

①・この民宿は田舎ならではの素朴な料理が売り物だ。　・素朴な人柄

類　飾り気がない　関　質素な　☞ N2 872「ぜいたくな」の対義語

②・子供の素朴な疑問に答えるのは案外難しい。

関　簡単な、単純な

合　①②素朴さ

204 **せいみつな　精密な**　precise／精密，精确／정밀한，정확한

①・この機械は極めて精密にできている。

合 精密機械　類 精巧な　関 緻密な

②・この機械を使えば、距離を精密に測定することができる。

合 精密検査　類 詳しい　関 綿密な

合 ①②精密さ

205 **きょくたんな　極端な**　extreme／极端／극단적인，지나친

・子供に競争させるべきではないというのは、少し極端な意見だと思う。

［(副) 極端に］・この子は極端に口数が少ない。

合 極端さ　(名) 極端→ 両＿

206 **もうれつな　猛烈な**　violent, intense／猛烈，异常／맹렬한，심한

・猛烈な嵐が船を襲った。　・リストラで社員が減ったので、猛烈に忙しくなった。

合 猛烈さ　関 強烈な

207 **げんじゅうな　厳重な**　strict, rigorous／严格，严厉／엄중한

・アメリカ大統領の来日とあって、警察は厳重な警備態勢を敷いた。

・厳重に {保管する／注意する／取り締まる …}。

合 厳重さ、厳重注意　類 厳しい

208 **じゅうぶんな　十分な**　satisfactory, enough／充足，充分，足够／충분한

・健康のためには、十分な睡眠と栄養が必要だ。　・準備の時間は十分にある。

・それだけ食べれば、もう十分だろう。

・あの女優はもう60歳だが、今でも十分（に）美しい。

対 不十分な

209 **おおはばな　大幅な**　substantial／大幅度／대폭적인

・食料品の大幅な値上げが庶民の生活を直撃した。　・計画が大幅に変更された。

対 小幅な

210 **ぼうだいな　膨大な**　enormous, huge／庞大，巨大／방대한

・東京都民が1日に出すごみは膨大な量に上る。

・現代人は便利な生活を維持するために、膨大なエネルギーを消費している。

・大企業が膨大な負債を抱えて倒産した。　・膨大な {資金／資料／データ／損害 …}

合 膨大さ　類 莫大な ☞926、多大な、おびただしい ☞927

211 **とぼしい　乏しい**　poor, limited／缺乏／모자라다，부족하다

・日本は地下資源が乏しく、多くを輸入に頼っている。

・彼は能力は高いが経験に乏しい。　・{資金／知識／才能 …} が乏しい。

合 乏しさ　対 豊かな ☞N3 568　類 不足している、足りない　関 ガ富む

212　**わずかな**　　**僅かな**　　little, only ／仅仅，一点点／약간의，적은

・足を骨折したので、わずかな距離でも移動が大変だ。

・100メートル走で、浅野選手は高原選手にわずかに及ばなかった。

・今年も残り｛わずかだ／わずかになった｝。　・毎月わずかずつだが貯金している。

［(副) わずか］・昨年のこの試験の合格率はわずか１割だった。

・あの子はわずか５歳で、漢字2,000字が読めるそうだ。

連 残り＿　**合** わずかさ　**類** 少ない、少し、たった

213　**かすかな**　　faint ／隐约，微弱／희미한，어렴풋한

・遠くにかすかに船が見える。　・かすかな｛音／匂い／光／記憶　…｝

・彼は事故直後はまだかすかに息があったのだが、病院に運ばれる途中で亡くなった。

類 うっすら（と）、わずかな、ほのかな

214　**びみょうな**　　**微妙な**　　subtle, complicated, doubtful ／微妙／미묘한

・外国語の微妙なニュアンスの違いまで理解するのは難しい。

・この偽札は本物そっくりだが、紙の感触が微妙に違う。

・今年度、黒字になるかどうかは微妙だ。

合 微妙さ

215　**きゅうげきな**　　**急激な**　　sudden ／急剧，骤然／급격한

・山では天候の急激な変化に気をつけなければならない。　・株価が急激に上昇した。

関 急速な

216　**きゅうそくな**　　**急速な**　　rapid ／快速／급속한

・明治以降、日本は急速に近代化が進んだ。　・急速な発展はどこかに無理を生じる。

合 急速冷凍　**関** 急激な

※「急激な」は程度の変化を、「急速な」は時間的な変化を表すことが多い。

217　**きょうこうな**　　**強硬な**　　strong, unyielding ／强硬／강경한

・野党はその法案に強硬に反対した。　・強硬な態度

合 強硬採決、強硬突破　**対** 柔軟な

218　**よけいな**　　**余計な**　　unnecessary, surplus, excess, more than ever ／无用，多余，更加／쓸데없는，불필요한，더，더욱더

①・荷物は軽い方がいいから、余計なものは入れないようにしている。

・弁当を一人分余計に注文してしまった。　・親に余計な心配はかけたくない。

類 必要以上の　**慣** よけいなお世話（例．見合いの話なんて、よけいなお世話だ。）

②・アルバイト収入を増やすため、今までより１時間余計に働くことにした。

類 ①②余分な　☞ 344

③［(副) よけい］・見てはいけないと言われると、よけい見たくなる。

類 さらに、いっそう

1-18

219 **ふしんな**　**不審な**　suspicious／可疑／수상한，의심쩍은

・不審な男がうちの周りをうろうろしていたので、警察に電話した。

・警察は被害者の隣人の話を不審に思い、ひそかに調べ始めた。

連 不審（の念）を抱く　合 挙動＿、不審げな、ヲ不審がる、不審人物　類 怪しい

220 **こうしきな**　**公式な**　official, formula／正式，（数学）公式／공식적인，공식

①・この件に関する政府の公式な見解はまだ発表されていない。

合 公式見解、公式訪問、公式文書　対 非公式な／の　関 正式な／の　☞ N2 853

②［(名) 公式］・数学の公式

221 **せいとうな**　**正当な**　justifiable, legitimate, proper／正当，公正／정당한

・労働者を正当な理由なく解雇することは許されない。　・正当な｛権利／報酬　…｝

・あの画家は生前は正当に評価されなかった。

合 正当性、ヲ正当化スル（例. 彼はいつも自分を正当化しようとする。）　対 不当な

222 **せいじょうな**　**正常な**　normal／正常／정상적인

・患者は意識を失っているが、血圧、脈拍は正常だ。

［(名) 正常］・鉄道は停電のため一時ストップしたが、現在は正常に戻った。

合 正常さ　対 異常な　☞ N2 864

223 **かんぺきな**　**完璧な**　perfect／完美／완벽한

・〈体操競技など〉彼女の演技は完璧だった。

・「何でも完璧にこなそうとすると、疲れてしまうよ」

合 完璧さ　関 完全無欠な

224 **かんけつな**　**簡潔な**　concise, brief／简洁／간결한

・「要点を簡潔に述べてください」　・簡潔な｛文章／表現／言い方　…｝

合 簡潔さ　対 冗長な、冗漫な

225 **めいはくな**　**明白な**　obvious, clear／明白，清楚／명백한

・監視カメラの映像を見れば、この交通事故の原因がどちらにあるかは明白だ。

・明白な｛事実／証拠　…｝　・裁判を通して、事件の全体が明白になった。

合 明白さ　類 明らかな　関 明瞭な

226 **きゃっかんてきな**　**客観的な**　objective／客观的／객관적인

・多くの国で女性の方が男性より平均寿命が長いというのは、客観的な事実だ。

・当事者ではなく、第三者の客観的な意見が聞きたい。　・客観的に｛考える／述べる　…｝。

対 主観的な　関 客観性、ヲ客観視スル

227 **えんきょくな**　**えん曲な**　in a roundabout way, euphemistic／婉转，委婉／완곡한

・交際を申し込んだが、えん曲に断られた。　・日本語にはえん曲表現が多い。

合 えん曲さ、えん曲表現　類 遠回しな

228　**ふかけつな**　**不可欠な**　indispensable, essential ／必不可少／불가결한

・決断力は、リーダーに不可欠な資質だと思う。　・生物が生きて行くのに、水は必要不可欠だ。

合 必要＿　類 欠かせない

229　**ゆうりな**　**有利な**　advantageous, profitable ／有利／유리한

・少しでも自社に有利な条件で取り引きしたい。　・A チームは終始有利に試合を進めた。

・この企業は円安(えんやす)が有利に働いて、売り上げを伸ばした。

合 有利さ　対 不利な

230　**ゆうぼうな**　**有望な**　promising ／有前途，有希望／유망한

・今年の新入社員の中で、木村(きむら)さんが最も有望だと思う。

・有望なベンチャー企業(きぎょう)に投資したい。

合 有望さ、前途＿（例. 前途有望な青年）

231　**まちどおしい**　**待ち遠しい**　anxiously awaited, looked forward to ／急切盼望／몹시 기다려지다

・帰国して家族に会える日が待ち遠しい。

合 待ち遠しさ　関 「おまちどおさま」

232　**よろこばしい**　**喜ばしい**　happy ／喜悦／기쁘다，반갑다

・我(わ)が校(こう)出身の横山氏(よこやまし)がノーベル賞を受賞したとは、喜ばしい限りだ。

・喜ばしい知らせに、泣き出す人もいた。

合 喜ばしさ　対 嘆(なげ)かわしい、悲しい　（動）ヲ喜ぶ

233　**のぞましい**　**望ましい**　desirable, hoped for ／最好，最希望／바람직하다

・A 社の求人案内(きゅうじんあんない)に「大学院卒が望ましい」と書いてあった。

・これ以上解決を先に延ばすのは望ましくない。

合 望ましさ　（動）ヲ望む

234　**うたがわしい**　**疑わしい**　doubtful, suspicious ／有疑问，可疑／의심스럽다

・この記事が本当かどうか疑わしい。　・容疑者(ようぎしゃ)の中で最も疑わしいのは A だ。

・この実験の成功(せいこう)は疑わしい。　・「疑わしきは罰(ばっ)せず」が法の精神だ。

合 疑わしさ　類 怪(あや)しい、不確かな、不審(ふしん)な　（動）ヲ疑う

235　**らっかんてきな**　**楽観的な**　optimistic ／乐观的／낙관적인

・私は楽観的な性格で、あまり将来を心配していない。　・楽観的な{見方／考え方／性格　…}

対 悲観的(ひかんてき)な　（名）ヲ楽観スル

☆ヲ楽観スル

・来年の景気の動向は楽観を許さない。　・会社の将来について、私は楽観している。

合 ヲ＿視(し)スル　対 ヲ悲観スル

Unit 03 形容詞A 191〜235

練習問題Ⅰ

Step 1 2 3 4

Ⅰ 「〜性」「〜化」「不〜」「非〜」という形になるよう、下から言葉を選び、適当な形に変えて（　　）に書きなさい。

1．〜性　…（　　　　）性　（　　　　）性　（　　　　）性

2．〜化　…（　　　　）化

3．不〜　…　不（　　　　）

4．非〜　…　非（　　　　）

柔軟(じゅうなん)な	正当な	十分な	客観的な	公式な

Ⅱ 対義語を書きなさい。

1．平凡な　⇔（　　　　）　2．正当な　⇔（　　　　）

3．正常な　⇔（　　　　）　4．有利な　⇔（　　　　）

5．乏(とぼ)しい　⇔（　　　　）　6．楽観的な　⇔（　　　　）

7．客観的な　⇔（　　　　）

Ⅲ （　　）に下から選んだ語を書いて、一つの言葉にしなさい。

1．平行（　　　　）　2．強硬(きょうこう)（　　　　）　3．厳重(げんじゅう)（　　　　）

4．公式（　　　　）　5．精密（　　　　）　6．えん曲（　　　　）

7．（　　　　）有望(ゆうぼう)

見解	検査	採決	線	前途	注意	表現

Ⅳ 下線の言葉と似た意味の言葉を下から選んで（　　）に書きなさい。

1．彼は<u>がっしりした</u>体つきをしている。　→（　　　　）

2．テレビに<u>あざやかな</u>画像が映っている。　→（　　　　）

3．<u>あやしい</u>人物が家の周りをうろついていた。　→（　　　　）

4．<u>遠回しでやわらかい</u>言い方で批判した。　→（　　　　）

5．彼女は、<u>将来が期待できる</u>ピアニストだ。　→（　　　　）

6．これは、経験が<u>絶対に必要な</u>仕事だ。　→（　　　　）

7．遠くからほんの<u>小さな</u>音が聞こえてくる。　→（　　　　）

8．血圧(けつあつ)を測ると、<u>問題のない</u>値だった。　→（　　　　）

えんきょくな	かすかな	がんじょうな	せいじょうな
せんめいな	ふかけつな	ふしんな	ゆうぼうな

Ⅶ 正しい言葉を〔　　〕の中から一つ選びなさい。

1．飛行機を〔　運転　操縦(そうじゅう)　〕する。
2．企業の〔　採用　雇用(こよう)　〕試験を受けた。
3．ミスがないかどうかよく〔　用心　注意　〕する。
4．この店は一日８万円の〔　所得　収入　〕がある。
5．10万円の予算から９万円〔　出費　支出　〕した。
6．ヒトは哺乳類(ほにゅうるい)に〔　属している　所属している　〕。
7．この地域は、〔　穀物(こくもつ)　食物(しょくもつ)　〕の生産が盛(さか)んだ。
8．地球上の生物には、未知の〔　種(たね)　種(しゅ)　〕も多い。
9．日本では数字の「八」は〔　縁(えん)　縁起(えんぎ)　〕がいいそうだ。
10．将来のために資源を〔　節約　倹約　〕する必要がある。
11．入社してアメリカへ〔　派遣(はけん)　赴任(ふにん)　〕することになった。
12．今日は何かいいことがありそうな〔　予期　予感　〕がする。

Ⅷ （　　）に入る言葉を下から選んで書きなさい。

A

1．卒業後、（　　　　　）に帰って就職した。
2．この事件は（　　　　　）を大きく騒がせた。
3．お酒は、飲みすぎると体に（　　　　　）だ。
4．このアパートには５つの（　　　　　）が入っている。
5．娘は生後10カ月頃(ごろ)から（　　　　　）を言い始めた。
6．古いパソコンを（　　　　　）に出して新しいのを買った。
7．明るくて優しい彼は、誰(だれ)からも（　　　　　）を持たれる。
8．この子は、とてもいいサッカーの（　　　　　）を持っている。

かたこと	こうい	したどり	じもと
せけん	せたい	そしつ	どく

B

1．（　　　　　）のカメラで写真を撮った。
2．急な雨に降られて（　　　　　）になった。
3．（　　　　　）をすると朝起きるのがつらい。
4．（　　　　　）時代をなつかしく思い出した。
5．食事を終え、（　　　　　）を済ませて店を出た。
6．昨年は（　　　　　）になく雪がたくさん降った。
7．今月は、冠婚葬祭(かんこんそうさい)で家計の（　　　　　）が多かった。
8．いつも会っている人なのに、名前を（　　　　　）してしまった。

かいけい	しゅっぴ	ずぶぬれ	せいしゅん
つかいすて	どわすれ	よふかし	れいねん

1-05

51　**くじ**　　lot, straw, fortune ／签，抽签／제비

・発表の順番をくじで決めた。　・神社でおみくじを引いたら大吉だった。

・私はくじ運が悪く、当たったことがない。

連　＿を引く、＿{が／に} 当たる　合　宝＿、＿引き、＿運、おみ＿、当たり＿、あみだ＿

52　**けた**　**桁**　　digit, class ／（数学）位数，级别／자리，자릿수

・計算するとき、一桁間違えてしまった。　・日本では、二桁の掛け算は小学校３年で学ぶ。

・同じ貿易会社でも、A 社と B 社では資産の桁が違う。

連　＿が違う　合　＿違い（例．山口選手は他の選手とは桁違いの強さを発揮した。）

53　**たんい**　**単位**　　unit, credit ／单位，（课程的）学分／단위，학점

①・リットルは量の単位で、１リットルは 1,000cc に当たる。

②・夫婦は家族の最小単位だ。

③・大学に入ったら、１年生でできるだけ多くの単位を取りたい。

連　＿を取る、＿を収める

54　**いっかつ**　**ヲ一括スル**　　bundle, lump ／一次，全部／일시불，일괄，한꺼번에

・授業料１年分を一括で納付した。

・亡くなった岡田教授の蔵書は、一括して市の図書館に寄贈された。

合　＿払い⇔分割払い　関　ヲまとめる

55　**かたまり**　**塊／固まり**　　lump, group, bundle ／块儿，成群，热衷于／덩어리，무리，떼

①・ご飯をかまずに塊で飲み込む。　・{砂糖／塩／脂肪／土　…} のかたまり

②・小さい魚は敵に襲われないように、固まりになって泳ぐ。　・一固まりになって走る。

（動）①②ガ固まる

③・子供は好奇心の固まりだ。

56　**たけ**　**丈**　　length, height, (to) pour your heart out ／长短，全部／기장，길이，전부

①・スカートの丈をつめる。

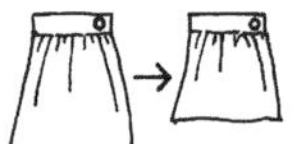

合　背＿　類　長さ

②・彼女は彼に思いのたけをぶつけた手紙を書いた。

57　**らん**　**欄**　　column ／栏，栏目／난，-란

①・（書類など）「ファックス番号はこの欄の中に書いてください。なければ空欄にしておいてください」

合　空＿、＿外、解答＿、回答＿

②・新聞の投書欄に私の投書が載った。

・（新聞・雑誌など）{社会／番組／テレビ／料理　…} 欄

関　コラム

Ⅴ　正しい言葉を〔　　　〕の中から一つ選びなさい。

1. 〔　急激に　急速に　〕空腹を感じた。
2. 〔　膨大な　大幅な　〕数の失業者が出た。
3. この国は資源が〔　貧しい　乏しい　〕。
4. 昨日のテストは〔　完全　完璧　〕だった。
5. あの先生は出席にとても〔　厳重だ　厳しい　〕。
6. コップに〔　かすかに　わずかに　〕水が入っている。
7. 今彼に〔　余分な　余計な　〕ことを言わない方がいい。
8. 二人は〔　正式に　公式に　〕は結婚していない。
9. 姉は〔　盛大な　華やかな　〕服装で出かけて行った。

Ⅵ　正しい言葉を〔　　　〕の中から一つ選びなさい。

1. 平らな〔　面　線　形　〕
2. 明白な〔　事実　報道　発表　〕
3. 精密な〔　機械　情報　解答　〕
4. 急激な〔　状態　変化　行動　〕
5. 香ばしい〔　音　色　におい　〕
6. なめらかな〔　味　音　手触り　〕
7. 楽観的な〔　仕事　商品　性格　〕
8. 柔軟な〔　服装　考え　食べ物　〕
9. 簡潔に〔　見る　働く　述べる　〕。
10. 正当に〔　努力する　評価する　協力する　〕。
11. 強硬に〔　製造する　破壊する　反対する　〕。

Ⅶ　（　　　）に入る言葉を下から選び、適当な形にして書きなさい。

1. 彼女は飾らない（　　　　　　　　）人柄だ。
2. 冷蔵庫にある（　　　　　　　　）材料で料理を作った。
3. お茶の葉を入れすぎて、お茶が（　　　　　　　　）なってしまった。
4. 妹は（　　　　　　　　）恥ずかしがりやで、知らない人とは話せない。
5. （　　　　　　　　）台風が上陸して、各地に大きな被害を及ぼした。
6. この偽札は本物そっくりだが、手触りが（　　　　　　　　）違う。
7. 外国に行っている恋人の帰りが（　　　　　　　　）。
8. 自分の住む町が発展しているのは（　　　　　　　　）ことだ。
9. CO_2 を増やすのは、温暖化防止の点から（　　　　　　　　）ない。
10. この雑誌の記事が本当かどうか、大いに（　　　　　　　　）。
11. 創立50周年の記念パーティーが（　　　　　　　　）行われた。
12. 山本さんは（　　　　　　　　）条件で新しい会社に迎えられた。
13. 今年度は、昨年度より（　　　　　　　　）収益が増えた。

うたがわしい　おおはばな　きょくたんな　しぶい　せいだいな　そぼくな　てぢかな のぞましい　びみょうな　まちどおしい　もうれつな　ゆうりな　よろこばしい

1-19

236　**くすぐったい**　ticklish, embarrassing ／发痒，不好意思／간지럽다，쑥스럽다

①・足の裏を触（さわ）られると、誰（だれ）でもくすぐったいだろう。

（動）ヲくすぐる

②・みんなの前で褒（ほ）められ、くすぐったい気持ちだった。

合　①②くすぐったさ

237　**だるい**　sluggish ／困倦／나른하다

・熱があって全身がだるい。　・{足／腕} がだるい。

合　だるさ、けだるい

238　**ゆううつな**　**憂鬱な**　painful, depressing ／郁闷，烦闷／우울한

・明日上司（じょうし）に今日のミスを報告しなければならないと思うと憂鬱（ゆううつ）だ。

・花粉症（かふんしょう）の私にとって、春は憂鬱（ゆううつ）な季節（きせつ）だ。

合　憂鬱（ゆううつ）さ

239　**きんべんな**　**勤勉な**　diligent ／勤劳／근면한，부지런한

・戦後日本人は勤勉に働き、短期間に復興（ふっこう）を遂（と）げた。

合　勤勉さ　対　怠惰（たいだ）な

240　**れいせいな**　**冷静な**　calm, composed ／冷静／침착한，냉정한

・何があっても慌（あわ）てず冷静な上司（じょうし）を、私は尊敬している。　・冷静な態度（たいど）をとる。

・「感情的にならないで、冷静に話しましょう」

合　冷静さ、冷静沈着（ちんちゃく）な　関　冷たい、情熱的な

241　**けんめいな**　**賢明な**　wise, intelligent ／明智／현명한

・社長には逆（さか）らわない方が賢明だ。　・賢明な {判断／やり方／人　…}

合　賢明さ　類　利口な、賢い

242　**おんわな**　**温和な／穏和な**　moderate, mild ／温暖，性情温和，意见稳妥／온화한，원만한

①・このあたりは気候が温和で住みやすい。

類　温暖な

②・父は穏和（おんわ）な性格で、大声を出すところなど、見たことがない。　・穏和（おんわ）な意見

類　温厚（おんこう）な

類　①②穏（おだ）やかな

243　**おおらかな**　**大らかな**　big-hearted, broad-minded ／胸襟开阔／털털한

・佐藤（さとう）さんは大らかな性格で、細かいことは気にしない人だ。

合　大らかさ　対　神経質な

1-06

67 **くかん** **区間** section, segment ／地段，区间／구간

・(鉄道) この区間はトンネルが多い。 ・乗車区間

・(駅伝) 選手が走る距離は区間によって違う。 ・区間記録

関 区画、区分

68 **しせつ** **施設** facility, institution ／设施，福利设施／시설

・駅のそばに、図書館や市民ホールなど、公共の施設がいくつかある。

・私は子供の頃両親をなくし、(養護) 施設で育った。

合 公共＿、娯楽＿、医療＿、養護＿、老人福祉＿

69 **うんえい** **ヲ運営スル** management, administration ／运作，管理／운영

・学園祭の運営は、すべて学生たちによって行われた。

・{組織／学校／会議 …} を運営する。

70 **めんかい** **ガ面会スル** meeting ／会见，会面／면회

・首相はホワイトハウスで大統領と面会した。

・PTA が子供の指導について話し合いたいと、校長に面会を求めた。

合 ＿時間、＿謝絶（※ 病院など。例．彼は重体で面会謝絶の状態だ。）

71 **へんきゃく** **ヲ返却スル** return ／归还，退还／반납

・図書館に本を返却する。

合 ＿期限 関 ヲ返す

72 **とうしょ** **ガ投書スル** readers' letters (newspaper/magazine, etc.) ／投稿，（给有关部门）写信／투서

・新しい法律についての意見を新聞に投書した。

・投書欄を見ると、いろいろな考え方があることがわかる。

合 ＿欄

73 **けんさく** **ヲ検索スル** search, look up ／检索，查看／검색

・インターネットで検索すれば、たいていのことは調べられる。 ・ネット検索

・漢和辞典は漢字の画数で検索できる。 ・{情報／データ …} を検索する。

74 **ふしょう** **ヲ負傷スル** injury ／受伤／부상

・サッカーの試合中、選手が転倒して足を負傷した。 ・バスの事故で大勢の負傷者が出た。

合 ＿者

75 **かんせん** **ガ感染スル** infection, contagion ／感染／감염

・病気のウイルスに感染しても、症状が出るとは限らない。 ・この病気は鳥から人に感染する。

合 ＿者、二次＿、＿経路、院内＿ 関 ガ伝染スル、ガうつる ※「感染される」とは言わない。

58 **すみ** **隅** corner／角落，边上／구석

・「その箱、邪魔だから、部屋の隅に置いといて」 ・写真の隅に写っているのが私です。

合 __っこ 対 真ん中、中央

慣 隅から隅まで（例. 隅から隅まで探したが見つからなかった。）、隅に置けない

59 **ふち** **縁** rim, edge／边，缘／(용기의) 가 , 테 , 테두리 , 가장자리

・茶わんのふちが欠けてしまった。 ・{メガネ／帽子／テーブル／池 …} の縁

合 __取り、額縁、崖っぷち 関 へり

60 **ひび** crack／裂纹，裂痕／틈 , 금

・地震の揺れでビルの壁にひびが入った。 ・金銭問題で人間関係にひびが入ることもある。

連 ニ__が入る 合 __割れ、ガ__割れる 類 亀裂

61 **ぶんれつ** **ガ分裂スル** split, divide／分裂，裂开／분열

・政党が二つに分裂した。 ・{国／細胞／グループ …} が分裂する。

合 内部__、細胞__、核__ 対 ガ／ヲ統一スル

62 **しんどう** **ガ振動スル** vibration, swing／振动／진동

・このマンションは大通りに面しているので、振動がひどい。 ・携帯電話が振動した。

・１分間の振り子の振動数は振り子の長さが長くなるほど少なくなる。

連 __が激しい 合 __計、__公害、__数、 類 揺れ 関 公害、騒音

63 **ふっとう** **ガ沸騰スル** (come to) a boil, peak／沸腾，热烈／끓어오름 , 폭등

①・水は100℃で沸騰する。

②・この歌手は今、人気が沸騰している。 ・{話題／世論／株価 …} が沸騰する。

合 話題__、人気__

64 **じゅんかん** **ガ循環スル** circulation, circle／循环／순환

・血液の循環が悪い。 ・やせるために運動すると、おなかがすいて食べて太る。悪循環だ。

・景気は周期的に循環している。 ・このバスは、市内を循環している。

合 悪__、__器、__バス 関 ガ回る、ガ巡る

65 **かいしゅう** **ヲ回収スル** collection／回收，收回／회수

・ペットボトルを回収してリサイクルに回す。

・{アンケート／テスト問題／欠陥商品／資金 …} を回収する。

66 **かくとく** **ヲ獲得スル** acquisition／获得，取得／획득

・選挙で勝って政権を獲得した。 ・{自由／権利／地位／メダル …} を獲得する。

関 ヲ取得スル、ヲ勝ち取る、ヲ得る

244　**のんきな**　carefree, heedless／乐天派，满不在乎／느긋한，한가로운

・私は生まれつきのんきな性格で、あまり先のことを心配したりしない方だ。

・「来月海外旅行に行くのに、まだパスポートも取ってないなんて、のんきだね」

合 のんきさ　関 のんびりした、神経質な

245　**おおざっぱな　大ざっぱな**　rough, haphazard／大大咧咧，粗略／어림잡아，데면데면한

・旅費は大ざっぱに計算して5万円ぐらいだろう。

・妹は大ざっぱな性格で、几帳面(きちょうめん)な姉とは対照的だ。

類 おおまかな、雑(ざつ)な　関 几帳面(きちょうめん)な

246　**おおげさな　大げさな**　exaggerated, grandiose／夸张，铺张／과장된，요란스러운

・小さな切(き)り傷(きず)なのに、妹は大げさに痛がった。

・結婚式と言っても、大げさなことはしないつもりだ。

・おおげさな {話し方／表現／しぐさ　…}

類 オーバーな　☞ N2 483　関 ヲ誇張(こちょう)スル　☞ 319

247　**まえむきな　前向きな**　positive／乐观，积极／적극적인

・彼女はいつも新しい課題に前向きに取り組んでいる。

・前向きな {考え方／姿勢(しせい)　…}

・「あなたの提案(ていあん)は前向きに検討(けんとう)したいと思います」

コラム 5　自動車(じどうしゃ)／道路(どうろ)

Automobiles/Roads／汽车 / 道路／자동차 / 도로

◆**自動車(じどうしゃ)**	Automobiles／汽车／자동차
ガソリン車(しゃ)	gas-powered automobile/car／汽油汽车／가솔린차
ディーゼル車(しゃ)	diesel automobile/car／柴油汽车／디젤차
電気自動車(でんきじどうしゃ)	electric automobile/car／电动汽车／전기 자동차
ハイブリッド・カー	hybrid automobile/car／混合动力汽车／하이브리드카
◆**一般道路(いっぱんどうろ)**	Public highways／（指高速公路以外的）一般道路／일반도로
ガソリンスタンド／サービスステーション	gas station/service station／加油站 / 服务站／주유소 / 급유소，주유소
立体交差(りったいこうさ)	multi-level crossing／立体交叉／입체 교차
中央分離帯(ちゅうおうぶんりたい)	median strip, central reservation／中央分离带／중앙 분리대
ガードレール	guard rail, crash barrier／公路护栏／가드레일
交通標識(こうつうひょうしき)	traffic sign／交通标识／교통안전 표지
駐車場(ちゅうしゃじょう)／パーキング	parking lot／停车场／주차장
◆**高速道路(こうそくどうろ)**	Freeways／高速公路／고속도로
インターチェンジ	interchange／高速公路出入口／인터체인지
サービスエリア	rest area, rest stop／服务区／휴게소
パーキングエリア	rest area, rest stop／停车区／주차장
ETC	Electronic Toll Collection System／高速公路全自动电子收费系统／논스톱 자동 요금 지불 시스템

248　ようきな　　陽気な　　cheerful, weather/season ／开朗，气候温暖宜人／쾌활한，흥겨운，날씨

①・うちは家族が皆陽気な性格なので、笑い声が絶(た)えない。　・陽気な ｛音楽／仲間　…｝

合 陽気さ　対 陰気(いんき)な　類 明るい、朗(ほが)らかな

②・［(名) 陽気］・まだ2月なのに、春のような陽気だ。　・いい陽気になった。

類 気候、天候

249　わかわかしい　　若々しい　　youthful ／年轻，有朝气／젊다

・あの俳優(はいゆう)はもう70代のはずだが、いつまでも若々しい。

・若々しい ｛表情／声　…｝

※本当に若い人には使わない。　合 若々しさ

250　びんかんな　　敏感な　　sensitive to, attuned to ／敏感／민감한

・新聞記者は社会の動きに敏感(びんかん)でなければならない。　・私は薬に敏感(びんかん)な体質だ。

・息子は卵アレルギーで、少量食べただけでも敏感(びんかん)に反応(はんのう)する。

合 敏感(びんかん)さ　対 鈍感(どんかん)な

251　ゆうかんな　　勇敢な　　brave, heroic ／勇敢／용감한

・若者たちは勇敢(ゆうかん)に独裁者(どくさいしゃ)と戦った。

・火の中から子供を助け出した勇敢(ゆうかん)な行為(こうい)は、多くの人の感動を呼んだ。

・彼は正義感(せいぎかん)が強く、勇敢(ゆうかん)な青年だ。

合 勇敢(ゆうかん)さ　対 臆病(おくびょう)な　類 勇(いさ)ましい

252　むくちな　　無口な　　taciturn ／沉默寡言／과묵한

・父は無口で、自分からはめったに話さない。　・無口な人

対 口数が多い、おしゃべりな　類 寡黙(かもく)な　関 口が重い

253　りこうな　　利口な　　clever, smart, obedient ／聪明，明智／영리한，똑똑한，현명한，말 잘 듣는

①・カラスは利口な鳥だと言われている。　・利口な ｛子供／動物　…｝

合 利口さ　類 賢い

②・社長には逆(さか)らわない方が利口だ。　・利口な ｛やり方／手口　…｝

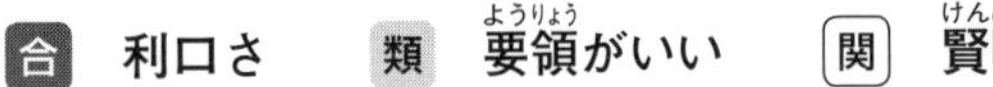

合 利口さ　類 要領(ようりょう)がいい　関 賢明(けんめい)な

③・「お利口にしていてね」　※子供に対して使う。

254　おろかな　　愚かな　　foolish, stupid ／愚蠢／어리석은

・1カ月分の給料をギャンブルで失うという、愚(おろ)かなことをしてしまった。

合 愚(おろ)かさ、愚(おろ)か者　対 賢(かしこ)い　類 ばかな

255　**おくびょうな　臆病な**　timid, fearful ／胆怯，胆小／겁이 많은

・私は恐がりで臆病な、よく泣く子供だった。

・妹は一度失恋してからというもの、恋愛に臆病になってしまったようだ。

連 臆病になる　合 臆病さ、臆病者　対 勇敢な ☞251、大胆な ☞269

類 小心な

256　**ようちな　幼稚な**　childish, infantile ／幼稚，不成熟／유치한

・弟はもう中学生なのに、幼稚なことばかり言っている。

・「そんな幼稚なうそ、すぐばれるよ」　・幼稚な｛考え／行動／人／文章　…｝

合 幼稚さ、幼稚園　類 子供っぽい、稚拙な、未熟な

257　**みじゅくな　未熟な**　inexperienced, unripe, premature ／技术不熟练，不成熟，水果等未熟，婴儿不足月／미숙한

①・あの選手はまだ技術は未熟だが、将来伸びそうだ。

・「未熟者ですが、よろしくお願いします」

合 未熟者　関 ガ円熟スル

②・この果物はまだ未熟だ。

類 未成熟な　関 ①②ガ成熟スル ☞659、②ガ完熟スル

③・妹は未熟児として生まれた。

合 ①〜③未熟さ

258　**ひんじゃくな　貧弱な**　poor, meager ／瘦弱，空洞／빈약한

・彼は運動選手としては貧弱な体格をしている。　・この論文は内容が貧弱だ。

合 貧弱さ　関 みすぼらしい、乏しい

259　**あわれな　哀れな**　pathetic, pitiful ／可怜／불쌍한，애처로운

・雨にぬれた子犬は、やせて、哀れな姿をしていた。　・哀れな身なり

合 哀れさ、哀れっぽい　類 みじめな、みすぼらしい、気の毒な

（名）哀れ→ ＿を覚える、＿を誘う

260　**なまいきな　生意気な**　impertinent, cheeky ／傲慢／건방진

・新入社員のくせに先輩に説教するなんて、生意気だ。　・生意気な口をきく。

合 生意気さ、生意気盛り（例．息子は高校生。生意気盛りの年頃だ。）

261　**あつかましい　厚かましい**　brazen, shameless ／不害羞，厚脸皮／뻔뻔스럽다

・あいつはいつも食事時にやってきてうちで食べていく、厚かましいやつだ。

・「厚かましいお願いで恐縮ですが、本田教授にご紹介いただけないでしょうか」

合 厚かましさ　類 ずうずうしい ☞N2 251

262　**らんぼうな**　**乱暴な**　violent, rude／粗暴，蛮横，胡来／난폭한，거친，강간

①・あの子は乱暴な子で、よくものを壊したり、人を叩いたりする。　・物を乱暴に扱う。

・乱暴な {言葉／字／意見／論理　…}

合 乱暴さ

②［(名) ガ乱暴スル］・新聞によると、酔って駅員に乱暴を働く人が増えているそうだ。

・若い女性が「乱暴された」と警察に訴えた。

連 __を働く　関 暴力

263　**りこてきな**　**利己的な**　selfish／自私自利的／이기적인

・あの人は自分のことしか考えない利己的な人だ。

関 利己主義（者）、自己中心的な

264　**ごうまんな**　**傲慢な**　haughty／傲慢／거만한

・彼は態度が傲慢だから、あまり好かれていない。　・傲慢な {人／考え方　…}

合 傲慢さ　対 謙虚な　☞ N2 848　類 高慢な

265　**ひきょうな**　**卑怯な**　unfair, cowardly／卑鄙，胆怯／비겁한

・あの人は勝つためなら、どんな卑怯な手段でも使うだろう。

・正々堂々と戦わず、逃げるなんて卑怯だ。

合 卑怯さ、卑怯者　類 卑劣な、ずるい

266　**むちゃな**　**無茶な**　ridiculous, ludicrous／不合理，蛮不讲理／당치 않은，터무니없는，무리한

・「そんな無茶な生活をしていると、体を壊すよ」

・「この仕事、明日までに頼むよ」「そんな無茶な」

・無茶な {やり方／話／扱い／ダイエット　…}

※会話的な言葉。　合 むちゃくちゃな　類 めちゃくちゃな　☞ 267

（名）無茶→ __を言う、__をする

267　**めちゃくちゃな**　messy, wrecked, absurd, extremely／乱七八糟，胡说八道，特别／엉망진창인，뒤죽박죽인，무지무지한

①・出席者がけんかを始めたせいで、パーティーはめちゃくちゃになった。

・バスと衝突した車はめちゃくちゃに壊れていた。

連 めちゃくちゃになる

②・酔っぱらいの言っていることはめちゃくちゃで、理解不能だった。

類 ①②めちゃめちゃな

③［(副) めちゃくちゃ］・「今日の試験はめちゃくちゃ難しかった」

※ 会話的な言葉。　類 ひどく、めちゃめちゃ

268　やかましい　noisy, strict, fussy ／吵闹，严格，讲究／시끄럽다，엄하다，까다롭다

①・工事の音がやかましくて、勉強に集中できない。

②・課長は時間にやかましいので、１分の遅刻も許されない。

・子供の頃、箸の持ち方を母にやかましく注意された。

合 口__　類 厳しい

③・山田さんはラーメンの味にやかましく、あちこち食べ歩いている。

合 ①〜③やかましさ　類 ①〜③うるさい

269　だいたんな　大胆な　daring, audacious ／大胆／대담한

・未経験者が冬山に一人で登るなんて、大胆というより無謀だ。

・あのデザイナーは大胆なデザインで人気がある。

・「学界の権威である山本教授に反論するとは、大胆な！」

合 大胆さ、大胆不適な　対 小心な、臆病な

270　けいかいな　軽快な　light, nimble, taking a turn for the better ／轻快，减轻／경쾌한

①・前夜到着した選手たちは、移動の疲れをものともせずに、軽快な動きを見せた。

・軽快な ｛足取り／身のこなし／音楽　…｝

合 軽快さ

② ［(動) ガ軽快する］・入院して１カ月、病気はようやく軽快した。

271　きゅうくつな　窮屈な　tight, formal, constrained ／窄小，死板，拘束／갑갑한，불편한，거북한

①・太って、服が窮屈になってしまった。　窮屈な ｛靴／座席　…｝

類 きつい

②・「お見合いだからといって窮屈に考えず、気楽に会えばいいですよ」

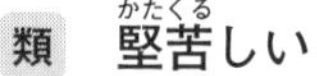
類 堅苦しい

③・偉い人たちとの食事は窮屈で、食べた気がしない。

類 気詰まりな

合 ①〜③窮屈さ

272　ちゅうじつな　忠実な　faithful, loyal ／忠实，忠诚／충실한

①・犬は飼い主に忠実だと言われる。　・言いつけを忠実に守る。　・忠実な部下

②・これは小説を忠実に映画化している。

類 正確に、ありのままに

合 ①②忠実さ

273　あやふやな　vague, uncertain ／模糊，模棱两可／애매한

・あの日のことは記憶があやふやで、はっきり思い出せない。

・結婚するのかどうか聞いても、彼はあやふやな返事しかしない。

・｛証言／知識／態度　…｝ があやふやだ。

類 あいまいな　☞ N2 885

274 **ざんこくな**　**残酷な**　cruel, harsh／残酷，残忍／잔혹한，참혹한

・映画で残酷な場面を見て、思わず目を背けた。　・残酷な {仕打ち／運命　…}

合 残酷さ、残酷性　類 残忍な

275 **ひさんな**　**悲惨な**　wretched, disastrous／悲惨，凄惨／비참한

・水も食べ物もない子供たちの悲惨な光景を見て、自分の無力さが辛かった。

・祖父の弟は戦場で悲惨な最期を遂げたそうだ。

連 ＿最期　合 悲惨さ

276 **なさけない**　**情けない**　shameful, miserable／没出息，不光彩，无情／한심스럽다，비참하다

①・チームの中で私だけが予選落ちとは、我ながら情けない。

類 嘆かわしい

②・我々は国の代表チームなのだから、あまり情けない負け方はできない。

類 みっともない ☞858

③・入院したのに見舞いにも来てくれない。子供からこんな情けない仕打ちを受けるとは。

関 無情な、思いやりがない

合 ①～③情けなさ

277 **ねづよい**　**根強い**　deep-seated／根深蒂固／뿌리 깊다，탄탄하다

・私の田舎には古い習慣が根強く残っている。　・根強い {偏見／人気　…}

合 根強さ

278 **みっせつな**　**密接な**　close, to be closely (connected)／密切，密集／밀접한

①・天候と商品の売れ行きには密接な関係がある。

合 密接さ

② [(動) ガ密接する]・この地区は住宅が密接して建てられているので、火事になったら大変だ。

279 **かんだいな**　**寛大な**　tolerant, lenient／宽容，宽大／관대한

・若い人の失敗には寛大でありたいものだ。　・寛大な {人／性格　…}

・彼が犯行に至った経緯に同情すべき点が多いので、裁判官には寛大な処置を求めたい。

合 寛大さ　類 寛容な

280 **ふさわしい**　suitable, appropriate／合适，适当／어울리다，걸맞다

・チームの次期キャプテンとして、上野さんが最もふさわしいと思う。

・華やかすぎる服は、面接に着て行くにはふさわしくない。

合 ふさわしさ　類 適当な、適切な

地形（ちけい）・地勢（ちせい）

Geography/Topography ／地形・地势／지형・지세

【陸（りく）】

島（しま）
island ／岛屿／섬

半島（はんとう）
peninsula ／半岛／반도

岬（みさき）
headland ／海角／곶

平野（へいや）
plain ／平原／평야

丘（おか）
hill ／山岗／언덕

高原（こうげん）
highlands ／高原／고원

山（やま）
mountain ／山／산

山地（さんち）
mountainous area ／山地，山区／산지

山脈（さんみゃく）
mountain range ／山脉／산맥

火山（かざん）
volcano ／火山／화산

火山帯（かざんたい）
volcanic zone ／火山带／화산대

湖（みずうみ）
lake ／湖泊／호수

池（いけ）
pond ／池塘／연못

沼（ぬま）
marsh ／池沼／늪

湿原（しつげん）
wetland ／沼泽，湿原／습원，습지

【海（うみ）】

海峡（かいきょう）
channel, strait ／海峡／해협

海流（かいりゅう）
ocean current ／海流／해류

大陸棚（たいりくだな）
continental shelf ／大陆架／대륙붕

リアス式海岸（しきかいがん）
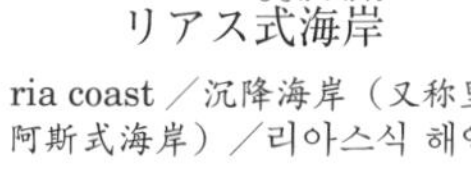
ria coast ／沉降海岸（又称里阿斯式海岸）／리아스식 해안

Unit 03 形容詞 A　236 〜 280

練習問題 I

Step 1 2 3 4

I　(　　)に助詞を書きなさい。

1．世の中の動き（　　）敏感になる。　2．母は時間（　　）やかましい。

3．恋愛（　　）臆病になる。　4．彼は首相（　　）ふさわしい人物だ。

5．犬は飼い主（　　）忠実だ。

II　対義語を書きなさい。

1．怠惰な⇔（　　　　　）2．陽気な⇔（　　　　　）3．敏感な⇔（　　　　　）

4．無口な⇔（　　　　　）5．勇敢な⇔（　　　　　）

III　似た意味の言葉を下から選んで（　　　）に書きなさい。

1．勇敢な　—（　　　　　）　2．利口な　—（　　　　　）

3．貧弱な　—（　　　　　）　4．窮屈な　—（　　　　　）

5．幼稚な　—（　　　　　）　6．大げさな　—（　　　　　）

7．厚かましい　—（　　　　　）　8．やかましい　—（　　　　　）

いさましい　うるさい　オーバーな　かしこい　きつい こどもっぽい　ずうずうしい　みすぼらしい

IV　「〜する」の形になる言葉に○を付けなさい。

軽快な　傲慢な　忠実な　乱暴な　勤勉な　敏感な　憂鬱な

V　性格や人柄を表す言葉に○を付けなさい。

軽快な　卑怯な　貧弱な　根強い　利己的な　のんきな　大らかな

ふさわしい　温和な

VI　正しい言葉を〔　　　〕の中から一つ選びなさい。

1．勇敢に〔　勝つ　負ける　戦う　〕。

2．冷静に〔　話す　笑う　黙る　〕。

3．軽快に〔　急ぐ　走る　休む　〕。

4．前向きに〔　読む　眺める　考える　〕。

5．大ざっぱに〔　話す　動く　食べる　〕。

6．敏感に〔　判断する　影響する　反応する　〕。

7．勤勉に〔　進歩する　努力する　苦労する　〕。

Ⅶ　正しい言葉を〔　　　〕の中から一つ選びなさい。

1．足の裏を触られると〔　だるい　くすぐったい　〕。
2．退職して〔　大らかに　のんきに　〕暮らしている。
3．裁判所は被告に対して〔　寛大な　大胆な　〕判決を下した。
4．まだ18才の彼は、見た目からして〔　若い　若々しい　〕。
5．会社を辞めたのは〔　賢明な　ふさわしい　〕判断だった。
6．この論文は内容が〔　貧しい　貧弱だ　〕。
7．捨て犬の〔　悲惨な　哀れな　〕姿を見て胸が痛んだ。
8．彼女は、社会人としてはまだまだ〔　未熟だ　生意気だ　〕。
9．地震で建物が〔　むちゃに　めちゃくちゃに　〕壊れた。

Ⅷ　（　　　）に入る言葉を下から選び、適当な形にして書きなさい。

A
1．社員たちは新しい企画に（　　　　　）取り組んでいる。
2．「（　　　　　）お願いですが、先生に推薦状を書いていただけないでしょうか」
3．ドアを（　　　　　）閉めて壊してしまった。
4．彼の態度は（　　　　　）偉そうなので、周りから嫌われている。
5．この服はデザインが（　　　　　）すぎて、着るのが恥ずかしい。
6．この職場には、女性への偏見がまだ（　　　　　）残っている。
7．多くの人が犠牲になった戦場には（　　　　　）光景が広がっていた。
8．動物は、気象の変化を（　　　　　）感じ取る。
9．「忙しいからといって（　　　　　）生活をしていると体を壊すよ」

あつかましい　ごうまんな　だいたんな　ねづよい　ひさんな
びんかんな　まえむきな　むちゃな　らんぼうな

B
1．災害時には、パニックにならず（　　　　　）行動することが大切だ。
2．このドラマは、実在の人物の生涯を（　　　　　）描いている。
3．いくら相手が強いといっても、30対1で負けたとは（　　　　　）。
4．父は「礼儀作法を守れ」といつも私に（　　　　　）言う。
5．彼の言うことは（　　　　　）、信頼性に欠ける。
6．子供には、ドラマで人を殺すような（　　　　　）場面を見せたくない。
7．天候と食べ物の売れ行きには（　　　　　）関係がある。
8．上司と一緒に食事をするのは（　　　　　）、あまり楽しくない。
9．（　　　　　）手を使って勝つことは、スポーツマン精神に反する。

あやふやな　きゅうくつな　ざんこくな　ちゅうじつな　なさけない
ひきょうな　みっせつな　やかましい　れいせいな

Ⅰ （　　）に入れるのに最も良いものを、a・b・c・dから一つ選びなさい。

1．彼はパーティーのような（　　　）場は苦手らしい。
　a 温和な　b 厳かな　c 軽快な　d 華やかな
2．経験はあるが、まだ技術は（　　　）ので努力したい。
　a 幼稚な　b 未熟な　c 平凡な　d 生意気な
3．彼は、相撲取り（すもうとり）のわりには（　　　）体つきをしている。
　a 貧しい　b 乏しい　c 貧弱な　d 欠乏した
4．踏切事故があって、電車に（　　　）遅れが出た。
　a 大幅な　b 膨大な　c 大規模な　d 大げさな
5．彼女は怖いもの知らずの（　　　）性格だ。
　a 大胆な　b 寛大な　c 大らかな　d 大ざっぱな
6．基準点に（　　　）及ばず、不合格になってしまった。
　a 細かく　b 小さく　c かすかに　d わずかに
7．うちの犬はとても（　　　）、言いつけをきちんと守る。
　a 賢明で　b 利口で　c 敏感で　d 敏しょうで
8．みんなにほめられて、なんだか（　　　）。
　a あつかった　b かゆかった　c だるかった　d くすぐったかった
9．私は（　　　）者だから、怖い場所には行きたくない。
　a 内気　b 臆病　c 慎重　d 卑怯
10．A国の要人が、非（　　　）に我が国を訪れた。
　a 正式　b 正規　c 公式　d 公的

Ⅱ ＿＿＿の言葉に意味が最も近いものを、a・b・c・dから一つ選びなさい。

1．母は料理の味つけに<u>やかましい</u>。
　a 敏感だ　b 詳しい　c うるさい　d 工夫をする
2．彼は大統領に<u>ふさわしい</u>人物だ。
　a 適当な　b 相当する　c 似合っている　d なる可能性が高い
3．この方法はどう考えても<u>望ましくない</u>。
　a あり得ない　b 実現が困難だ　c 現実的ではない　d いいとは言えない
4．全員が課題に<u>前向きに</u>取り組んでいる。
　a 協力して　b 工夫して　c 積極的に　d 目標を決めて
5．このアクセサリーは、<u>手近な</u>材料で作ることができる。
　a 安価な　b 身近な　c 簡単な　d 手ごろな

Ⅲ　次の言葉の使い方として最もよいものを、a・b・c・dから一つ選びなさい。

1．喜ばしい

a　おいしい料理をゆっくりと味わうのは喜ばしい。

b　人から親切にしてもらうことは喜ばしいことだ。

c　昔の親友と久しぶりに再会できて、とても喜ばしかった。

d　我が子が一人前になった姿を見るのは、親として喜ばしい。

2．情けない

a　彼は心の冷たい情けない人だ。

b　意志が弱くて依存心の強い我が子が情けない。

c　うちのチームが惜しくも負けて、情けなかった。

d　雨にぬれた子犬が情けなくて、うちに連れて帰った。

3．無口

a　会議で彼はただ一人意見を言わず、無口にしたままだった。

b　この国には言論の自由がなく、国民は政権に対して無口だ。

c　いろいろな噂（うわさ）が飛んだが、本人は無口に沈黙を守った。

d　彼は無口な人と思われているが、実はよくしゃべる。

4．根強い

a　彼女はどんな問題もあきらめず、根強く解決していった。

b　若い頃スターだった彼は、年を取っても根強い人気がある。

c　このビルは土台が根強いので、大きな地震がきても大丈夫だ。

d　合格するためには、毎日こつこつと根強く努力することが大切だ。

5．余計

a　映画はもう上映期間を過ぎていて、買ったチケットが余計になった。

b　彼は独立してしっかりやっているようだから、心配は余計だ。

c　子供は親から禁止されると、余計にやりたくなるものだ。

d　客がたくさん来そうなので、余計な料理を準備しておいた。

Unit 04 名詞 B

281 〜 345

Step 1 2 3 4

1-23

281 **ないしん** **内心** (in) one's heart/mind／内心，心中／내심

・顔には出さなかったが、うそがばれないか、内心ではドキドキしていた。

・力を入れて書いたレポートの評価が思ったほど良くなく、内心がっかりした。

類 心中

282 **やるき** **やる気** willingness, motivation／干劲／의욕

・最初は気が進まなかったが、報酬がいいと聞いてやる気になった。

・娘にピアノを習わせているが、本人はあまりやる気がないようだ。

連 __がある⇔ない、__になる、__が出る・__を出す、__を持つ、__がわく

合 __満々（例．彼は希望のポストにつくことができて、やる気満々だ。） 類 意欲

283 **ゆうえつかん** **優越感** superiority complex／优越感／우월감

・彼女は、周りの誰よりも歌がうまいことに優越感を持っていた。

連 ニ__を持つ、ニ__を抱く、__に浸る 対 劣等感

284 **ほこり** **誇り** pride／自豪，骄傲／긍지，자랑

・平和憲法を持っていることは、我が国の誇りだ。

・災害現場で人命救助に尽くした父のことを誇りに思う。

連 __がある⇔ない、__を持つ、__に思う、__が傷つく・__を傷つける 合 __高い

類 プライド 関 自尊心 （動） ヲ誇る

☆ヲ誇る

①・自動車は我が国が世界に誇る工業製品だ。

※主に連体修飾の形で使う。

②・彼女は名家の出であることを誇っている。 ・才能を誇る。

（イ形） 誇らしい

285 **けつだん** **ヲ決断スル** decision／决断／결단

・経営状態が悪いので、役員たちは会社の縮小を決断した。

・延命措置の申し出を断るのは、家族としてつらい決断だった。

連 __を下す、ニ__を迫る 合 __力（例．決断力がある⇔ない）

類 ヲ決心スル、ヲ決意スル 関 ヲ決定スル

286 **くしん** **ガ苦心スル** hard work, difficulty／煞费苦心／고심

・「この肖像画では、モデルの優しさを表現するのに苦心しました」 ・苦心の作

※経済的、身体的な面では使えない。 関 ガ苦労スル ☞ N2 48

287　**しっと**　**ガ嫉妬スル**　jealousy／嫉妒／질투

・子供は生まれたばかりの弟に嫉妬して、弟を泣かせた。

・ライバルの才能に嫉妬する。　・田中さんは嫉妬心が強い。

合　__心　類　やきもち、妬み　※「ヲ妬む」の名詞形

☆ヲ妬む

・姉は親にかわいがられている妹を妬んで、陰で意地悪をした。

・人の ｛幸せ／幸運／成功／才能　…｝ を妬む。

(名) 妬み　(イ形) 妬ましい

288　**ぜつぼう**　**ガ絶望スル**　despair, hopelessness／绝望／절망

・すべてを失った彼は、人生に絶望して自殺を図った。

・事故の被害者の救出は絶望的な状況だ。

合　__的な、__感

289　**つうかん**　**ヲ痛感スル**　full realization／深切地认识到／통감

・チームが連敗していることに対し、彼は監督として責任を痛感しているようだ。

・｛力不足／無力さ　…｝ を痛感する。

290　**せんにゅうかん**　**先入観**　prejudice／成见，偏见／선입관

・派手な身なりの彼女に悪い先入観を抱いてしまった。　・「先入観を捨てて判断しなさい」

連　ニ__を持つ、ニ__を抱く　関　偏見、予断

291　**あやまち**　**過ち**　fault, error／错误，过错／잘못，과오，실수

①・彼は自分の過ちをなかなか認めようとしない。

・会社に損害を与えたのは、契約書をよく確認しなかった私の過ちによるものだ。

連　__を認める　類　失敗、ミス

②・無実の人を逮捕するという過ちは、決してあってはならない。

・取り返しのつかない過ちを犯す。

連　__を犯す、__を償う　類　過失

292　**よく**　**欲**　greed, ambition, desire／贪心，野心／욕심，욕망

・欲を出して危ない株に手を出し、破産してしまった。

・「仕事が楽しければ別に出世しなくてもいいよ」「欲がないんだねえ」

連　__がある⇔ない、__が深い、__を出す、__を言えば（例. 新居には大体満足だが、欲を言えば、もう少し収納スペースが多ければよかった。）　合　食__、物__、性__、__望、__張り、__深な

慣　欲に目がくらむ、欲の皮が突っ張っている

1-24

293　**はじ**　　**恥**　　embarrassment, shame ／丢脸，耻辱，羞耻／수치，창피

・結婚式のスピーチで、新婦の名前を間違えて恥をかいてしまった。

・海外で集団犯罪を行って裁判にかけられるなど、我が国の恥だ。

・「信頼してくれる人をだまして利益を得ようとは。恥を知れ！」

連　＿をかく、ニ＿をさらす　合　＿知らず　関　恥ずかしい　（動）ガ／ヲ恥じる

慣　恥を知る、恥の上塗り

☆ガ／ヲ恥じる

①・彼は、詐欺に簡単にだまされてしまった自分の愚かさを恥じた。

・容疑者は「私は人に恥じるようなことは何もしていない」と言っているそうだ。

・親からいつも「良心に恥じるようなことはするな」と言われて育った。

慣　良心に恥じる

②・田中選手の試合内容は、チャンピオンの名に恥じないすばらしいものだった。

慣　～の名に恥じない

294　**ばつ**　　**ヲ罰スル**　　punishment ／惩罚，处罚／벌

・悪いことをしたら罰を受けるのは当然だ。　・犯罪を厳しく罰する。

・音楽の無断複製は法律によって罰せられる。

連　ニ＿を与える⇔カラ＿を受ける　合　罰金、罰則、賞罰、天罰　類　ヲ処罰スル

関　ヲ制裁スル

※神や仏が下す場合は「罰」ともいう。（例．罰が当たる・罰を当てる）

※動詞の受身形は「罰せられる」。

295　**ねん**　　**念**　　feeling, concern, confirmation ／心情，注意／마음，다짐，만약

①・つらいことがあっても笑顔でがんばる友に尊敬の念を抱いた。

・{感謝／不安　…} の念

②・「本当にいいんですね？」と彼は私に何度も念を押した。

・出張する朝、寝ぼうしないよう、念のために目覚まし時計を２つセットしておいた。

連　ニ＿を押す、＿のため（に）、ニ＿を入れる　関　注意、確認

慣　念には念を入れる　（動）ヲ念じる

296　**ほんね**　　**本音**　　true feelings ／真心话／본심，본마음，속

・お酒を飲んで、上司のことが嫌いだとつい本音をもらしてしまった。

・本音を言うと、大学に入ったのは親が望んだからにすぎない。

連　ニ＿をもらす、＿を吐く　対　建前　類　本心

※「本音」は「本心」が言葉として表れたもので、やや感情的な言い方。

297　**べんかい**　**ヲ弁解スル**　justification, excuse ／辩解／변명

・学生は、試験に遅れたこと｛を／について｝教師にいろいろと弁解した。

・信頼を裏切った彼の行為には弁解の余地はない。

連 __の余地がある⇔ない　合 __がましい　類 ガ言い訳(ヲ)スル　関 ヲ弁明スル

298　**ちんもく**　**ガ沈黙スル**　silence ／沉默／침묵

・出席者は皆、沈黙したまま下を向いていた。最初に沈黙を破ったのは野村氏だった。

・当事者が沈黙を守ったので、真実は誰にもわからなかった。

連 __を守る、__を破る　関 無言、ガ黙る　慣 沈黙は金

299　**ぼっとう**　**ガ没頭スル**　immersion ／沉迷，专心致志／몰두

・今、趣味の写真に没頭している。　・寝食も忘れて研究に没頭した。

関 ガ熱中スル　☞ N3 745、ガ夢中になる　☞ N3 263

300　**せんねん**　**ガ専念スル**　absorption, (give) undivided attention (to) ／专心致志／전념

・勉強に専念するためにアルバイトをやめた。

301　**じゅうじつ**　**ガ充実スル**　fullness, enrichment ／充实／충실

・充実した毎日を送っている。　・この本は高いだけあって、内容が充実している。

×充実だ　合 __感（例．充実感を味わう）

302　**じりつ**　**ガ自立スル**　independence, self-reliance ／自立，独立／자립

・女性の自立には経済的自立が重要だと思う。

・彼は精神的に自立していない。

合 __的な、__性、__心　関 ガ独立スル、ガ自活スル

303　**あいしょう**　**相性**　compatibility ／投缘，（相互间的）配合／궁합

・占いによると、私と彼は相性がいいらしい。

・うちのチームはあのチームとは相性が悪く、負けることが多い。

連 __がいい⇔悪い、__が合う、__がぴったりだ

304　**きょうかん**　**ガ共感スル**　empathy ／同感，共鸣／공감

・その歌の歌詞に、多くの若者が共感した。　・山口氏の訴えは人々の共感を呼んだ。

・筆者の意見に、私も共感を覚えた。

×共感だ　連 __を覚える、__を呼ぶ　類 ガ同感スル　☞ N2 288　関 ガ共鳴スル

305　**きょうちょう**　**ガ協調スル**　cooperation ／协调，协力／협조

・環境問題の解決には、各国の協調が必要だ。

・労使が協調して会社の危機に立ち向かった。　・彼は協調性に欠ける。

合 __的な、__性（例．協調性がある⇔ない）、国際__　類 ガ協力スル

306 **きょうどう** **ガ共同スル** combination, common／共同／공동

・この寮の シャワーは各階の学生が共同で使用している。

・この技術は2社が｛共同で／共同して｝開発した。

合 __体、__作業、__生活、__戦線（例. 共同戦線を張る。） 対 単独 類 ガ協同スル

307 **げきれい** **ヲ激励スル** encouragement／激励／격려

・選手団を激励するために、大勢の人が集まった。

合 __会 関 ヲ励ます

308 **しえん** **ヲ支援スル** support, assistance／支援／지원

・公害の被害者を支援する団体を立ち上げた。 ・この活動は国の支援を受けている。

連 __を受ける 合 __者、__団体、__金 類 援助 関 後押し

309 **してき** **ヲ指摘スル** identification, indication／指出／지적

・経済評論家は、景気の悪さの原因を的確に指摘した。 ・次の文の誤りを指摘しなさい。

310 **りょうかい** **ヲ了解スル** understanding, consent／知道，明白／납득，이해

①・「商談が終わったら、結果を電話で報告してください」「了解しました」

※ 親しい人同士や通信などでは「了解」と短く言うこともある。 類 ヲ承知スル

②・彼の真意を聞いて、本当は何をやりたいのか初めて了解した。

類 ヲ理解スル

311 **しょうだく** **ヲ承諾スル** consent, agreement／同意／승낙

・先生は学生の承諾を得て、彼の作文をみんなに読ませた。

・上司の承諾を得ずに外出して注意された。 ・父に結婚の承諾を得る。

連 __を得る 合 __書

312 **いやがらせ** **嫌がらせ** harassment／讨厌的言行，骚扰／괴롭히는 것，장난하는 것，짓궂은 짓

・町議会で一人だけ反対意見を述べたら、嫌がらせをされるようになった。

・嫌がらせの電話が頻繁にかかってきて困っている。

連 __をする、__を受ける

313 **ぼうがい** **ヲ妨害スル** obstruction／妨碍／방해

・相手チームのプレーを妨害して反則になった。

・総会に妨害が入らないよう、会場が閉鎖された。

連 __が入る 合 営業__、安眠__、公務執行__

314 **せっとく** **ヲ説得スル** persuasion／说服，劝说／설득

・親を説得して留学を認めてもらった。 ・両親は息子に大学に行くように説得した。

・悪い仲間と付き合わないよう友人を説得した。

合 __力（例. ・説得力がある⇔がない ・説得力に欠ける） 関 ヲ説く、ヲ説き伏せる

315　**りくつ**　**理屈**　reason, argument, theory／道理，歪理／이치，이론

①・円高なのに輸入品が値上がりしているのは、<u>理屈</u>に合わない話だ。

・客だから何をしてもいいなどという<u>理屈</u>は｛通らない／通用しない｝。

連 __に合わない、__が通らない、__が通用しない　**類** 道理、論理

②・あの人は<u>理屈</u>を言うばかりで、実行が伴わない。

・彼はいろいろ<u>理屈</u>をこねているが、結局はその仕事をやりたくないだけだ。

連 __を言う、__をこねる　**合** __っぽい（例．<u>理屈っぽい</u>人）、へ__、__屋

316　**ろんり**　**論理**　logic／逻辑，道理／논리

・この論文は構成はいいが、<u>論理</u>の面で問題がある。

・社会には、まともな<u>論理</u>が通らないことがしばしばある。

連 __が通らない　**合** __的な、__性（例．彼の話は<u>論理性</u>｛に欠ける／を欠く｝。）、__力、__立てる（例．「<u>論理立てて</u>きちんと説明してください」）

類 理屈　※「論理」よりも個人的な場面で使われやすい。

317　**すいり**　**ヲ推理スル**　deduction, reasoning／推理／추리

・状況から犯人を<u>推理する</u>。

合 __小説、__作家、__力　**関** ヲ推量スル、ヲ推測スル、ヲ推定スル

318　**こんきょ**　**根拠**　basis, foundation／根据，据点／근거

①・彼の話には何の<u>根拠</u>もない。　・相手を納得させるためには、<u>根拠</u>を示す必要がある。

連 __がある⇔ない、__を示す

②・反政府勢力は首都郊外のビルを<u>根拠地</u>とした。

合 __地　**類** 本拠

319　**こちょう**　**ヲ誇張スル**　exaggeration／夸张／과장

・事件を<u>誇張せず</u>、ありのままに書く。　・彼の話には<u>誇張</u>が多い。

関 大げさな、誇大な

320　**あんじ**　**ヲ暗示スル**　(auto) suggestion, hint／暗示／암시

①・映画の最後の場面の音楽が、主人公の運命を<u>暗示している</u>。

合 __的な　**対** ヲ明示スル

②・催眠術というのは、<u>暗示</u>によって人を眠った状態にさせるものである。

・不安なときは、「絶対だいじょうぶ」と自分に<u>暗示</u>をかけることにしている。

連 __にかかる・__にかける　**合** 自己__

321　**さっかく**　**ヲ錯覚スル**　illusion, hallucination／错觉，错认为／착각

・線Ａの方が線Ｂより長く見えるのは、目の<u>錯覚</u>だ。

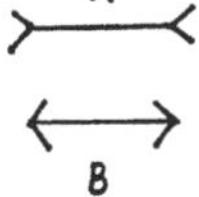

・今日は木曜日なのに、金曜日と<u>錯覚していた</u>。

連 目の__、__に陥る

322 **しや** **視野** view, outlook／视野，见识／시야

①・山頂に着くと、360度視野が開けた。 ・突然人影が視野に入ってきた。

連 __が開ける⇔__さえぎられる、__をさえぎる、__に入る⇔__から消える 類 視界

②・息子には留学して視野を広げてほしい。 ・視野の広い人

連 __が広い⇔狭い、__が広がる・__を広げる、__をせばめる

323 **くうはく** **空白** blank／空白／공백

・日記を書く時間がなかったので、3日分が空白になっている。

・政治に空白は許されない。 ・記憶の空白

連 __を埋める 合 __期間

324 **せっしょく** **ガ接触スル** contact, touch／接触，相碰，交往／접촉

①・CDプレーヤーが動いたり止まったりする。どこか接触が悪いのだろうか。

・狭い道で、その車は危うく自転車と接触するところだった。

連 __が悪い

②・刑事は容疑者に接触しようとした。

・彼女は昔の仲間と接触を断っている。

連 __を断つ 合 __事故、__感染

325 **こうしょう** **ガ／ヲ交渉スル** negotiation, connection／谈判，交涉，交往，联系／교섭，관계

①・取引の条件に関し、現在A社と交渉しているところだ。

・待遇改善{を／について}交渉する。 ・組合は会社側に、交渉の場を設けるよう申し込んだ。

連 __がまとまる⇔決裂する、__を重ねる 合 団体__、労使__

②・あの家は近所との交渉が全くない。 ・叔父とは10年前から没交渉だ。

連 __がない、__を持つ、__を断つ 合 没__ 関 関係、かかわり合い

326 **だきょう** **ガ妥協スル** compromise／妥协／타협

・彼女は何事にも妥協しない人だ。 ・この法律は与野党間の妥協の産物だった。

連 __の余地がない 合 __点、__案 関 ガ協調スル

327 **こうしん** **ヲ更新スル** improvement, renewal, update／更新，刷新／경신，갱신

①・吉田選手はレースのたびに日本記録を更新している。

②・アパートの賃貸契約を更新する。 ・{運転免許／ビザ／ブログ …}の更新

328 **せいさん** **ヲ精算(ヲ)スル** settlement (bill, fare, etc.)／结算／청산

・切符の精算をする。 ・「一人がまとめて払って、後からみんなで精算しよう」

合 __所、__額、__書

329 **そんがい** **損害** damage, loss／损失，损害／손해

・今回の火災で２億円の損害が出た。　・私のミスで会社に損害を与えてしまった。

連 __が出る・__を出す、__を与える⇔{受ける／被る}、__を償う、__を賠償する

合 __額、__賠償、__保険

330 **りがい** **利害** pros and cons, interest／利害，得失／이해

・十分に利害を考えた上で、事業を興すかどうかを決めたい。

・二人は対立していたが、共通の敵ができたことで利害が一致した。

連 __が一致する⇔対立する

合 __関係（例．私と彼は単なる知り合いで、何の利害関係もない。）

コラム 7 **病気・医療** Conditions/Treatments／疾病，医疗／질병・의료

◆**診療** Examination and Treatment／诊治／진료

【診療の前に】 Before diagnosis／诊断前／진단 전에

{熱／血圧} を測る take temperature/blood pressure／测量（体温／血压）／열 / 혈압을 재다

◆**診断** Diagnosis／诊断／진단

【内科系】 Internal Medicine／内科（方面）／내과 계열

風邪	cold／感冒／감기
肺炎	pneumonia／肺炎／폐렴
インフルエンザ	influenza, flu／流行性感冒／인플루엔자，유행성 감기，독감
結核	tuberculosis／结核／결핵
ぜん息	asthma／哮喘／천식
花粉症	hay fever／过敏性花粉症／꽃가루병，꽃가루 알레르기
熱中症	heatstroke／中暑／열증
アレルギー	allergy／过敏症／알레르기
じんましん	rash, hives／荨麻疹／두드러기
食中毒	food poisoning／食物中毒／식중독
便秘	constipation／便秘／변비
下痢	diarrhea／腹泻／설사
生活習慣病	lifestyle-related diseases／生活方式病／생활 습관병
高血圧	high blood pressure／高血压／고혈압
糖尿病	diabetes／糖尿病／당뇨병
心筋梗塞	heart attack／心肌梗塞／심근 경색
脳卒中	stroke／中风／뇌졸중
癌	cancer／癌，癌症／암
白血病	leukemia／白血病／백혈병

【眼科系】 Ophthalmology／眼科（方面）／안과 계열

白内障	cataracts／白内障／백내장
近視	short-sightedness (myopia)／近视／근시
遠視	long-sightedness (hyperopia)／远视／원시
乱視	astigmatism／散光／난시
老眼	age-related long-sightedness／老花眼／노안

【外科系】 External Medicine／外科（方面）／외과 계열

骨折	fracture／骨折／골절
ねんざ	sprain／扭伤，挫伤／염좌，삐다
ぎっくり腰	slipped disc／腰扭伤／돌발성 요통

【その他】 Others／其他／그 외

虫歯	cavity (tooth)／蛀牙／충치
不眠症	insomnia／失眠症／불면증
うつ病	depression／忧郁症／우울병，우울증
認知症	dementia, senility／痴呆症／치매

I （　　）に助詞を書きなさい。

1．この話（　　　）は何の根拠もない。
2．取り引き先の会社（　　　）交渉（こうしょう）を行った。
3．車が自転車（　　　）接触して事故を起こした。
4．今日は土曜日なのに、日曜日（　　　）錯覚（さっかく）していた。
5．彼は成績がいいこと（　　　）優越感を持っている。
6．会社（　　　）賃金の交渉をする。
7．自分の国のこと（　　　）誇り（　　　）思う。
8．A大学（　　　）B大学が共同（　　　）研究をしている。

II 「〜的」「〜性」「〜力」「〜心」「〜感」という形になるよう、下から言葉を選んで（　　　）に書きなさい。

1．〜的　…（　　　　）的　（　　　　）的　（　　　　）的　（　　　　）的
2．〜性　…（　　　　）性　（　　　　）性　（　　　　）性
3．〜力　…（　　　　）力　（　　　　）力　（　　　　）力　（　　　　）力
4．〜心　…（　　　　）心　（　　　　）心
5．〜感　…（　　　　）感　（　　　　）感

充実	推理	論理	決断	自立	説得	協調	絶望	嫉妬

（二度以上使う語もある）

III （　　　）に下から選んだ語を書いて、一つの言葉にしなさい。

1．共同（　　）　2．妥協（だきょう）（　　）　3．支援（　　）　4．損害（　　）　5．罰（　　）

者	体	金	額	案

IV 対義語を書きなさい。

1．本音（ほんね）　⇔　（　　　　　　）　2．暗示（あんじ）　⇔　（　　　　　　）
3．優越感　⇔　（　　　　　　）

V 下線の言葉と似た意味になるよう、□に漢字を１字書きなさい。

1．<u>黙る</u>　→　□黙する　　2．<u>大げさに言う</u>。　→　誇□する
3．<u>言い訳する</u>　→　弁□する　　4．人に<u>やきもちを焼く</u>。　→　嫉□する

Ⅵ　正しい言葉を〔　　　〕の中から一つ選びなさい。

1．彼の考えには〔　同感　共感　〕だ。

2．ゲームに〔　没頭(ぼっとう)　専念　〕する。

3．契約条件を〔　承知　承諾(しょうだく)　〕する。

4．すぐに〔　理屈　論理　〕を言う。

5．事情を〔　説得　納得　〕する。

6．授業の内容を〔　了解(りょうかい)　理解　〕する。

7．結婚して親元(おやもと)から〔　独立　自立　〕する。

8．〔　苦労　苦心　〕して子供を育てる。

9．〔　優越感　先入観　〕を捨ててものごとを観察する。

Ⅶ　正しい言葉を〔　　　〕の中から一つ選びなさい。

1．欲が〔　深い　広い　大きい　〕。

2．視野(しや)が〔　浅い　狭い　小さい　〕。

3．恥(はじ)を〔　かく　ひく　まく　〕。

4．やる気が〔　出る　浮かぶ　上がる　〕。

5．決断を〔　くだす　さげる　おろす　〕。

6．過(あやま)ちを〔　する　おかす　おこなう　〕。

7．人に暗示(あんじ)を〔　はる　つける　かける　〕。

8．交渉(こうしょう)が〔　決裂　分裂　分解　〕した。

9．集会に妨害(ぼうがい)が〔　起きた　生じた　入った　〕。

10．相性が〔　そっくりだ　ぴったりだ　たっぷりだ　〕。

Ⅷ　（　　　）に入る言葉を下から選んで書きなさい。

1．アパートの契約を（　　　　　　　）した。

2．運賃が不足だったので、降りる駅で（　　　　　　　）した。

3．失敗するたびに自分の力不足(ちからぶそく)を（　　　　　　　）する。

4．（　　　　　　　）の電話がかかってきて困っている。

5．オリンピックに行く選手団を（　　　　　　　）した。

6．レポートの間違いをいくつも（　　　　　　　）された。

7．あの日のことは記憶が（　　　　　　　）になっている。

8．「いいですね？」と何度も（　　　　　　　）を押した。

9．あの人は（　　　　　　　）で怒っていても顔には出さない。

10．きちんと（　　　　　　　）立てて説明することが必要だ。

11．共通の敵ができて二人の（　　　　　　　）が一致した。

12．野菜が豊作なのに値上がりしているのは、（　　　　　　　）に合わない。

いやがらせ	くうはく	げきれい	こうしん	してき	せいさん
つうかん	ないしん	ねん	りがい	りくつ	ろんり

331 **こうけい** **光景** view, sight, scene ／景象，情景／경치，광경

・富士山頂から見た日の出の光景に感動した。 ・暴動後の町はひどい光景だった。

・30年ぶりに親子が対面する光景は、人々の涙を誘った。

関 情景、風景 ※「光景」は目の前で起きている具体的な場面を言う。

332 **ほうどう** **ヲ報道スル** (news) report ／报道／보도

・報道によると、太平洋で飛行機の墜落事故があったらしい。

・「ベルリンの壁」崩壊のニュースは、リアルタイムで世界中に報道された。

合 __番組、__記事、__記者、__機関、__写真、__陣

333 **はかい** **ヲ破壊スル** destruction ／破坏／파괴

・爆撃によって街が破壊された。

・{建造物／システム／生活／神経／細胞 …} を破壊する。

・人間の経済活動は生態系の破壊の原因にもなる。

合 __的な、自然__、環境__、森林__、__力 対 ヲ建設スル、ヲ創造スル

334 **はき** **ヲ破棄スル** cancellation, breaking, tearing up and discarding, reversing ／撕毁，废除，废弃，撤销／파기

①・内容に不備が見つかり、契約は破棄された。 ・{条約／婚約 …} を破棄する。

合 契約__、婚約__

②・{書類／手紙／メール …} を破棄する。

関 ヲ破り捨てる

③・最高裁判所は、二審の無罪判決を破棄して、被告に懲役3年を言い渡した。

335 **たいおう** **ガ対応スル** correspondence, response ／对应，应对／상응，대응

①・日本の漢語は、中国語の単語と対応していないものも多い。

②・サービス業では、客にうまく対応できる人が必要とされている。

合 __策 関 ヲ措置スル、ガ応対スル、ガ対処スル

336 **たいしょ** **ガ対処スル** handling, treatment ／处理／대처

・問題に対処するため、緊急に話し合いが行われた。 ・客の苦情への対処法を考える。

・赤字を借金で埋めるのは、対処療法にすぎない。根本的な解決策が必要だ。

合 __法、__療法 関 ガ対応スル、ヲ処置スル

337 **とりひき** **ガ取り引き(ヲ)スル** business, dealings ／交易／거래

①・最近は東南アジアとの取り引きが増えた。 ・我が社はA社と取り引きがある。

連 __がある⇔ない 合 __先、__銀行 関 ヲ売買スル

②・法案を通すため、裏で与党と野党が取り引きをしたようだ。

合 裏__、司法__

※「取引」と書くことも多い。

338　**どくせん**　　**ヲ独占スル**　　monopoly／独占，垄断／독점

・サッカーワールドカップで、ヨーロッパのチームが上位を独占した。

・A 社が市場をほとんど独占している。

合　__的な、__欲（例．彼は独占欲が強い。）、__インタビュー、__企業、__禁止法

339　**しんしゅつ**　　**ガ進出スル**　　expansion, advancement, launch／进入，发展／진출

①・日本製品の海外進出が進んだ。　・A 社は海外市場に進出した。

・芸能界から政界に進出する。

対　ガ撤退スル

②・高校野球で、母校が決勝戦に進出した。

コラム 8　**日本家屋**　Japanese-style House／日式房屋／일본 가옥

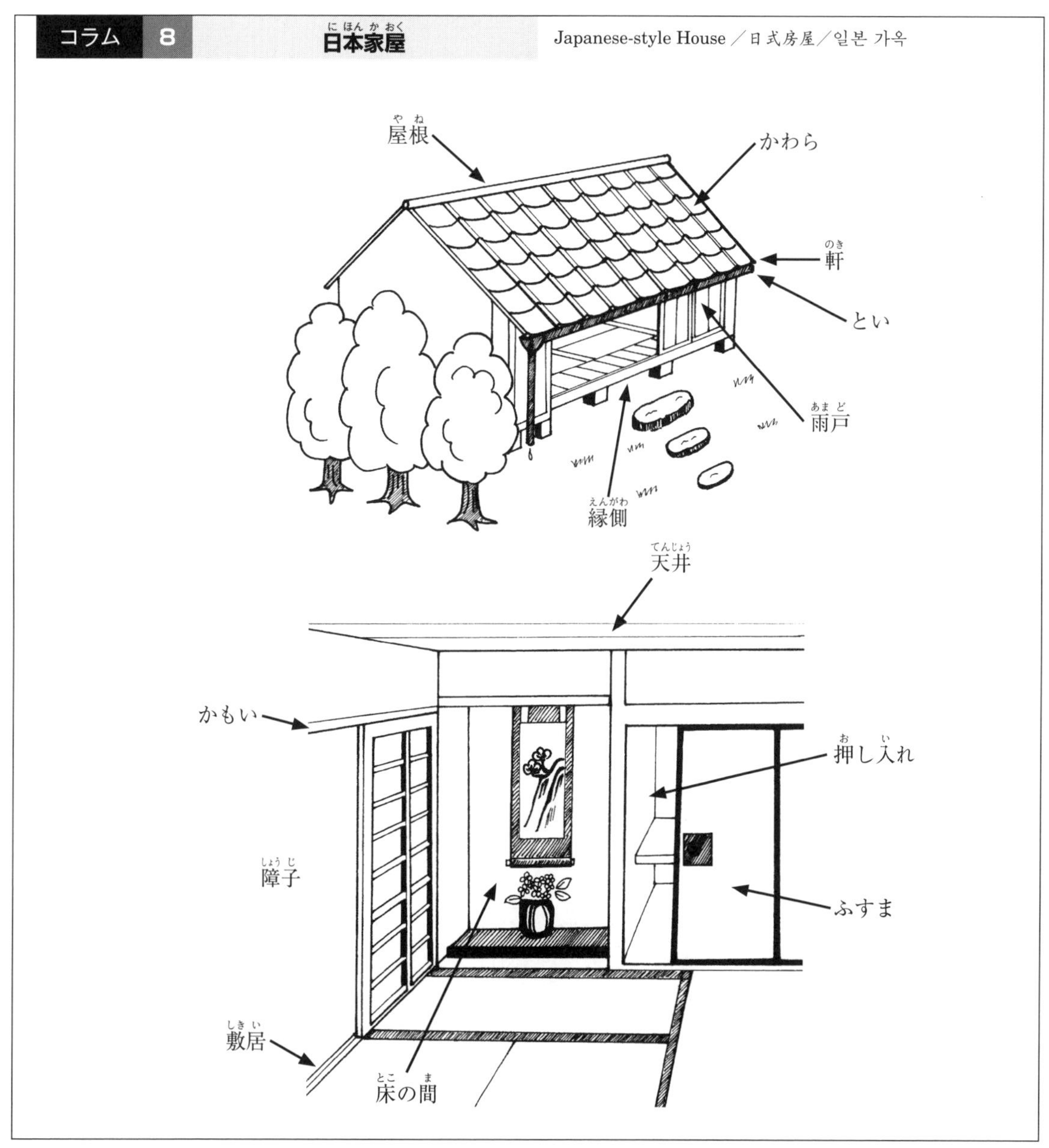

1-28

340　**しんか**　　**ガ進化スル**　　evolution, progress／演化，进步／진화

①・人間はサルから進化したらしい。　・生物は何億年もかけて現在の形に進化した。

合　＿論、＿論的な、＿論者　　対　ガ退化スル

②・掃除機も進化して拭(ふ)き掃除までできるものがある。

連　①②＿を遂(と)げる

341　**いっさい**　　**一切**　　all, the whole／全部，一概／전부，일체，전혀

①・火事で｛一切の財産／財産の一切｝を失った。

・「一切の責任は私が負(お)います」

類　全部、すべて、何もかも

②［(副)］・林(はやし)部長は部下の言うことをいっさい聞こうとしない。

・私はその件にはいっさい関係ない。

※ 否定文に使う。　類　全く

342　**かげん**　　**ヲ加減スル**　　condition, extent, state, adjustment, tendency／状况，程度，调节，稍微／(건강) 상태，정도，조절

①・「お父様のお加減はいかがですか」　・自分のばかさ加減が嫌(いや)になった。　・湯加減をみる。

連　＿がいい⇔悪い　　合　火＿、塩＿、水＿、湯＿　　類　具合、程度

②・肉が焦(こ)げないように、火の強さを加減する。

合　手＿（例．ゲームをするとき、相手が子供なので手加減した。）　　関　ヲ調節(ちょうせつ)スル

③・うつむき加減に歩く。（＝うつむきぎみ）

343　**さくげん**　　**ヲ削減スル**　　reduction, cut／削减／삭감

・赤字のため、予算が１割削減(さくげん)された。　・従業員数の２割削減(さくげん)が目標(もくひょう)だ。

合　経費＿、コスト＿、人員(じんいん)＿　　関　ヲ削(けず)る、ヲ減らす

344　**よぶん**　　**余分**　　excess, extra, surplus／多余，剩余／여분，나머지

・「このプリントは余分がないので、なくさないようにしてください」

・応募者(おうぼしゃ)が予定より少なく、賞品に余分が出た。

連　＿がある⇔ない、＿が出る　　類　余り

［(ナ形) 余分な］・文章中の余分な言葉を削除(さくじょ)した。

・客に十分料理が行き渡るよう、少し余分に作っておいた。

類　余計な　☞218

345　**よち**　　**余地**　　room, scope／余地／여유，여지

①・駐車場には、まだ２、３台車が入る余地がある。

②・この計画は、まだ改善(かいぜん)の余地が｛ある／残されている｝。

・今回の不祥事(ふしょうじ)はすべて私の責任だ。弁解(べんかい)の余地はない。

連　①②＿がある⇔ない

コラム 9 犯罪（はんざい） Crime／犯罪／범죄

殺人（さつじん）	murder, homicide／杀人／살인
過失致死（かしつちし）	involuntary manslaughter, accidental homicide／过失致死／과실 치사
強盗（ごうとう）	robbery／强盗／강도
窃盗（せっとう）	theft／盗窃／절도
空（あ）き巣（す）	sneak thief, burglary when you are not at home／趁人不在家时行窃／도둑
住居侵入（じゅうきょしんにゅう）	breaking and entering／闯入(他人)住宅／주거 침입
すり	pickpocket／小偷／소매치기
万引（まんび）き	shoplifting／扒窃（商店物品）／손님으로 가장해 물건을 훔치는 행위
車上荒（しゃじょうあ）らし	theft from automobiles／偷窃，抢劫车内物品／차를 터는 행위
傷害（しょうがい）	injury／伤害／상해
暴行（ぼうこう）	assault／暴行，暴力行为／폭행
虐待（ぎゃくたい）	abuse, cruelty／虐待／학대
家庭内暴力（かていないぼうりょく）・DV（ドメスティックバイオレンス）	domestic violence／家庭内部暴力／가정내 폭력
誘拐（ゆうかい）	kidnapping, abduction／诱拐／유괴
監禁（かんきん）	captivity, confinement／监禁／감금
身代金（みのしろきん）	ransom／赎金／몸값
脅迫（きょうはく）	coercion, threat／威胁，恫吓／협박
恐喝（きょうかつ）	blackmail, extortion／恐吓，敲诈／공갈
放火（ほうか）	arson／放火，纵火／방화
性犯罪（せいはんざい）	sex crime／性犯罪／성범죄
強姦（ごうかん）／レイプ	rape/rape／强奸 / 强奸／강간 / 강간
強制（きょうせい）わいせつ	indecent assault／强行猥亵／성추행
売春（ばいしゅん）・買春（かいしゅん）	prostitution/hiring a prostitute／卖淫 / 嫖娼／매춘 / 매춘
セクハラ	sexual harassment／性骚扰／성희롱
ストーキング →ストーカー	stalking／纠缠，跟踪行为／스토킹 → stalker／尾随者，跟踪狂／스토커
盗聴（とうちょう）	bugging, wiretapping／窃听／도청
盗撮（とうさつ）	spying, secret filming/photographing／偷拍／도촬
詐欺（さぎ）	fraud／欺诈，诈骗／사기
振（ふ）り込（こ）め詐欺（さぎ）	bank transfer fraud／汇款欺诈／입금 사기
横領（おうりょう）	embezzlement／贪污，侵吞／횡령

贈賄（ぞうわい）⇔収賄（しゅうわい）	bribery／行贿／뇌물 ⇔ accepting bribes／受贿／수뢰，수수
脱税（だつぜい）	tax evasion／逃税，漏税／탈세
テロ（＜テロリズム） →テロリスト	terrorism／恐怖主义，恐怖活动／테러리즘 → terrorist／恐怖主义者，恐怖分子／테러리스트
ハイジャック	hijack／劫持飞机，劫机／공중납치，하이잭
ハッキング →ハッカー	hacking／黑客攻击／해킹 → hacker／黑客／해커
非行（ひこう）	delinquency, misconduct／不良行为／비행
いじめ	bullying／凌辱，欺负／집단 따돌림，이지메，왕따
確信犯（かくしんはん）	premeditated crime／出于信仰的犯罪，政治犯／확신범
愉快犯（ゆかいはん）	criminal who enjoys the reaction to his crime／故意捣乱分子／사회를 혼란시켜서 쾌감을 얻는 것을 목적으로 하는 범죄
通（とお）り魔（ま）	random attacker／任意杀伤过路行人的歹徒／괴한
容疑（ようぎ）	suspicion／嫌疑／용의
・〈人（ひと）に〉～の容疑（ようぎ）がかかる	to be suspected of…／对某人指控有～的嫌疑／‹ 사람에게 › ～의 혐의가 걸리다
・〈人（ひと）に〉～の容疑（ようぎ）をかける	to suspect someone of…／某人被指控有～的嫌疑／‹ 사람에게 › ～의 혐의를 씌우다
・容疑（ようぎ）を認（みと）める	to admit to the charges／承认罪行／혐의를 인정하다
・容疑者（ようぎしゃ）	suspect／嫌疑犯／용의자
指名手配（しめいてはい）	to be wanted for questioning／通缉／지명 수배
・～を指名手配（しめいてはい）する	to want … for questioning／通缉～／～을 / 를 지명 수배하다
逮捕（たいほ）	arrest／逮捕／체포
・～を逮捕（たいほ）する	to arrest…／逮捕～／～을 / 를 체포하다
自首（じしゅ）	surrender, to turn oneself in／自首／자수
・～が（警察（けいさつ）に）自首（じしゅ）する	to turn… in (to the police)／～向警察自首／～이 / 가 (경찰에) 자수하다
自白（じはく）	confession／自供，供认／자백
・～が自白（じはく）する	to confess…／～自供／～이 / 가 자백하다
刑務所（けいむしょ）	prison／监狱／형무소，교도소
拘置所（こうちしょ）	detention center／拘留所／구치소
少年院（しょうねんいん）	juvenile detention center／少年教养院／소년원

まとめ 同じ漢字を含む名詞 346 ～ 380

1-29

Ⅰ 「発」が付く言葉

346 **はつげん** **ガ発言(ヲ)スル** utterance, statement, remark／发言／발언

・大臣の記者会見での発言が問題になった。 ・「ご発言のある方は、挙手(きょしゅ)をお願いします」

・この会では、誰(だれ)でも自由に発言することができる。

合 __力（例. この評論家(ひょうろんか)はマスコミへの発言力が強い。）、__権

347 **はっこう** **ヲ発行スル** issue, publication／开，发行／발행

①・就職活動のため、学校の成績証明書を発行してもらった。

・{パスポート／～カード／診断書 …} を発行する。

合 ヲ再__スル

②・書籍を発行する。

関 ヲ出版スル、ヲ発刊(はっかん)スル、ヲ刊行スル

③・{紙幣(しへい)／株券(かぶけん)／国債(こくさい) …} を発行する。

348 **はっしん** **ヲ発信スル** transmission／发布，发送／발신

・インターネットを使えば、誰(だれ)でも世界に情報を発信することができる。

・{電報／メール …} を発信する。

合 __人(にん)、__者、__先⇔__元 対 ヲ受信スル、着信

349 **はっそう** **ヲ発送スル** shipping, sending／寄送／발송

・最近は宅配便を使って荷物を発送することが増えた。

合 __先⇔__元

350 **はっこう** **ガ発酵スル** fermentation／发酵／발효

・パンを作るには、焼く前に生地(きじ)を発酵(はっこう)させる必要がある。

・チーズ、酒、納豆(なっとう)など、世界には発酵(はっこう)食品が数多くある。

合 __食品、アルコール__

351 **はついく** **ガ発育スル** growth, development／发育，成长／발육

・この子は未熟児として生まれたが、現在は順調に発育している。

・今年は寒さが厳しく、苗(なえ)の発育が遅い。 ・発育のいい赤ちゃん

連 __がいい⇔悪い、__が早い⇔遅い 類 ガ成長スル、ガ成育スル、ガ生育スル

352 **ほっそく** **ガ／ヲ発足スル** launch, inauguration／成立／발족

・A 市に町おこしのプロジェクト団体が発足した。

・{会／組織(そしき) …} {が／を} 発足する。

<その他> ガ発電(はつでん)スル、ガ発散(はっさん)スル、ガ発覚(はっかく)スル、ガ発病(はつびょう)スル、ガ発熱(はつねつ)スル、ガ発射(はっしゃ)スル など

Ⅱ 「確」が付く言葉

353　**かくしん**　　**ヲ確信スル**　　belief／坚信，确信／확신

・〈サッカーの試合で〉３対１になったとき、勝利を確信した。

・犯人は彼女だと思うが、確信が持てない。

連 ＿がある⇔ない、＿を持つ、＿を得る　**合** ＿的な、＿犯

354　**かくてい**　　**ガ／ヲ確定スル**　　decision, settlement／确定，判定／확정

・〈選挙で〉開票が始まって１時間ほどで、新市長が確定した。　・刑が確定する。

・新しい方針を確定する。

合 ＿的な、不＿な　**類** ガ／ヲ決定スル

355　**かくほ**　　**ヲ確保スル**　　guarantee, security／确保／확보

・紛争地域では、食料を確保することも難しい。

・{予算／財源／原料／エネルギー　…} を確保する。

356　**かくりつ**　　**ガ／ヲ確立スル**　　establishment／确立，确定／확립

・クーベルタンが近代オリンピックの基礎を確立した。

・{制度／作風／名声／信頼関係／地位　…} {が／を} 確立する。

＜その他＞　ガ／ヲ確約スル、確証　など

Ⅲ 「反」が付く言葉

357　**はんのう**　　**ガ反応スル**　　reaction, response／反应，化学反应／반응

①・倒れている人に声をかけたが、まったく反応がなかった。

・好きな人に告白したが、何の反応もないまま１カ月が過ぎた。

・小さな子供は、苦い食べ物には拒否反応を示す。

連 ＿を見る（例．子供はわざといたずらをして親の反応を見ることがある。）

合 拒否＿、拒絶＿

②・火災報知機は煙に反応して火災を知らせる。

連 ①②＿がある⇔ない、＿がいい⇔悪い、＿が鋭い⇔鈍い、＿がすばやい⇔遅い、～＿を示す

合 ①②無＿な

③・この二つの薬を混ぜ合わせると、反応してガスを発する。

合 化学＿

358　**はんしゃ**　　**ガ／ヲ反射スル**　　reflection, reverberation, response/reflex／反射／반사

①・日光が窓ガラスに反射してまぶしい。　・このホールの壁は音をよく反射する。

②・酸っぱい食べ物を見ると唾液が出てくることを、条件反射という。

合 ＿神経、条件＿、＿的な

359 **はんぱつ** **ガ反発スル** rebellion, opposition, repulsion／反抗，反感，排斥／반항，반발

①・厳しい親に反発して、彼女は17才のとき家を出た。

・政府のあいまいな姿勢は、国民の反発を買った。

連 __を招く、カラ__を買う

②・磁石のS極同士、N極同士は反発し合う。

合 __力

360 **はんえい** **ガ／ヲ反映スル** reflection, influence／反映，倒映／반영

①・国民の声を政治に反映させよう。 ・新聞には世相を反映した川柳が載っている。

・子供の行動は親の行動の反映だ。

関 表れ

②・湖に富士山の姿が反映して美しい。

関 ガ／ヲ反射スル ☞358

361 **はんそく** **ガ反則スル** foul／犯规／반칙

・サッカーでは手を使うのは反則だ。 ・試合で興奮して相手選手を殴り、反則を取られた。

連 __を犯す、__を取られる **合** __負け **関** ガ違反スル

＜その他＞ 反感、反動、反面、ガ反響スル、ヲ反復スル、ガ反論スル、ガ反乱スル など

Ⅳ 「特」が付く言葉

362 **とっきょ** **特許** patent／专利／특허

・A社は新製品の特許を取り、大きな利益を上げた。

※正式には「特許権」と言う。 **連** __(権)を取る、__(権)を得る、__(権)を申請する

363 **とくゆう** **特有** characteristic, uniqueness／特有，独特，确定／특유

・この植物には特有の匂いがある。 ・この地方特有の習慣を守っていきたい。

類 固有、独特(な)

364 **とくてい** **ヲ特定スル** specific, particular／特定，固定／특정

①・「権力は腐敗する」というのは一般論で、特定の政治家に当てはめられるわけではない。

・彼女には特定のボーイフレンドはいない。

対 不特定→ __多数 ※「不特定な」という形もある。

②・残された指紋から、警察はBを犯人と特定した。 ・アレルギー源を特定するのは難しい。

＜その他＞ 特技、特色、特売 など

Ⅴ 「復」が付く言葉

365 **ふっき** **ガ復帰スル** return, reinstatement／复职，回归／복귀

・半年の育児休暇の後、職場に復帰した。 ・沖縄は1972年に日本に復帰した。

・彼は受刑者の社会復帰を助ける仕事をしている。

合 社会＿、職場＿、原状＿

366 **ふっきゅう** **ガ／ヲ復旧スル** restitution, restoration／恢复，修复／복구

・崖崩れで道路が通行できなくなった。復旧の見通しはまだ立っていない。

・脱線事故の後、鉄道が復旧するのに丸1日かかった。

合 ＿作業 関 ガ／ヲ復興スル

367 **ふっこう** **ガ／ヲ復興スル** reconstruction, recovery／复兴，重建／부흥，복구

・日本は戦後数十年かけて戦災から復興した。

・地震の被害を受けた地域は、力を合わせて町を復興した。

合 災害＿ 関 ガ復旧スル

＜その他＞ ガ／ヲ復活スル、ガ／ヲ復元スル など

Ⅵ 「追」が付く言葉

368 **ついきゅう** **ヲ追及スル** interrogation, pursuit／追究，追查／추궁

・事故を起こした会社の責任を追及するため、裁判を起こした。

・{原因／犯人／犯行の動機／事件 …} を追及する。

369 **ついきゅう** **ヲ追求スル** pursuit／追求／추구

・若者には理想を追求してもらいたい。 ・{幸福／利益 …} を追求する。

370 **ついきゅう** **ヲ追究スル** enquiry/inquiry, investigation／追求，追究／추구

・学者の仕事は真理を追究することだ。 {真実／本質／美 …} を追究する。

371 **ついせき** **ヲ追跡スル** tracking, pursuit, following／追踪／추적

①・警察は警察犬を使って犯人を追跡した。

②・これは10組の双子を20年に渡って追跡した結果をまとめたものである。

合 ＿調査

＜その他＞ ガ追突スル、ヲ追放スル、追試験 など

1-31

Ⅶ 「手」が付く言葉

372 **てほん** **手本** example／范本，示范，榜样／본보기，예

①・字を習うときは、手本をよく見て書くことが大切だ。

②・ダンスの先生が手本を見せてくれたが、その通りには踊(おど)れない。

・オリンピック選手になった先輩(せんぱい)のやり方を手本に、私もがんばるつもりだ。

連 ＿にする・＿になる **類** 模範(もはん)

373 **てがかり** **手がかり** clue, track, handhold／线索，抓处／단서，실마리

①・新聞によると、犯人の手がかりはまだつかめないそうだ。

・警察は残された足跡(あしあと)を手がかりに、捜査を進めている。

連 ＿がある⇔ない、＿をつかむ **関** 糸口

②・何の手がかりもない絶壁(ぜっぺき)を登るのは、素人(しろうと)には無理だ。

関 足がかり

374 **てわけ** **ガ手分け(ヲ)スル** division (of labor)／分头，分工／분담

・近所の子供が行方不明(ゆくえふめい)になり、みんなで手分けをして探すことになった。

・この仕事は、一人では無理だが、何人かで手分けしてやれば、今日中に終わるだろう。

類 ヲ分担スル

375 **てはい** **ヲ手配スル** arrangement, organization, search／安排，通缉／준비，수배

①・同窓会の幹事(かんじ)をしている。そろそろ会場を手配しなければならない。

・{人員(じんいん)／物資／チケット …} の手配

②・警察は父親殺害の容疑者(ようぎしゃ)として、長男を指名手配した。

合 指名＿

376 **てさぐり** **手探り** fumbling, groping／摸索／손으로 더듬음，암중모색

①・停電で真っ暗になった建物の中を手探りで進んだ。 ・手探りで探す。

②・新しい事業がうまくいくかどうか、まだ手探りの段階だ。

377 **てぎわ** **手際** skill, tact／本领，技巧／솜씨，수완

・母は短い時間で夕食を作ってしまう。本当に手際がいい。

・課長はいつもトラブルを手際よく処理する。

連 ＿がいい⇔悪い **合** ＿よく、不＿(な) **関** 手腕

＜その他＞ 手数(てすう)、ガ／ヲ手加減(かげん)スル、手口(てぐち)、手ごたえ、手製(てせい)、手作(てづく)り、ヲ手直しスル、ヲ手抜きスル、手ぶら など

378 **ひとで** **人手** workers, (other) hands, help／人手，人力，他人／일손，일꾼，남의 손

①・注文が増えているのに、人手が足りないので増産できない。
・ピラミッドの建設には、どれほどの人手がかかったことだろう。
連 __がかかる・__をかける、__が足りない
合 __不足（ぶそく） **関** 労働力

②・これくらいの仕事なら、人手を借りなくても、一人でできる。
連 __を借りる、__に頼る

③・この森は人手の入っていない原生林だ。
連 __を加える、__が入る

④・住み慣れた家が人手に渡ることになり、悲しい気持ちだ。
連 __に渡る

379 **ひとめ** **人目** in front of people, public gaze／世人的眼目／남의 눈

・「人目を気にせず、やりたいことをやりなさい」
・日本では、人目のあるところでキスをするのは恥ずかしいと思う人が多い。
・彼女は人目に付くのが嫌（きら）いで、いつも地味な格好（かっこう）をしている。
連 __がある、__が気になる・__を気にする、__を避（さ）ける、__に付く、__を引く、__をはばかる

380 **ひとけ** **人気** sign of life／人的气息／인기척

・夜は人気のない道を一人で歩かない方が良い。
連 __がない

<その他> 人柄、人ごと、人前、ガ人見知り(ヲ)スル など

Ⅰ （　　）に助詞を書きなさい。

1．複数の企業（　　）取り引きする。　2．暗闇（くらやみ）を手探り（てさぐ）り（　　）進む。
3．問題（　　）対処する。　4．赤ちゃんが母親の声（　　）反応する。
5．これは女性（　　）特有の症状だ。　6．荷物を知り合い（　　）発送する。

Ⅱ 「不」が付く言葉に○を付けなさい。

特定　特有　確定　確信　手本　手際（てぎわ）　反応　反発

Ⅲ 「〜がある⇔ない」の形で使う言葉に○を付けなさい。

反応　反射　手際（てぎわ）　手がかり　確定　確信

Ⅳ 「〜がいい⇔悪い」の形で使う言葉に○を付けなさい。

反応　反射　手際（てぎわ）　手がかり　発育　発足

Ⅴ （　　）に下から選んだ語を書いて、一つの言葉にしなさい。

A　1．発言（　／　）　2．発送（　　）　3．反発（　　）
4．確信（　　）　5．確定（　　）　6．対応（　／　）
7．対処（　　）　8．破壊（はかい）（　／　）　9．独占（どくせん）（　／　）

的　欲　力　策　法　権　先

（二度使う語もある）

B　1．（　　）削減　2．（　　）破壊（はかい）　3．（　　）反射
4．（　　）手配　5．拒否（　　）　6．追跡（　　）
7．報道（　　）

環境　機関　経費　指名　条件　調査　反応

Ⅵ 対義語を書きなさい。

1．進化 ⇔（　　）　2．破壊（はかい） ⇔（　／　）

Ⅶ 正しい言葉を〔　　〕の中から選び、（　　）に書きなさい。

1．〔 犯人　真実　利益 〕
（　　）を追求（ついきゅう）する／（　　）を追及（ついきゅう）する／（　　）を追究（ついきゅう）する

2．〔 被災地　鉄道　仕事 〕
（　　）に復帰（ふっき）する／（　　）が復旧（ふっきゅう）する／（　　）が復興（ふっこう）する

Ⅷ　正しい言葉を〔　　　〕の中から一つ選びなさい。

1．生物が〔　進歩　進化　〕する。
2．客に〔　対応　対処　〕する。
3．情報を〔　発信　発送　〕する。
4．光が〔　反射　反映　〕する。
5．数に〔　余地　余分　〕がない。
6．改善の〔　余分　余地　〕がある。
7．新聞で〔　報道　放送　〕する。
8．文章を〔　削除（さくじょ）　削減（さくげん）　〕する。
9．契約を〔　破壊（はかい）　破棄（はき）　〕する。
10．犯人を〔　特定　確定　〕する。
11．〔　人目　人気　〕のない夜道（よみち）は危ない。
12．〔　新組織　新年度　〕が発足（ほっそく）する。

Ⅸ　（　　　）に入る言葉を下から選んで書きなさい。

A
1．私は（　　　　　）につくことが嫌いだ。
2．チーズは牛乳を（　　　　　）させて作る。
3．出張するためホテルを（　　　　　）した。
4．村人（むらびと）は（　　　　　）して遭難者（そうなんしゃ）を探した。
5．薬を飲んだら少し（　　　　　）がよくなった。
6．先輩のやり方を（　　　　　）にして仕事をした。
7．この発明品は、まだ改善の（　　　　　）がある。
8．災害時に備えて水や食料を（　　　　　）している。
9．新製品は、工場で（　　　　　）が足りなくなるほど売れた。

かくほ　かげん　てはい　てほん　てわけ
はっこう　ひとで　ひとめ　よち

B
1．子供は親に（　　　　　）して家を出た。
2．警察は犯人の足取り（あしどり）を（　　　　　）した。
3．努力を重ねて今の地位を（　　　　　）した。
4．彼女は経済界から政界へ（　　　　　）した。
5．彼は発明で多くの（　　　　　）を取っている。
6．この雑誌は、年に４回（　　　　　）されている。
7．内容に関する（　　　　　）の責任は筆者が負（お）う。
8．目の前で起きた事故の（　　　　　）が頭を離れない。
9．サッカーでは、ボールを手で持つのは（　　　　　）だ。

いっさい　かくりつ　こうけい　しんしゅつ　ついせき
とっきょ　はっこう　はんそく　はんぱつ

練習問題Ⅱ

Ⅰ （　　）に入れるのに最もよいものを、a・b・c・dから一つ選びなさい。

1．彼女はとても作業の（　　　）がいい。
　a　手順　　b　手際　　c　手配　　d　手本

2．誰にも言ったことのない（　　　）を友人にもらしてしまった。
　a　内心　　b　下心　　c　本音　　d　意中

3．10月に新しい会が（　　　）した。
　a　発進　　b　発行　　c　発着　　d　発足

4．会議の時間を（　　　）のためにもう一度確認した。
　a　気　　b　念　　c　心　　d　感

5．駐車場にはまだ車を止める（　　　）がある。
　a　余地　　b　余分　　c　余白　　d　空白

6．この商品券は（　　　）の店だけで利用できる。
　a　特殊　　b　特例　　c　特有　　d　特定

7．緊急の災害にどう（　　　）するか考えておくべきだ。
　a　処理　　b　処置　　c　対処　　d　対策

8．試合の相手が弱かったので、少し手（　　　）した。
　a　加減　　b　調子　　c　具合　　d　都合

9．彼は何を言っても（　　　）反応だ。
　a　不　　b　無　　c　非　　d　空

10．この荷物の発送（　　　）は九州になっている。
　a　源　　b　原　　c　元　　d　基

Ⅱ ＿＿＿の言葉に意味が最も近いものを、a・b・c・dから一つ選びなさい。

1．自分の仕事に<u>誇り</u>を持っている。
　a　自信　　b　自意識　　c　優越感　　d　プライド

2．この情報は<u>根拠</u>がないので信用できない。
　a　理由　　b　基本　　c　背景　　d　裏付け

3．先輩が作業の<u>手本</u>を示してくれた。
　a　模範　　b　手順　　c　方法　　d　基準

4．<u>充実した</u>生活が送りたい。
　a　健康的な　　b　満足のいく　　c　夢を実現した　　d　ものに恵まれた

5．私の家は<u>人手に渡った</u>。
　a　他の人に売った　　b　他の人に貸した　　c　他の人に預けた　　d　他の人が修理した

Ⅲ　次の言葉の使い方として最もよいものを、a・b・c・dから一つ選びなさい。

1．反映

a　この番組は視聴者からの<u>反映</u>が大きかった。

b　子供のすることは親の行動の<u>反映</u>だ。

c　光が窓ガラスに<u>反映</u>してまぶしい。

d　筋肉（きんにく）に電気を流すと<u>反映</u>して動く。

2．絶望

a　大学へ行きたかったが、経済的な理由で<u>絶望</u>した。

b　この山からの眺（なが）めは、見たこともないような<u>絶望</u>だ。

c　けがで一生スポーツができないと知って<u>絶望</u>した。

d　彼のような天才が今後現れることは<u>絶望</u>だろう。

3．痛感

a　火事に遭（あ）って、火元（ひもと）確認の大切さを<u>痛感</u>した。

b　足首をひねってしまい、<u>痛感</u>がひどい。

c　大きな虫に刺されてかゆみを<u>痛感</u>した。

d　話題の映画を見て、大きな<u>痛感</u>を覚えた。

4．復帰

a　大学卒業後、地元に<u>復帰</u>して就職した。

b　犯人は、自分の犯行を確認するため現場に<u>復帰</u>した。

c　なくしていた財布が警察を通して<u>復帰</u>してきた。

d　子育てをした後、職場に<u>復帰</u>する女性が多い。

5．妥協（だきょう）

a　世界の国々は<u>妥協</u>して地球温暖化の防止に努めている。

b　新薬の開発のために、企業が大学に<u>妥協</u>を依頼した。

c　目標を達成するには、社員全員の<u>妥協</u>が欠かせない。

d　意見が対立したが、互いに<u>妥協</u>して中間の案をとった。

Unit 05 複合動詞

381 ～ 480

Step 1 2 3 4

1-32

I ～かかる① 〈自〉 相手に対して作用を及ぼす

To have an effect on someone ／给对方带来影响／상대방에게 작용이 미치다

381 **よりかかる** **ガ寄りかかる** to lean (on), depend on ／靠，依靠／기대다，의지하다

・立っているのが疲れたので、壁に寄りかかった。

・倒れかけた木が隣の木に寄りかかっている。

・30 歳の弟は、まだ親に寄りかかって生活している。

382 **もたれかかる** **ガもたれかかる** to recline, slump, depend on ／靠，依靠／기대다，의지하다

・いすの背にもたれかかって、ゆったりと座った。 ・友人の肩にもたれかかる。

・弟はいまだに自立できず、何でも私にもたれかかってくる。

383 **つかみかかる** **ガつかみかかる** to grab, clutch at ／上前来扭住／덤벼들다

・少年は怒りを抑えきれず、相手につかみかかった。

384 **つっかかる** **ガ突っかかる** to charge, flare up ／猛冲，顶撞／덤벼들다，시비를 걸다

・牛はものすごい勢いで闘牛士に突っかかった。

・あの子は反抗期で、誰にでも突っかかるような話し方をする。

385 **とびかかる** **ガ飛びかかる／跳びかかる** to jump on, pounce on ／猛扑过去／덤비다，덤벼들다

・警官たちは一斉に犯人に飛びかかった。 ・ライオンが獲物に跳びかかる。

<その他> 殴りかかる、襲いかかる、切りかかる など

～かかる② 〈自〉 ～を始める

To start (to do something) ／开始着手～／～을/를 시작하다

386 **とりかかる** **ガ取りかかる** to start, set about ／着手／시작하다，착수하다

・来週から新しい論文に取りかかる予定だ。

類 ガ着手する (名) 取りかかり→ ＿が遅い

～かかる③ 〈自〉 もう少しで～しそうである

To be about (to do something) ／好像有点儿要～／머지 않아 ～할 것 같다

387 **くれかかる** **ガ暮れかかる** to set (sun) ／入夜／해가 저물기 시작하다

・暮れかかった空に三日月が浮かんでいる。

388 **おちかかる** **ガ落ちかかる** to fall ／要掉／떨어지려고 하다

・網棚の荷物が落ちかかっている。

<その他> 溺れかかる、沈みかかる、死にかかる など

※「～かける」としてもほとんど同じ意味になる。 ☞「～かける」③

※<その他の意味の「～かかる」> 通りかかる ☞ N2 711

Ⅱ　～かける①〈自／他〉　相手に対して作用を及(およ)ぼす

To have an effect on someone／给对方带来影响／상대방에게 작용이 미치다

389　**たてかける**　　**ヲ立てかける**　　to lean/set against／把……靠在／세워 걸다

・ほうきを壁(かべ)に立てかけておいた。

390　**はなしかける**　　**ガ話しかける**　　to talk to, start to speak／搭话，要说／말을 걸다

①・妹に話しかけたが返事もしない。機嫌(きげん)が悪いのだろうか。

②・彼は何か話しかけたが、結局何も言わなかった。　☞「～かける」②

391　**はたらきかける**　　**ガ働きかける**　　to appeal to／动员，做工作／촉구하다，요청하다

・会社全体でごみの減量に取り組むため、他の部署(ぶしょ)にも働きかけている。

・信号機の設置(せっち)を警察署に働きかける。

(名)　働きかけ→　__をする、(人に)　__がある

392　**おしかける**　　**ガ押しかける**　　to intrude on, barge in／涌到／몰려들다，들이닥치다

①・皆で突然先輩(せんぱい)の家に押しかけ、宴会(えんかい)になった。

②・アメリカの有名歌手が来日するとあって、大勢のファンが空港に押しかけた。

類　ガ押し寄せる、ガ詰めかける

393　**つめかける**　　**ガ詰めかける**　　to pack (into)／蜂涌而至／몰려들다

・大物(おおもの)政治家の記者会見に、大勢の記者が詰めかけた。

類　ガ押しかける

394　**みせかける**　　**ヲ見せかける**　　to pretend／伪装成……／보이게 하다

・あの虫は自(みずか)らを木の枝(えだ)に見せかけて、敵(てき)から身を守っている。

(名)　見せかけ（例. 見せかけにだまされてはいけない。）

＜その他＞　ガ／ヲ**呼びかける**　☞ N2 219、ヲ**追いかける**　☞ N2 692、ヲ**問いかける**、ヲ**投げかける**　など

～かける②〈自／他〉　～し始めてやめる

To start (to do something) and then stop／刚一开始～，就停了／～하기 시작해서 그만두다

395　**いいかける**　　**ヲ言いかける**　　to start to speak／要开口／말을 꺼내다

・彼女は何か言いかけたが、結局何も言わず、口を閉(と)じてしまった。

＜その他＞　ヲ**食べかける**、ヲ**書きかける**、ヲ**読みかける**、ヲ**やりかける**、ガ**帰りかける**　など

※名詞の形の場合は「～の途中」という意味になる。（例. 食べかけ、読みかけ）

～かける③〈自〉　もう少しで～しそうである

To be about (to do something)／好像有点儿要～／머지 않아 ～할 것 같다

396　**おぼれかける**　　**ガ溺れかける**　　to come close to drowning／要溺水／빠질 뻔하다

・海で泳いでいたとき、足がつって、溺(おぼ)れかけた。

＜その他＞　**壊(こわ)れかける**、**沈みかける**、**死にかける**　など　☞「～かかる」③

1-33

Ⅲ　～つける①〈自／他〉　相手に強く～する、強い勢いで～する

To strongly do (something) to someone, to do (something) with force／对对方强烈地～，以强烈的气势～／상대방에게 강하게 ～하다, 강한 기세로 ～하다

397　**いいつける**　**ヲ言いつける**　to order, tell on, report／命令，吩咐，告状／지시하다, 고자질하다

①・上司は部下に仕事を言いつけて外出した。

類　ヲ命令する　（名）言いつけ→ __を守る

②・掃除をさぼったことを言いつけられ、僕は先生に叱られてしまった。

類　ガ／ヲ告げ口（を）する

398　**かけつける**　**ガ駆けつける**　to rush to／赶到／달려가다, 달려오다

・お世話になった上司が入院したと聞き、病院に駆けつけた。

399　**きめつける**　**ヲ決めつける**　to (arbitrarily) decide something is the case／认定，（不容分说地）指责／단정해 버리다, 정해 버리다

・兄弟げんかをすると、親はいつも私が悪いと決めつけ、言い訳させてくれなかった。

類　ヲ断定する　（名）決めつけ

400　**おくりつける**　**ヲ送りつける**　to send (unsolicited)／强送／보내다

・断ったのに、彼は自分の書いた本を私に送りつけてきた。

401　**おしつける**　**ヲ押し付ける**　to force (on), press／强迫，推卸，贴近／떠맡기다, 밀어붙이다

①・誰もやりたがらない仕事を押し付けられた。

・人に責任を押し付ける。

（名）押し付け

②・壁に耳を押し付けて、隣の部屋の物音に耳を澄ませた。

402　**にらみつける**　**ヲにらみつける**　to glare, glower／怒目而视／노려보다

・教授は授業中に私語をしていた学生をにらみつけた。

403　**たたきつける**　**ヲたたきつける**　to slam, pelt／粗暴地扔，砸／내던지다, 내동댕이치다, 두드리다

・父は怒って、持っていた新聞を机に叩きつけた。　・たたきつけるように降る雨

404　**どなりつける**　**ヲ怒鳴りつける**　to shout/yell at／怒吼／호통치다

・コーチは練習を怠けてばかりいる選手を怒鳴りつけた。

＜その他＞　ヲ申しつける、ヲ叱りつける、ヲ売りつける、ヲ貸しつける、ヲ投げつける、ヲ殴りつける、ヲはねつける、ヲ押さえつける、ヲ呼びつける、ヲ見せつける、ガ照りつける　など

～つける②〈他〉　ものに何かを付けるようにする

To attach something to an object／要在物品上装上什么东西／어떤 것에 뭔가를 달도록 하다

405　**そなえつける**　**ヲ備え付ける**　to furnish, equip／设置／갖추다, 설치하다

・この寮は各部屋にエアコンと冷蔵庫が備え付けられている。

（名）備え付け（例. __の家具）

406　**かざりつける**　**ヲ飾り付ける**　to decorate ／装饰／장식하다

・クリスマスツリーに豆電球を飾り付けた。

（名）飾り付け

＜その他＞　据え付ける、張り付ける、縫い付ける、縛り付ける、巻き付ける、結び付ける、くっ付ける　☞ N2 162　など

～つける③〈自／他〉　～することに慣れている、いつも～している

To be used to doing (something), to do (something) all the time ／习惯于做～，一直在做～／～하는 것에 익숙해 있다, 항상 ～하고 있다

407　**やりつける**　**ヲやりつける**　to be used/accustomed to ／做惯／익숙하다

・今日はスピーチなどという、やりつけないことをしたので疲れた。

408　**いきつける**　**ガ行きつける**　to go somewhere frequently ／常去／자주 가다

・海外旅行は行きつけているから、特に緊張することもない。

（名）行きつけ（例. ＿の店）

＜その他＞　ヲ食べつける、ヲ飲みつける、ガかかりつける→　かかりつけ（例. かかりつけの医者）など

Ⅳ　～とる①〈他〉　自分のものにする

To make something one's own ／据为己有／자기 것으로 하다

409　**かちとる**　**ヲ勝ち取る**　to win (with effort), gain (victory) ／取胜／차지하다, 쟁취하다

・チーム結成 10 年目にして、ようやく優勝を勝ち取ることができた。

410　**つかみとる**　**ヲつかみ取る**　to grasp, get ／抓住／쟁취하다, 잡다

・チャンスは自分でつかみ取るものだ。　・勝利をつかみ取る。

411　**ききとる**　**ヲ聞き取る**　to follow/catch (what someone is saying) ／听懂／알아듣다

・相手が早口で、何を言っているのか聞き取れなかった。

（名）聞き取り

412　**かきとる**　**ヲ書き取る**　to write down, take notes ／记下来／받아쓰다

・授業中は先生の話を書き取るのに精一杯で、考える余裕などない。

（名）書き取り

413　**よみとる**　**ヲ読み取る**　to read (between the lines) ／读懂，读取／파악하다, 알아내다, 읽다

①・私はあまり小説を読まないので、登場人物の気持ちを読み取るのは苦手だ。

②・相手の｛表情／気持ち　…｝を読み取る。　・機械がカードを読み取る。

合　読み取り機

（名）①②読み取り

1-34

414　**のっとる**　　**ヲ乗っ取る**　to hijack, take over／劫持，占取／납치하다，매수하다

・犯人は飛行機を<u>乗っ取って</u>目的地に向かわせた。　・株(かぶ)を買い占めて会社を<u>乗っ取る</u>。

(名) 乗っ取り→ ＿犯　関 ハイジャック

<その他>　受け取る ☞ N2 152　写し取る、買い取る、感じ取る、奪(うば)い取る、搾(しぼ)り取る　など

〜とる②〈他〉 ものを取り去る　To take something away／把东西去掉，除掉／어떤 것을 제거하다

415　**ぬきとる**　　**ヲ抜き取る**　to pull out／窃取／빼내다

・一流のスリは、財布(さいふ)から紙幣(しへい)を<u>抜き取って</u>、財布(さいふ)だけをバッグに戻したりするそうだ。

合 抜き取り検査

<その他>　切り取る、摘(つ)み取る　など

V　〜返す①〈他〉 他からされたことを、こちらからもする

To do the same that is done to you／以牙还牙／다른 것으로 부터 당한 것을 이쪽에서도 하다

416　**いいかえす**　　**ヲ言い返す**　to answer back, retort, repeat／顶嘴／말대꾸하다

・悪口を言われたので、私も負けずに<u>言い返した</u>。

<その他>　やり返す、取り返す ☞ 429、送り返す、突き返す ☞ 445　など

〜返す②〈他〉 もう一度〜する　To do (something) again／再〜一遍／한 번 더 〜하다

417　**よみかえす**　　**ヲ読み返す**　to re-read／反复读／다시 읽다

・母からの手紙がうれしくて、何度も<u>読み返した</u>。

類 ヲ読み直す

418　**ききかえす**　　**ヲ聞き返す**　to ask again／反复问／다시 듣다，다시 묻다

・祖母は耳が遠いので、<u>聞き返す</u>ことがよくある。

・私の発音が悪いのか、何度も<u>聞き返された</u>。

関 ヲ聞き直す

419　**おもいかえす**　　**ヲ思い返す**　to re-think, change one's mind, think back on／改变想法，回想／다시 생각하다，회상하다

①・研修会(けんしゅうかい)に参加するつもりだったが、<u>思い返して</u>行かないことにした。

類 ヲ思い直す ☞ N2 460

②・電車の中で昨日のデートのことを<u>思い返し</u>、ニヤニヤしてしまった。

類 ヲ振(ふ)り返る ☞ 478

420　**みかえす**　　**ヲ見返す**　　to look back over, stare (back) at, triumph over／反复看，还眼，争气／다시 보다，갚다

①・レポートを見返していたら、誤字を発見した。

類　ヲ見直す　☞ N2 742

②・相手が私をじっと見つめるので、私も相手の目を見返した。　☞～返す①

③・いつか偉くなって、私をいじめたやつを見返してやる！

＜その他の意味の「～返す」＞　ヲ追い返す、ヲ繰(く)り返す☞ N3 466、ヲ裏返す☞ N2 176、ヲひっくり返す☞ N2 734、ガ引き返す　☞ N2 1017　など

Ⅵ　～切る①〈自／他〉　最後まで～する　関　～果たす、～抜く、～尽(つ)くす

To do (something) until it is completed／坚持到最后～／마지막까지 ～하다

421　**つかいきる**　　**ヲ使い切る**　　to use up／用完／다 사용하다

・買った食材(しょくざい)は使い切るようにしている。　・{力／財産　…} を使い切る。

422　**だしきる**　　**ヲ出し切る**　　to use up, do one's best／全部拿出／다하다

・全力を出し切って戦ったが、負けてしまった。

＜その他＞　ガ走り切る、ガ上り切る、ガ泳ぎ切る、ヲ食べ切る

～切る②〈自／他〉　すっかり～する、完全に～する

To do (something) thoroughly, to do (something) completely／彻底地～，完全地～／모두 ～하다，완전히 ～하다

423　**わかりきる**　　**ガわかり切る**　　to be obvious／完全明白／뻔하다

・「そんなわかり切ったことを何度も言わないで」

424　**こまりきる**　　**ガ困り切る**　　to be greatly perplexed／一筹莫展／너무나 애를 먹다

・何度注意しても息子の怠(なま)け癖(ぐせ)が直らず、親も困りきっている。

425　**すみきる**　　**ガ澄み切る**　　to be clear, serene／万里无云，清澈／너무나 맑다

・澄(す)み切った青空のもとで、体育祭が行われた。　・澄(す)み切った目

426　**おしきる**　　**ヲ押し切る**　　to overcome resistance／完全不顾／꺾고 나가다

・兄は家族の反対を押し切って転職した。

＜その他＞　ガ疲れ切る、ガ弱り切る、ガ逃げ切る、ヲ断ち切る　など

～切る③〈自〉　強く～する　　To do (something) strongly／强烈地～／강하게 ～하다

427　**いいきる**　　**ガ言い切る**　　to assert, declare／断言／단언하다，단호히 말하다

・専門家がこの絵は本物だと言い切った。

428　**ふみきる**　　**ガ踏み切る**　　to embark on, plunge into／下决心，起跳／단행하다，결심하다

・政府はついに、消費税の値上げに踏(ふ)み切った。

・うまく踏(ふ)み切らないと、ジャンプはうまくいかない。

(名)　踏(ふ)み切り

Unit 05 複合動詞 381 ～ 428

練習問題Ⅰ

Step 1 2 3 4

Ⅰ （　　）に助詞を書きなさい。

1．壁（　　）寄りかかる。
2．部下（　　）仕事（　　）言いつける。
3．部下（　　）どなりつける。
4．新聞（　　）机（　　）叩きつける。
5．相手（　　）言い返す。
6．政府は増税（　　）踏み切った。

Ⅱ 「ます形」が名詞になる言葉に○を付けなさい。 例：受け入れる→受け入れ

取りかかる　落ちかかる　話しかける　働きかける　見せかける　食べかける
詰(つ)めかける　送りつける　押しつける　飾りつける　備(そな)えつける　どなりつける
書き取る　勝ち取る　乗っ取る　読み返す　わかり切る　困り切る　踏み切る

Ⅲ ＿＿に下から選んだ語を書いて、一つの言葉にしなさい。文末は辞書形、その他は適当な形にしなさい。

1．人に責任を押し＿＿＿＿。
2．優勝を勝ち＿＿＿＿。
3．試験の答案を見＿＿＿＿。
4．全力を出し＿＿＿＿。
5．部屋を飾り＿＿＿＿。
6．相手の表情を読み＿＿＿＿。
7．友達に話し＿＿＿＿。
8．何度も聞き＿＿＿＿。
9．動物が獲物(えもの)に跳(と)び＿＿＿＿。
10．読み＿＿＿＿の本
11．行き＿＿＿＿の店
12．澄(す)み＿＿＿＿青空
13．荷物が落ち＿＿＿＿いる。
14．行くつもりだったが、思い＿＿＿＿やめた。
15．食べ＿＿＿＿ものを食べて、おなかをこわした。
16．「言い＿＿＿＿やめないで。最後まで言って」
17．どこかの会社が勝手に送り＿＿＿＿きた商品を送り＿＿＿＿。

返す　かかる　かける　切る　つける　取る

Ⅳ 下から選んだ語を適当な形にして（　　）に入れ、一つの言葉にしなさい。

A
1．相手の声が小さくて（　　　）取れなかった。
2．チャンスを（　　　）取りたい。
3．バスを（　　　）取ることをバスジャックと言う。
4．カード（　　　）取り機
5．古い本を古本屋に持っていくと、けっこう高く（　　　）取ってくれた。
6．ここでは全製品を検査するのではなく、（　　　）取り検査を行っている。

買う　聞く　つかむ　抜(ぬ)く　乗る　読む

B 1.「(　　　　)つけないことをするもんじゃないね。疲れたよ」
2.「そんなことをしたら先生に(　　　　)つけるぞ」
3.「一方的に私が悪いと(　　　　)つけず、私の話も聞いてください」
4. 姉は自分がやりたくないことを私に(　　　　)つけて、自分は遊んでいる。
5. 電車の中で騒いでいる子供がいたので、(　　　　)つけてやった。
6. 祖母が入院したと聞き、急いで病院へ(　　　　)つけた。
7. 彼女は恋人から贈(おく)られた指輪を、得意そうに友達に(　　　　)つけた。
8. このアパートは家具付きで、エアコンなども(　　　　)つけられている。

言う　押す　かける　決める　備える　にらむ　見せる　やる

C 1. 怒って相手に(　　　　)かかる。
2. 新しい仕事に(　　　　)かかる。
3. 先生の(　　　　)かけに答える。
4. 西の空に太陽が(　　　　)かかっている。
5. 子供が母親に(　　　　)かかって寝ている。
6. (　　　　)かかった空
7. 子供の頃(ころ)私は体が弱くて、何度も(　　　　)かけたそうだ。
8. 歌手のサイン会に、大勢のファンが(　　　　)かけた。
9. 突然カメラマンや記者にうちに(　　　　)かけて来られ、とても迷惑した。
10. 彼女は金持ちらしく(　　　　)かけて、多くの男性をだましていたそうだ。
11. 海で(　　　　)かかっていたところを、親切な人に助けてもらった。

押す　溺(おぼ)れる　暮(く)れる　沈む　死ぬ　つかむ 詰(つ)める　問う　とる　見せる　もたれる

D 1. 全力を(　　　　)切って戦った。
2. 彼は「絶対成功する」と(　　　　)切った。
3. 坂を(　　　　)切った所に公園がある。
4.「(　　　　)切ったことを聞くな」
5. 親の反対を(　　　　)切って、好きな人と結婚した。
6. 祖父は財産を(　　　　)切って亡くなり、遺産(いさん)は残さなかった。
7. メールを(　　　　)返さずに送信し、あとで誤字(ごじ)に気がついた。
8. 取引先が無理なことばかり言うので、(　　　　)切っている。
9. 料理の量が多くて、全部は(　　　　)切れなかった。

言う　押す　出す　食べる　使う　のぼる　読む　弱る　わかる

Ⅴ （　　）に入る言葉を下から選び、適当な形にして書きなさい。

1．宮田（みやた）選手はゴール直前で２位の選手に追い上げられたが、何とか（　　　　　　）。

2．「この看板、どこに設置しますか」「ちょっとそこに（　　　　　　）おいて下さい」

3．会社はついに、赤字続きの工場の閉鎖に（　　　　　　）。

4．あの会社は外資系企業に株を買い占められ、（　　　　　　）。

5．彼はいつも怒りっぽくて、誰（だれ）にでも（　　　　　　）

6．市に財政支援を（　　　　　　　　　　）いるが、まだ返事はない。

7．部長は怒って、部下を自分の部屋に（　　　　　　）。

8．非行の芽は小さいうちに（　　　　　　）おいた方がいい。

9．メールを（　　　　　　）が、（　　　　　　　　　　）出すのをやめた。

おもいかえす	かきかける	たてかける	つっかかる	つみとる
にげきる	のっとる	はたらきかける	ふみきる	よびつける

1-35

Ⅶ 取り～① 「取り」が付かないと意味が変わるもの

Words that change meaning when「取り」is added／不加「取り」，意思会发生变化的词语／「取り」가 없으면 의미가 변하는 것

429　とりかえす　ヲ取り返す　to get back, recover／挽回，扳回／되찾다

・今年は投資が好調で、昨年の損失を取り返すことができた。

・〈スポーツ〉「点を取られたら取り返せ！」

類 ヲ取り戻す　(名) 取り返し（例．取り返しのつかない失敗をしてしまった。）

430　とりたてる　ヲ取り立てる　to collect, appoint, call attention to／催缴，提拔，提及／받아내다，발탁하다，특별히

①・大家はたまっていた家賃を取り立てた。

②・課長に、このプロジェクトのリーダーに取り立ててもらった。

(名) ①②取り立て

③・この程度のことは、取り立てて非難するまでもない。

※ 否定的な表現と一緒に使う。　類 特に

431　とりしまる　ヲ取り締まる　to control, crack down on／管制／단속하다

・スピード違反を取り締まる。

合 取締役　(名) 取り締まり（例．取り締まりを強化する。）

432　とりくむ　ガ取り組む　to tackle, engage in a bout／专心致志，竞赛／착수하다，씨름하다

・彼は難しい課題に意欲的に取り組んでいる。

(名) ①②取り組み（例．〈すもう〉横綱との取り組みが決まった。）

433　とりこむ　ガ／ヲ取り込む　to bring in, win over, be busy／拿进，吸收，忙乱／거두다，끌어들이다，어수선하다，바쁘다

〈他〉①・洗濯物を取り込んでたたむ。

②・最近の選挙では、無党派層をうまく取り込んだ党が勝つ。

〈自〉・家族の入院などで家の中が取り込んでいる。　・「お取り込み中すみません」

(名) 取り込み

434　とりさげる　ヲ取り下げる　to withdraw, abandon／撤下／철회하다，취하하다

・強く引き止められたので、辞表を取り下げた。　・{訴え／告訴　…} を取り下げる。

(名) 取り下げ

435　とりつぐ　ヲ取り次ぐ　to convey, answer (phone and connect the call to the person it is for)／转达，转告／전하다，연결하다

・秘書が客の用件を社長に取り次いだ。　・電話を取り次ぐ。

(名) 取り次ぎ

1-35

436　**とりまく**　**ヲ取り巻く**　to surround／围住，围绕／둘러싸다

①・報道陣が首相を取り巻いて質問した。　・現在、我が社を取り巻く環境は厳しい。

②・アイドルはいつも大勢のファンに取り巻かれている。

（名）取り巻き

類　①②ヲ取り囲む

＜その他＞　ヲ取り消す　☞ N2 217、ヲ取り上げる　☞ N2 697、ヲ取り入れる　☞ N2 698　など

取り～②　「取り」がなくても、意味があまり変わらないもの

Words that do not change meaning much even if they do not contain「取り」／即使没有加上「取り」，意思也不发生变化的词语／「取り」가 없어도 의미가 그다지 변하지 않는 것

437　**とりのぞく**　**ヲ取り除く**　to remove／去掉／없애다，제거하다

・目に入ったごみを取り除く。　・水を濾過して不純物を取り除く。

類　ヲ取り去る、ヲ除去する

438　**とりかえる**　**ヲ取り替える**　to replace, exchange／交换，更换／바꾸다，갈다，교환하다

①・歯ブラシは毛先が開いたら、新しいもの｛と／に｝取り替えた方がいい。

②・姉とセーターを取り替えた。

類　①②ヲ交換する

439　**とりつける**　**ヲ取り付ける**　to install, get someone's agreement／安装，达成／설치하다，얻어 내다

①・電気屋にエアコンを取り付けてもらった。

・台所に火災報知器を取り付ける。

対　ヲ取り外す　類　ヲ設置する、ヲ据え付ける　（名）取り付け

②・保険会社に勤めて１カ月で、大口契約を取り付けた。

440　**とりあつかう**　**ヲ取り扱う**　to handle, treat, stock, cover／对待，销售，采用／취급하다，팔다，다루다

①・「この荷物は壊れやすいので、丁寧に取り扱ってください」

（名）取り扱い（例．個人情報の取り扱いには注意が必要だ。）

②・教師は学生を公平に取り扱うべきだ。

③・あのコンビニでは切手は取り扱っていない。

④・この授業では近代文学だけではなく、古典文学も取り扱う予定だ。

441　**とりきめる**　**ヲ取り決める**　to agree, decide upon／决定／결정하다

・次回の会合で契約条件を取り決める予定だ。

類　ヲ決定する　（名）取り決め

442　**とりまとめる**　**ヲ取りまとめる**　to collect, compile, arrange／整理，总结，调解／정리하다

①・皆の荷物を取りまとめて部屋の隅に置いた。　・出席者の意見を取りまとめる。

②・｛商談／縁談　…｝を取りまとめる。

合　取りまとめ役

（名）①②取りまとめ

443　**とりやめる**　　**ヲ取りやめる**　　to cancel／取消／그만두다，중지하다

・急病のため、旅行を取りやめた。

類　ヲ中止する　（名）取りやめ→ ＿になる・＿にする

444　**とりよせる**　　**ヲ取り寄せる**　　to order, send away for／订购／주문해서 가져오게 하다

・最近ではネットを利用して、全国からおいしいものを取り寄せることができる。

（名）取り寄せ

＜その他＞　ヲ取り揃える、ヲ取りはからう、ヲ取り合わせる、ヲ取り逃がす　など

Ⅷ　突き～①　激しい勢いで～する、間近に～する

To do (something) very forcefully, to do (something) close at hand／激烈地～，就在眼前（做某事）／격렬한 기세로 ～하다，아주 가까이에서 ～하다

445　**つきかえす**　　**ヲ突き返す**　　to reject／退回／되돌리다

・上司から「もっと詳しく書け」と、報告書を突き返された。

446　**つきとばす**　　**ヲ突き飛ばす**　　to push someone away／撞倒／들이받다，들이밀치다

・犯人は捕まえようとした警官を突き飛ばして逃走した。

447　**つきあげる**　　**ガ／ヲ突き上げる**　　to thrust, be under pressure from／高举，（下级对上级）施加压力，（从下往上）冲出／들어 올리다，밀어 닥치다

〈他〉①・こぶしを突き上げて抗議の意思を示す。

②・若手に突き上げられ、執行部も路線を変更せざるを得なかった。

（名）突き上げ

〈自〉・腹の底から怒りが突き上げてきた。

類　ガこみ上げる

448　**つきだす**　　**ヲ突き出す**　　to stick out, hand over／抬出，交出／내밀다，넘기다

①・彼女は不満そうにあごを突き出した。

②・電車の中でスリを捕まえて警察に突き出した。

〈自〉　ガ突き出る

449　**つきはなす**　　**ヲ突き放す**　　to let go／放手／뿌리치다，내버려두다

・子供を自立させるためには、時には突き放すことも必要だ。

450　**つきつける**　　**ヲ突きつける**　　to thrust at／顶着，摆出／들이대다

・強盗は住人にナイフを突きつけて「金を出せ」と脅した。

・犯人は証拠を突きつけられて自白した。

451　**つきあわせる**　　**ヲ突き合わせる**　　to face, compare／促膝谈心，对照／맞대다

①・膝を突き合わせて相談する。

②・原本と写本を突き合わせて、違いを探す。

（名）突き合わせ

＜その他＞　ガ突き当たる　☞ N2 135、ヲ突き落とす、ヲ突き破る、ガ突き抜ける　など

1-36

突き～②　最後まで～する　To do (something) until it is completed ／坚持到最后～／마지막까지 ～하다

452　**つきとめる**　**ヲ突き止める**　to determine, ascertain ／查明／밝혀내다，알아내다

・刑事(けいじ)たちはようやく犯人の隠(かく)れ家(が)を突き止めた。

・{理由／原因／責任の所在(しょざい)　…}　を突き止める。

453　**つきつめる**　**ヲ突き詰める**　to think something through ／追究到底／지나치게 생각하다，추궁하다

・彼女は何でも突き詰めて考えすぎる。　・不明な点を最後まで突き詰める。

Ⅸ　飛び～

454　**とびおりる**　**ガ飛び降りる**　to jump off ／跳下／뛰어내리다

①・高いところから飛び降りる。

対　ガ飛び上がる　☞ N2 372

②・走っている電車から飛び降りる。

対　ガ飛び乗る

455　**とびあるく**　**ガ飛び歩く**　to walk/travel around ／到处奔走／돌아다니다

・兄はセールスマンとして全国を飛び歩いている。

456　**とびおきる**　**ガ飛び起きる**　to jump up ／（从床上）一跃而起／벌떡 일어나다

・目が覚めたのが家を出る 15 分前。飛び起きて、慌(あわ)ててしたくをし、家を飛び出した。

457　**とびこえる／とびこす**　**ガ飛び越える／飛び越す**　to jump over ／跳过，超过／뛰어넘다

①・幅 2 メートルくらいの川なら、走って飛び越せるだろう。

②・上野氏(うえのし)は先輩社員(せんぱいしゃいん)を飛び越えて部長になった。

458　**とびつく**　**ガ飛びつく**　to jump on ／扑过去，赶（时髦）／달려들다

①・子供は帰ってきた父親に飛びついた。

②・彼女は新しい流行にすぐ飛びつく。

459　**とびちる**　**ガ飛び散る**　to scatter ／飞散，飘落／흩날리다，튀다

・床(ゆか)に落ちたグラスが割れ、破片(はへん)が飛び散った。　・{汗／火花(ひばな)　…}　が飛び散る。

460　**とびはねる**　**ガ飛び跳ねる**　to jump up and down, hop ／又蹦又跳，跳跃／날뛰다

・妹は合格がわかり、飛び跳(は)ねて喜んだ。　・ウサギが飛び跳(は)ねている。

＜その他＞　ガ飛び出す　☞ N2 405、ガ飛び込む　☞ N2 409　ガ飛び回る　☞ N2 712　など

Ⅹ　差し～

461　**さしだす**　**ヲ差し出す**　to present, hold out ／伸出，递上／내밀다，내다

・握手(あくしゅ)をしようと手を差し出した。　・受付で招待状を差し出すと、すぐに奥へ案内(あんない)された。

合　差出人(さしだしにん)（例．この手紙には差出人の名前がない。）

462　**さしのべる**　**ヲ差し伸べる**　to hold out, stretch ／伸出／내밀다 , 뻗치다

・山道で、彼は彼女を助けようと、手を差し伸べた。　・救いの手を差し伸べる。

463　**さしはさむ**　**ヲ差し挟む**　to insert, interrupt, harbor (doubts) ／插入，心里怀有／끼우다 , 참견하다 , 품다

①・本にしおりを差し挟んでおいた。　・「横から口を差し挟まないでください」

②・彼が犯人であることに、疑問を差し挟む余地(よち)はない。

464　**さしひく**　**ヲ差し引く**　to deduct ／扣除／제하다 , 빼다

・給料から税金や保険料(ほけんりょう)を差し引くと、手取(てど)りは 18 万円ほどだ。

(名)　差し引き（例.　収支が差し引き 0(ゼロ) になった。)

465　**さしひかえる**　**ヲ差し控える**　to refrain, withhold ／保留／삼가다

・「今回の件に関するコメントは、差し控(ひか)えさせていただきます」

466　**さしかえる**　**ヲ差し替える**　to replace ／更换／바꾸다

・資料のグラフを新しいものと差し替える。

(名)　差し替え

467　**さしせまる**　**ガ差し迫る**　to be urgent, pressing ／迫近，迫切／임박하다

・締切りが差し迫(せま)っている。　・今のところ、差し迫(せま)った危険はない。

類　ガ切迫(せっぱく)する

＜その他＞　ヲ差し込む、ヲ差し止める、ヲ差し押さえる、ヲ差し戻す、　など

XI　引き～

468　**ひきあげる**　**ヲ引き上げる**　to raise, promote ／吊起，提高，提拔／끌어 올리다 , 올리다 , 등용하다

①・沈んだ船を引き上げる。

②・消費税を引き上げる。

対　ヲ引き下げる　(名)　①②引き上げ

③・社長は佐藤課長(さとうかちょう)を部長に引き上げた。

469　**ひきあげる**　**ガ／ヲ引き揚げる**　to withdraw, end ／撤散，撤退／철수하다 , 귀환하다

・「もう 10 時だ。そろそろ引き揚(あ)げよう」　・戦地から引き揚(あ)げる。　・軍隊を引き揚げる。

関　ガ撤退する　(名)　引き揚(あ)げ

470　**ひきさがる**　**ガ引き下がる**　to withdraw, back down ／退让／물러나다 , 물러서다

・上司(じょうし)に反対されては、こちらが引き下がるしかない。

類　ガ退(しりぞ)く

471　**ひきとめる**　**ヲ引き止める**　to stop, restrain ／挽留／붙잡다 , 말리다

・会社を辞(や)めたがっている同僚(どうりょう)を、皆で引き止めた。　・帰ろうとする客を引き止める。

472 **ひきとる** ガ／ヲ**引き取る** to collect, take care of／回收，请回，收养，离去／인수하다，돌보다，돌아가다

〈他〉①・新しい家電製品を買うと、古いのは店で引き取ってくれる。

(名) 引き取り

②・年取った母をうち{に／で}引き取ることにした。

・捕(つか)まえられた野良犬(のらいぬ)は、新しい引き取り手が現れなければ処分される。

慣 息を引き取る（＝死ぬ）

〈自〉・「今日はもう遅いので、どうぞお引き取りください」

473 **ひきずる** ヲ**引きずる** to drag, be strongly influenced by／拖，强拉硬拽，牵鼻子，拖后腿／질질 끌다

①・荷物が重いので、引きずって運んだ。・{足／スカートのすそ}を引きずって歩く。

②・嫌(いや)がる子供を引きずって歯医者に連れて行った。

・弟は気が弱く、周りの雰囲気(ふんいき)に引きずられやすい。

③・いつまでも過去の失敗を引きずらないで、前を向いて進もう。

474 **ひきしめる** ヲ**引き締める** to tighten, brace／收紧，集中精力，紧缩／조르다，긴장하다，마음을 다 잡다，절약하다

①・この体操(たいそう)はウエストを引き締(し)める効果がある。

②・試合の日が近づいてきた。気を引き締(し)めて練習に励(はげ)もう。

③・収入が減ったので、家計を引き締(し)める必要がある。

(名) ①～③引き締め →③金融＿

〈自〉ガ引き締(し)まる（例. ・引き締(し)まった体 ・心が引き締(し)まった。）

475 **ひきこもる** ガ**引きこもる** to stay at home (self-imposed confinement)／躲在（家里）／틀어박히다

・不登校になり、家に引きこもる若者が増えている。

(名) 引きこもり

476 **ひきのばす** ヲ**引き伸ばす** to stretch, enlarge／放大，拉直，延长／확대하다，똑바르게 하다，연장하다

①・旅先で撮(と)った写真を引き伸ばして飾(かざ)った。

②・曲がった針金を引き伸ばす。・原稿(げんこう)の字数が足りなかったので、少し引き伸ばした。

(名) ①②引き伸ばし

477 **ひきのばす** ヲ**引き延ばす** to delay／拖延，延长／끌다，지연시키다

・議論ばかりして、これ以上解決を引き延ばすのは許されない。

・{返事／支払い／会議 …}を引き延ばす。

類 ヲ延長する、ヲ延期する (名) 引き延ばし

＜その他(た)＞ ヲ引き出す ☞ N2 155、ヲ引き込む ☞ N2 420、ガ引き返す ☞ N2 1017、ヲ引き受ける ☞ N2 1059、ヲ引き離(はな)す、ヲ引き立てる など

478　**ふりかえる**　**ヲ振り返る**　to turn around, look back (over one's shoulder)／回头看，回顾／뒤돌아보다，돌이켜 보다

①・後ろから名前を呼ばれたので振り返った。

類　ガ／ヲ振り向く

②・年末になると、１年を振り返る番組がよく放送される。

類　ヲ顧みる　☞174、ヲ回顧する

479　**ふりかえる**　**ヲ振り替える**　to substitute／替换，交替／대체하다

・祝日が日曜日に重なると、休みは翌月曜日に振り替えられる。

・事故で電車が一部不通となり、その区間はバス輸送に振り替えられた。

合　振替（／振り替え）休日、振替輸送　（名）振り替え

480　**ふりまわす**　**ヲ振り回す**　to wield, manipulate／挥舞，折腾，蛊惑，滥用／휘두르다，마음대로 하다，남용하다

①・犯人はナイフを振り回して暴れた。

②・彼女は恋人を振り回している。　・デマに振り回されないように気をつけよう。

③・権力を振り回してあれこれ命令するのはパワハラになる恐れがある。

類　①③ヲ振りかざす

<その他>　ヲ振り込む、ヲ振りまく、ヲ振りかける　など

コラム 10　地図　Map/Atlas／地图／지도

北半球	Northern Hemisphere／北半球／북반구
南半球	Southern Hemisphere／南半球／남반구
北極	the Arctic／北极／북극
南極	the Antarctic／南极／남극
赤道	the Equator／赤道／적도
経線	longitude line／经线／경선
緯線	latitude line／纬线／위선
日付変更線	the dateline／国际日期变更线／날짜 변경선
経度	longitude (degree of)／经度／경도
緯度	latitude (degree of)／纬度／위도
(例. 北緯 58 度・東経 135 度)	latitude 58 degrees north/longitude 135 degrees east／北纬 58 度 / 东经 135 度／북위 58 도 / 동경 135 도
大陸	continent／大陆／대륙
海	sea, ocean／海，海洋／바다
太平洋	the Pacific Ocean／太平洋／태평양
大西洋	the Atlantic Ocean／大西洋／대서양

Unit 05 複合動詞 練習問題Ⅰ

429 ～ 480

Step 1 2 3 4

Ⅰ （　　）に助詞を書きなさい。

1．スピード違反（　　）取り締まる。　2．新しい課題（　　）取り組む。

3．荷物（　　）引きずって運ぶ。　4．走っている車（　　）飛び降りる。

5．本（　　）しおり（　　）差し挟む。　6．給料（　　）保険料（　　）差し引く。

7．後ろ（　　）振り返る。　8．来客の用件（　　）社長（　　）取り次ぐ。

9．古い電球（　　）新しいもの（　　／　　）取り替える。

Ⅱ 「ます形」が名詞になる言葉に○を付けなさい。　例：食べかける→食べかけ

取り立てる　取り組む　取り除く　取りやめる　取り締まる　取り決める

取り扱う　突き返す　突き上げる　突き止める　飛び散る　差し引く

差し控える　引き上げる　引き下がる　引きずる　引き締める　引きこもる

振り回す　振り替える

Ⅲ ＿＿＿に下から選んだ語を書いて、一つの言葉にしなさい。

1．洗濯物を_______込む。　2．慌てて_______起きる。

3．気を_______締める。　4．荷物を丁寧に_______扱う。

5．写真を_______伸ばす。　6．川を_______越える。

7．不純物を_______除く。　8．_______替え休日

9．ナイフを_______つけて脅す。　10．母をうちに_______取る。

11．旅行を_______やめる。　12．_______詰めて考える。

13．足を_______ずって歩く。　14．訴えを_______下げる。

15．電話を_______次ぐ。　16．犬が飼い主に_______つく。

17．川からボートを_______上げる。　18．警官を_______飛ばして逃げる。

19．皆の意見を_______まとめる。　20．握手しようと手を_______出す。

21．相手の目の前にこぶしを_______出してにらむ。

差し	突き	飛び	取り	引き	振り

Ⅳ 下から選んだ語を適当な形にして（　　）に入れ、一つの言葉にしなさい。

A　1．借金の取り（　　　　）

2．取られたものを取り（　　　　）たい。

3．会の取り（　　　　）を頼まれた。

4．旅行は突然取り（　　　　）となった。

5．「すみません、当店では切手は取り（　　　　）おりません」

6．今では外国から個人で薬を取り（　　　　　）ことも可能だ。
7．大口の契約を取り（　　　　　）ことに成功した。
8．子供を取り（　　　　　）環境は、昔と今では全く違う。

扱う　返す　立てる　付ける　巻く　まとめる　やめる　寄せる

B　1．原因を突き（　　　　　）たい。
2．スリを捕まえて交番に突き（　　　　　）。
3．飛び（　　　　　）喜ぶ。
4．選手同士がぶつかると、汗が飛び（　　　　　）。
5．若手社員の突き（　　　　　）で、幹部が交代した。
6．「いらない！」とプレゼントを突き（　　　　　）、悲しかった。
7．あの人はいつも私に寄りかかっているので、少し突き（　　　　　）ことにした。
8．「そんなに突き（　　　　　）考えない方がいいよ」
9．日本中を飛び（　　　　　）有望な選手を集めるのが私の仕事だ。

上げる　歩く　返す　出す　散る　詰める　止める　放す　はねる

C　1．一年を振り（　　　　　）番組
2．ナイフを振り（　　　　　）。
3．口座に金を振り（　　　　　）。
4．横から口を差し（　　　　　）。
5．救いの手を差し（　　　　　）。
6．プラグをコンセントに差し（　　　　　）。
7．いろいろ計算すると、利益は差し（　　　　　）0だった。
8．「この統計資料は古いので、新しいものと差し（　　　　　）ください」

返る　替える　込む　挟む　伸べる　引く　回す

（二度使う語もある）

D　1．ウエストを引き（　　　　　）体操
2．消費税引き（　　　　　）に反対する。
3．引き（　　　　　）の人が増加している。
4．これ以上支払いを引き（　　　　　）ことはできない。
5．新しい冷蔵庫を買ったので、古い方は店で引き（　　　　　）もらった。
6．大勢の代表として交渉しているのだから、ここで引き（　　　　　）ことはできない。
7．わさびの辛さが刺身の味を引き（　　　　　）いる。
8．帰ろうとしたら、「もう少しいいじゃありませんか」と引き（　　　　　）。

上げる　こもる　下がる　締める　立てる　止める　取る　延ばす

Ⅴ　（　　　）に入る言葉を下から選び、適当な形にして書きなさい。

1．この程度のことなら、（　　　　　　　　）問題にすることはないだろう。

2．作業が終わった。そろそろ（　　　　　　　　）よう。

3．目撃者(もくげきしゃ)の証言を（　　　　　　　　）結果、犯人の逃走経路(とうそうけいろ)がわかった。

4．妹は新しいものには何にでも（　　　　　　　　）が、飽(あ)きるのも早い。

5．「今私が意見を述べることは（　　　　　　　　）いただきます」

6．「今ちょっと（　　　　　　　　）いるので、あとにしてもらえませんか」

7．生活に必要なものはだいたいそろっており、（　　　　　　　　）欲しいものはない。

8．悪い仲間に（　　　　　　　　）、悪の道に入ってしまった。

9．アイドルはいつでもどこでも笑顔を（　　　　　　　　）ことが求められる。

10．強く（　　　　　　　　）ので、出した辞表(じひょう)を（　　　　　　　　）ことにした。

さしひかえる	さしせまる	つきあわせる	とびつく	とりこむ	
とりさげる	とりたてる	ふりまく	ひきあげる	ひきずる	ひきとめる

コラム 11 三権分立「司法」

Separation of the Three Branches of Government: Judicial／三权分立“司法”／삼권 분립

◆裁判所 Courts／法院，法庭，裁判所／재판소

最高裁判所
supreme court／最高法院／대법원

final appeal／上诉，上告／상고 上告 ↑ ↓ 差し戻し remand／（把案件）退回，送回（下级法院重新审理）／원심을 취소할 때 취하는 조치

高等裁判所
high court／高等法院／고등 법원

↑ 控訴 appeal／上诉，上告／항소

地方裁判所
district/local court／地方法院／지방 법원

<その他>

家庭裁判所	family court, domestic court／家庭裁判所，家庭案件法院／가정 법원
簡易裁判所	summary court／简易法院／간이 재판소

◆裁判

◆裁判	Trials／裁判／재판
民事裁判	civil trial／民事审判／민사 재판
刑事裁判	criminal trial／刑事审判／형사 재판
原告	plaintiff, accuser／原告／원고
被告	defendant, the accused／被告／피고
起訴する	to prosecute, indict／起诉，提起公诉／기소하다
⇔不起訴になる	⇔ non-prosecution, non-indictment／不起诉，不提起公诉／불기소하다
公判	public hearing, trial／公审／공판
判決を下す	to pass judgment／宣布判决／판결을 내리다
有罪⇔無罪	guilty／有罪／유죄⇔ not guilty／无罪／무죄
死刑	death penalty, capital punishment／死刑／사형
懲役刑	jail sentence, imprisonment／判处徒刑／징역형
禁固刑	penalty of imprisonment／判处监禁／금고형
罰金刑	fine, penalty／判处罚款／벌금형
刑を執行する	to carry out a sentence／执行刑罚／형을 집행하다
執行猶予	suspended sentence／缓期执行，缓刑／집행 유예
裁判官	judge／审判员，法官／재판관
検察官	public prosecutor／检察官／검찰관
弁護士	lawyer, attorney／律师／변호사

◆法律

◆法律	Law／法律／법률
憲法	constitution／宪法／헌법
刑法	criminal law, penal code／刑法／형법
民法	civil law／民法／민법
商法	commercial law／商法／상법
少年法	juvenile law／少年法／소년법

Unit 05 複合動詞 練習問題Ⅱ

381 ～ 480

Step 1 2 3 4

Ⅰ （　　）に入れるのに最も よいものを、a・b・c・dから一つ選びなさい。

1．バスの中で、隣りの人にもたれ（　　）寝てしまった。

a　かけて　b　かかって　c　ついて　d　つけて

2．うちの親はいつも自分の考えを子供に（　　）とする。

a　突きつめよう　b　突きつけよう　c　押しかけよう　d　押し付けよう

3．子供たちの（　　）目が印象的だった。

a　澄み切った　b　晴れ渡った　c　透明な　d　輝き返す

4．一人っ子はわがままだなんて、（　　）ください。

a　わかりきらないで　b　取り決めないで

c　取り立てないで　d　決めつけないで

5．メモリーをパソコンから（　　）ときは、注意が必要だ。

a　取り除く　b　取り下げる　c　取りはずす　d　取り込む

6．彼女は娘夫婦が亡くなってしまったので、孫（まご）を（　　）育てている。

a　引き受けて　b　引き取って　c　引き止めて　d　引きあげて

7．（　　）のつかない失敗をしてしまった。

a　取り返し　b　見返し　c　取り直し　d　見直し

8．狭い場所で、二人は膝（ひざ）を（　　）座った。

a　差し出して　b　差し伸べて　c　突き合わせて　d　突き合って

9．これは大変強い薬品なので、（　　）には注意が必要だ。

a　取り扱い　b　引き締め　c　取り込み　d　かかりつけ

10．交流会に参加するつもりだったが、（　　）うちにいることにした。

a　思い直って　b　思い切って　c　思いかけて　d　思い返して

Ⅱ ＿＿＿の言葉に意味が最も近いものを、a・b・c・dから一つ選びなさい。

1．来週から新しい絵に<u>着手する</u>つもりだ。

a　取りかかる　b　書きかける　c　やりつける　d　たどりつく

2．すみません、昨日買ったこのセーター、<u>交換して</u>もらえませんか。

a　差し替えて　b　取り替えて　c　すり替えて　d　引き換えて

3．事故の原因を<u>突き止めて</u>もらいたい。

a　公表して　b　明らかにして　c　研究して　d　取り除いて

4．屋根に、衛星放送用のアンテナを<u>取り付けて</u>もらった。

a　備えて　b　設けて　c　配置して　d　設置して

5．昨年のことを思い返してみると、楽しいことがたくさんあった。

a　見直して　　b　反省して　　c　振り返って　　d　引き戻して

Ⅲ　次の言葉の使い方として最もよいものを、a・b・c・dから一つ選びなさい。

1．取りやめる

a　熱が高いので、今日は学校へ行くのを取りやめた。

b　これ以上、人に迷惑をかけるようなことは取りやめなさい。

c　今日は雨が降りそうなので、洗濯はとりやめた方がいい。

d　主役の祖父が倒れたので、誕生パーティーは取りやめよう。

2．突きつける

a　卒業生はこの花を胸に突きつけて、一列に並んでください。

b　自分の考えをどこまで突きつけていっても、答えは出ないだろう。

c　腹が立ったので、社長に辞表を突きつけて、会社を飛び出した。

d　転んだときに両手を地面に突きつけて、骨折してしまった。

3．差し挟む

a　夫婦は子供を間に差し挟んで座った。

b　パンにレタスとハムを差し挟んで食べた。

c　ドアに手を差し挟まないよう、ご注意ください。

d　私などが口を差し挟むようなことではなさそうだ。

4．引きずる

a　山田さんはけがでもしたのか、足を引きずっている。

b　友達が多い田中さんは、いつも仲間を引きずっている。

c　今日一日、昨日のデートの気分を引きずって、楽しかった。

d　花嫁は長いスカートを引きずっていて、とても美しかった。

5．押し切る

a　Aチームが最後まで相手を押し切って優勝した

b　彼は周りの反対を押し切って、高卒で就職した。

c　彼女は周りの予想を押し切って、有名大学に合格した。

d　B選手は全国民の期待を押し切って、1回戦で敗退した。

Unit 06 カタカナ A

481 ～ 530

Step 1 2 3 4

1-38

481 **パネル** panel／嵌板／패널

・屋根に太陽光発電のパネルを取り付ける。 ・パネルをはめる

合 タッチ__ 関 板

482 **センサー** sensor／传感器／센서，감지기

・ガスが漏(も)れると、報知機(ほうちき)のセンサーが働いて警告するようになっている。

・この電気ストーブには過熱防止のための温度センサーがついている。

連 __が働く

483 **ディスプレイ** display／装饰，显示器／디스플레이，전시

①・クリスマスシーズンは、ウィンドーのディスプレイも華(はな)やかになる。

連 __をする 類 飾(かざ)り付け

②・コンピューターのディスプレイ ☞ N3 コラム 14

484 **グッズ** goods, items／商品／상품

・アニメのキャラクターグッズが人気だ。 ・子供に防犯グッズを持たせる。

合 ［名詞］＋グッズ（例．防犯グッズ） 類 商品

485 **パック** ヲパック(ヲ)スル pack, package, mask／包，包装；旅行团；面膜／팩，팩，패키지

①・卵は6個か10個で1パックになっているものが多い。 ・トマトをパックに詰める。

連 __になる・__にする 合 真空(しんくう)__、__詰(づ)め 類 包装、包み

②・パック旅行で安く海外へ行ってきた。

連 __になる・__にする 合 __旅行、__ツアー（<パッケージツアー）、__料金

類 パッケージ

③・肌が荒れているのでパックをした。

486 **シングル** single／单人，单身，单亲，单打，单张／싱글

①・シングルサイズのピザを注文した。 ・ホテルのシングルルーム

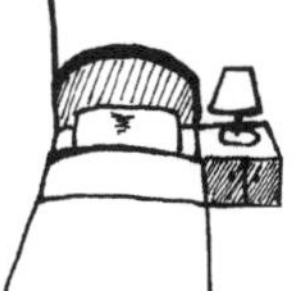

合 __サイズ、__ベッド、__ルーム 対 ダブル

②・彼はまだシングルだ。 ・シングルマザーとして子供を育てる。

合 __ライフ、__マザー 類 独身

③・〈スポーツ〉｛テニス／バドミントン／卓球(たっきゅう) …｝のシングルス

対 ダブルス

④・｛CDのシングル盤(ばん)／シングルCD｝

487　**ダブル**　double／双人，双重，双打／더블

①・ダブルサイズのピザを注文した。　・ホテルのダブルルーム

合 __サイズ、__ベッド、__ルーム　対 シングル　類 二倍

関 トリプル、〈ホテル〉ツインルーム

②・失業と失恋のダブルパンチを食(く)らった。

・彼女は大学と会計士(かいけいし)の専門学校に通っている。これをダブルスクールという。

合 __パンチ、__スクール、〈野球〉__プレー、〈劇〉__キャスト　類 二重

③・〈スポーツ〉{テニス／バドミントン／卓球(たっきゅう)…} のダブルス

対 シングルス

488　**カタログ**　catalog／商品目录／카탈로그

・お歳暮(せいぼ)を、百貨店のカタログから選んで相手に送った。

合 __販売、__通販　類 商品目録　関 パンフレット

489　**ブランド**　brand／名牌／브랜드

・銀座には海外の有名ブランドの店が軒(のき)を連ねている。

・彼女は全身をブランドもので固めている。

合 __品、__物、一流__、ファッション__、高級__、トップ__、有名__、偽(にせ)__、__志向(しこう)

490　**フリーマーケット**　flea market／跳蚤市场／프리마켓

・家で使わなくなった品を、フリーマーケットに出して売った。

連 __に出す、__に出品する、__を開く／開催(かいさい)する　類 のみの市

491　**スポンサー**　sponsor／赞助单位／스폰서

・この番組のスポンサーは電機メーカーだ。

・本を自費出版する際、知り合いがスポンサーになってくれた。

関 出資者

492　**キャンペーン**　campaign, promotion／宣传活动／캠페인

・エイズ撲滅(ぼくめつ)のキャンペーンが、世界中で行われた。

・新発売のビールのキャンペーンで、1本ただでもらった。

連 __をする、__を行う

493　**イベント**　event／活动／이벤트

・世界のアニメ映画を上映するイベントが行われた。

・紅白歌合戦は、年末のテレビの一大イベントだ。

連 __をする、__を行う、__を開く、__を開催(かいさい)する　合 一大__、メイン__、__情報（誌）

類 催(もよお)し（物(もの)）、行事(ぎょうじ)

1-39

494　**フェスティバル**　festival／庆祝活动／축제

・東京でアニメのフェスティバルが開かれた。

連　__を開く、__を開催(かいさい)する

合　[名詞]＋フェスティバル（例．アニメフェスティバル、フラワーフェスティバル）

495　**パレード**　**ガパレード(ヲ)スル**　parade／盛装游行／퍼레이드, 행렬

・ワールドカップで優勝したチームが、街(まち)でパレードを行った。

合　優勝__、祝勝__、結婚__

496　**ライブ**　live concert/music／现场演奏会／라이브

①・友達がやっているバンドのライブを見に行った。

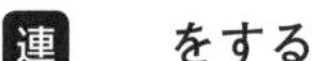

連　__をする　合　__ハウス、__活動　類　生演奏(なまえんそう)

②・音楽はライブで聞くと迫力(はくりょく)が違う。

合　__放送、__中継(ちゅうけい)、__映像　類　生(なま)

497　**アウトドア**　outdoor／户外／아웃도어, 야외

・休日には、アウトドアの活動を楽しんでいる。　・彼女はアウトドア派だ。

合　__活動、__スポーツ　対　インドア

498　**リゾート**　resort／度假地／리조트

・久しぶりの休日に、リゾートに出かけてのんびりした。　・南国(なんごく)のリゾート

合　__地、__ホテル、__開発　類　保養地(ほようち)、観光地　関　レジャー

499　**スリル**　thrill／惊险／스릴

・ジェットコースターでスリルを味わった。　・この高いつり橋を渡るのはスリル満点だ。

連　__がある⇔ない　合　__満点　関　スリラー、スリリングな、ガはらはらする

500　**ミステリー**　mystery／神秘，推理／미스테리

①・ピラミッドの建設は古代のミステリーと言われている。

類　不思議、謎(なぞ)

②・ミステリー小説を読む楽しみは、犯人を推理(すいり)することだ。

合　__小説、__映画　類　推理(小説)

501　**フィクション**　fiction／虚构／픽션

・この小説はまったくのフィクションで、登場人物(とうじょうじんぶつ)も架空(かくう)の人物だ。

合　サイエンス__（＞ＳＦ）　対　ノン__

502　**ヒーロー**　hero／英雄／영웅

①・彼はその国で初めてオリンピックで金メダルを取り、国民のヒーローになった。

関　英雄(えいゆう)

②・{映画／ドラマ／小説　…} のヒーロー　※男性

対　ヒロイン　※女性　類　主人公(しゅじんこう)

503　**ファン**　fan／……迷，风扇／팬

①・映画のヒロイン役をした女優のファンになった。　・私はこの歌手のファンだ。

連 ＿になる　合 ＿クラブ、＿レター

②・扇風機（せんぷうき）のファン　・ファンヒーター

504　**デビュー**　**ガデビュースル**　debut／初次登台，初出茅庐／데뷔

・芸能界に新しいアイドルがデビューした。

・彼はわずか16歳で文学賞を受賞し、衝撃的（しょうげきてき）なデビューを飾（かざ）った。

505　**プロフィール**　profile／简历／프로필

・学校のパンフレットに講師のプロフィールが載（の）っている。

506　**イニシャル**　initials／开头字母／이니셜

・私の名前は「伊藤（いとう）たかし」だから、イニシャルは「I・T」だ。

類 頭文字（かしらもじ）　※「イニシャル」は名前について使う。

507　**ポピュラーな**　popular／流行的，大众化的／대중적인

・この歌は、若者の間ではとてもポピュラーだ。

・柿（かき）は世界ではあまり知られていないが、日本ではポピュラーな果物（くだもの）だ。

合 ポピュラーソング、ポピュラーミュージック　関 人気のある、一般的な

コラム 12　エネルギー問題（もんだい）　Energy Issues／能源问题／에너지 문제

◆燃料（ねんりょう）　Fuel／燃料／연료
化石燃料（かせきねんりょう）　fossil fuels／化石燃料／화석 연료
石油（せきゆ）　oil／石油／석유
石炭（せきたん）　coal／煤炭／석탄
天然（てんねん）ガス　natural gas／天然（煤）气／천연 가스
バイオマス燃料（ねんりょう）　biomass fuels／生物堆反应燃料／바이오매스 연료

◆電力（でんりょく）　Electricity／电力，电／전력
火力発電（かりょくはつでん）　thermal power generation／火力发电／화력 발전
水力発電（すいりょくはつでん）　hydroelectric power generation／水力发电／수력 발전
風力発電（ふうりょくはつでん）　wind power generation／风力发电／풍력 발전
波力発電（はりょくはつでん）　wave power generation／波浪发电／파력 발전
太陽光発電（たいようこうはつでん）　solar power generation／太阳光发电／태양광 발전
地熱発電（ちねつはつでん）　geothermal power generation／地热发电／지열 발전
原子力発電（げんしりょくはつでん）　nuclear power generation／核发电／원자력 발전

自家発電（じかはつでん）　private power generation／自家发电／자가 발전
節電（せつでん）　electricity conservation／节电／절전

クリーンエネルギー　clean energy／无污染燃料／클린 에너지（풍력，태양열등）
エネルギー自給率（じきゅうりつ）　ratio of self-reliance in energy／能源自给率／에너지 자급률

508　**ヘルシーな**　healthy／有益于健康的／건강한

・このレストランは、野菜中心のヘルシーな料理が女性に人気だ。

合　ヘルシー料理、ヘルシーメニュー　類　健康的(けんこうてき)な

509　**レシピ**　recipe／食谱／조리법

・このケーキは、レシピの通りに作れば、誰(だれ)でも簡単にできる。

合　＿本(ぼん)、＿ブック

510　**スパイス**　spice／香辣调味料，辛辣／스파이스，향신료

・私はスパイスのきいた料理が好きだ。　・料理にスパイスを加える。

・この小説は温かいだけでなく、ぴりっとしたスパイスもきいている。

連　＿がきく・＿をきかせる　類　香辛料(こうしんりょう)

511　**ボリューム**　volume／分量，总量，音量／양，볼륨

①・この食堂は、安くてボリュームのある食事を出すので学生に人気がある。

・私は髪のボリュームが少ないので、ヘアスタイルには気を遣(つか)っている。

連　＿がある⇔ない、＿が多い⇔少ない、＿たっぷり　類　分量、量

②・「声が聞こえにくいので、マイクのボリュームを上げてください」

連　＿が大きい⇔小さい、＿を上げる⇔下げる　類　音量

512　**トライ**　**ガトライスル**　try／尝试／트라이，시도

・今までやったことのない方法にトライする。

関　ヲ試す、ガチャレンジスル

513　**チャレンジ**　**ガチャレンジスル**　challenge, try／挑战／도전

・自分の実力より少しレベルの高い大学だが、チャレンジしてみよう。

・難問にチャレンジする。　・彼女はチャレンジ精神が旺盛(おうせい)だ。

合　＿精神　類　ガ挑戦(ちょうせん)スル　関　チャレンジャー、ガトライスル

514　**マイペースな**　at one's own pace／自己的作法／자기 페이스

・あの人はいつもマイペースだ。　・マイペースなやり方

・自分の興味(きょうみ)と能力に合わせて、マイペースで仕事をする。

[(名) マイペース]・周りに惑(まど)わされずマイペースを貫(つらぬ)く。

連　＿を貫(つらぬ)く

515　**チームワーク**　teamwork／团队合作／팀워크

・チームワークの取れた会社は、いい仕事ができる。

・このチームは選手個々の力はあるのだが、チームワークが今一つだ。

連　＿がある⇔ない、＿がいい⇔悪い、＿が取れる

516　**プロジェクト**　　project／项目／프로젝트

・地元商店街を活性化させるためのプロジェクトが立ち上がった。

・プロジェクトチームのメンバーは、社内の各課から一人ずつ選ばれた。

連　__が立ち上がる・__を立ち上げる、__を企画する　合　__チーム

関　ヲ企画スル、ヲ計画スル

517　**パートナー**　　partner／合作者，伙伴／파트너

・結婚で人生のパートナーを得た。

・彼は性格はともかく、仕事のパートナーとしては最高だ。

合　__シップ　関　相手

518　**セミナー**　　seminar／研究班，研讨会／세미나

・大学で学生のための就職セミナーが行われている。

連　__をする、__を行う、__を開く／開催する　合　［名詞］＋セミナー

519　**シンポジウム**　　**＞シンポ**　　symposium／专题研讨会／심포지엄，토론회

・教育関係者を集め、学校教育についてのシンポジウムが開かれた。

連　__を行う、__を開く、__を開催する　関　公開討論会、パネルディスカッション

520　**ゼミ**　　**＜ゼミナール**　　tutorial／研究班，研讨会／세미나

・私は大学で田中先生のゼミに所属している。　・授業はゼミ形式で行われる。

合　__形式、__発表

521　**レジュメ**　　resume, summary／摘要／레쥬메

・発表の内容をレジュメにまとめた。

※日本語では「履歴書」という意味はない。　関　ハンドアウト

522　**リスト**　　list／名簿／리스트

・サークルの会員のリストを作って全員に配付した。

合　ヲ__アップスル（例．会員の中で25歳以上の人だけをリストアップした。）　類　一覧、名簿

523　**ランク**　　**ヲランクスル**　　rank／排行榜／랭크

・ランクの高い大学は受験生の人気も高い。

・この病院は、ガン治療の分野で日本のトップ10にランクされている。

連　__が高い⇔低い、__が上がる⇔下がる、__がアップする⇔ダウンする、__を上げる⇔下げる、上の__⇔下の__、__を付ける　合　__アップ⇔__ダウン、__付け、ガ__インスル

類　順位、等級、階級　関　ランキング、レベル

524　**インターンシップ**　　internship／就业体验／인턴십

・最近は、学生が一定期間研修できるインターンシップ制度を設ける企業が多い。

合　__制（度）　関　インターン

1-41

525　リストラ　ヲリストラスル　<リストラクション　restructuring, downsizing, redundancy／公司重组，裁员／기업 구조 조정

①・経営不振(けいえいふしん)で企業(きぎょう)はさまざまなリストラ（策(さく)）を行った。

合 __策(さく)　類 企業再構築(きぎょうさいこうちく)　関 経営合理化

②・彼は会社をリストラされて、今、再就職(さいしゅうしょく)先を探している。

連 __に遭(あ)う　類 ヲ解雇(かいこ)スル、ヲくびにする

526　フリーター　person who makes their living from a series of part-time jobs／自由职业者／프리터，아르바이트

・彼は一度も正規雇用(せいきこよう)されたことがなく、フリーターの生活を続けている。

関 アルバイト、パートタイマー、ニート

527　セクハラ　<セクシャルハラスメント　sexual harassment／性骚扰／성희롱

・上司(じょうし)が部下にセクハラを働いたとして、免職処分(めんしょくしょぶん)になった。

・職場では、セクハラ防止のためのさまざまな活動を行っている。

連 __をする、__を働く、__を受ける　合 __発言

関 パワハラ<パワーハラスメント、アカハラ<アカデミックハラスメント

528　フェアな　fair, festival／公平，公正，正大光明地，展销会／정정당당한

①・審判(しんぱん)は、競技者に対してフェアな判定を下さなければならない。

・権力で部下を従わせるのは、フェアなやり方ではない。　・フェアに戦う。

合 （スポーツ）フェアプレー、フェアトレード　類 公明正大(こうめいせいだい)な、公正(こうせい)な

② ［（名）フェア］・今デパートで、北海道(ほっかいどう)の物産(ぶっさん)フェアをやっている。

関 バザー

529　ボイコット　ヲボイコットスル　boycott／抵制，联合拒绝／보이콧

①・戦争を起こしたA国に抗議(こうぎ)するために、A国製品のボイコットが世界で相次(あいつ)いだ。

類 不買(ふばい)運動

②・学校に不満を抱(いだ)く学生が卒業式をボイコットするという事件が起きた。

・上層部(じょうそうぶ)に抵抗(ていこう)して、社員たちは仕事をボイコットする手段に出た。

類 ヲ放棄(ほうき)スル

530　アレルギー　allergy／过敏／알레르기

①・私は卵にアレルギーがあり、食べるとじんましんが出る。

連 __がある⇔ない

②・職場に嫌(いや)な人がいて、最近はその声を聞くだけでアレルギーが起きる。

連 ①②__が出る、__が起きる・__を起こす

合 ①②［名詞］＋アレルギー（例．小麦アレルギー、金属(きんぞく)アレルギー、核(かく)アレルギー）

類 ①②拒絶反応(きょぜつはんのう)

コラム 13 生命倫理

Bioethics／生命伦理／생명논리

◆医療	Medical Treatment／医疗／의료
先端医療	advanced medicine／尖端医疗／첨단 의료
臓器移植	organ transplant／内脏器官移植／장기 이식
遺伝子医療	genetic treatment／遗传基因医疗／유전자 의료
遺伝子診断	genetic diagnosis／遗传基因诊断／유전자 진단
終末医療／ターミナルケア	terminal care／临终医疗／임종간호
QOL	Quality of Life／生活质量／삶의 질
緩和ケア	palliative care／缓和护理／완화 치료
ホスピス	hospice／临终关怀医院（疗养院）／호스피스
生殖医療	reproductive medicine／生殖医疗／생식 의료
不妊治療	infertility treatment／不孕症治疗／불임 치료
子どもを授かる	to conceive a child／怀孕／아기를 가지다，임신하다
中絶	abortion／人工流产，打胎／중절
人工授精	artificial insemination／人工受精／인공 수정
体外受精	in vitro fertilization／体外受精／체외 수정
顕微鏡受精	micro-fertilization/Intracytoplasmic Sperm Injection (ICSI)／显微镜受精／현미경 수정
代理母	surrogate mother／代理母亲／대리모
神の領域	the realm of the gods (God's realm)／神的领域／신의 영역
死	death／死，死亡／죽음
脳死	brain death／脑死亡／뇌사
心停止	cardiac arrest／心跳停止／심박 정지
延命措置	measures to prolong life／延长寿命措施／연명 조치
植物状態	vegetative state／植物（人）状态／식물인간 상태
安楽死	euthanasia／安乐死／안락사
尊厳死	death with dignity, natural death without life support／尊严死／존엄사
◆研究	Research／研究／연구
ライフサイエンス／生命科学	life sciences／生命科学／생명 과학
ヒトゲノム	human genome／人类基因组／인간 게놈，인간 유전체
遺伝子解析	genetic analysis／遗传基因解析／유전자 해석
遺伝子組換え	genetic modification／转基因／유전자 재조합
ヒトＥＳ細胞	human embryonic stem cell／人类胚胎干细胞／인간 배아 줄기세포
クローン	clone／克隆／클론，복제

Unit 06 カタカナA 481～530

練習問題Ⅰ

Step 1 2 3 4

Ⅰ 「～する」の形になる言葉に○を付けなさい。

センサー　パック　デビュー　スポンサー　トライ　チャレンジ　リスト

Ⅱ ナ形容詞になる言葉に○を付けなさい。

ポピュラー　スリル　ヘルシー　マイペース　チームワーク　フェア　ライブ

Ⅲ 対義語を書きなさい。

1．シングル ⇔（　　　　）　2．フィクション ⇔（　　　　）

3．インドア ⇔（　　　　）　4．ヒーロー（男性）⇔（　　　　）（女性）

Ⅳ （　　）に下から選んだ語を書いて、一つの言葉にしなさい。

A　1．ブランド（　　）　2．リゾート（　　）　3．ミステリー（　　）

4．パック（　　）　5．チャレンジ（　　）　6．スリル（　　）

7．（　　）パレード　8．（　　）グッズ　9．（　　）パック

小説	真空（しんくう）	精神	地	品	防災	満点	優勝	旅行

B　1．（　　）クラブ　2．（　　）メニュー

3．（　　／　　）アップ　4．（　　）プレー

5．（　　）イン　6．（　　）ルーム

シングル	ファン	フェア	ヘルシー	ランク	リスト

（二度使う語もある）

Ⅴ 似た意味の言葉を下から選んで（　　）に書きなさい。

1．生演奏 ―（　　）　2．催し物 ―（　　）

3．観光地 ―（　　）　4．飾り付け ―（　　）

5．なぞ ―（　　）　6．性的嫌がらせ ―（　　）

イベント	セクハラ	ディスプレイ	ミステリー	ライブ	リゾート

Ⅵ 正しい言葉を〔　　〕の中から一つ選びなさい。

A　1．スパイスが〔 濃い　出ている　きいている 〕。

2．センサーが〔 働く　流れる　飛ぶ 〕。

3．ランクを〔　作る　付ける　かける　〕。
4．この物質はアレルギーを〔　出す　作る　起こす　〕。
5．チームワークが〔　いい　上手だ　できている　〕。
6．料理のボリュームが〔　大きい　多い　たくさんだ　〕。

B　1．仕事を〔　リストラ　ボイコット　〕する。
2．就職しないで〔　フリーター　ファン　〕を続けている。
3．京都で地球温暖化に関する〔　シンポジウム　ゼミ　〕が行われた。
4．経営者を対象とする税金対策の〔　プロジェクト　セミナー　〕が開かれた。
5．新商品の〔　インターンシップ　キャンペーン　〕が行われている。

Ⅶ　（　　　）に入る言葉を下から選んで書きなさい。

A　1．商品の（　　　　　　）　2．名前の（　　　　　　）
3．番組の（　　　　　　）　4．講師の（　　　　　　）
5．発表の（　　　　　　）　6．仕事／人生の（　　　　　　）
7．料理の（　　　　　　）

イニシャル	カタログ	スポンサー	パートナー	プロフィール	レシピ	レジュメ

B　1．（　　　　　　）に出品（しゅっぴん）する。　2．（　　　　　　）を立ち上げる。
3．（　　　　　　）をはめる。　4．大学生が（　　　　　　）で発表する。
5．（　　　　　　／　　　　　　／　　　　　　）を開催（かいさい）する。

シンポジウム	ゼミ	パネル	フェスティバル	フリーマーケット	プロジェクト

（二度使う語もある）

Ⅷ　（　　　）に入る言葉を下から選んで書きなさい。

1．「前回は失敗しましたが、もう一度（　　　　　　）させてください」
2．ここを人が通ると（　　　　　　）が働いて、ベルが鳴るようになっている。
3．これは日本ではとても（　　　　　　）な曲だ。
4．このCDは発売1週間で売り上げベストテンに（　　　　　　）インした。
5．花粉症（かふんしょう）というのは（　　　　　　）の一種だ。
6．会社を（　　　　　　）され、現在失業中だ。
7．彼はいつも（　　　　　　）で、やや協調性に欠ける面がある。
8．音が小さかったので、（　　　　　　）を上げた。

アレルギー	センサー	トライ	ポピュラー
ボリューム	マイペース	ランク	リストラ

Unit 07 副詞A＋接続詞 531 ～ 600

Step 1 2 3 4

1-42

I 時や頻度に関係のある副詞

Adverbs related to time or frequency／与时间和频度有关的副词／시간이나 빈도에 관계있는 부사

531 **きんねん** **近年** recently, in recent years／近几年／근년

・近年、育児休暇を取る男性が少しずつ増えている。 ・今年は近年にない豊作だ。

・近年まれに見る {大雪／暖冬／快挙 …}

連 ＿にない、＿まれに見る **類** ここ数年

532 **かつて** in the past, (never) before／曾经，以前／이전에，전에，한번도

①・私はかつて、カナダに住んでいたことがある。

・50年ぶりにふるさとを訪ねたが、かつての町並みは全く変わってしまっていた。

類 以前

②・今年はかつてない暖冬だった。

・「そんな話、いまだかつて、見たことも聞いたこともない」

※「かつて（～）ない」の形で使う。 **合** いまだ＿ **類** 今まで

533 **かねて** previously／原先，老早／전부터，미리

・原子力発電所の危険性は、かねて（より／から）指摘されていたことだ。

・「お名前はかねてより伺っております」

類 かねがね、以前から

534 **もっか** **目下** now, presently／当前／현재，지금

・事故の原因は目下調査中だ。

・来春の人事については、目下のところ、まだ何も決まっていない。

類 ただ今

535 **しゅうじつ** **終日** all day, whole day／整天／종일

・大雪のため、飛行機は終日欠航となった。 ・旅行の二日目は終日市内観光だった。

類 一日中

536 **そうきゅうに／さっきゅうに** **早急に** urgently／紧急，及早／조급히，급히

※本来は「さっきゅう」と読む漢字だが、最近は「そうきゅう」と言うことが多い。

・この問題については、早急に対処する必要がある。

・「次のような症状が出たら、早急に受診してください」

※ナ形容詞の副詞的用法 **類** すぐに、直ちに、至急、すぐさま

[(ナ形) 早急な]・早急な対処が望まれる。

537 **そくざに** **即座に** immediately／立即／당장，즉석에서

・京都への転勤を打診(だしん)されたとき、私は即座(そくざ)に「行きます」と返事をした。

・チケットは売り出されると即座(そくざ)に売り切れた。

類 すぐに、ただちに、すぐさま

538 **すかさず** without hesitation, straight away／立刻／즉시，즉각，당장

・野口(のぐち)さんは頭が良く、議論であいまいなことを言うと、すかさず追及(ついきゅう)してくる。

・〈ボクシング、レスリングなどで〉松田選手(まつだせんしゅ)は攻撃(こうげき)されると、すかさず反撃(はんげき)に出た。

・私は北原(きたはら)先生が好きなので、「誰(だれ)か手伝って」と言われたとき、すかさず手を挙(あ)げた。

関 間(ま)をおかず

539 **ふいに** **不意に** suddenly, unexpectedly／忽然，意外，出其不意／돌연히，갑자기，느닷없이

・不意に目の前が真っ暗になり、意識を失ってしまった。　・不意の来客にあわてる。

類 突然、急に

[(名) 不意]・相手の不意をついて攻(せ)める。

540 **とつじょ** **突如** all of a sudden, suddenly／突然／갑자기，별안간

・突如(とつじょ)地面が揺(ゆ)れ、次の瞬間(しゅんかん)、家はつぶれていた。

・突如(とつじょ)として体に力が入らなくなり、その場に倒れてしまった。

連 ＿として　**類** 突然、急に、不意に

541 **ちかぢか** **近々** soon／不久／머지않아

・近々引っ越す予定だ。

類 もうすぐ、もうじき　※「近々」の方がかたい言葉。

542 **じきに／もうじき** soon, before long／眼看，马上／머지않아，곧

・12月になった。ふるさとではもうじき初雪(はつゆき)が降るだろう。

・「仕事、終わった？」「うん、じきに終わるから、ちょっと待ってて」

※会話的な言葉。　**類** すぐに、もうすぐ

543 **ぼつぼつ（と）** soon, gradually, here and there, spots, pimples／就，该；渐渐，稀稀落落；小斑点／슬슬，듬성듬성，여드름

①・ぼつぼつ田中(たなか)さんが来る頃(ころ)だ。　・「ぼつぼつ出かけようか」

類 そろそろ

②・開演10分前になって、やっとぼつぼつ（と）人が集まりだした。

③・箱にぼつぼつと穴(あな)をあける。

類 ②③ ぽつぽつ(と)

④ [(名)]・顔にぼつぼつがたくさんできてしまった。

類 ぶつぶつ ☞ 1122

544　いまどき　　今どき　today, nowadays／现今／요새，요즘

・「そんなやり方、今どきはやらないよ」　・彼は今どき珍しい、礼儀正しい青年だ。

・今どきの若者ときたら、本当にものを知らない。

※否定的な気持ちで使うことが多い。　関　現代

545　いまごろ　　今ごろ　now, at this late hour／现在，这般时候／지금쯤，이맘때

①・今ごろになって日時を変更してくれと言われても困る。　・「今ごろ謝っても遅いよ」

・（夜中に帰って来た娘に）「今ごろまで何をしてたんだ！」

※ マイナスの意味が含まれる。　類　今さら、今になって

②・帰国したマリアさんは、今ごろ何をしているだろう。　・{明日／去年　…} の今ごろ

546　いまさら　　今さら　now, at this late hour／现在才，事到如今／이제 와서，새삼스럽게

①・今さらあわてても、もう間に合わないだろう。　・「今さら断られても困ります」

類　今ごろ、今になって

②・省エネの大切さは、今さら言うまでもない。

※①②後ろに否定的な内容の表現が来る。

連　①②＿のように（例．落ち葉を見て、今さらのように季節の移り変わりを感じた。）、

＿ながら（例．親が入院した。今さらながら、親は大切にしなければと思う。）

547　いまや　　今や　now (in contrast to the past)／现在正是／지금은，이제야말로

①・昨年新人賞を取ったばかりの彼女が、今や大スターの一人だ。

・今や情報がすべてを支配していると言っても過言ではない。

類　今では

②・今や一致団結して、独裁者を倒すときだ。

類　今こそ

548　いまに　　今に　before long／到现在才，早晚／머지않아，언젠가，두고

・今に彼の才能が認められる日が来るだろう。

・「どうしてあんなことをしたのか、理由を教えてください」「今にわかりますよ」

・「今に見ていろ！」

類　そのうち　関　いずれ

549　ひんぱんに　　頻繁に　frequently／频繁／자주，빈번히

・あの交差点は見通しが悪いため、頻繁に事故が起こっている。

※ナ形容詞の副詞的用法。　類　しょっちゅう、たびたび　関　ガ頻発する

［(ナ形) 頻繁な］・頻繁な政権交代は、政策の一貫性の面で問題がある。

550　しじゅう　　始終　continuously, from beginning to end／总是／항상，언제나

・弟は体が弱く、始終風邪をひいている。

類　しょっちゅう、絶えず、いつも

551　**ちょくちょく**　often, now and then／经常／자주

・白井さんとはちょくちょく飲みに行く間柄だ。　・「もっとちょくちょく顔を見せてよ」

※会話的な言葉。　**類**　よく、たびたび、しばしば

Ⅱ　程度や量を表す副詞　Adverbs that express degree or volume／表示程度和数量的副词／정도나 양을 나타내는 부사

552　**およそ**　about, rough／大概，完全，大凡／약, 대략, 전혀

①・ここから駅まではおよそ1キロだ。　・「およその金額を教えてください」

類　約、だいたい

②・祖母はおよそぜいたくとは縁のない人生を送った。

※ 否定的な表現と一緒に使う。　**類**　まったく

③・およそものごとには順序というものがある。

553　**きわめて**　**極めて**　extremely／极其／매우, 상당히

・どの国にとっても、食糧問題は極めて重要な課題だ。

・こんな事故が起こるのは極めてまれなことだ。　・経過は極めて順調だ。

類　大変、非常に、たいそう、ごく、とても

554　**ごく**　extremely, very／非常／극히

・提案に反対しているのは、ごく少数の人々だ。　・母はごく平凡な専業主婦です。

・この薬はごくまれに、副作用が出ることがある。

類　非常に、極めて　※「ごく」は数量が小さいとき、レベルが低いときに使うことが多い。

555　**いたって**　very／很／매우, 아주, 대단히

・祖母は80歳を過ぎているが、いたって元気だ。　・作り方はいたって簡単だ。

類　大変、とても

556　**ひといちばい**　**人一倍**　more than others, unusually／比别人加倍／남달리

・祖父は若い頃から人一倍働いて、今の地位を築いたそうだ。

・人一倍の努力をする。

557　**ひととおり**　**一通り**　roughly, in general, ordinary／大概，普通／대충, 웬만, 보통, 여간, 한가지

①・書類には一通り目を通したが、細かいチェックはこれからだ。

類　ざっと、一応

②・息子は中学生だが、うちのことは一通りできる。

類　だいたい、一応

③・あの人の日本文化に関する知識は、一通り（のもの）ではない。

類　並、普通　※必ず否定形で使う。

558　やや　slightly, a little ／稍稍／조금 , 약간 , 잠시

・あの兄弟はよく似ているが、弟の方がやや背が高い。

連　__あって（例．空が光ったかと思うと、ややあって、大きな雷(かみなり)の音がした。）、__もすれば

類　少し、ちょっと　※「やや」の方がかたい言葉。

559　いくぶん　幾分　to some extent, portion ／多少，一些／조금 , 약간 , 다소 , 얼마쯤

・薬を飲んでしばらくたつと、痛みはいくぶん治まった。

［(名)］・給料の幾分かを寄付(きふ)した。

類　少し、いくらか

560　そこそこ　reasonably, fairly well, in a hurry, about ／还算凑合，草草了事，大约／어느 정도 , 그런대로 , 하는 둥 마는 둥

①・あの学生はそこそこできるが、研究者向きではない。

・「新製品の売り上げはどうですか」「おかげさまで、そこそこ注文(ちゅうもん)が来るようになりました」

類　まあまあ、まずまず

②・せっかくの日曜日なのに、夫は朝食もそこそこに出かけてしまった。

連　〜も__に＋［動詞］

③・あそこは学生向けの飲食店(いんしょくてん)なので、1,000円そこそこでおなかいっぱい飲み食いできる。

561　じゃっかん　若干　somewhat, to a certain extent, few ／少许；若干／약간

・会議の進行が予定より若干遅れぎみだ。

・〈乗り物、劇場など〉席にはまだ若干（の）余裕(よゆう)がある。　・今回の採用は若干(じゃっかん)名だそうだ。

合　__名(めい)　**類**　少し、いくらか　※「若干」の方がかたい言葉。

562　いまひとつ　今一つ　lacking, not quite ／略有欠缺／뭔가 좀 , 충분하지 못한

・このデザインは悪くはないが、今ひとつ新鮮(しんせん)みに欠ける。

・「味はどう？」「うーん、今一つだね」

※俗語(ぞくご)では「いまいち」とも言う。

563　さんざん　to one's heart's content, utterly, severe ／程度很深，倒霉／실컷 , 호되게 , 단단히 , 엉망

・あの人はさんざん遊び回ったあげく、財産を無くして行方不明(ゆくえふめい)になってしまったそうだ。

・さんざん苦労して育てた娘(むすめ)に裏切(うらぎ)られ、泣くに泣けない。

［(ナ形) さんざんな］・さんざんな目にあった。　・さんざんに殴(なぐ)られた。

・成績はさんざんだった。

564　ぐっと　firmly, fast, much ／使劲儿，一口气地，哑口无言，更加／꾹 , 단숨에 , 훨씬

①・バスが揺(ゆ)れたので、倒れないよう、足にぐっと力を入れた。

・ビールをぐっと一息(ひといき)に飲んだ。

②・突然質問され、ぐっと答えに詰(つ)まった。

③・先生に少し直してもらうと、絵はぐっとよくなった。

類　ずっと、一段と　※「ぐっと」は会話的な言葉。

565　**はるかに**　by far, long (ago), far (away)／远远／훨씬 , 먼 , 아득히

①・新製品の売り上げは、予想をはるかに上回った。

・この映画は小説をもとにしているが、両者を比べると、小説の方がはるかに面白い。

類　ずっと　※「ずっと」の方が会話的な言葉。

②［(ナ形) はるかな］・はるか（な）昔、日本列島は大陸と陸続きだった。

・はるか遠くに富士山が見える。

連　はるか昔、はるか遠く、はるかかなた

Ⅲ　様子を表す副詞

Adverbs that express appearance／表示样子和姿态的副词／상태를 나타내는 부사

566　**がっちり(と)　がっちりスル**　solid, firmly, shrewd／健壮，紧紧，牢牢抓住／다부진 , 꽉 , 야무진 , 단단히

①・大野さんはスポーツで鍛えただけあって、体ががっちりしている。

類　がっしり(と)

②・二人はがっちり（と）握手した。

類　しっかり(と)

③・弟はお金にがっちりしているから、貯金もずいぶんあるだろう。　・がっちり貯める。

567　**がっしり(と)　がっしり(と)スル**　solid, firm, tough／结实／단단한 , 다부진

・家具はどれも大きくてがっしりしていた。　・がっしり（と）した｛体／胸／ドア　…｝

568　**くっきり(と)　くっきり(と)スル**　clearly, distinctly／特别鲜明，显眼／선명하게 , 뚜렷하게

・真っ青な空を背景に、富士山がくっきり見える。　・(化粧で) 眉をくっきりとかく。

・背中に日焼けのあとがくっきり残っている。　・くっきり（と）した画像

類　はっきり(と)

569　**すんなり(と)　すんなり(と)スル**　slim, slender, without difficulty／苗条，顺利／호리호리 , 쉽게 , 수월히 , 순조롭게

①・彼女は若い頃と変わらず、すんなりしている。　・すんなり（と）した｛指／手足　…｝

対　ずんぐり　類　すらりと、すらっと

②・反対されるかと思っていたが、私の案はすんなり会議を通った。

・すんなり｛決まる／認める／自白する　…｝。

類　あっさり(と)、スムーズに　☞ 848　関　すらすら

570　**ちゃくちゃくと　着々と**　steadily／稳步而顺利／척척 , 착착

・工事は予定通り、着々と進んでいる。　・｛仕事／勉強　…｝が着々と進む。

連　__進む

1-45

571 **ぐんぐん(と)** rapidly, at a great rate／很快地，迅速地／부쩍부쩍，무섭게

・１位の選手が２位の選手をぐんぐん引き離(はな)した。　・病気がぐんぐん回復する。

・{背／成績／植物　…} がぐんぐん {伸びる／成長する}。

572 **ぐったり(と)　ぐったりスル** limp, completely exhausted／筋疲力尽，低垂／녹초가 되다，지치다

・うちへ帰ると、疲れてぐったりとベッドに横になった。

・水不足で植物がぐったりしている。

573 **げっそり(と)　げっそりスル** skinny, disheartened／急剧消瘦，失望／홀쭉히

①・祖父は病気でげっそり（と）やせてしまった。

※ マイナスの意味で使う。

②・まだこんなに仕事があるのかと、げっそりした。

574 **ひっそり(と)　ひっそり(と)スル** deserted, quietly／寂静，默默／조용히

①・夕方だと言うのに、商店街(しょうてんがい)は人通(ひとどお)りが少なく、ひっそりしていた。　・ひっそりとした家

②・彼女は女優を引退(いんたい)したあと、田舎(いなか)でひっそりと暮らした。

関　①②静かな

575 **ごたごた(と)　ごたごたスル** disorderly, confused／乱七八糟，乱说，混乱／어수선한，너저분히，복작거리는

①・部屋には多くのものがごたごたと置いてあった。

②・「細かいことをごたごた言うな」

類　①②ごちゃごちゃ(と)

③［(名) ごたごた］・引っ越しのごたごたで大事な本を無くしてしまった。

・あの会社は今、次期社長のいすをめぐってごたごたしている。

576 **ごちゃごちゃ(と)　ごちゃごちゃスル** disorderly, confused／乱糟糟，杂乱，乱说／엉망인，어수선한，너저분한

①・私は整理整頓(せいりせいとん)が苦手で、机の上はいつもごちゃごちゃしている。

・この街(まち)は小さい店がごちゃごちゃと並んでいる。

・難しい問題を考えているうちに、頭の中がごちゃごちゃになってしまった。

②・「文句(もんく)ばかりごちゃごちゃ言ってないで、早く言われたことをやれ」

類　①②ごたごた(と)

577 **べたべた(と)　べたべたスル** sticky, all over, cling to, follow around／沾满，黏糊糊／끈적끈적，더덕더덕，바싹 달라붙다

①・子供は口の周(まわ)りをチョコレートでべたべたにしていた。

・{汗／油　…} でべたべた {だ／する}。

②・娘の部屋には好きなアイドルのポスターがべたべたと貼(は)ってある。

・廊下(ろうか)に足跡(あしあと)がべたべたとついている。

③・最近の若いカップルは、平気で人前(ひとまえ)でべたべたしている。

関　①③ガべたつく

Ⅳ　決まった形の文に使う副詞

Adverbs that are used in fixed phrases／在固定句型中使用的副词／정해진 형태의 문자에 사용하는 부사

578　**さも**　evidently／非常，好像／마치

・おじいさんたちが、さも気持ち良さそうに温泉につかっている。

・彼女の提案(ていあん)を拒否(きょひ)すると、彼女はさも不満そうな顔で私を見た。

類　いかにも　※「～そうだ」と一緒に使うことが多い。

579　**さぞ**　surely, certainly／想必／분명，틀림없이

・これだけの仕事を一人でやるのは、さぞ大変だったことだろう。

・「さぞお疲れでしょう。どうぞゆっくり休んでください」

※「～だろう」と一緒に使うことが多い。　類　さぞかし、さぞや

580　**なにとぞ　何とぞ**　please, kindly／敬请／제발

・「遅れて申(もう)し訳(わけ)ありません。何とぞお許しください」　・「何とぞよろしくお願い致(いた)します」

類　どうか　※「何とぞ」の方がかたい表現。

581　**なんなりと　何なりと**　anything, whatever／无论什么／뭐든지

・「ご不明な点は、何なりとお尋(たず)ねください」　・「何なりとお申し付けください」

※相手に申し出をするときに使う。　類　どんなことでも、何でも

582　**どうやら**　it seems like, somehow or other／好歹，仿佛／간신히，아무래도，아마

①・最後は徹夜(てつや)をして、どうやら論文を締切(しめきり)に間に合わせることができた。

類　何とか、どうにか、やっと

②・黒い雲が出てきた。どうやら雨になりそうだ。

※推量(すいりょう)の表現と一緒(いっしょ)に使う。　類　どうも、たぶん

583　**よほど**　very, quite, greatly／相当，特别，差一点儿就／무척，상당히，웬만한，보다 못해

①・よほど疲れていたのだろう、母は帰宅するなり食事もせずに寝てしまった。

・よほど機嫌(きげん)が悪かったらしく、田中さんは返事もしなかった。

※後ろに推量(すいりょう)の表現が来る。

②・「よほどのことがない限り、出席します」

③・映画がつまらなかったので、よほど途中で帰ろうかと思った。

・騒(さわ)いでいる子供によほど注意しようかと思ったが、親に文句(もんく)を言われそうなのでやめた。

※「よほど～(よ)うかと思った」の形で使う。

584　**さほど**　not very, not particularly／并不那么／그다지，별로

・これはよく考えれば、さほど難しい問題ではない。

・若者の言葉遣(ことばづか)いを批判(ひはん)する人が多いが、私はさほど気にならない。

※後ろに否定的な表現がくる。　類　それほど、あまり、たいして

※さ＝それ　少し古い言い方。

1-46

585 **とうてい** utterly, (not) at all ／无论如何也／도저히

・今からではどんなにがんばっても、とうてい間に合わないだろう。

・１週間でこの仕事を仕上げるなんて、とうてい無理だ。

※否定的な表現と一緒に使う。 **類** とても

586 **いっけん** **一見** at a glance, seemingly ／乍一看；看一眼；看一次／언뜻 보다, 한번 보다

①・今井さんは一見おとなしそうだが、実はけっこう気が強い。

※後ろに逆接の表現が来る。

②・このブランドもののバッグは、一見して偽物だとわかる。

※「一見して」の形で使う。

③［(名)］・あの絵は一見の価値がある。 ・一見したところ、患者に外傷はないようだった。

慣 百聞は一見にしかず

587 **いっこうに** **一向に** absolutely, (not) in the least ／完全／조금도, 전혀

・どれほど働いても、暮らしは一向によくならなかった。

※後ろに否定的な表現が来る。 **類** 全然、全く

588 **いちがいに** **一概に** as a rule, unconditionally ／一律，一概／일률적으로, 일방적으로

・有名大学を出たらいい仕事に就けるとは、一概には言えないだろう。

・古い習慣を一概に否定するのはどうだろうか。

※否定的な表現と一緒に使う。 **関** 一律に、一様に

589 **ろくに** enough, sufficient ／很好地，令人满意地／제대로

①・最近忙しくて、ろくに寝ていない。 ・警察に訴えたが、ろくに調査もしてくれなかった。

②［(連) ろくな］・この会社は忙しいばかりで、ろくな給料もくれない。

※①②否定的な表現と一緒に使う。

関 ろくでもない（例. あんなろくでもないやつとは付き合わない方がいい。）

590 **なんでも** **何でも** I understand, I am told ／据说是／잘은 모르지만, 모두

・「最近、スミスさん、見ないね」「何でも、帰国したらしいよ」

・「先ほど田中さんから連絡があり、何でも、交渉はうまくいったとのことです」

※後ろに伝聞の表現が来る。

接続詞

Conjunctions ／连接词／접속사

591 **および** **及び** and, as well as ／以及／및

・「ここに住所氏名及び生年月日を記入してください」

・北海道及び東北地方へのバスは３番乗り場から発車します。

※助詞「と」を使うよりかたい表現。 **類** 並びに

592　**ならびに**　　**並びに**　　both…and…, as well as ／以及／및 , 와 / 과

・優勝者には優勝カップ並びに賞金百万円が贈られる。

・「新入生並びに保護者の皆様、本日はご入学おめでとうございます」

※改まった場面でよく使われる。　**類**　及び

593　**もしくは**　　or ／或／또는

・「勤務先、もしくは私の携帯に電話してください」

・〈出願条件〉四年制大学卒、もしくは同等の学力があると認められる者。

類　または　　※「もしくは」の方がかたい表現。

594　**ただし**　　**但し**　　but, however, ／但是／단지

・「試験が合格点に満たなかった場合は、再試験が受けられます。ただし、有料です」

・〈医院の掲示〉日曜・祝日、休診。ただし、急患の場合はこの限りにあらず。

※前のことがらに条件や例外を付け加えるときに使う。

595　**なお**　　further, in addition, still, even now ／另外，依然，更加／추후에 , 또한 , 여전히 , 더욱 , 더

・「次の会合は2月4日午後2時からです。なお、場所は追って連絡します」

・会場の場所は、下の地図をご覧ください。なお、駐車場が狭いので、自家用車でのご来場はご遠慮ください。

※ 前のことがらに必要事項を付け加えるときに使う。

☆（副）なお

①・彼は10年前に家出したきり、今なお行方が知れない。

類　まだ、相変わらず

②・今日は月末で雨が降っているので、道が込んでいる。なお悪いことに、事故が2件も起こって、道路は大渋滞だ。

類　さらに、いっそう、なおさら

596　**ちなみに**　　incidentally ／附带说一下／근데

・4月からアメリカへ赴任することになりました。ちなみに、単身赴任です。

※簡単な補足などを付け加えるときに使う。

597　**もっとも**　　although, natural, right ／不过，理所当然，合理／다만 , 마땅하다 , 당연하다

①・「彼女、やせてきれいになったね。もっとも、僕は前のふっくらしていたときの方が好きだけど」

・上原君はすばらしい選手だ。もっとも、プロになれるかどうかは、まだわからないが。

※ 前のことがらを肯定しながらも、それに対立することがらを付け加えるときに使う。

類　とは言っても、とは言え

②［(ナ形) もっともな］

・あんなことを言われたら、彼女が怒るのももっともだ。

・「おっしゃることは、まことにごもっともです」

類　当然な、あたりまえな

2-01

598 **ゆえに** therefore, consequently／所以／그러므로，- 기 때문에

※「故に」という表記もある。

・A=B、B=C、ゆえに、A=C である。　・「我思う、ゆえに我あり」

・裁判官は人を裁く立場にある。ゆえに、公正さが厳しく求められる。

※かたい書き言葉。　類 したがって、そのために、それゆえ

599 **よって** accordingly, because of／因此／그러기에

※「因って」という表記もある。

・〈賞状〉上記学生は一日も休まず、一度の遅刻・早退もありませんでした。よって、ここにそれを賞します。

※かたい書き言葉。　類 そういうわけで、ゆえに、それゆえ

コラム 14 オノマトペ（擬態語）Ⅰ【人】

Onomatopoeia (Mimetic Words) I People／拟声（拟态词）Ⅰ【人】／오노마토페（의태어）Ⅰ【사람】

		動詞	
行為	くすくす(と)	笑う	to chuckle, giggle／小声地笑，嘻嘻地笑／킬킬 웃다
	げらげら(と)	笑う	to laugh out loud, guffaw／哈哈大笑／껄껄 웃다
	しくしく(と)	泣く	to weep, sob／抽抽搭搭地哭／훌쩍훌쩍 울다
	かんかん(に)	怒る	to be intensely angry, furious／大发脾气，大发雷霆／노발대발 화내다
	ぷんぷん	怒る	to be angry, sulky／怒气冲冲／뾰로통하다
	じろじろ(と)	見る	to stare, scrutinize／盯着看／뚫어지게 보다
	ちらちら(と)	見る	to look at intermittently, glance at frequently／瞟见／보일락 말락하다
	きょろきょろ(と)	見る	to look around restlessly／四下张望，东张西望／두리번 두리번 보다
	ぐっすり(と)	寝る	to sleep soundly／睡得酣／푹 자다
	ぐうぐう	寝る	to be fast asleep and snore／呼噜呼噜睡得很沉／쿨쿨 자다
	うとうと	—	to doze／迷迷糊糊地打盹儿／꾸벅꾸벅 졸다
	すやすや(と)	寝る	to sleep peacefully／睡得香甜／새근새근 잠자다
	ぱくぱく(と)	食べる	to eat quickly (repetitively)／大吃特吃／덥석덥석 먹다
	ごくごく(と)	飲む	to drink quickly (repetitively)／咕嘟咕嘟地喝／꿀꺽꿀꺽 마시다
	ぺらぺら(と)	しゃべる	to blab, to talk a lot/too much／说得很流利／유창하게 말하다
気持ち	うきうき(と)	—	cheerful, light-hearted／喜不自禁／신나서 마음이 들뜬 모양
	わくわく	—	excited, thrilled／欢欣雀跃／두근두근
様子	そわそわ(と)	—	restless, nervous／心神不定／안절부절 못하는
	すらすら(と)	書く、読む、答える	to read, write, answer smoothly, fluidly／流利地（书写，朗读，回答）／술술 쓰다，읽다，대답하다
	からから(に)	乾く	to dry thoroughly／干得冒烟／바짝 마르다
	ぺこぺこ	—	hungry, famished／饿瘪了／배가 너무 고프다
	むかむか	—	to feel queasy, nauseous／恶心／메슥거리다
	ずきずき(と)	痛む	to feel a throbbing pain／一阵阵地跳着疼／욱신욱신하다，욱신거리다
	ひりひり(と)	痛む	to feel a stinging pain／火辣辣地刺痛／따끔따끔하다
	がんがん(と)	痛む	to feel a pounding pain／疼得很剧烈／욱신욱신 쑤시다

600 **だいいち** **第一** foremost, number one ／首先／무엇보다도, 우선

・「結婚なんて、まだまだ先ですよ。<u>第一</u>、相手がいません」

・「カナダ支社への赴任は河野君が適任だと思います。仕事もできるし、英語もできるし、<u>第一</u>、本人が強く希望しています」

※他のことより何よりこれが一番の理由だと言いたいときに使う。 **類** **何より**

※本来副詞だが、接続詞のように使う。

～する	その他の形	参考
—	くすりと	
—		
—		
—	～だ	
○		
—	じろりと	
—	ちらりと	
○		
—		
—		
○		
—		
—	ぱくりと	関 ぱくつく
—	ごくりと	
—		
○		
○		
○		
—		
—	（のどが）～だ	
—	（おなかが）～だ	
○		吐き気 関 むかつく
○		切り傷など
○		やけど、すり傷など
○		頭

Unit 07 副詞 A+ 接続詞 531 ～ 600

練習問題 I

Step 1 2 3 4

Ⅰ 「～する」の形になる言葉に○を付けなさい。

ぐんぐん　げっそり　ごたごた　べたべた　そこそこ　ぼつぼつ　ごちゃごちゃ

Ⅱ 似た意味の言葉を下から選んで、（　　）に書きなさい。

1．すぐさま　―（　　　　　）（　　　　　）
2．もうすぐ　―（　　　　　）（　　　　　）
3．たびたび　―（　　　　　）（　　　　　）
4．とても　　―（　　　　　）（　　　　　）
5．少し　　　―（　　　　　）（　　　　　）
6．ただ今　　―（　　　　　）　　7．約　―（　　　　　）

いくぶん	いたって	およそ	きわめて	じきに	じゃっかん
そうきゅうに	そくざに	ちかぢか	ちょくちょく	ひんぱんに	もっか

Ⅲ 正しい言葉を〔　　〕の中から一つ選びなさい。

1．この薬は〔　ごく　やや　〕まれに副作用がある。
2．「ご要望は〔　何とぞ　何なりと　〕おっしゃってください」
3．彼女はお金を〔　がっしり　がっちり　〕貯めている。
4．この星は地球から〔　ぐっと　はるかに　〕遠いところにある。
5．〔　不意に　即座に　〕めまいがして座り込んだ。
6．気温が〔　着々と　ぐんぐん　〕上昇している。
7．彼はビールを〔　さぞ　さも　〕おいしそうに飲んだ。
8．〔　今に　今や　〕人間が宇宙旅行(うちゅうりょこう)をする日が来るだろう。
9．〔　今どき　今ごろ　〕行っても、もう映画は終わっているだろう。
10．私は成績が悪くても〔　さほど　よほど　〕気にならない。
11．〔　かねて　かつて　〕この辺りの宅地は海だったそうだ。
12．説明を聞いて〔　ひっそり　すんなり　〕理解できた。
13．今日は忙しくて、帰ると〔　ぐったり　げっそり　〕した。
14．今日はよく晴れていて、遠くの山が〔　がっちり　くっきり　〕見える。

Ⅳ 正しい言葉を〔　　〕の中から選びなさい。（答えは一つとは限りません。）

1．「優勝者には優勝カップ〔　および　ならびに　〕賞金100万円が贈(おく)られます」
2．「ご連絡はメール〔　または　もしくは　〕ファックスでお願いいたします」

3. 予約はキャンセルすることができる。〔 ただし　ちなみに 〕、キャンセル料を払わなければならない。

4. 「次回の会は7月1日です。〔 なお　もっとも 〕、会場は後日お知らせします」

5. 最近の家電製品の進歩はすごい。〔 ただし　もっとも 〕、機械音痴の私はついていけないが。

6. 二つの気体を混ぜて火をつけると水ができた。〔 ゆえに　よって 〕この二つは酸素と水素だと考えられる。

V （　　）に入る言葉を下から選んで書きなさい。

A 1. （　　　　）として火薬工場が爆発し、多数の負傷者が出た。

2. 「したくができたから、（　　　　）出かけようか」

3. 先週、（　　　　）まれにみる大雪が降った。

4. その日書店では、作家のサイン会が（　　　　）行われていた。

5. 友達は、（　　　　）私を訪ねて来ては遊びに誘う。

6. リサイクルの大切さは（　　　　）言うまでもない。

7. 今年度の奨学金の募集が出るのを待って、（　　　　）応募した。

8. お酒が体に悪いものだとは（　　　　）は言えない。

9. 弟は（　　　　）がんばり屋で、努力して難病を克服した。

10. 車を買いたいとは思わない。（　　　　）、置く場所がない。

11. 住民の要求にもかかわらず、ごみ処理問題は（　　　　）解決されない。

いちがいに　いっこうに　いまさら　きんねん　しじゅう　しゅうじつ すかさず　だいいち　とつじょ　ひといちばい　ぼつぼつ

B 1. 若い頃親に（　　　　）苦労をかけたので、今は孝行している。

2. 私は（　　　　）絵が描けるが、プロになれるほどではない。

3. このような不利な条件の契約は、（　　　　）承諾できない。

4. 彼は（　　　　）恐そうだが、実はとても心やさしい人だ。

5. ここ2～3日忙しくて、（　　　　）寝ていない。

6. 最近駅前が工事中だ。（　　　　）新しいデパートができるとか。

7. 延期されていた計画は、（　　　　）来月には再開されるようだ。

8. 病気で3カ月入院していたら、（　　　　）やせた。

9. 警察は、交通事故の多発に（　　　　）対処してほしい。

10. （　　　　）話には聞いていたが、ここまでひどい状況とは思わなかった。

11. マニュアルを（　　　　）読んだが、（　　　　）わかりにくい。

いっけん　いまひとつ　かねて　げっそり　さんざん　そうきゅうに そこそこ　とうてい　どうやら　なんでも　ひととおり　ろくに

Unit 08 名詞 C　601 ～ 700

Step 1 2 **3** 4

2-02

601 **だんらん**　**ガ団らんスル**　family/social gathering／团圆／단란

・大きなテーブルは家族団らんのシンボルだ。　・冬は家族で鍋（なべ）を囲んで家族団らんしたい。

合 一家（いっか）＿、家族＿　関 アットホームな

602 **こうらく**　**行楽**　outing, trip, excursion／出游／행락

・連休なので、行楽に出かける人が多い。

連 ＿に出かける　合 ＿地、＿客、＿シーズン、＿日和（びより）

603 **ほんば**　**本場**　(the) home (of)／原产地，本地／주산지，본고장

・北海道はカニの本場だ。　・本場で勉強した外国語は、発音や自然さが違う。

604 **あいせき**　**ガ相席スル**　sharing a (restaurant) table (with someone you don't know)／（与别人）同坐一桌／합석

・小さな店では、昼時（ひるどき）は相席になることもよくある。

・（店員が客に）「すみません、ご相席お願いできますか」

連 ＿になる

605 **ほうび**　**褒美**　reward／奖励／포상

・（親が子供に）「お手伝いをしたら、何かご褒美（ほうび）をあげるよ」

連 ＿をあげる⇔もらう、＿を与える

606 **いさん**　**遺産**　inheritance, legacy, heritage／遗产／유산

①・父の遺産（いさん）で新しい家を建てた。　・遺産（いさん）を相続する。

連 ＿を残す　合 ＿相続　関 遺言（ゆいごん）、財産

②・京都には多くの文化遺産（ぶんかいさん）が残されている。

・2011年現在、日本では16件が世界遺産（せかいいさん）として登録されている。

合 世界＿、文化＿　関 遺跡（いせき）

607 **だいなし**　**台無し**　a mess／糟蹋，弄糟／엉망

・せっかく美容院で結（ゆ）ってもらった髪が、雨で台無しになってしまった。

・「君たちのけんかのせいで、パーティーが台無しだ」

連 ＿になる・＿にする　関 めちゃくちゃ　☞ 267

608 **こころがまえ**　**心構え**　readiness／思想准备／마음의 준비

・監督（かんとく）は選手たちに、試合にあたっての心構えを話した。

・高齢の親が重体になったので、万一の心構えだけはしておいた。

連 ＿をする　関 心がけ、覚悟（かくご）、ヲ心がける　☞ 175

609 **ここち** **心地** feeling, mood, sensation ／心情，舒服／느낌 , 기분

・強盗にピストルを向けられたときは、生きた心地もしなかった。

合 居心地、寝心地、着心地、座り心地、住み心地（例．住み心地の良い家）、心地良い

☆心地良い

・運動後の体には、冷たい風が心地良かった。　・心地良い ｛音楽／眠り／疲れ／ …｝

類 気持ち良い、快い

610 **こんき** **根気** perseverance, persistence ／耐性／끈기

・細かい作業を続けるのは根気がいる。　・この子は飽きっぽくて、根気が続かない。

連 ＿がある⇔ない、＿がいる  ＿強い、＿よく（例．根気よく調べる。）

611 **いじ** **意地** disposition, willpower ／心术，固执，贪婪，贪食／심술 , 고집 , 오기

①・「そんな意地の悪いことばかりしないで、人にはもっと親切にしなさい」

連 ＿が悪い　合 意地悪（な） ☞ N3 319

②・あの子はいつも意地を張って、自分の意見を通そうとする。

・プロになるのは無理だと親に反対されたが、こうなったら意地でもがんばるつもりだ。

連 ＿を張る、＿になる、＿を通す、＿でも　合 意地っ張りな

③・あの人は金に意地汚いと評判だ。　・あの子は食い意地が張っている。

合 ＿汚い、食い＿

612 **じかく** **ヲ自覚スル** self-awareness ／自知，认识到，自我感觉／자각

①・「新入社員の皆さん、社会人としての自覚を持って働いてください」

・自分の立場を自覚して行動する。

連 ＿を持つ、＿がある⇔ない、＿が足りない　関 ヲ意識スル

②・この病気は、初期の頃は自覚症状がない。

合 ＿症状

613 **へんけん** **偏見** prejudice ／偏见／편견

・女性が男性よりもか弱いというのは大きな偏見だ。

・今はエイズに対して偏見を持つ人が少なくなってきた。

連 ニ＿を ｛持つ／抱く｝、＿を捨てる、＿が強い　慣 ヲ偏見の目で見る

614 **ゆうわく** **ヲ誘惑スル** temptation, seduction ／诱惑／유혹

・ダイエット中に甘い物はいけないと思いつつ、誘惑には勝てなかった。

・女は甘い言葉で男を誘惑した。　・都会の生活には誘惑が多いと言われる。

連 ＿に勝つ⇔負ける、＿と戦う、＿に駆られる

615 **そくばく** **ヲ束縛スル** restraint, restriction, confinement／束缚／속박

・恋愛は多かれ少なかれ相手を束縛するものだろう。　・自由を束縛されたくない。

・束縛から解放される。　・家庭や時間に束縛されて、自由になれない。

関 ヲ縛る、ヲ抑制スル、ヲ制限スル

616 **ゆだん** **ガ油断(ヲ)スル** negligence／疏忽大意，缺乏警惕／방심，부주의

・一瞬の油断が大きな事故につながることがある。

・地震の後は余震が続くので、しばらく油断できない。

・あの人は内心何を考えているかわからない、油断(の)ならない人だ。

連 ＿(が)ならない　合 ＿大敵　慣 油断もすきもない

617 **やしん** **野心** ambition, aspiration／雄心／야심

①・彼女は将来会社のトップになるという野心を持っている。

連 ＿がある⇔ない、＿を持つ、＿を抱く　合 ＿的な、＿家、＿満々　類 野望

②・この小説は、従来の小説のあり方を変える野心作だ。

合 ＿的な、＿作

618 **しょうどう** **衝動** urge, impulse／冲动／충동

・ときどき、大声で叫び出したい衝動に駆られる。　・衝動を抑える。

連 ＿に駆られる、＿を抑える　合 ＿買い、＿的な、＿殺人

619 **しんねん** **信念** belief, conviction／信念／신념

・彼は政治的信念を貫いて、当局に逮捕された。

・「信念に従って行動しなさい」　・彼は伝統は守るべきだという信念の持ち主だ。

連 ＿を持つ、＿を抱く、＿を貫く、＿が揺らぐ

620 **はいりょ** **ガ／ヲ配慮(ヲ)スル** consideration, concern／照顾，关心，考虑／배려

・歩きながらタバコを吸うのは、周りの人への配慮に欠けた行為だ。

・精神的に弱っている彼女に「もっとがんばれ」と言ったのは、配慮が足りなかった。

・最近の冷蔵庫は、地球環境に配慮してフロンガス不使用のものが多い。

連 ＿がある⇔ない、＿に欠ける、ニ＿を欠く　類 ガ気配り(ヲ)スル　関 思いやり

621 **ゆとり** time, leeway／轻松，余地，闲心，宽松／여유

・引退してようやく生活にゆとりができた。　・時間にゆとりを持って出かけよう。

・{経済的／気持ち／心 …} にゆとりがある。　・〈日本〉ゆとり教育

連 ニ＿がある⇔ない、ニ＿を持つ　類 余裕

622 **ほうようりょく** **包容力** tolerance, broad-mindedness／包容力／포용력

・結婚相手には「包容力のある人」を望む人が多い。

連 ＿がある⇔ない

623 **そうおう** **相応** suitability／相称／맞는, 상응한, 알맞은

・「学生なんだから分相応の生活をしなさい」 ・年相応の服装

・地位が高くなると、それ相応の付き合いがある。

合 分__ **関** ふさわしい つりあった

624 **なみ** **並（み）** average, regular, row, same level／普通；（接尾词）表示排成行的事物；相当／보통, 늘어선 모양, 만큼, 정도

①・両親は優秀なのに、息子は並の成績だ。 ・「天丼の並を一つお願いします」

・自分を犠牲にして人を助けるなんて、並の人にはできないことだ。

類 普通、中程度 ※商売などで「上・中・並」の場合は、最も低いレベルを表す。

②・このあたりには古い町並みが残っている。

合 家__、山__、毛__、軒__（例．このあたりの家は、軒並み空き巣に入られた。）、足__（例．足並みをそろえて歩く。）

③・ちゃんと就職して、人並みの生活がしたい。 ・今年の夏の気温は例年並みだそうだ。

合 例年__、人__

625 **ていさい** **体裁** appearance／体面，门面，样式／보기, 겉보기, 겉모양, 형식, 체재

①・家族内の問題がよその人に知られるなんて、体裁が悪い。

・あの人は体裁ばかり気にしている。

連 __が悪い、__を気にする、__を気にかける、__を繕う **関** 世間体、外聞、外見

②・料理を体裁よく皿に盛りつける。

合 __よく **関** 外観、外見、見た目

③・これは論文としての体裁すらない。 ・体裁を整える。

関 形式

コラム 15 生物環境 Biological Environment／生物环境／생물 환경

生態系	ecosystem／生态系／생태계
食物連鎖	food chain／食物链／먹이 연쇄
微生物	microbe, germ／微生物／미생물
草食動物	herbivore／草食动物／초식 동물
肉食動物	carnivore／肉食动物／육식 동물
生存競争	survival competition／生存竞争／생존 경쟁
生物多様性	biodiversity／生物多样性／생물 다양성
外来生物	alien species／外来生物／외래 생물
・外来生物を駆除する	extermination of alien species／驱除外来生物／외래 생물을 구제하다
帰化生物	domesticated species／归化生物／귀화 생물
絶滅危惧種	endangered species／濒危物种／멸종위기종

2-04

626 **せのび** **ガ背伸び(ヲ)スル** stretch, stand on tiptoes, push oneself (to the limit) ／挺胸，逞能／발돋움

①・身長を計るとき、背伸びして3センチ高くした。

②・思春期に、背伸び（を）して、よくわからないのにジャズを聴いたりタバコを吸ったりしたものだ。

関 ガ大人ぶる

627 **ぐち** **愚痴** complaint ／牢骚／푸념

・上司と合わないからといって、愚痴ばかり言っていてもしかたがない。

連 ニ＿をこぼす　合 ＿っぽい　類 不平　(動) ヲぐちる

628 **やじ** **野次** heckling ／倒彩／야유

・選手がグラウンドに出ると、敵の応援団から野次が飛んだ。

連 ニ＿が飛ぶ・ニ＿を飛ばす　合 ＿馬　(動) ヲやじる

629 **さしいれ** **ヲ差し入れ(ヲ)スル** refreshments, supplies (with the nuance of giving support)／慰劳品／사 주다

・差し入れを持って、友人の野球チームの応援に行った。

(動) ヲ差し入れる

630 **せいえん** **ガ／ヲ声援スル** support ／声援，支持／성원

・オリンピックで自国の選手に声援を送った。　・恋人の声援を受けて、彼は大活躍した。

・「みんなが君を声援してるぞ。頑張れ」

連 ＿を送る⇔受ける　関 ヲ応援スル

631 **しゅのう** **首脳** leader ／首脑，领导／정상，수뇌

・世界各国の首脳が集まって、会談を行った。　・与党首脳部は責任を取って全員辞職した。

合 ＿会談、＿会議、＿部、＿陣

632 **かいにゅう** **ガ介入スル** intervention ／介入／개입

・家庭内のトラブルには警察は介入しないのが原則だ。

合 武力＿、軍事＿、市場＿

633 **へい** **兵** soldier, troops ／兵／병사，군

・A国は兵を挙げてB国に攻め込んだ。　・{アメリカ／空軍／少年　…} 兵

連 ＿を挙げる　合 ＿隊、＿器、＿力、＿士、ガ徴＿スル、ガ挙＿スル、ガ派＿スル

634 **かんしょう** **ガ干渉スル** interference ／干涉／간섭

・会社が社員の私生活にまで干渉するのは問題だ。　・他国の政治に干渉するべきではない。

・「もう子供じゃないんだから、私のすることに干渉しないで」

合 内政＿

635 **しんがい** **ヲ侵害スル** violation, infringement ／侵害，侵犯／침해

・コピー商品は著作権の<u>侵害</u>だ。 ・人権を<u>侵害する</u>。

・防犯カメラはプライバシーの<u>侵害</u>に当たるだろうか。

合 人権__ 対 ヲ保護スル

636 **けいかい** **ヲ警戒スル** vigilance, lookout ／警戒，警惕／경계

・地震の後、住民は津波を<u>警戒して</u>高台に逃げた。 ・動物は見知らぬ人間を<u>警戒する</u>。

・犯罪防止のため、警察は徹夜で<u>警戒</u>にあたった。 ・この子は<u>警戒</u>心が強い。

連 __にあたる、__を強める⇔緩める 合 __警報、__心 関 ヲ警告スル

637 **きき** **危機** crisis, danger ／危机／위기

・パンダは絶滅の<u>危機</u>にある。 ・<u>危機</u>一髪で戦場から脱出することができた。

連 __が迫る、__を逃れる、__を脱する、__に陥る、__に瀕する

合 __感（例. ・<u>危機感</u>を持つ ・<u>危機感</u>がある⇔ない）、__的な、__一髪、財政__、エネルギー__

関 危険、ピンチ、危地

638 **しょうげき** **衝撃** shock ／撞击，冲击／충격

①・壁にぶつかった車は<u>衝撃</u>でひっくり返った。

合 __波

②・そのニュースは世界中に<u>衝撃</u>を与えた。 ・彼の発言に<u>衝撃</u>を受けた。

・常識を打ち破る<u>衝撃</u>的な文学

連 __を受ける⇔与える 合 __的な

639 **じょうほ** **ガ譲歩スル** compromise, concession ／让步／양보

・政府は誘拐犯の要求に一歩も<u>譲歩しなかった</u>。

・労使双方の<u>譲歩</u>により、定期昇給の金額が決まった。

関 ヲ譲る

640 **こうけん** **ガ貢献スル** services (to), contribution ／贡献／공헌

・ノーベル平和賞は、世界平和に<u>貢献した</u>人や団体に対して贈られる。

・{社会／科学の進歩／優勝 …} に<u>貢献する</u>。

合 __度（例. <u>貢献度</u>が高い⇔低い）、社会__

641 **すいしん** **ヲ推進スル** propulsion, implementation ／推进，推动／추진

①・スクリューで船を<u>推進する</u>。 ・この飛行機はプロペラが<u>推進</u>力になっている。

②・野党は規制緩和を<u>推進する</u>法案を提出した。

合 ①②__力 類 ①②ヲ進める、ヲ推し進める

2-05

642 **せいび** **ヲ整備スル** maintenance, revise／维修，完善／정비

・練習後、次に備えてグラウンドを整備する。 ・車を整備工場に出す。 ・法の整備を進める。

合 ＿員、＿工、＿工場

643 **はどめ** **歯止め** brake, check／控制住，停止／제동

・ここ数カ月、円高に歯止めがかからない。 ・彼は怒り始めると歯止めがきかなくなる。

連 ニ＿がかかる・ニ＿をかける、＿がきく 類 ブレーキ

644 **せいか** **成果** results／成果／성과

・この高得点は、今までの努力の成果だ。 ・彼は学問の上で輝かしい成果をあげた。

連 ＿がある⇔ない、＿をあげる、＿を収める 関 好結果

645 **せいぎ** **正義** justice, right／正义／정의

・正義のために戦う。 ・彼は正義感が強い。 ・正義の味方

合 ＿感 関 不正

646 **きりつ** **規律** rules, order, discipline／规则，规律／규율

・社会の規律を守って生活するのが大人というものだ。 ・運動部は上下の規律が厳しい。

・先生から、夏休みも規律正しく生活するようにという注意があった。

連 ＿を守る⇔破る、＿が緩む 合 ＿正しい 類 規則 関 秩序、ルール

647 **ちつじょ** **秩序** order／秩序／질서

・震災後、日本人は秩序をもって行動したと世界に報道された。

・法廷では、秩序を保つため、許可されない発言は禁止である。 ・秩序ある行動

連 ＿がある⇔ない、＿が乱れる・＿を乱す、＿を保つ、＿を維持する、＿を回復する

合 社会＿ 対 無＿ 関 規律

648 **かくさ** **格差** difference, gap／差距，差别／격차

・ここ数年、賃金の格差が広がりつつあるようだ。 ・選挙のたびに一票の格差が問題になる。

合 ＿社会、経済＿

649 **ぎせい** **犠牲** sacrifice, victim／牺牲／희생

①・父は仕事のために家庭を犠牲にした。

・A氏は名声を手に入れるために、大きな犠牲を払った。

連 ＿を払う、ヲ＿にする

②・祖父は戦争の犠牲｛に／と｝なった。 ・交通事故の犠牲者数は増加しつつある。

連 ①②＿｛に／と｝なる 合 ①②＿者

650 **はんらん** **ガ氾濫スル** flood／泛滥，充斥／범람

①・大雨で川が氾濫した。

②・私達の周りにはメディアからの情報が氾濫している。

※①②良いことにはあまり使わない。 関 ①②ガあふれる ☞ N2 195

コラム 16 アルファベットの略号①

Acronyms (1)／字母缩写①／알파벳의 약어①

◆国際機関

International Organizations／国际机构／국제기구

UN	国際連合	United Nations／联合国／유엔
UNESCO	国連教育科学文化機関、ユネスコ	United Nations Educational Scientific and Cultural Organization／联合国教科文组织／국제 연합 교육 과학 문화 기구，유네스코
UNICEF	国連児童基金、ユニセフ	United Nations Children's Fund／联合国儿童基金／국제 아동 기금，유니세프
WHO	世界保健機関	World Health Organization／世界卫生组织／세계 보건 기구
WTO	世界貿易機関	World Trade Organization／世界贸易组织／세계 무역 기구
ILO	国際労働機関	International Labour Organization／国际劳工组织／국제 노동 기구
IMF	国際通貨基金	International Monetary Fund／国际货币基金组织／국제 통화 기금
IOC	国際オリンピック委員会	International Olympic Committee／国际奥林匹克委员会／국제 올림픽 위원회
FIFA	国際サッカー連盟	Fédération Internationale de Football Association／国际足球联合会／국제 축구 연맹

◆国際協定・会議・活動

International Agreements/Conferences/Activities／国际协定・会议・活动／국제 협정・회의・활동

EU	ヨーロッパ連合	European Union／欧洲联盟／유럽 연합
ASEAN	東南アジア諸国連合	Association of Southeast Asian Nations／东南亚国家联盟／동남 아시아 국가 연합
APEC	アジア太平洋経済協力会議	Asia-Pacific Economic Cooperation／亚太经济合作组织／아시아 태평양 경제 협력 회의
NATO	北大西洋条約機構	North Atlantic Treaty Organization／北大西洋公约组织／북대서양 조약 기구
TPP	環太平洋パートナーシップ協定	Trans-Pacific Partnership／跨太平洋伙伴关系协议／환태평양경제동반자협정
OPEC	石油輸出国機構	Organization of Petroleum Exporting Countries／石油输出国组织／석유 수출국 기구
G8	主要８カ国首脳会議、サミット	G8 Summit／八国集团首脑会议／주요 8 개국 정상 회담
ODA	政府開発援助	Official Development Assistance／官方开发援助／정부개발원조，공적개발원조
PKO	国連平和維持活動	United Nations Peacekeeping Operations／联合国维和部队／유엔 평화유지활동

◆その他組織

Other Organizations／其他组织／그 외 조직

NHK	日本放送協会	Japan Broadcasting Corporation (Nihon Hoso Kyokai)／日本放送协会／일본방송협회 (NHK)
JR	(日本旅客鉄道株式会社)	Japan Railways／日本旅客铁路公司／일본 여객 철도 주식회사 (JR)
NASA	アメリカ航空宇宙局	National Aeronautics and Space Administration／美国国家航空航天局／미 항공우주국 (NASA)
NGO	非政府組織	Non-Governmental Organization／非政府组织／비정부 조직
NPO	非営利組織	Non-Profit Organization／非营利组织／비영리 조직

◆経済

Economy／经济／경제

GDP	国内総生産	Gross Domestic Product／国内生产总值／국내 총생산 (GDP)
GNI	国民総所得	Gross National Income／国民总收入／국민 총소득 (GNI)
GNP	国民総生産	Gross National Product／国民生产总值／국민 총생산 (GNP)

Unit 08 名詞C 練習問題Ⅰ 601 〜 650

Step 1 2 3 4

Ⅰ （　　）に助詞を書きなさい。

1．社会（　　）貢献（こうけん）する。　　2．人の私生活（　　）干渉（かんしょう）する。

3．相手の要求（　　）譲歩（じょうほ）する。　　4．絶滅（ぜつめつ）の危機（きき）（　　）ある動物

5．仕事のために家庭（　　）犠牲（ぎせい）（　　）する。

Ⅱ 「〜する」の形になる言葉に○を付けなさい。

自覚　偏見（へんけん）　束縛（そくばく）　油断（ゆだん）　野心（やしん）　配慮　信念　規律　侵害　警戒

衝動（しょうどう）　氾濫（はんらん）　行楽（こうらく）　背伸び　ぐち　歯止め（はど）

Ⅲ 「的」が付く言葉に○を付けなさい。

本場（ほんば）　衝動（しょうどう）　衝撃（しょうげき）　野心（やしん）　秩序　体裁（ていさい）　危機（きき）　偏見（へんけん）　正義

Ⅳ （　　）に下から選んだ語を書いて、一つの言葉にしなさい。

A　1．分（　　　）　2．内政（　　　）　3．一家（　　　）

4．人権（　　　）　5．軍事（　　　）　6．例年（　　　）

7．財政（　　　）　8．住み（　　　）

介入　干渉（かんしょう）　危機（きき）　心地（ここち）　侵害　相応　団らん　並み

B　1．（　　　）症状　2．（　　　）相続　3．（　　　）会談

4．（　　　）社会　5．（　　　）工場　6．（　　　）買い

7．（　　　）強い　8．（　　　）正しい

遺産（いさん）　格差　規律　根気　自覚　首脳　衝動（しょうどう）　整備

C　1．（　　／　　）感　　2．（　　／　　／　　）力

3．（　　　）者　　4．（　　　）心

5．（　　　）度　　6．（　　　）地

危機（きき）　犠牲（ぎせい）　警戒　貢献（こうけん）　行楽（こうらく）　推進　正義　兵（へい）　包容（ほうよう）

Ⅴ 一緒（いっしょ）に使う言葉を選びなさい。（　　）の数字は選ぶ数です。

1．〔 成果　正義　危機感（ききかん）　秩序（ちつじょ）　包容力（ほうようりょく）　心地（ここち） 〕がある。（4）

2．〔 根気　配慮　相席（あいせき）　自覚　心地（ここち）　ゆとり　本場（ほんば） 〕がない。（4）

3．〔 自覚　意地（いじ）　偏見（へんけん）　体裁（ていさい）　秩序（ちつじょ）　成果　居心地（いごこち） 〕が悪い。（3）

4．〔 自覚　意地　野心（やしん）　偏見（へんけん）　誘惑（ゆうわく） 〕を抱く。（2）

5．〔 信念　油断（ゆだん）　配慮　自覚　ゆとり 〕を持つ。（3）

6．〔 衝撃（しょうげき）　衝動（しょうどう）　譲歩（じょうほ）　声援（せいえん）　褒美（ほうび） 〕を受ける。（2）

Ⅵ 一緒(いっしょ)に使う言葉を下から選んで書きなさい。

A 1．ぐちを（　　　　　）。 2．やじを（　　　　　）。 3．声援を（　　　　　）。
4．意地(いじ)を（　　　　　）。 5．規律を（　　　　　）。 6．信念を（　　　　　）。
7．犠牲(ぎせい)を（　　　　　）。 8．兵(へい)を（　　　／　　　）。 9．成果を（　　　　　）。

挙(あ)げる	送る	収(おさ)める	こぼす	貫(つらぬ)く	飛ばす	払う	張る	守る

（二度使う語もある）

B 1．配慮に（　　　　　）。 2．警戒に（　　　　　）。
3　衝動(しょうどう)に（　　　　　）。 4．誘惑(ゆうわく)に（　　　／　　　）。
5．歯止(はど)めが（　　　　　）。

あたる	欠ける	かからない	駆られる	負ける

（二度使う語もある）

Ⅶ （　　）に入る言葉を下から選んで書きなさい。

1．出張でホンコンへ行くことになった。（　　　　　）の中華料理が楽しみだ。
2．しょうゆをこぼして、新しい服を（　　　　　）にしてしまった。
3．このうどん屋は昼時(ひるどき)にはとても込んでいて、（　　　　　）になることも多い。
4．子供の受験に当たっては、親にもそれなりの（　　　　　）が必要だ。
5．先輩が（　　　　　）を持って、合宿所(がっしゅくじょ)に来てくれた。
6．過食症(かしょくしょう)というのは、食欲に（　　　　　）がきかなくなる病気だ。
7．試合の途中で選手がミスをすると、応援団から汚い（　　　　　）が飛んだ。
8．「お母さん、いい成績を取ったら、ご（　　　　　）にディズニーランドに連れて行ってくれる？」
9．連休とあって、観光地はどこも（　　　　　）客でいっぱいだ。
10．休みの日にみんなそろって夕食をとる、家族（　　　　　）のひとときこそ、私にとってのエネルギー源だ。
11．2012年2月現在、日本では16カ所がユネスコの世界（　　　　　）として登録されている。
12．私は（　　　　　）しすぎず、分（　　　　　）の大学に入って、学生生活を楽しみたいと思っている。
13．駅前には無（　　　　　）に看板が設置され、色が（　　　　　）していて、統一感がない。

あいせき	いさん	こうらく	こころがまえ	さしいれ	せのび	そうおう
だいなし	だんらん	ちつじょ	はどめ	はんらん	ほうび	ほんば	やじ

2-06

651　**みこみ**　**見込み**　estimate, possibility, anticipation／预计，可能性，预料／가망，장래성

①・工事の終了まであと3週間ほどかかる見込みだ。

・土砂崩れ(どしゃくず)で運行を中止した鉄道は、まだ復旧(ふっきゅう)の見込みがたっていない。

連 __がたつ、__がはずれる　**合** __違い　**類** 予想、見当

②・今から必死(ひっし)で勉強すれば、まだA大学に合格する見込みはある。

・この病気は、一度かかると回復する見込みがほとんどないそうだ。

連 __がある⇔ない（例．この新人(しんじん)選手は見込みがある。）　**合** __違い　**類** 可能性

関 将来性、期待

（動）①②ヲ見込む

☆ヲ見込む

①・会社は来年度の売り上げを5億円と見込んでいる。

②・彼は将来を見込まれてプロ野球にスカウトされた。

652　**みとおし**　**見通し**　view, outlook, anticipation／看得清楚，预测／전망

①・まっすぐで見通しのいい道路は運転しやすい。

連 __がいい⇔悪い

②・経済状態(けいざいじょうたい)が不安定なので、まだ将来の見通しが立たない。

・術後(じゅつご)の経過は順調で、1週間後には退院できる見通しだ。

連 __が立つ・__を立てる、__が明るい⇔暗い、～__を持つ　**類** 見込み　**関** 予想

（動）①②ヲ見通す

653　**みつもり**　**見積もり**　estimate, quote／估价／견적

・引っ越しをするので、複数の業者に見積もりを頼んだ。

・家を建てるのにどれくらいかかるか見積もりを出してもらった。

連 __をする、__を出す、__を立てる、__を取る　**合** 見積書(みつもりしょ)、見積額(みつもりがく)　（動）ヲ見積もる

654　**りゅうつう**　**ガ流通スル**　circulation, distribution, flow／流通／유통

①・地震のため、物資の流通が滞(とどこお)った。　・窓を開けて空気の流通をよくした。

合 __業、__産業、__機構(きこう)　**類** 流れ

②・新しい紙幣(しへい)が流通し始めている。

関 ガ出回る　☞752、ガ普及(ふきゅう)スル

655　**ていたい**　**ガ停滞スル**　congestion／停滞／정체

・地震で道路網(もう)が大きな被害を受け、物資(ぶっし)の輸送が停滞(ていたい)している。　・景気の停滞(ていたい)が続く。

合 __前線　**関** ガ滞(とどこお)る、ガ渋滞(じゅうたい)する

656　**ふしん**　**不振**　slump, stagnation／不佳／부진

・今、CDの売り上げが不振(ふしん)だそうだ。　・しばらく不振(ふしん)の続いていたA選手が、久々(ひさびさ)に勝った。

連 __に陥(おちい)る、__にあえぐ　**合** 食欲__、経営__、学業__、販売__　**関** ガ振(ふ)るわない

657 **はいし** **ヲ廃止スル** abolition／废止／폐지

・世界には死刑制度を廃止した国が多い。 ・国は赤字路線の廃止を決めた。

・{制度／システム／法律／慣習 …} を廃止する。

関 ヲやめる

658 **はんえい** **ガ繁栄スル** prosperity／繁荣／번영

・ローマ帝国は1,000年の繁栄を誇った。 ・{国／町／会社／家／子孫 …} が繁栄する。

合 子孫＿ 対 ガ衰退スル

659 **せいじゅく** **ガ成熟スル** maturity, ripeness／成熟／성숙

①・果物が成熟する。 ・これは100年ものの成熟したワインです。

②・最近の子供は成熟が早い（＝早熟だ）。

③・成熟した市民社会では一人一人の信頼の下に共同体が成立している。

・車の市場が成熟し、消費が鈍っている。

合 ①〜③＿期 関 ①〜③未熟な ☞257、未成熟な

660 **ひやく** **ガ飛躍(ヲ)スル** rapid development, significance, jump to／跳跃，飞跃／비약

①・我が社は世界に飛躍する企業を目指している。 ・今年は飛躍の年にしたい。

連 ＿を遂げる 合 ＿的な（例．このチームは最近飛躍的に成績が伸びている。）

②・結論を急ぐあまり、話が途中で飛躍してしまった。 ・論理の飛躍

関 ガ飛ぶ

661 **りょうりつ** **ガ両立スル** coexistence, combination (of two things)／两立，并存／양립

・家庭と仕事をうまく両立させている夫婦は多い。 ・趣味と実益の両立を図る。

・独裁と民主主義は両立しない。

662 **とうけい** **統計** statistics／统计／통계

・統計によれば、日本の貯蓄率は世界的に見ても高いそうだ。

・統計をとって調べなければ、本当のところはわからない。

連 ＿をとる 合 ＿的な、＿学、＿調査

663 **ぶんさん** **ガ／ヲ分散スル** dispersion, spread, distribution／分散／분산

・プリズムに光を当てると、光が分散して虹ができる。

・財産を分散して管理する。 ・リスクを分散する。

664 **きんこう** **均衡** balance, equilibrium, draw／平衡，打平手／균형

・この国では、現在は輸出と輸入の均衡が保たれている。

・都市部と農村部の人口の不均衡が問題になっている。

・試合終了直前、0－0の均衡が破られた。

連 ＿を保つ⇔破る 対 不＿(な) 類 釣り合い ☞1094、バランス

関 アンバランス(な)

2-07

665　**ちくせき**　**ガ／ヲ蓄積スル**　accumulation／蓄积，过度／축적

・放射線そのものは体内に蓄積されないということだ。

・{資本／富／知識／疲労　…} の蓄積

・厚生労働省は労働者の疲労蓄積について調査を行った。

連　～__がある⇔ない

666　**のべ**　**延べ**　total, gross／总计／연

①・このダムの建設のために、延べ20万人が動員された。

連　延べ＋[数値]、__人数、__日数、__時間

②・私の家の延べ床面積は、150㎡だ。

667　**じんざい**　**人材**　human resources, people, employees／人材／인재

・我が社には有能な人材が集まっている。　・管理職の仕事は人材を育てることだ。

・他社から人材をスカウトする。

連　__が不足している、__を登用する、__を集める　**合**　__不足、__派遣（業）、__スカウト

668　**こうしゅう**　**公衆**　the public／公众／공중

・昔の軍人は、公衆の面前では決して涙を見せなかった。

連　__の面前で　**合**　__電話、__トイレ、__浴場、__衛生、__道徳　**類**　大衆、民衆

669　**きょうよう**　**教養**　education, culture, cultivation／教养／교양

・外交官には高い教養が求められる。　・あの人は教養のある人だ。　・教養を身につける。

連　__がある⇔ない、__を身につける、高い__　**合**　一般__　**慣**　知識と教養

670　**してん**　**視点**　focus, point of view, opinion／视线，观点／시점

①・事故後の彼は視点が定まらず、きょろきょろしていた。

②・視点を変えて考えてみる。　・新しい視点から開発された商品

類　観点

671　**かんてん**　**観点**　point of view／观点／관점

・二人はそれぞれの観点から意見を述べた。

・観点を変えれば、解決策が見つかるかもしれない。

合　教育的__　**類**　視点　**関**　見地、立場

672　**さゆう**　**ヲ左右スル**　left and right, influence／左右方向，左边和右边，影响／좌우

①・道を渡るときは左右に注意すること。　・このロボットは左右の足を交互に出して歩く。

合　前後__

②・米の収穫量は天候に左右される。

類　ガ影響スル

673　**ちょくめん**　**ガ直面スル**　confrontation, face ／面临／직면

・今我が国は大変な問題に直面している。

連 問題に＿＿する　※ あまり良いことには使わない。

674　**はあく**　**ヲ把握スル**　understanding, grasp ／把握，理解／파악

・事故現場が混乱し、状況を把握するのに時間がかかった。

・{内容／情報／現状／実態　…} を把握する。

・大学は学生の実態の把握に努め、奨学金制度を改善した。

関 ヲつかむ　☞ 108、ヲ捉える　☞ 153、ヲ知る、ヲ理解スル

675　**びょうしゃ**　**ヲ描写(ヲ)スル**　description, portrayal ／描写／묘사

・この作家は情景の描写がうまい。

・この音楽は、田園にいるときの気持ちを描写したものと言われる。

合 心理＿＿

676　**しかけ**　**仕掛け**　device, trick, display ／装置，手法，挑衅，设置／장치，속임수

・このおもちゃは簡単な仕掛けで動く。

・(手品師)「このハンカチには、種も仕掛けもありません」　・仕掛け花火

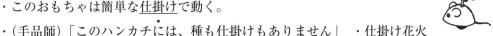

連 ＿＿がある⇔ない　(動) ヲ仕掛ける

☆ヲ仕掛ける

①・相手に {攻撃／わざ／論戦　…} を仕掛ける。

②・{わな／爆弾　…} を仕掛ける。

677　**しくみ**　**仕組み**　structure, mechanism ／结构／짜임새

・ラジオを分解して、その仕組みを調べた。　・{体／社会　…} の仕組みについて学ぶ。

類 構造、メカニズム　☞ 833　(動) ヲ仕組む

678　**こつ**　knack, trick ／秘诀，窍门／요령

・魚をうまく焼くにはこつがいる。

・ちょっとしたこつで、いい写真が撮れるようになった。

・彼女は器用で、すぐにコツをつかんだ。

連 ニ＿＿がある、＿＿をつかむ、＿＿を飲み込む　**類** ポイント

679　**わざ**　**技**　technique ／技能，本领／기술，솜씨

①・工芸品は、職人の技の結集だ。

連 ＿＿をみがく、＿＿がさえる　**合** 職人＿＿、神＿＿　**類** 技能、技術

②・田中選手は、鉄棒ですばらしい技を見せた。

連 ＿＿をみがく、＿＿がさえる、＿＿が決まる・＿＿を決める、早＿＿、得意＿＿、離れ＿＿

合 大＿＿⇔小＿＿

680 **さき　先**　tip, head, further/beyond, precedence, before, previous, ahead, future, destination／最前部，最前列，先，将来，目的地／끝, 선두, 앞, 먼저, 후, 장래, 행선지

①・指の先にとげが刺さった。
・この靴(くつ)は先がとがっている。

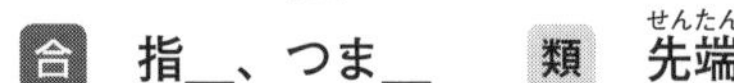

【合】指__、つま__　【類】先端(せんたん)

②・行列(ぎょうれつ)の先の方に、友人がいるのが見えた。　・子供たちは先を争(あらそ)って教室を飛び出した。

【連】__を争う、__に立つ　【対】後(あと)、後ろ　【類】先頭

③・私は生まれも育ちも東京で、大阪(おおさか)より先へは行ったことがない。
・この技術では、A社がB社の一歩先を行っている。

【類】前方、向こう

④・たいてい、私の方が姉より先に帰宅する。　・「先に述べたように～」　・先の首相(しゅしょう)
・「お先に失礼します」　・「お先にどうぞ」　・「言(い)い訳(わけ)より謝罪(しゃざい)が先だ」

【対】後(あと)、後(のち)　【類】～より前、以前

⑤・娘が結婚するのはまだまだ先のことだろう。　・先のことはわからない。

【連】__が見える⇔見えない、__を見通す、__を読む　【類】将来、後(のち)

⑥・訪問した先で、偶然昔の知り合いと会った。

【合】宛(あて)__、送り__、取り引き（／取引）__、旅(たび)__、外出__、出(で)__、勤め__

---

681 **せんたん　先端**　cutting edge／前端／첨단

・この車は時代の先端(せんたん)を行く装備(そうび)を備(そな)えている。
・彼女はいつも流行の先端(せんたん)の服装をしていて、ファッションリーダーと見なされている。

【連】__を行く　【合】__的な、__技術　【関】先頭、トップ

---

682 **かてい　過程**　process, course／过程／과정

・実験の過程を記録しておく。　・子供の成長の過程をビデオに残す。

【類】経過、プロセス

---

683 **きげん　起源**　origin／起源／기원

・文明の起源(きげん)を探(さぐ)る。　・人類の起源(きげん)をさかのぼる。　・この祭りの起源(きげん)は江戸時代(えどじだい)にある。

【連】__を探る、__をさかのぼる　【関】源(みなもと)、水源(すいげん)、源流(げんりゅう)

---

684 **ゆいいつ　唯一**　the only, sole／唯一／유일

・ここは国内で唯一(ゆいいつ)の切手博物館(きってはくぶつかん)だ。　・彼女は議会で唯一(ゆいいつ)法案(ほうあん)に反対した。

【類】ただ一つ、ただ一人、ただ一度　※ 副詞的にも使う。

---

685 **こうれい　恒例**　established custom／惯例／관례

・毎年恒例(こうれい)の花火大会が明日行われる。　・{新春／年末　…} 恒例(こうれい)のバーゲンセール

【合】__行事

686　**もくぜん**　　**目前**　　imminence, close at hand, before one's eyes／眼前，面前／목전，눈앞

①・富士山を８合目まで登れば、頂上はもう目前だ。　・入試が目前に迫ってきた。

・結婚を目前に控えて、気分が憂鬱になることを「マリッジブルー」という。

連 ガ＿に迫る、ヲ＿に控える

②・証拠を目前につきつけられて、容疑者はついに罪を認めた。

類 ①②目の前

687　**まぎわ**　　**間際**　　just before, on the point of／正要……时候，边／직전

・電車が遅れて、試験開始（の）間際に会場に駆け込んだ。

類 直前、寸前

☆際

①・学校からの帰り際、先生から話があると呼び止められた。

・旅行で知り合った人と、別れ際にメールアドレスを交換した。

合 別れ際、帰り際

②・この山道は、がけの際を歩くようになっていて危ない。　・窓際に花を飾った。

合 窓際、壁際、際どい（例．９対 10 という際どい点数で勝った。）　**関** へり

688　**むれ**　　**群れ**　　flock, crowd, herd, etc.／群，集群／떼，무리

・この湖には、毎年渡り鳥の群れがやって来る。

・大通りで歌手が歌を歌い、見物人が群れをつくっていた。

連 ＿をなす　**関** ガ群がる　（動）ガ群れる（例．草原に馬が群れている。）

689　**しょうたい**　　**正体**　　true character, true identity／真面目／정체

①・それまで誠実そうに見えた彼女が、突然詐欺師の正体を現した。

・彼の正体がつかめない。　・犯人の正体を暴く。

②・その俳優は正体を隠して、観光地を巡った。

連 ①②＿を現す、＿を隠す、＿を暴く、＿をつかむ

690　**わな**　　trap, catch／圈套／함정，덫

①・最近イノシシの害がひどいので、あちこちにわなをしかけた。　・ネズミがわなにかかった。

②・うますぎる話には、どこかわながあるものだ。

・彼をだましたら、まんまとわなにはまった。

連 ガ＿にはまる・ヲ＿にはめる

連 ①②ニ＿をしかける、ガ＿にかかる・ヲ＿にかける

691 **わく** **枠** frame, border, scope／框子，边线，条条框框，范围／테두리，틀，범위

①・窓の枠(わく)に虫が止まっている。

・文章の重要な部分を枠(わく)で囲む。

合 窓__ 類 フレーム

②・「我(わ)が社では、枠(わく)にはまらない柔軟な考えを持つ人を求めています」

・子供を枠(わく)にはめた育て方はしたくない。

③・この計画にかかる費用は、予算の枠を超えている。

類 範囲(はんい)

連 ①～③ガ__にはまる・ヲ__にはめる、__からはみ出る

合 ①～③__組(ぐ)み（例.・レポートの枠組(わくぐ)みを考える。 ・考え方の枠組(わくぐ)み）、__づけ、__内⇔__外、別__（例. 予算とは別枠(べつわく)で費用を出す。）

692 **つや** **艶** sheen, gloss, shine／光泽／광택，윤기

①・{家具／廊下／漆器(しっき) …} を磨(みが)いて艶(つや)を出す。 ・艶(つや)のある紙

連 __が出る・__を出す、__がある 合 __消し 類 光沢(こうたく)

②・祖母は80歳だが、艶(つや)のある肌(はだ)をしている。 ・艶(つや)のある {髪／声 …}

連 __がある⇔ない 合 色__（例. 顔の色つやがいい。）

関 ①②つやつや（例. つやつやした {肌／りんご …}）

693 **かげ** **陰** shade, shadow, other side, in secret／背光处，背后，暗地／그늘，뒤，멀리서

①・南側に高いビルが建ったせいで、うちは陰(かげ)になって、日当たりが悪くなった。

合 日__、木(こ)__

②・ここからは、建物の陰(かげ)になって富士山(ふじさん)は見えない。 ・ドアの陰(かげ)に隠(かく)れる。

合 物(もの)__、山__

③・陰(かげ)で人の悪口を言うものではない。 ・陰(かげ)ながら応援(おうえん)する。

合 __口(ぐち)

694 **かげ** **影** shadow, silhouette, reflection, shape, light (stars/moon)／影子／그림자，모습，빛

①・カーテンに人の影(かげ)が映(うつ)っている。 ・日が傾(かたむ)くと影(かげ)が伸びる。

②・水面に山の影(かげ)が映っている。

③・影(かげ)も形も見えない。 ・霧(きり)の向こうに島影(しまかげ)がぼんやり見える。

合 人__ 類 姿

④・月の影(かげ)が差している。 ・星影(ほしかげ)

類 光

695 **がら** **柄** pattern, build, character, nature ／花样，体格，人品，身份／무늬，몸집，체격，품격

①・彼女は派手な柄の服が似合う。

合 花__、しま__、ヒョウ__、__物　類 模様　関 無地

②・弟は柄ばかり大きくて、実は甘えん坊だ。

合 大柄な⇔小柄な

③・柄の悪い男につきまとわれて困っている。

・「あなたが謙遜するなんて柄でもない」　・「人の上に立つなんて、私の柄じゃない」

連 __が悪い、__ではない　※否定的な意味で使うことが多い。

合 人__（例．彼は成績はともかく、人柄はいい。）

土地__（例．このあたりは開放的な土地柄で、よそから来た人間にも住みやすい。）

④・〈銀行員〉仕事柄、金の計算は得意だ。

696 **つじつま** coherence, consistency ／道理／조리，이치

・うそをついたら話のつじつまが合わなくなり、結局うそだとばれてしまった。

連 __が合う・__を合わせる

697 **さしつかえ** **差(し)支え** inconvenience, objection ／不方便，妨碍／지장

・「お差支えなかったら、電話番号を教えていただけませんか」

・「次の会合ですが、5日でいかがでしょう」「ええ、差し支えありません」

連 __がある⇔ない、__ない

(動) ガ差(し)支える（例．飲みすぎると明日の仕事に差し支えるから、この辺でやめておこう。）

698 **しわよせ** **しわ寄せ** stress, strain ／不良影响的后果／영향，여파

・不況のしわ寄せでうちの会社が倒産しそうだ。

・彼のいい加減な仕事のしわ寄せが、私達の負担を重くした。

連 ニ__が来る⇔行く

699 **なんらか** **何らか** some kind of, any ／某些／어떠한

・この問題については、早急に何らかの対策を立てる必要がある。

・何らかの形で子供と関わる仕事がしたいと思っている。

類 何か　※「何らか」の方がかたい言葉。

700 **めいめい** each, individual ／各自／각각，각자

・チケットはめいめい（で）お持ちください。　・出席者めいめいが意見を述べた。

・めいめい（が）得意料理を持ち寄って、パーティーを開いた。

類 それぞれ、おのおの、各自　※副詞的にも使う。

Unit 08 名詞C

練習問題Ⅰ

651 ～ 700

Step 1 2 3 4

Ⅰ （　　）に助詞を書きなさい。

1．仕事（　　）さしつかえる。　　2．世界（　　）飛躍する。

3．先（　　）争う。　　4．敵（　　）攻撃（　　）しかける。

Ⅱ 「～する」の形になる言葉に○を付けなさい。

流通　廃止　繁栄　不振　停滞　成熟　両立　視点　公衆　蓄積

飛躍　過程　直面　目前　統計　唯一　分散　左右

Ⅲ 「～がある⇔ない」の形で使う言葉に○を付けなさい。

見込み　見積もり　教養　つや　さしつかえ　つじつま　しかけ

Ⅳ 動詞になる言葉に○を付けなさい。　例：見込み→見込む

見通し　見積もり　しかけ　わな　まぎわ　群れ　さしつかえ　わざ

Ⅴ （　　）に下から選んだ語を書いて、一つの言葉にしなさい。

A　1．（　　）技術　2．（　　）衛生　3．（　　）産業

4．（　　）派遣　5．食欲（　　）　6．一般（　　）

7．心理（　　）　8．教育的（　　）

観点　教養　公衆　先端　人材　描写　不振　流通

B　1．（　　）人数　2．指（　　）　3．窓（　　）

4．日（　　）　5．早（　　）　6．取引（　　）

7．人（　　／　　）　8．小（　　／　　）

かげ　柄　先　延べ　枠　技

（二度使う語もある）

Ⅵ 似た意味の言葉を下から選んで（　　）に書きなさい。

1．つかむ　―（　　）する　2．とどこおる　―（　　）する

3．将来　―（　　）　4．ふるわない　―（　　）

5．各自　―（　　）　6．光沢　―（　　）

7．直前　―（　　）　8．模様　―（　　）

9．ただ一つ　―（　　）　10．バランス　―（　　）　11．プロセス　―（　　）

過程　柄　均衡　先　つや　停滞　把握　不振　間際　めいめい　唯一

Ⅶ　一緒(いっしょ)に使う言葉を下から選んで書きなさい。

A　1．統計を（　　　　）。　2．見通しが（　　　　）。　3．技(わざ)を（　　　　）。

4．不振(ふしん)に（　　　　）。　5．群(む)れを（　　　　）。　6．こつを（　　　　）。

7．話のつじつまが（　　　　）。　8．柔道(じゅうどう)の技(わざ)が（　　　　）。

合う　　おちいる　　決まる　　立つ　　つかむ　　とる　　なす　　みがく

B　1．わなに（　　　／　　　）。　2．枠(わく)に（　　　　）。

3．飛躍(ひやく)を（　　　　）。　4．見積もりを（　　　／　　　）。

5．磨(みが)いてつやを（　　　　）。　6．正体(しょうたい)を（　　　⇔　　　）。

現す　　かかる　　隠す　　出す　　とげる　　取る　　はまる

（二度使う語もある）

Ⅷ　（　　　）に入る言葉を下から選んで書きなさい。

A　1．人類の（　　　　）　2．鳥の（　　　　）　3．家庭と仕事の（　　　　）

4．実験の（　　　　）　5．論理の（　　　　）　6．毎年（　　　　）の行事

7．時代の（　　　　）を行くデザイン　8．（　　　　）にはまらない考え方

起源　　過程　　恒例(こうれい)　　先端(せんたん)　　飛躍(ひやく)　　群(む)れ　　両立　　枠(わく)

B　1．国が（　　　　）する。　2．景気が（　　　　）する。

3．疲労が（　　　　）する。　4．ドアの（　　　　）に隠れる。

5．発車（　　　　）の電車に飛び乗った。　6．実態を（　　　　）する。

7．リスクを（　　　　）する。　8．古い制度を（　　　　）する。

9．問題に（　　　　）する。

陰(かげ)　　蓄積(ちくせき)　　直面　　停滞(ていたい)　　把握(はあく)　　廃止　　繁栄(はんえい)　　分散　　間際(まぎわ)

C　1．この映画には（　　　　）5,000人のエキストラが動員された。

2．増税の（　　　　）が我々(われわれ)弱者に来るのは、わかりきっている。

3．若い人には新しい（　　　　）でものを考えてもらいたい。

4．夕方になって日が傾くと、（　　　　）が伸びる。

5．「電子レンジがどういう（　　　　）で物を加熱するか、知っていますか」

6．人の第一印象は見た目に（　　　　）されることが多い。

7．動物を捕らえるために、（　　　　）をしかけた。

8．犯人は（　　　　）の方法で、被害者にドアを開けさせたものと考えられる。

9．天候悪化のため、山頂を（　　　　）にしながら、下山(げざん)した。

かげ　　さゆう　　しくみ　　してん　　しわよせ　　なんらか　　のべ　　もくぜん　　わな

Unit 08 名詞C 練習問題Ⅱ

601 〜 700

Step 1 2 3 4

Ⅰ （　　　）に入れるのに最もよいものを、a・b・c・d から一つ選びなさい。

1．休憩室にはリラックス効果のある（　　　）良い音楽が流れている。

a 気分　　b 根気　　c 快適　　d 心地

2．9月下旬から10月下旬にかけては、秋の（　　　）シーズンだ。

a 行楽　　b 旅先　　c 推進　　d 誘惑

3．公務員による犯罪が増えている。（　　　）が緩んでいるのではないだろうか。

a 法律　　b 規律　　c 秩序　　d 規則

4．家庭を（　　　）にしてまで出世したいとは思わない。

a 配慮　　b 体裁　　c 重宝　　d 犠牲

5．あの母親には親としての（　　　）が足りないようだ。

a 偏見　　b 把握　　c 自覚　　d 干渉

6．対戦相手は弱いだろうと（　　　）していたら、意外に強くてあせった。

a 油断　　b 警戒　　c 直面　　d 視点

7．寺や神社には、毎年（　　　）の祭りがいくつかある。

a 前例　　b 同様　　c 恒例　　d 慣習

8．大学院の入学試験には、社会人（　　　）が設けられているところが多い。

a わな　　b わく　　c なみ　　d がら

9．隠れていたドアの（　　　）から飛び出して、友達を驚かせた。

a きわ　　b むれ　　c ゆとり　　d かげ

10．この交差点は（　　　）が悪く、よく交通事故が起こっている。

a 見込み　　b 見通し　　c 光景　　d 眺め

Ⅱ ＿＿＿＿の言葉に意味が最も近いものを、a・b・c・d から一つ選びなさい。

1．弟は私と違って<u>あきっぽい</u>性格だ。

a 意地が悪い　　b 根気がない　　c 包容力がない　　d 野心的な

2．「きみのおかげでパーティーが<u>台無しだ</u>よ」

a なさけない　　b 不振だ　　c むちゃだ　　d めちゃくちゃだ

3．寮の台所は共用で、そこで<u>めいめい</u>好きなものを作って食べている。

a それぞれ　　b 一緒に　　c たいてい　　d まとめて

4．経営者には、<u>将来</u>を見通す力が求められる。

a 目前　　b 間際　　c 先　　d 先端

5．彼は人の意見に<u>左右される</u>ことが多い。

a 何でも賛成する　　b 影響を受ける　　c 何でも反対する　　d 影響を与える

Ⅲ　次の言葉の使い方として最もよいものを、a・b・c・dから一つ選びなさい。

1．本場

a　緊張して、試合の本場では実力を出し切れなかった。

b　交通事故の本場には、まだ壊(こわ)れた車が残されている。

c　入学試験の前日に、試験の本場を下見に行った。

d　ハワイへ行って、本場のフラダンスを習うのが夢だ。

2．ゆとり

a「解答用紙のゆとりの部分に、メモをしてもかまいません」

b　このスケジュールは厳しすぎる。もう少しゆとりを持たせた方がいい。

c　金メダルを取るためには、ゆとりを捨てて練習しなければならない。

d　うちから東京駅まで１時間だが、ゆとりを見て、１時間半前にうちを出た。

3．こつ

a　彼女の作る料理は本当にこつがいい。

b　こつを持てば、誰(だれ)でも歌がうまく歌えるようになる。

c　有名な通訳者に、語学上達のこつを聞いてみた。

d　先生のちょっとしたこつで、私の絵はとてもよくなった。

4．危機

a　この建物は地震で壊(こわ)れる危機があるので、建て直されることになった。

b　私が危機に落ちたとき、友人はいつも私を助けてくれた。

c　働き過ぎのため、もう少しで病気になる危機だ。

d　会社倒産の危機を、何とか乗り越えることができた。

5．ごほうび

a　いい成績を取ったごほうびに、子供をディズニーランドへ連れて行ってやった。

b　オリンピックで優勝した選手には、ごほうびとして金メダルと賞金が贈られる。

c　お世話になったごほうびとして、大家さんにお菓子を差し上げた。

d　大きな業績を上げた上司に、部下たちがごほうびの会を催した。

Unit 09 動詞 B

701 ～ 800

Step 1 2 **3** 4

2-10

701 はれる　ガ晴れる　to be cleared, dispel, brighten, clear up／消除，舒畅，放晴／풀리다，개다

①・アリバイを証明(しょうめい)する人が現れて、容疑者(ようぎしゃ)の疑いが晴れた。

・{気持ち／うっぷん／恨(うら)み　…} が晴れる。

〈他〉ヲ晴らす（例．お酒を飲んで日頃(ひごろ)のうっぷんを晴らした。）

②・{空／雲／霧(きり)／ガス　…} が晴れる。

（名）晴れ

702 ばれる　ガばれる　to be exposed／暴露，败露／들키다

・つい口がすべって、周りの人に秘密(ひみつ)がばれてしまった。

・{隠(かく)し事(ごと)／うそ／正体／悪事　…} がばれる。

703 ばらす　ヲばらす　to expose, take to pieces／揭穿，拆卸／폭로하다，분해하다

①・友人の秘密(ひみつ)を他の人にばらしてしまった。

類　ヲ暴露(ばくろ)する

②・パソコンをいったんばらしてから、また組み立てた。

関　ばらばらな　☞ N3 589

704 すりかえる　ヲすり替える　to switch (secretly), change the subject, substitute／顶替，偷换／바꿔치다，바꾸다

①・スパイ映画で、本物と偽物(にせもの)をすり替える場面にはらはらした。

②・彼は都合が悪くなると、すぐ話をすり替える。

・「政府は、経済問題を国際問題にすり替えるな」

類　①②ヲ取り換(か)える、ヲ置き換(か)える、ヲ入れ替(か)える　（名）①②すり替え（例．問題のすり替え）

705 ばらまく　ヲばらまく　to scatter, throw／散落，到处花钱／뿌리다

・さいふを落として道にお金をばらまいてしまった。

・知人にお金をばらまいて投票(とうひょう)を依頼した政治家が逮捕(たいほ)された。

関　ヲまく　☞ N2 130、ばらばらな　☞ N3 589　（名）ばらまき

706 またがる　ガまたがる　to sit astride, span／骑上，横跨／올라가다，걸치다

①・青年はバイクにまたがると、大きな音をたてて走り去った。

・{自転車／馬／父の肩(かた)　…} にまたがる。

②・この国立公園(こくりつこうえん)は2つの県にまたがっている。　・川にまたがる橋

707 またぐ　ヲまたぐ　to cross, step over, straddle／跨过，迈过／건너다

①・ガードレールをまたいで車道に出る。

・子供の頃(ころ)、よく祖母に「横になっている人をまたいではいけない」と叱(しか)られた。

②・大通りをまたぐ歩道橋(ほどうきょう)が架(か)けられた。

708　**つらぬく**　　**ガ／ヲ貫く**　to go through, pierce, pass through, carry out/through ／穿过，贯通，坚持／가로지르다，관통하다，관철하다

〈自〉・ピストルの弾が私の肩を貫いた。　・山を貫くトンネル工事が始まった。
・{激痛／感動　…}が体を貫いた。
類　ガ貫通する

〈他〉・山本氏は信念を貫き、最後まで戦争に反対した。　・{原則／初心／意志／愛　…}を貫く。
類　ヲ貫徹する

709　**のぞく**　　**ガ／ヲのぞく**　to peep in/out, look in/at ／窥视，往下望，观察，看一看，露出／들여다보다，내려다보다，보다，들르다，내밀다

〈他〉①・不審な男がうちの中をのぞいていた。
・{カギ穴／ドアの隙間　…}から中をのぞく。
・人に心の中をのぞかれたくない。
合　ヲのぞき見る（例. ・人の日記をのぞき見る。・私生活をのぞき見る。）、ヲのぞき込む　（名）のぞき
②・展望台から下をのぞくと、ずっと下を川が流れていた。
③・弟は天体観測が趣味で、夜になると望遠鏡をのぞいている。
・ニキビが気になって、しょっちゅう鏡をのぞいてしまう。
④・近所に新しい百円ショップができた。ちょっとのぞいてみよう。

〈自〉・スーパーの袋からネギがのぞいている。　・ドアが開き、女の子が顔をのぞかせた。

710　**ひかえる**　　**ガ／ヲ控える**　to wait, prepare, be soon, be close, restrict/reduce, refrain from, make notes ／等候，面临，靠近，控制，记下／기다리다，앞두다，있다，삼가하다，메모하다

〈自〉①・出演者はステージの脇に控えて出番を待った。　・補欠の選手がベンチに控えている。
合　控え室
②・選挙が控えているため、政治家たちは忙しい。
③・この町は後ろに山が控えている。

〈他〉①・父は50才を超えてから少しお酒を控えるようになった。
合　控え目な（例. ・健康のために塩分を控え目にしている。　・彼は控え目な人で、決して出しゃばらない。）　類　ヲ抑える
②・インフルエンザがはやっているので、休日の外出を控えている。
・「電車内での携帯電話のご使用はお控えください」
・「その件については、コメントを控えさせていただきます」
③・彼女は2カ月後に出産を控えている。
④・この町は後ろに山を控えている。
⑤・部長の説明をメモに控えた。

［（名）控え］（例. 控えの選手、契約書の控え）

2-11

711 **おこたる** **ヲ怠る** to be negligent／懈怠，大意／게을리 하다

①・練習を怠ると、いい結果は出せない。 ・上司への報告を怠り、注意された。

・{義務／努力 …} を怠る。

関 ヲ怠ける

②・運転中に注意を怠り、事故を起こしてしまった。 ・警戒を怠る。

712 **のがれる** **ガ逃れる** to escape／逃出，避开，逃避／피하다，벗어나다

①・犯人は警察の目を逃れ、海外に逃亡したらしい。 ・危ういところで難を逃れた。

・{苦しみ／恐怖／飢え／重荷 …} から逃れる。

②・取締役だった人が、会社倒産の責任を逃れることはできない。

類 ガ免れる ☞ 793

713 **のがす** **ヲ逃す** to miss out on, let escape／错过／놓치다

・もう少しのところで金メダルを逃してしまった。 ・{チャンス／好機 …} を逃す。

合 ヲ見＿ ☞ 723、ヲ聞き＿（例．大事な話を聞き逃した。）

714 **おもむく** **ガ赴く** to set out for, proceed to／奔赴，前往，趋向，倾向／떠나다，향하다

・救援活動のため、軍隊が被災地に赴いた。 ・任地に赴く。

関 ガ赴任する

715 **つぐ** **ヲ継ぐ／接ぐ** to succeed (family business, inheritance), follow in someone's footsteps, graft, cross, replenish／继承，继后，嫁接，续上／계승하다，이어받다，잇다，접붙이다，보충하다

①・「私は将来父の会社を継ぐつもりです」 ・{家業／意志／王位／跡 …} を継ぐ。

・彼は引退した大物俳優の後を継ぐ俳優とみなされている。

連 ～の後を＿ 合 後継ぎ 類 ヲ継承する 関 後継者、跡取り

②・この野菜はじゃがいもにトマトを接いで作られたものだ。

合 つぎ木

③・バーベキューで火が消えないように炭をつぐ。

716 **うちきる** **ヲ打ち切る** to discontinue, stop／停止／그만두다，중지하다

・怒った部長は、話を途中で打ち切って部屋を出て行った。

・視聴率が悪かったので、その番組は３カ月で打ち切られた。

・{契約／会議／捜査／援助 …} を打ち切る。

(名) 打ち切り→ (連載・番組などが)＿になる

717 **さく** **ヲ裂く** to tear, rip, forcibly separate／撕开，切开，分开／찢다，째다，가르다

①・包帯がなかったので、布を裂いて傷口をしばった。

・スルメを裂いてつまみにした。

合 ヲ切り＿ 〈自〉 ガ裂ける（例．地震で地面が裂けた。）

②・結婚に反対する親が、二人の仲を裂いた。

連 仲を＿

718　**さく**　**ヲ割く**　to spare (time), use part of something, cut (open)／挤出，匀出，切开／내다, 할애하다, 가르다

①・相談したいことができたので、忙しい課長に時間を割いてもらった。

・今朝の新聞は、第１面の大部分を昨日の事故(じこ)のニュースに割いている。

連 時間を＿、人手を＿、予算を＿

②・包丁(ほうちょう)で魚の腹を割く。

※「裂(さ)く」と同じ意味だが、刃物(はもの)を使うときは「割く」と表記する。

719　**わりあてる**　**ヲ割り当てる**　to allocate, divide among／分派／배당하다

・大会の実行委員は、それぞれに仕事を割り当てられた。

・ドラマの役を役者に割り当てる。

(名) 割り当て（例．10万円の利益(りえき)を５人で分けると、一人２万円の割り当てだ。）

720　**みなす**　**ヲ見なす**　to consider as, to regard as／看作，认为／간주하다

・言語能力は、人間の最も優(すぐ)れた能力の一つと見なされている。

・「年会費を払わない会員は、会を脱退(だったい)したものと見なします」

721　**みぬく**　**ヲ見抜く**　to see through／看穿，看透／꿰뚫어보다, 알아채다

・どんなに表面をつくろっても、彼女にはすぐに本心を見抜かれてしまう。

・店員は、手にした一万円が偽札(にせさつ)だとすぐに見抜いた。

類 ヲ見破る、ヲ見透(みす)かす

722　**みきわめる**　**ヲ見極める**　to see through, make sure of／看清，弄清／판별하다, 지켜보다

・本当に価値(かち)のあるものは何か、見極める目を持つことが必要だ。

・ものごとの本質を見極める。　・結果を最後まで見極める。

類 ヲ見定(みさだ)める　(名) 見極め

723　**みのがす**　**ヲ見逃す**　to miss, overlook／看漏，放过／못 보다, 놓치다, 묵인하다

①・忙しくて映画館に行けず、話題の映画を見逃した。

類 ヲ見損なう

②・道路標識(どうろひょうしき)を見逃して交通違反で罰金(ばっきん)を取られた。

・レポートの誤字(ごじ)を見逃してそのまま出してしまった。

類 ヲ見落とす　☞ 129

③・せっかくのチャンスを見逃してしまった。　・〈野球〉見逃し三振(さんしん)

類 ヲ逃す　☞ 713

④・不正(ふせい)があると知ったからには、見逃すわけはいかない。

類 ヲ見過ごす

(名) ②〜④見逃し→　＿がある⇔ない

724 **みそこなう** **ヲ見損なう** to miss, misjudge／错过看的机会，看错／못 보다，잘못 보다

①昨夜は帰りが遅く、毎週見ているドラマを見損なった。

類 ヲ見逃す

②「君がそんなに冷たい人間だったとは。見損なったよ」

類 ヲ見誤る

725 **みいだす** **ヲ見いだす** to find out, discover／找到，发现／찾아내다

・彼は 10 歳のとき有名な画家に才能を見いだされた。

・仕事に意義を見いだせなくて悩んでいる。　・A 社は海外の市場に活路を見いだした。

類 ヲ見つけ出す、ヲ発見する　慣 活路を見いだす

726 **おだてる** **ヲおだてる** to flatter, incite／抬高，吹捧／부추기다

・課長は部下をおだてて使うのがうまい。　・私はおだてられると、すぐその気になる。

(名) おだて→ ＿に乗る

727 **ちやほやする** **ヲちやほやする** to make a fuss of／奉承／추어올리다

・あの若いタレントは、ちやほやされてすっかりいい気になっている。

728 **けなす** **ヲけなす** to belittle, disparage／贬低／비방하다，헐뜯다

・一生懸命描いた絵をけなされて、嫌になってしまった。

対 ヲほめる

729 **ひやかす** **ヲ冷やかす** to make fun of, window shop／嘲弄，只问价不买／놀리다，아이쇼핑

①・彼女とデートしていたら、ばったり会った友達に冷やかされた。

類 ヲからかう ☞156

②・観光地の土産物屋を冷やかして歩いた。

(名) ①②冷やかし

730 **もてなす** **ヲもてなす** to entertain, welcome／款待／접대하다

・お客様をごちそうでもてなす。

関 ヲ接待する　(名) もてなし

731 **つかえる** **ガ仕える** to work for, serve／伺候，奉侍／모시다，섬기다，시중들다

・責任感のない上司に仕えた部下は苦労する。

・{神／国／主君／（人の）そば …} に仕える。

732 **みちびく** **ヲ導く** to lead, guide／领道，指导，引向／이끌다

①・コンサート会場の案内係に導かれて席に着いた。　・客を応接室に導いた。

類 ヲ案内する

②・教師は生徒をより良い方向へ導かなければならない。

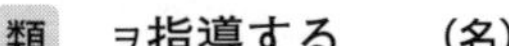

類 ヲ指導する　(名) 導き

③・山本選手のゴールがチームを優勝に導いた。

733　**そむく**　　**ガ背く**　　to go against, disobey／不听从，不服从，辜负／거역하다，저버리다

①・彼は親の言いつけに背いてギャンブルに手を出した。　・主君に背く。

類　ガたてつく、ガ逆らう、ガ反抗する

②・あのタレントは、ファンの期待に背いて、また薬物使用で逮捕された。

連　期待に__

734　**したう**　　**ヲ慕う**　　to adore, miss／爱慕，敬仰，怀念／연모하다，따르다，그리워하다

・彼女は子供の頃から慕っていた男性とついに結婚した。

・田中先生は学生たち｛から／に｝慕われている。

・亡き祖母を慕って、命日に孫たちが集まった。

関　ヲ愛する、ヲ懐かしむ

735　**さっする**　　**ヲ察する**　　to sense／推测，揣测，体谅／살피다，추측하다，느끼다

①・彼女の顔色から察すると、提案は通らなかったらしい。

・両親を事故で亡くした彼女の悲しみは察するに余りある。

類　ヲ推し量る、ヲ推測する

②・彼は誰かが自分を狙っている気配を察して、即座に物陰に隠れた。

類　ヲ感じる、ヲ察知する

736　**つげる**　　**ヲ告げる**　　to inform, tell／告诉，告知／고백하다，알리다

①・彼女は長年付き合った恋人に別れを告げた。

・機長は、乗客にエンジン不調のため羽田に引き返すと告げた。　・辞任の意を告げる。

類　ヲ言う

②・にわとりの声が朝を告げた。　・時報が正午を告げた。

類　①②ヲ知らせる

737　**うながす**　　**ヲ促す**　　to press, suggest, stimulate／催促，促使／재촉하다，촉진하다，환기시키다

①・何度返事を促しても、彼は何も言ってこない。　・相手に借金の返済を促す。

・「早く帰ろう」と課長は社員たちに（帰宅を）促した。

②・新しい空港は町の発展を促すだろう。　・この薬には体の発汗を促す作用がある。

類　ヲ促進する、ヲ推進する

③・山道に、熊への注意を促す立て札が立っていた。　・｛再考／自粛　…｝を促す。

738　**ゆだねる**　　**ヲ委ねる**　　to entrust to, to consign to／委托，献身／맡기다

①・調査結果の詳しい分析は、専門家にゆだねられた。

・大統領は、副大統領に全権をゆだねて相手国に派遣した。

類　ヲ任せる　　関　ヲ委任する

②・椅子に身をゆだねてゆったりと座る。　・運命に身をゆだねる。

連　身を__　　類　ヲ任せる

2-13

739　うったえる　ヲ訴える　to complain, sue, call for, bring to someone's attention, resort to, appeal to／报告，控诉，表达，诉说，诉诸／고발하다，고소하다，호소하다

①・隣人の迷惑行為があまりにひどいので、警察に訴えることにした。
・ある週刊誌が、プライバシーの侵害で訴えられた。
類　ヲ告訴する、ヲ告発する
②・言葉が話せない赤ん坊は、空腹も不快も泣いて訴えるしかない。
・上司に｛不満／希望　…｝を訴える。　・この映画は戦争の悲惨さを訴えている。
（名）①②訴え→　＿を聞く
③・日本の憲法では、紛争の解決にあたって武力に訴えることを禁じている。
・｛腕力／非常手段／法　…｝に訴える。
④・最近は視覚に訴えるカラフルな大学案内が多い。
・論理で相手を納得させられないなら、感情に訴えるしかない。
・相手の｛心／情／良心　…｝に訴える。
類　ガ／ヲアピール(ヲ)する　☞ 838

740　したしむ　ガ親しむ　to become close to／亲切，接触，接近／접하다，즐기다

①・彼女は親しみやすい人柄だ。
合　親しみやすい　関　親しい　（名）親しみ　→＿を感じる、＿を持つ
②・子供のときから自然に親しんできた。　・読書に親しむ秋
合　慣れ＿　関　ガ接する

741　いどむ　ガ／ヲ挑む　to challenge, tackle／挑战／도전하다

〈自〉・日本記録を樹立した野村選手は、来月、世界記録に挑む。
・｛チャンピオン／難問／山　…｝に挑む。
類　ガ挑戦する　☞ N3 684、ガチャレンジする　☞ 513
〈他〉・チャンピオンに戦いを挑む。　・｛論争／試合　…｝を挑む。

742　あおぐ　ヲ仰ぐ　to look up, ask for, respect／仰望，请求，尊为／쳐다보다，청하다，우러러보다

①・夜空を仰ぐと、きれいな月が出ていた。
・ホームランを打たれ、投手は天を仰いだ。
関　仰向け⇔うつ伏せ

②・出先で予期せぬ事態が起こったので、電話で課長に指示を仰いだ。
・｛指図／教え／寄付　…｝を仰ぐ。
③・私は大学時代の指導教授を、今でも師と仰いでいる。

743　おがむ　ヲ拝む　to put one's hands together in prayer／祈祷，叩拜／빌다

・合格できるよう、神社で拝んできた。　・｛仏様／初日の出　…｝を拝む。
・祖母は毎朝仏壇の前で拝んでいる。
関　ヲ礼拝する、ガ参る、ガお参りする、ガ祈る

744　**ほうむる**　**ヲ葬る**　to bury, ostracize／埋葬，遗忘／묻다，매장하다

①・古墳は、古代の皇族・豪族を葬った場所だ。

関　ヲ埋葬スル

②・事件の真相は闇に葬られた。

・彼はスキャンダルを起こして芸能界から葬られてしまった。

合　ヲ葬り去る　慣　(闇から) 闇に葬る

745　**おもいきる**　**ガ／ヲ思い切る**　to abandon, dare to, be resolute／断念，下狠心，想开／단념하다，결심하다

①・彼は歌手になる夢を思い切り、故郷で音楽の教師になった。

類　ヲあきらめる、ヲ断念する　(名)　思い切り→　__がいい⇔悪い

②・会社の経営再建のためには、思い切った措置が必要だろう。

・彼女はためらっていたが、やがて思い切ったように口を開いた。

[(副) 思い切って]・好きな人に思い切って告白した。

(副)　思い切り　☞ N2 1094

746　**くいる**　**ヲ悔いる**　to regret／懊悔／뉘우치다

・あの人は過去の罪を悔いて、今では人のために尽くしている。

※精神的、道徳的に重いことがらに使うことが多い。

合　ヲ悔い改める　類　ヲ後悔する　☞ N3 650、ヲ悔やむ　☞ N2 1088

(名)　悔い→　__がある⇔ない、__が残る

747　**いきどおる**　**ガ／ヲ憤る**　to be angry, to be indignant／愤怒，气愤／분노하다

・社会の不公平に対し憤った若者たちが、デモを行った。　・政治腐敗 {に／を} 憤る。

関　ガ／ヲ怒る　(名)　憤り→　__を感じる、__を覚える

748　**なげく**　**ヲ嘆く**　to lament／悲叹，哀叹，慨叹／슬퍼하다，한탄하다

①・子供の死を嘆かない親はいない。　・{不運／自分の愚かさ／身の上　…} を嘆く。

合　ヲ嘆き悲しむ　類　ヲ悲しむ

②・多くの大学教授が、学生の学力低下を嘆いている。

(イ形)　嘆かわしい

(名)　①②嘆き

749　**うぬぼれる**　**ガうぬぼれる**　to be conceited／自我欣赏／우쭐하다，잘난 체하다

・彼女は自分が美人だとうぬぼれている。

合　うぬぼれ屋　類　ガ思い上がる　(名)　うぬぼれ→　__が強い

750　**もがく**　**ガもがく**　to struggle／挣扎，着急／발버둥치다

・海に投げ出されて、もがけばもがくほど、水に沈んでしまった。

・苦しい生活から何とか抜けだそうともがいている。

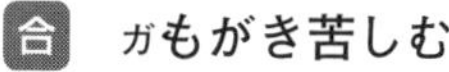

合　ガもがき苦しむ

Unit 09 動詞B 練習問題Ⅰ 701～750

Step 1 2 3 4

Ⅰ （　　）に助詞を書きなさい。

1．先生（　　）慕(した)う。　　2．馬（　　）またがる。

3．任地（　　）赴(おもむ)く。　　4．義務（　　）怠(おこた)る。

5．本物（　　）偽物(にせもの)（　　）すり替(か)える。　　6．言いつけ（　　）背(そむ)く。

7．ドアの隙間(すきま)（　　）中（　　）のぞく。　　8．父の会社（　　）継(つ)ぐ。

9．チーム（　　）優勝（　　）導(みちび)く。　　10．上司（　　）指示（　　）仰(あお)ぐ。

10．リンさんは帰国（　　）1カ月後（　　）控(ひか)えている。

Ⅱ 「ます形」が名詞になる言葉に○を付けなさい。　例：取り扱う→取り扱い

怠(おこた)る　貫(つらぬ)く　訴(うった)える　拝(おが)む　葬(ほうむ)る　親(した)しむ　見抜(みぬ)く　見極(みきわ)める　見逃(みのが)す　逃(のが)す

おだてる　けなす　冷やかす　もてなす　うぬぼれる　もがく　ばらまく

打ち切る　割り当てる

Ⅲ 一緒(いっしょ)に使う言葉を下から選んで書きなさい。

A　1．（　　　　）を促(うなが)す。　2．（　　　　）に仕(つか)える。　3．（　　　　）がばれる。

4．（　　　　）を貫(つらぬ)く。　5．（　　　　）をもてなす。　6．（　　　　）を葬(ほうむ)る。

7．（　　　　）を裂(さ)く。　8．（　　　　）をすり替(か)える。

うそ　神　客　死者　初心　注意　布　話

B　1．（　　　　）を察(さっ)する。　2．（　　　　）を逃(のが)す。　3．（　　　　）を逃(のが)れる。

4．（　　　　）をのぞく。　5．（　　　　）を怠(おこた)る。　6．（　　　　）を拝(おが)む。

7．（　　　　）を見極(みきわ)める。　8．相手の（　　　　）を見抜(みぬ)く。

うそ　気配(けはい)　責任　チャンス　注意　仏像　望遠鏡　本質

Ⅳ 下から選んだ語を適当な形にして（　　　）に入れ、一つの言葉にしなさい。

1．自然に慣れ（　　　　）。　　2．契約を途中で打ち（　　　　）。

3．人に仕事を割り（　　　　）。　　4．大事な話を聞き（　　　　）。

5．控(ひか)え（　　　　）な態度　　6．思い（　　　　）対策をとる。

当てる　切る　親(した)しむ　逃(のが)す　目

（二度使う語もある）

Ⅴ 下線の言葉と似た意味になるよう、□に漢字を1字書きなさい。

1．世界記録に<u>挑(いど)む</u>。→ 挑□する　　2．町の発展を<u>促(うなが)す</u>。→ 促□する

3．王位を<u>継(つ)ぐ</u>。→ 継□する　　4．人の秘密を<u>ばらす</u>。→ 暴□する

5．任地に赴（おもむ）く。→　赴□する　　6．専門家に委（ゆだ）ねる。→　委□する

7．客をもてなす。→　接□する　　8．夢を思い切る。→　断□する

Ⅵ　一緒（いっしょ）に使う言葉を選びなさい。（　　）の数字は選ぶ数です。

1．［　雨　霧（きり）　気持ち　喜び　疑い　恨（うら）み　］が晴れる。（４）

2．［　優勝　チャンス　責任　番組　終電　飢え　］を逃（のが）す。（３）

3．［　塩分　入浴（にゅうよく）　性格　夢　外出　わき　］を控（ひか）える。（３）

4．［　武力（ぶりょく）　平和　良心　不満　視覚　悲しみ　裁判　警察　］に訴（うった）える。（５）

Ⅶ　次の説明と似た意味の言葉を下から選んで書きなさい。

1．ひどく悲しむ、情けなく思う　（　　　　）

2．不正などに対して怒（おこ）る　（　　　　）

3．相手が恥ずかしがるようなことを言ってからかう　（　　　　）

4．相手の悪い点を言う、悪口を言う　（　　　　）

5．自分は人より上だと思って自慢している　（　　　　）

6．過去の悪い行いを心から反省する　（　　　　）

7．相手をほめていい気持ちにさせる　（　　　　／　　　　）

憤（いきどお）る　うぬぼれる　おだてる　悔（く）いる　けなす　ちやほやする　嘆（なげ）く　冷（ひ）やかす

Ⅷ　正しい言葉を［　　］の中から一つ選びなさい。

1．不正を［　見逃（みのが）す　見損（みそこ）なう　］ことはできない。

2．彼は一目（ひとめ）で彼女の正体（しょうたい）を［　見かけた　見抜（みぬ）いた　］。

3．「挙手（きょしゅ）のない人は賛成と［　見なします　見極（みきわ）めます　］」

4．話題の映画を［　見損（みそこ）なった　見落とした　］。

5．彼女は家庭よりも仕事に喜びを［　見抜（みぬ）く　見いだす　］タイプだ。

Ⅸ　（　　）に入る言葉を下から選び、適当な形にして書きなさい。

1．海でおぼれかかって（　　　　）いたら、近くの人が助けてくれた。

2．鈴木（すずき）氏は今度選挙に出るので、あちこちで名刺（めいし）を（　　　　）いる。

3．動物には危険を（　　　　）能力があると言われている。

4．交番に財布（さいふ）を届けた人は、名前も（　　　　）に立ち去ったそうだ。

5．線路を（　　　　）橋を跨線橋（こせんきょう）と言う。

6．今は育児に忙しく、なかなか勉強に時間を（　　　　）ことができない。

7．盲導犬（もうどうけん）は主人を安全に（　　　　）のが務（つと）めだ。

8．あのアイドルは（　　　　）やすさを売りにしている。

さく　さっする　したしむ　つげる　ばらまく　またぐ　みちびく　もがく

2-14

751 **あいつぐ** **ガ相次ぐ** to happen one after the other, to follow／相继发生，连续不断／잇따르다

・今年は台風の上陸が相次いで、大きな被害が出た。

・相次ぐ汚職(おしょく)事件に、国民の怒(いか)りは頂点に達した。

[(副) 相次いで]・仲の良い友人が相次いで結婚し、遊び仲間が減ってしまった。

752 **でまわる** **ガ出回る** to be on the market, in circulation／上市，出现／나오다，나돌다

①・2月なのに市場(しじょう)にイチゴが出回り始めた。

②・1万円の偽札(にせさつ)が出回っている。　・新製品のコピーが早くも出回っている。

類 ガ流通する ☞654

753 **とむ** **ガ富む** to be rich／富裕，丰富，富于／부유하다，풍부하다

①・世界には富んだ国と貧しい国がある。

②・あの国は地下資源(ちかしげん)に富み、将来性がある。　・{説得力(せっとくりょく)／ユーモア／機知(きち)／示唆(しさ)　…} に富む話

関 ガ恵(めぐ)まれる

関 ①②豊かな

754 **むらがる** **ガ群がる** to swarm／聚集／모여들다

・地面に落ちたキャンディーにアリが群がっている。

関 ガ群(む)れる、群(む)れ ☞688

755 **とけこむ** **ガ溶け込む** to fit in, melt into／融洽，溶进／적응하다，융화되다

①・あの新入生は、もうすっかりクラスに溶け込んだようだ。

類 ガなじむ

②・この水には汚染物質(おせんぶっしつ)が溶け込んでいる。　・犯人は闇(やみ)に溶け込んで見えなくなった。

756 **はみでる／はみだす** **ガはみ出る／はみ出す** to be sticking out/to stick out, overflow, protrude／露出，超出／삐져 나오다，넘치다

・シャツのすそがズボンから {はみ出て／はみ出して} いる。

・会場に入りきれない人が外の通路にはみ出していた。

・字が大きすぎて原稿用紙(げんこうようし)のマス目 {から／を} はみ出してしまった。

757 **はずむ** **ガ弾む** to bounce, be lively, stimulate／有弹性，兴奋，起劲／튀다，들뜨다，활기를 띠다

・このボールはよく弾(はず)む。

・最近恋人ができて、毎日気持ちが弾(はず)んでいる。

・久しぶりに友達と会って、会話が弾(はず)んだ。

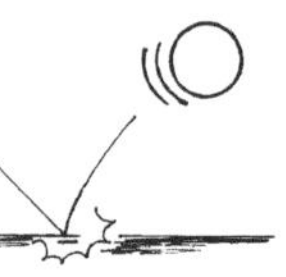

連 話が__、気持ちが__　関 弾力(だんりょく)　(名) 弾(はず)み

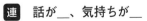

☆弾(はず)み

・新製品の開発で、売り上げに弾(はず)みがついた。

・おしゃべりしていて、弾(はず)みでつい秘密(ひみつ)をもらしてしまった。

・ころんだはずみに頭を強くぶつけてしまった。　・このボールは弾(はず)みが悪い。

連 ニ__がつく、__で、～__に

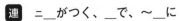

758　**ねばる**　　**ガ粘る**　　to be sticky, persevere, linger／发黏，坚持，拖拖拉拉，泡（咖啡馆等）／끈적끈적 달라붙다，끈기있게 버티다

①・この餅はよく粘る。

・あめが粘って歯にくっ付いた。

合 ガ粘り付く、粘っこい、ガねばねばスル

②・上野選手は最後まで諦めずに粘り、入賞を果たした。

・試験のとき、あの学生は終わりのチャイムが鳴るまで粘っていた。

・喫茶店でコーヒー１杯で４時間も粘る客がいる。

合 粘り強い

（名） ①②粘り→ ＿がある⇔ない

759　**ばける**　　**ガ化ける**　　to transform into／化身，冒充／둔갑하다

・日本では、キツネは人間の姿に化けると言われる。

・わずかな出資金が巨大な利益に化けた。

合 お化け　慣 化けの皮がはがれる　〈他〉 ヲ化かす

760　**しぼむ**　　**ガしぼむ**　　to wilt, wither, shrivel／凋谢，瘪，落空／시들다，오므라들다

①・朝顔の花は、朝早く咲いて、昼前にはしぼむ。

②・風船をもらったが、１日で空気が抜けてしぼんでしまった。　・{夢／期待 …} がしぼむ。

対 ガ膨らむ　関 ガしなびる ☞ 1102、ガしおれる ☞ N2 コラム 19「生物」

761　**たるむ**　　**ガたるむ**　　to sag, slack／松弛，不振／느슨해지다，처지다，해이해지다

・洗濯物を干すロープがたるんでいたので、張り直した。　・年を取ると皮膚がたるむ。

・「こんな大事なときに風邪をひくなんて、精神がたるんでいる！」

関 ガ緩む　（名） たるみ→ ＿がある⇔ない

762　**もる**　　**ヲ盛る**　　to serve (food), fill up, incorporate／盛，加进／담다，쌓아올리다

①・茶碗にごはんを盛る。　・料理が皿に盛られている。　・庭に土を盛る。

合 ヲ盛り付ける、ガ盛り上がる ☞ N2 376、盛り付け（例．料理の盛り付け）、大盛り

②・憲法には国民主権の精神が盛り込まれている。

合 ヲ盛り込む

763　**もうける**　　**ヲ設ける**　　to create, establish, have (children)／设立，成立，创造，制定，养育／설치하다，만들다，마련하다

①・児童福祉課では、親の悩みに答えるための相談窓口を設けている。

・地震の直後、政府内に緊急対策本部が設けられた。

類 ヲ設置する

②・干拓予定地では、人々の理解が得られるよう、話し合いの機会が設けられた。

③・マスコミ各社は、独自に漢字の使用基準を設けている。

④・結婚して４人の子供をもうけた。

764 **もよおす** **ヲ催す** to give/hold, feel／举行，觉得（恶心 / 发困 / 有尿意等）／열다，개최하다，불러 일으키다

①・海外の首脳を招いて、宮中で晩さん会が催された。

（名）催し→ ＿物

②・{吐き気／眠気／尿意 …} をもよおす。

765 **とざす** **ヲ閉ざす** to close, shut／关闭，封闭，封上，封堵／닫다，다물다，갇히다

①・この部屋の扉はもう長いこと閉ざされている。 ・門を閉ざす。

類 ヲ閉める

②・彼は心を閉ざして、家族の誰とも口をきかなかった。

・容疑者は固く口を閉ざして黙秘を続けた。

類 ①②ヲ閉じる

③・バリケードで道を閉ざす。 ・雲に閉ざされた空 ・氷に閉ざされた海

・けがによって彼の選手としての将来は閉ざされてしまった。

類 ヲふさぐ

対 ①～③ヲ開く

766 **うめたてる** **ヲ埋め立てる** to reclaim, fill up／填海（河）造地／매립하다

・海を埋め立てて空港を作る。

合 埋め立て地 （名） 埋め立て

767 **ようする** **ヲ要する** to require／需要，须要／필요하다，요하다

・ダムの建設に要する費用は、約 500 億円と見込まれている。

・この作業は危険なので、高い技術と十分な注意を要する。 ・緊急を要する手術

類 ヲ必要とする

768 **ゆうせんする** **ガ／ヲ優先する** to put first, prioritize／优先／우선하다

・今は家庭より仕事を優先するという人は少なくなってきた。

・災害時には、人命を救うことがすべてに優先する。

合 優先的な、優先権、優先順位（例. 優先順位をつける）

769 **とおざかる** **ガ遠ざかる** to get further away, be removed from／远离／멀어지다

①・恋人を乗せた飛行機がだんだん遠ざかって行った。

②・最近忙しくて、コンサートから遠ざかっている。

・あの女優は結婚して芸能界から遠ざかった。

対 ①②ガ近づく 類 ①②ガ遠のく

770 **とおざける** **ヲ遠ざける** to move away, to separate／远离，疏远／멀리하다

①・歌を歌うときはマイクを遠ざけたり近づけたりすると上手に聞こえる。

②・息子の恋人が気に入らない母親は、息子から彼女を遠ざけようとした。

対 ①②ヲ近づける 類 ②ヲ遠のける

771　**ひたる**　　**ガ浸る**　　to be submerged in, immersed in／泡，沉浸／담그다，잠기다

①・温泉にゆっくり浸って疲れがとれた。

類　ガ浸かる　☞ N2 683

②・久しぶりのクラス会で昔の思い出に浸ることができた。

・結婚して半年の彼女は、まだまだ新婚気分に浸っている。

・{優越感／感動／余韻／～雰囲気　…} に浸る。

772　**ひたす**　　**ヲ浸す**　　to immerse, soak／泡，沉浸／적시다

①・湯に体を浸す。　・わかめを水に浸してもどす。

類　ヲ浸ける　☞ N2 684

②・感動が心を浸した。

773　**ほろびる**　　**ガ滅びる**　　to be destroyed, ruined／灭亡，灭绝／멸망하다，없어지다

・古代文明の多くは滅びてしまった。　・{種／人類／民族／国／悪　…} が滅びる。

※「滅ぶ」とも言う。　類　ガ滅亡する　（名）滅び

774　**ほろぼす**　　**ヲ滅ぼす**　　to destroy, wreck／使灭亡，毁灭／멸망시키다，망치다

①・カルタゴはローマ帝国によって滅ぼされた。

・環境破壊が人類を滅ぼすことがあってはならない。

②・彼はギャンブルで身を滅ぼした。

775　**さかえる**　　**ガ栄える**　　to flourish／繁荣，兴旺／번영하다，번창하다

・古代エジプト文明は、3,000 年にわたって栄えた。　・{国／町／文化　…} が栄える。

対　ガ衰える　☞ N2 772、ガ衰退する　類　ガ繁栄する　☞ 658

776　**さだまる**　　**ガ定まる**　　to be decided, be settled, be fixed／决定，安定／정해지다

①・来週の役員会で、今後の方針が定まるだろう。　・人の運命は定まっているのだろうか。

類　ガ決まる

②・就職するか、進学するか心が定まらない。　・春は気候がなかなか定まらない。

類　ガ決まる、ガ安定する　※「定まる」は動いていたものが自然にある状態になるときによく使われる。

777　**さだめる**　　**ヲ定める**　　to decide, establish, provide (law)／决定；制定／정하다，결정하다

①・来週の役員会で、今後の方針を定めよう。　・自分の一生の仕事を教師と定めた。

②・政府は新しい法律を定めた。　・基本的人権は憲法に定められている。

関　ヲ制定する

類　①②ヲ決める　※「定める」は組織の意志の場合に使われる。

778 **なす** **ヲなす** to form, achieve, do／形成，变成，完成／이루다，통하다，만들다，하다

※漢字は「成す」だが、ひらがな表記が多い。

①・駅前にはタクシーが列をなしていた。 ・{群れ／山／層 …} をなす。

慣 災いを転じて福となす

②・この答えは意味をなさない。 ・レンズにひびが入っては、めがねの用をなさない。

※ 否定の形で使うことが多い。

③・やることなすことうまくいかない。 ・なせば成る。 ・「我々は今何をなすべきだろうか」

類 ヲする

779 **になう** **ヲ担う** to shoulder, bear, carry／肩负，分担，背负／맡다，짊어지다

①・役職が上がれば、それだけ大きな責任を担うことになる。 ・{役割／任務 …} を担う。

②・次代を担う若者が、夢を持てるような国にしたい。

・原田選手は国民の期待を担ってオリンピックに出場した。

・{国の特集／国政／組織 …} を担う。

類 ①②ヲ負う

③・大きな荷物を {肩／背中} に担う。

類 ②③ヲ背負う ③ヲ担ぐ ※「背負う」「担ぐ」より「担う」の方がかたい言葉。

780 **とどまる** **ガとどまる** to remain, stay, be limited to／留在，只限于／머무르다，머물다，남다，멈추다

①・A国で内戦が始まったが、大使館員はなお現地にとどまっている。

・あと数年、現職にとどまるつもりだ。

・彼は高校卒業後も都会に出ず、故郷の島にとどまった。

合 ヲ思い__、ガ踏み__

②・3,000人収容の会場だったのに、入場者は1,000人にとどまった。

・汚職を追及された議員は、「調査します」と答えるにとどまった。

・Bチームの勢いは、とどまるところを知らない。

慣 とどまるところを知らない

781 **とどめる** **ヲとどめる** to retain, stay, stop, limit／留下，停下，只限于／남기다，멈추다，새기다

①・バスの運転手は乗客を車内にとどめたまま自分だけ降り、道にあった障害物を取り除いた。

②・駅の中で写真展が開かれると、多くの人が足をとどめて見入っていた。

合 ①②ヲ押し__、ヲ引き__ 類 ②ヲ止める

③・災害時の被害を最小限にとどめたい。 ・ミスをした職員を処罰せず、厳重注意にとどめた。

・教授は不十分な点を指摘するにとどめ、解決策は示さなかった。

④・衝突事故を起こした車は、原形もとどめぬほど壊れていた。 ・歴史に名をとどめる。

・{記録／記憶／心 …} にとどめる。

類 ヲ残す

782　つきる　　ガ尽きる　　to be used up, be exhausted, come to an end, be based only on／用完，穷尽，终结／떨어지다，다하다，끝나다，그치다

①・貯金を切り崩して生活していたが、ついにお金が尽きてしまった。
・化石エネルギーはいずれ尽きると言われている。　・いろいろやってみたが策がつきた。
類　ガなくなる、ガ底をつく、ガ切れる、ガ枯渇する、ガ消滅する

②・いくつになっても悩みは尽きることがない。
類　ガ果てる、ガ終わる

③・今回のトラブルの原因は、関係者の共通認識ができていなかったことに尽きる。

783　つくす　　ヲ尽くす　　to try/do everything, do one's best, consume／尽力，达到极点，弄完／다하다

①・行方不明になった娘を両親は手を尽くして探した。　・「最善を尽くします」
・一代で大金持ちになった大富豪は、ぜいたくの限りを尽くした豪邸を建てた
慣　手を尽くす、～の限りを尽くす

②・社会に尽くすために政治家になりたい。　・彼女は心から夫のために尽くしていた。
関　ガ奉仕する

③［動詞＋尽くす］・火事は町中を焼き尽くした。　・食料を食べ尽くす。　・呆然と立ち尽くす。

784　のぞむ　　ガ臨む　　to look out on, face, treat／面临，对待／면하다，임하다，처하다，대하다

①・そのホテルは海に臨んで建っている。

②・十分に準備したので、自信を持って試験に臨むことができた。
・｛式／試合／面接／本番　…｝に臨む。

③・苦難に臨んだときにこそ、その人の真価が問われる。　・｛別れ／危険　…｝に臨む。

④・全ての学生に、公平な態度で臨むべきだ。　・厳しい方針で臨む。
類　ガ対応する

コラム 17　三権分立【立法】

Separation of the Three Branches of Government: Legislative／三权分立“立法”／삼권분립【입법】

◆国会　National Diet／国会／국회
二院制　bicameral system／两院制／양원제
衆議院　House of Representatives／众议院／중의원
参議院　House of Councillors／参议院／참의원

◆国会の仕事　The work of the National Diet／国会的工作／국회의 일
1　法律の制定　enactment of laws／制定法律／법률의 제정
2　予算に関する審議　deliberation of the budget／预算审议／예산에 관한 심의
3　内閣総理大臣の指名　nomination of the Prime Minister／指定内阁总理大臣／내각 국무총리의 지명

◆政党　Political parties／政党／정당
与党　ruling party, party in power／执政党／여당
野党　opposition party／在野党／야당

2-17

785　**そこなう**　　**ヲ損なう**　　to harm, damage ／损坏／해치다 , 손상시키다

・タバコの箱には「タバコの吸いすぎは健康(けんこう)を損なうおそれがあるので注意しましょう」と書いてある。

・{美観／景観／機嫌(きげん)／命／器物(きぶつ)　…} を損なう。

類　ヲ損ねる、ヲ損じる

786　**ただよう**　　**ガ漂う**　　to float, hang in the air, wander ／漂，飘荡，飘落／감돌다 , 떠다니다

①・ふと見上げると、雲が空を漂(ただよ)っていた。

・あたりに梅(うめ)の香りが漂(ただよ)っている。

②・意見がまっぷたつに分かれ、険悪な空気が漂(ただよ)った。

・{～雰囲気／～ムード／哀愁(あいしゅう)／妖気(ようき)　…} がただよう。

③・英雄の物語では、他国を漂(ただよ)って母国に帰ってくる話が多い。

類　ガさまよう

787　**みちる**　　**ガ満ちる**　　to be full, reach, fulfill ／装满，充满，满潮，满月，满予／가득차다 , 넘치다 , 차다 , 되다 , 이르다 , 달하다

①・水が水槽(すいそう)いっぱいに満ちている。

・{自信／期待　…} に満ちた表情

・体に活力が満ちる。

・正月を前に、デパートの売り場は活気に満ちている。

合　ガ満ちあふれる

②・潮(しお)が満ちる。(⇔引く)　・月が満ちる。(⇔欠ける)

関　満潮(まんちょう)、満月

☆満たない

・入社してまだ３カ月に満たない。　・試験はわずかに合格点に満たなかった。

・収入が一月(ひとつき)10万にも満たない。　・{条件／基準(きじゅん)　…} に満たない。

関　未満　　※この意味のときは「満ちない」という形は使わない。

788　**みたす**　　**ヲ満たす**　　to fill, satisfy ／盛满，填满，满足／채우다 , 만족하다 , 충족시키다

①・バケツに水を満たした。　・空腹(くうふく)を満たす。　・幸福感に満たされる。

・私の生活は今十分に満たされている。　・今の結婚生活に何か満たされない思いがある。

関　ガ満腹する、ガ満足する

②・条件を満たした人だけがこの仕事に就(つ)ける。

789　**まかなう**　**ヲまかなう**　to cover, supply／维持，筹措，供给（饭食）／마련하다，꾸려 나가다，제공하다

①・アルバイトで学費をまかなう。　・1カ月10万円で家計をまかなっている。

・この団体の経費は、寄付によってまかなわれている。

類　ヲやりくりする

②・この寮では学生に食事をまかなってくれる。

（名）まかない

790　**ひってきする**　**ガ匹敵する**　to rival, equal／比得上，相当／필적하다，맞먹다

・彼はまだ子供だが、大人の選手に匹敵する能力の持ち主だ。

・この地震の被害の規模は、関東大震災の被害に匹敵する。

※「匹敵する」の前にくる言葉は、程度の高いもの。　関　ガ相当スル、ガ当たる

791　**はびこる**　**ガはびこる**　to overgrow, be rampant／丛生；横行，猖獗／무성하게 자라다，횡행하다，판을 치다

・手入れをしていないので、庭に雑草がはびこっている。

・役人に汚職がはびこっている現状を、なんとか変えたい。　・悪がはびこる。

※よくないことに使う。

792　**おちいる**　**ガ陥る**　to fall/get/run into／陷进，落入／빠지다

①・円高により、A社は経営不振に陥った。

・{錯覚／スランプ／パニック／ジレンマ　…}　に陥る。

②・川の深みに陥る。

類　ガはまる

793　**まぬがれる**　**ガ免れる**　to avoid, exempt／摆脱，避免，免于／피하다

・これだけ大きな失敗をしたら、責任を免れることはできないだろう。

・ストーブから火が出たが、消火が速かったので火事になることは免れた。

・彼は犯罪を犯しながら罪を免れた。　・{被害／戦火／惨事　…}　を免れる。

※「まぬかれる」とも言う。　関　ガ逃れる　☞712

794　**まさる**　**ガ勝る**　to surpass, be superior／战胜，胜过／이기다，뛰어나다，낫다

・うちのチームは、攻撃力の点では相手チーム　{より／に}　勝っている。

・ここは小さな町工場だが、大企業に勝るとも劣らない製品を作っている。

対　ガ劣る　類　ガ優れる　慣　勝るとも劣らない

795　**おびる**　**ヲ帯びる**　to be tinged with, take on, be under the influence of／含有，带有，担负／띠다，맡다

①・その花の色は、青みを帯びた白だった。　・丸みを帯びた形　・酒気帯び運転

・科学が進歩し、月旅行が現実味を帯びてきた。

合　酒気帯び

②・N氏は首相の特命を帯びてアメリカへ向かった。

796 **にぶる** **ガ鈍る** to become less capable, weaken, become blunt ／生疏，变迟钝，动摇；（刀）变钝；迟缓／둔해지다，흔들리다，무뎌지다，줄다

①・最近練習を休んでいたので、腕が鈍った。　・{勘／感覚／記憶力　…} が鈍る。

・親に大反対され、歌手になろうという決心が鈍った。

②・研がなければ、刃物の切れ味は鈍る。

③・輸出量は年々伸びているが、昨年あたりから伸びが鈍ってきた。

(イ形)　①～③鈍い

797 **ありふれる** **ガありふれる** to be common ／常见／흔히 있다，평범하다

・このマンガはストーリーはありふれているが、絵がすばらしい。

・各地の土産物には、ありふれたものも多い。

※「ありふれた＋名詞」「ありふれている」という形で使う。

798 **さえる** **ガさえる** to be clear, to master/excel at, to be dull, uninteresting, unattractive ／清澈；清脆：清醒，（技艺）高超；（否定形）垂头丧气，没有生气，不起眼，不快／맑다，선명하다，뛰어나다，말똥말똥하다，능란하다

①・冬の夜空に月の光がさえている。　・さえた笛の音が聞こえる。

②・今日は勘がさえている。　・目がさえて眠れない。　・職人の技がさえる。

・（いいアイデアを思いついた人に）「おっ、今日はさえてるね」

連 **勘が＿、目が＿　（名）さえ**

合 **①②さえ渡る**

③・彼女は何か悩みでもあるらしく、さえない表情をしている。　・顔色がさえない。

・山田さんは見かけはさえないが、実は社内一の営業マンだ。

※否定形で使う。

799 **きわだつ** **ガ際立つ** to be prominent, conspicuous ／与众不同／뛰어나다，눈에 띄다

・成績優秀な学生たちの中でも、彼女の頭の良さは際立っていた。

・バレーボール選手の中でも、彼は際立って背が高い。

・横山氏の絵には、際立った特色がある。　・ウエストを際立たせたデザインの服

類 **ガ目立つ**

800 **ずばぬける** **ガずば抜ける** to be outstanding, tower above ／出类拔萃／두드러지다，빼어나다，뛰어나다

・田中選手のテクニックは、チームの中でもずば抜けている。

・彼女はずば抜けて優秀だ。　・ずば抜けた才能の持ち主

類 **ガ飛び抜ける**

※「ずば抜けた＋名詞」「ずば抜けている」「ずば抜けて＋形容詞／動詞」という形で使う。

コラム 18 アルファベットの略号②

Acronyms (2)／字母缩写②／알파벳의 약어②

◆科学・情報技術・コンピューター		Science, IT, Computers ／科学・信息技术・计算机／과학・정보기술・컴퓨터
IT	情報技術	Information Technology ／信息技术／정보 기술
AV	（オーディオビジュアル）→ AV 機器	Audio Visual ／音像器材／오디오 비주얼
CD	（コンパクトディスク）	Compact Disc ／ CD 光盘／콤팩트 디스크
DVD	（デジタルビデオディスク）	Digital Versatile Disc/Digital Video Disc ／ DVD 数字视盘／디지털 비디오 디스크
MD	（ミニディスク）	Mini Disc ／ MD 光盘／미니 디스크
VTR	ビデオテープレコーダー	Video Tape Recorder ／录像机／비디오 테이프 레코더
PC	パーソナルコンピューター＞パソコン	Personal Computer ／个人电脑／퍼스널 컴퓨터
OS	（オペレーティングシステム）	Operating System ／操作系统／운영 체제 (OS)
HD（D）	ハードディスク（装置）	Hard Disk (Drive) ／硬盘装置／하드 디스크
USB		Universal Serial Bus ／"通用串行总线"的缩写，中文也说 USB ／ USB
CG	コンピューターグラフィックス	Computer Graphics ／计算机图形／컴퓨터 그래픽
LAN	（構内ネットワーク）→無線 LAN	Local Area Network ／局域网／구내 네트워크
BBS	（電子）掲示板システム	Bulletin Board System ／电子公告板 ／（전자）게시판 시스템
AMEDAS	アメダス（／地域気象観測システム）	Automated Meteorological Data Acquisition System ／自动气象数据采集系统／아메다스 / 지역 기상 관측 시스템
BS	放送衛星→ BS 放送	Broadcasting Satellite ／ BS 卫星放送／방송 위성
CATV	ケーブルテレビ	Cable Television (Community Access Television) ／有线电视网／케이블 텔레비전
GPS	（全地球位置把握システム）	Global Positioning System ／全球定位系统／위성위치확인시스템
LED	（発光ダイオード）	Light Emitting Diode ／发光二极管／발광 다이오드
IC	（集積回路）	Integrated Circuit ／集成电路／집적 회로
IH	（誘導加熱）→ IH 調理器、IH 炊飯器	Induction Heating ／电磁炉，电磁加热电饭煲／유도가열
ETC	（ノンストップ自動料金支払いシステム）	Electronic Toll Collection System ／高速公路全自动电子收费系统／전자통행료징수시스템
◆生物		Biology ／生物／생물
DNA	（デオキシリボ核酸）	Deoxyribo-Nucleic Acid ／遗传基因／디옥시리보 핵산 (DNA)
IQ	知能指数	Intelligence Quotient ／智能指数，智商／지능 지수
◆医療		Medicine ／医疗／의료
HIV	（ヒト免疫不全ウイルス）	Human Immunodeficiency Virus ／人类免疫缺陷病毒／후천성 면역부전 바이러스 (HIV)
AIDS	エイズ（／後天性免疫不全症候群）	Acquired Immune Deficiency Syndrome ／艾滋病 / 获得性免疫缺陷综合症／에이즈 / 후천성 면역 결핍증
MRI	（磁気共鳴影像法）	Magnetic Resonance Imaging ／磁共振成像／자기 공명 영상법
◆職業		Professions ／职业／직업
CA	客室乗務員	Cabin Attendant ／飞机客舱服务员／객실 승무원
SE	システムエンジニア	Systems Engineer ／系统工程师／시스템 엔지니어
DJ	（ディスクジョッキー）	Disc Jockey ／（电台）唱片音乐节目主持人／디제이 (DJ)
◆その他		
ATM	（現金自動預入支払機）	Automatic Teller Machine ／自动柜员机／현금자동입출금기 (ATM)
BGM	バックグラウンドミュージック	Background Music ／背景音乐／배경 음악
CM	コマーシャル（メッセージ）	Commercial ／商业广告／ CF 광고
SF	サイエンスフィクション、空想科学小説	Science Fiction ／科幻小说／사이엔스 픽션，공상 과학 소설
DV	ドメスティックバイオレンス	Domestic Violence ／家庭暴力／도메스틱바이올런스，가정 내 폭력
PR	広報（活動／業務）	Public Relations ／宣传活动／홍보（활동／업무）
B.C. ⇔ A.D.	紀元前 ⇔ 紀元後	Before Christ ⇔ Anno Domini ／公元前⇔公元后／기원전⇔기원후
am ⇔ pm	午前 ⇔ 午後	ante meridiem ⇔ post meridiem ／上午⇔下午／오전⇔오후
P.S.	追伸	postscript ／又及（信件）／추신

Unit 09 動詞 B 練習問題 I

751 ～ 800

Step 1 2 3 4

I （　　）に助詞を書きなさい。

1．説得力（　　）富む話　2．海（　　）臨む町　3．厳しい方針（　　）臨む。
4．自信（　　）満ちた表情　5．建設（　　）要する費用　6．家族（　　）尽くす。
7．人命がすべて（　　）優先する。　8．アルバイト（　　）学費（　　）まかなう。
9．湯（　　）体（　　）浸す。　10．被害（　　）最小限（　　）とどめる。

II 「ます形」が名詞になる言葉に○を付けなさい。　例：もてなす→もてなし

になう　はずむ　しぼむ　ねばる　たるむ　とざす　もよおす　つきる

III 次の語は自動詞ですか、他動詞ですか。ペアになる自／他動詞を考え、表を完成させなさい。

例　定める　1．ほろびる　2．ひたる　3．とどめる　4．みちる　5．遠ざける

自動詞	他動詞	自動詞	他動詞
例：定まる	定める	3．	
1．		4．	
2．		5．	

IV 一緒に使う言葉を下から選んで書きなさい。

A　1．粘り強い（　　　　）　2．満たされた（　　　　）
3．ずば抜けた（　　　　）　4．際立った（　　　／　　　）
5．弾んだ（　　　　）　6．（　　　　）がしぼむ。
7．（　　　　）が漂う。　8．（　　　　）がはびこる。

いい匂い　声　才能　雑草　性格　生活　特色　花

（二度使う語もある）

B　1．（　　　）をもよおす。　2．（　　　）を閉ざす。　3．（　　　）を損なう。
4．（　　　）を尽くす。　5．（　　　）を免れる。　6．（　　　）を満たす。
7．（　　　）が鈍る。　8．（　　　）がたるむ。　9．（　　　）が出回る。
10．（　　　）にとどめる。　11．（　　　）順位をつける。

記憶　決心　条件　精神　力　偽札　眠気　被害　美観　門　優先

C　1．列を（　　　）。　2．海を（　　　）。　3．勘が（　　　／　　　）。
4．責任を（　　　／　　　）。　5．クラスに（　　　／　　　）。
6．夢が（　　　／　　　）。　7．実力が（　　　／　　　）。

埋め立てる　負う　劣る　さえる　しぼむ　溶け込む なじむ　なす　担う　鈍る　膨らむ　勝る

Ⅴ　下線の言葉と同じ意味になるよう、□に漢字を１字書きなさい。

1．国が栄える。→ □栄する　　　2．民族が滅びる。→ 滅□する

3．法律を定める。→ □定する　　　4．相談窓口を設ける。→ 設□する

Ⅵ　一緒に使う言葉を選びなさい。（　）の数字は選ぶ数です。

1．［　表情　気持ち　収入　話　歌　ボール　］が弾む。（３）

2．［　湯　思い出　劣等感　優越感　悲しみ　怒り　］に浸る。（４）

3．［　錯覚　病気　スランプ　プレッシャー　パニック　］に陥る。（３）

Ⅶ　（　　）に入る言葉を下から選び、適当な形にして書きなさい。

A　1．ゴミ袋にカラスが（　　　　　　　）いる。

2．「枠から（　　　　　　　）ように、記入してください」

3．こんな（　　　　　　　）ストーリーでは、読者の心をつかむのは難しいだろう。

4．このダム一つで、下流３県の水需要を（　　　　　　　）いる。

5．この自動車会社の車は、皆、丸みを（　　　　　　　）車体をしている。

6．優勝を目指したが、結果は４位に（　　　　　　　）。

7．事故が（　　　　　　　）、鉄道会社は対応に追われている。

8．営業成績が伸びず、売上額は目標から（　　　　　　　）ばかりだ。

9．東京都の財政規模は、A 国一国の財政規模に（　　　　　　　）。

あいつぐ	ありふれる	おびる	とおざかる	とどまる
はみだす	ひってきする	まかなう	むらがる	

B　1．何ごとにおいても（　　　　　　　）べきことを、きちんとやる。それが大切だ。

2．料理を美しく（　　　　　　　）皿が、テーブルいっぱいに並んでいた。

3．いい結果は得られなかったが、ベストを（　　　　　　　）つもりだ。

4．諦めずに最後まで（　　　　　　　）ば、いい結果が出せる思う。

5．何時間も議論しているのに、まだ基本方針さえ（　　　　　　　）状態だ。

6．一晩中話し続けても、話題の種は（　　　　　　　）。

7．彼の言葉は悪意と偏見に（　　　　　　　）ものだった。

8．「テニスのネットは（　　　　　　　）よう、しっかり張ってください」

9．日本の昔話には、きつねが若い娘に（　　　　　　　）話が多くある。

10．よほど相手を殴ってやろうかと思ったが、直前で思い（　　　　　　　）。

さだまる	たるむ	つきる	つくす	とどまる
なす	ねばる	ばける	みちる	もる

Unit 09 動詞B 練習問題Ⅱ

701 ～ 800

Step 1 2 3 4

Ⅰ （　　　）に入れるのに最もよいものを、a・b・c・dから一つ選びなさい。

1．あなたならできると（　　　）、大変な仕事を引き受けてしまった。

a　けなされて　　b　もてなされて　　c　からかわれて　　d　おだてられて

2．この川を（　　　）橋は、市内に５つある。

a　またぐ　　b　かかる　　c　つらぬく　　d　のぞむ

3．戦争が二人の仲を（　　　）。

a　裂いた　　b　破った　　c　割った　　d　壊（こわ）した

4．山田（やまだ）監督は就任１年目にしてチームを優勝に（　　　）。

a　促した　　b　促進した　　c　導いた　　d　指導した

5．練習中につまらないミスをして、「（　　　）！」と怒られた。

a　さえている　　b　たるんでいる　　c　ゆるんでいる　　d　しまっている

6．言いつけを守らなかったせいで、父の機嫌を（　　　）しまった。

a　背いて　　b　失って　　c　憤って　　d　損ねて

7．学校をさぼっていたことが（　　　）、親に叱られた。

a　はれて　　b　ばれて　　c　ばらして　　d　察して

8．望遠鏡を（　　　）と、月の表面がよく見えた。

a　のぞく　　b　ながめる　　c　あおぐ　　d　見渡す

9．スポンサーからの援助が（　　　）切られ、資金不足に陥った。

a　振り　　b　割り　　c　押し　　d　打ち

10．道を歩いていると、どこからともなく花の香りが（　　　）きた。

a　満ちて　　b　尽くして　　c　漂って　　d　帯びて

Ⅱ ＿＿＿の言葉に意味が最も近いものを、a・b・c・dから一つ選びなさい。

1．契約書の控えは大切に保管しておくこと。

a　下書き　　b　余分　　c　予備　　d　待機

2．本田（ほんだ）選手の才能を最初に見いだしたのは、中学時代の教師だった。

a　見定めた　　b　見通した　　c　見なした　　d　見抜いた

3．弾んだ声で電話がかかってきた。

a　明るい　　b　小さな　　c　甘い　　d　沈んだ

4．彼女はちょっと成績がいいものだから、思い上がっている。

a　ねたんで　　b　うぬぼれて　　c　もがいて　　d　ちやほやして

5．ずいぶんねばったが、契約を取ることはできなかった。

a　諦めずに長く話した　　b　強い調子で訴えた

c　いい条件を出した　　d　相手に嫌がられた

Ⅲ　次の言葉の使い方として最もよいものを、a・b・c・dから一つ選びなさい。

1．しぼむ

a　冷蔵庫に入れておいたバナナがしぼんでしまった。

b　酸性雨のせいで、たくさんの木がしぼんでしまった。

c　この植物は毎日水をやらないと、すぐしぼんでしまう。

d　この花は夜に咲いて、朝になる前にしぼんでしまう。

2．逃す

a　ぼんやりしていて先生の話を逃してしまった。

b　じっと見つめられて、思わず目を逃してしまった。

c　迷っているうちに、チャンスを逃してしまった。

d　練習に行かなかったので、レギュラーを逃してしまった。

3．告げる

a　ガンの人に病名を告げるべきかどうか、議論されている。

b　仕事上で問題があった場合は、上司に文書で告げること。

c　学生たちに、自分の考えを論理的に告げる訓練をさせるべきだ。

d　会議などでは、聞いている人のことを考え、はっきり告げるべきだ。

4．浸る

a　突然の大雨に全身が浸って、風邪をひいてしまった。

b　なべに材料の野菜と、それが浸るぐらいのスープを入れて煮込んだ。

c　怒りに浸るあまり、人前であることも忘れてどなってしまった。

d　クーラーの効いた部屋から外に出ると、暑さに浸ってぐったりした。

5．とどめる

a　運転中に地震が起こっても、車を道の真ん中にとどめないこと。

b　仕事をとどめない方がいいと忠告したが、彼はさっさと退職した。

c　バスにぶつかった車は、原形をとどめないほど壊(こわ)れていた。

d　今の生活を続けたら命をとどめないことになると、医者に忠告された。

Unit 10 カタカナ B

801 〜 850

Step 1 2 3 4

2-19

801 **ソフトな**

soft, gentle, software／柔软，温柔，软件／부드러운，소프트

①・柔軟剤(じゅうなんざい)は、洗濯物をソフトな手触(てざわ)りにする。　・人にソフトに接する。

・{色／声／口調(くちょう)／人柄(ひとがら)／人あたり　…} がソフトだ。

合 ソフトさ、ソフトクリーム、ソフトボール、ソフトドリンク　対 ハードな、固い

類 柔らかい

② [(名) ソフト]・コンピューターのソフト（<ソフトウェア）

対 ハード（<ハードウェア）

802 **ハードな**

hard, difficult, hardware／艰难，严格，紧张，坚硬，硬件／힘겨운，단단한

①・この仕事はハードな割りに給料があまりよくない。　・ハードなトレーニング

②・今週はスケジュールがハードで、なかなか休めない。

合 ①②ハードさ、ハードスケジュール　類 ①②厳(きび)しい

③・荷物はハードな箱に入っていたので、傷(きず)一つなかった。

合 〈本〉ハードカバー　対 ソフトな、柔らかい　類 固い／堅い

④ [(名) ハード]・コンピューターのハード（ウェア）

対 ソフト（ウェア）

803 **フォーマルな**

formal／正式的／정식적인

・友人の結婚式に出るため、フォーマルなドレスを買った。

・フォーマルな {服装／格好(かっこう)／スタイル／デザイン／場／会話　…}

合 フォーマルさ、フォーマルウェア　対 カジュアルな、インフォーマルな

関 正式（な）、格式(かくしき)、略式

804 **カジュアルな**

casual／轻便的／캐주얼한

・このレストランは格式(かくしき)が高いが、服装はカジュアルでかまわない。

・カジュアルな {格好(かっこう)／スタイル／デザイン／場／会話　…}

合 カジュアルさ、カジュアルウェア　対 フォーマルな　関 くだけた

805 **シンプルな**

simple／简单，简朴／심플한

・彼女はシンプルなデザインの服がよく似合う。

・シンプルな {化粧(けしょう)／料理／味／考え方　…}　・ものごとをシンプルに考える。

・余計な物を持たずに、シンプルに暮らしたい。

合 シンプルさ、シンプルライフ　対 複雑な、華美(かび)な　類 簡素(かんそ)な、質素(しっそ)な、単純明快な

806　**ドライな**　dry／冷漠，理智，干燥，除湿／사무적인，합리적인，드라이

①・彼女はドライな性格で、ものごとを割り切って考える。

・ドライに {考える／処理する …}。

対 ウェットな　**関** クールな

②・バラを乾燥(かんそう)させてドライフラワーを作った。　・エアコンのドライ機能

合 ドライクリーニング、ドライフルーツ、ドライフラワー　**類** 乾いた、乾燥(かんそう)した

関 ドライヤー

807　**シビアな**　severe, serious／严厉，毫不留情／엄격한

・あの先生は評価(ひょうか)がとてもシビアらしい。　・景気の状況はかなりシビアだ。

・この計画は、シビアな予算で行わなければならない。　・結果をシビアに受け止める。

類 厳(きび)しい

808　**ピンチ**　emergency, predicament／紧急关头，危机／죄악，핀치，궁지，위기

・給料日前で、今お金がピンチだ。

・この映画は、主人公(しゅじんこう)が何度もピンチに陥(おちい)って、見る者をはらはらさせる。

・〈野球〉満塁(まんるい)のピンチを迎えたが、何とか脱(だっ)することができた。

連 ＿になる、＿に陥(おちい)る⇔＿を脱(だっ)する、＿に直面する、絶体絶命(ぜったいぜつめい)の＿

合 大＿、〈野球〉＿ヒッター、＿ランナー

関 危機　※「ピンチ」はあまりに重大なものごとには使わない。スポーツなどでよく使われる。

809　**セーフ**　just and no more, safe／来得及，及格，安全进垒／세이프，안전

①・式に遅刻するかと思ったが、急いでぎりぎりセーフだった。

・試験は、合格点すれすれでセーフだった。

②・〈野球〉ランナーはベースにすべり込んで、セーフとなった。

対  ①②アウト

810　**マンネリ**　**<マンネリズム**　stereotyped, stuck in a rut／老一套，没有新鲜感／매너리즘

・この作家の小説は、最近マンネリに陥(おちい)っているのではないか。

・恋人と付き合って５年以上経(た)ち、そろそろマンネリぎみになってきた。

連 ＿になる、＿に陥(おちい)る⇔＿を脱(だっ)する　**合** ガ＿化スル、＿ぎみ

811　**バラエティー**　variety／多种多样，综艺电视节目／다양성，버라이어티

①・アンケートで、バラエティーのある回答が得られた。

・忘年会は、歌ありかくし芸ありとバラエティーに富(と)んで楽しかった。

連 ＿がある⇔ない、＿に富む　**類** 変化、多様性

②・テレビのバラエティー番組

812 **パワー** power, energy／力量，马力／파워，힘，능력

・学生には、社会を変えていこうとするパワーを持ってほしい。

・彼女の仕事にかけるパワーにはいつも圧倒される。

・この洗濯機は、従来品(じゅうらいひん)に比べてパワーがアップしている。

連 ＿がある⇔ない、＿が強い⇔弱い、＿が上がる⇔下がる、＿がアップする⇔ダウンする、＿が不足する **合** ＿アップ⇔＿ダウン、＿不足 **類** 力、馬力 **関** パワフルな

813 **バイタリティー** vitality／活力／활기，생기

・山本(やまもと)さんはとてもバイタリティーのある人で、疲れるということがない。

連 ＿がある⇔ない、＿に富む **類** 活力、生命力 **関** 活動的な、エネルギッシュな

814 **ダイナミックな** dynamic／有力的，生动的／다이내믹한，활동적인

・高橋(たかはし)選手は、鉄棒(てつぼう)でダイナミックな技(わざ)を次々と披露(ひろう)した。

・この絵は、人間の感情をダイナミックに表現している。

・ダイナミックな {動き／筆致(ひっち)／行動／性格 …}

合 ダイナミックさ →＿がある⇔ない、＿に欠ける **類** 躍動的(やくどうてき)な

815 **スタミナ** energy, stamina／体力，精力／스태미나

・明日は大事な試合だから、栄養(えいよう)をとってスタミナをつけておこう。

・荷物運びの途中で、スタミナが切れて動けなくなってしまった。

連 ＿がある⇔ない、＿がつく・＿をつける、＿が続く⇔切れる、＿がもつ、＿を使う、＿を消費する **合** ＿ドリンク、＿切(ぎ)れ **類** 精力

816 **ピーク** peak／最高潮／피크，정점

・日本では2月が大学受験のピークだ。 ・朝8時頃(ごろ)、ラッシュはピークを迎えた。

・売り上げは9月をピークに下がり続けている。

連 ＿を迎(むか)える、＿に達する、＿を越える **類** 頂点、絶頂

817 **クライマックス** climax／最高潮／클라이맥스，절정

・連続ドラマが、いよいよ来週クライマックスを迎える。 ・人生のクライマックス

・結婚式のクライマックスは、新郎新婦(しんろうしんぷ)の両親へのあいさつだった。

連 ＿を迎える **類** 最高潮(さいこうちょう)

818 **インパクト** impact／冲击／임팩트，인상

・ピカソの絵は、見る者に強いインパクトを与える。

・インパクトのない商品はなかなか売れない。

連 ＿がある⇔ない、＿が強い⇔弱い、＿を与える⇔受ける **関** 衝撃(しょうげき)

819　**コントラスト**　contrast／对比／콘트라스트, 대비

・冬山(ふゆやま)は、真っ白な雪と青い空とのコントラストが美しかった。

・パソコン画面のコントラストが強すぎると、目が疲れる。

連　＿が強い⇔弱い、＿をなす　**類**　対照、対比

820　**クリア(ー)な**　clear, overcome, complete, delete／清晰，清楚，解决，清澈，清除／깨끗한, 해결하다, 지우다

①・新しく買ったテレビは、画像がクリアで美しい。

・祖父は95歳だが、頭はとてもクリアーだ。　・問題をクリアにする。

合　クリア(ー)さ　**類**　はっきりした、鮮明(せんめい)な、明確な

②・クリアな氷を使うと、飲み物がおいしく感じられる。　・クリアファイル

合　クリア(ー)さ　**類**　透明(とうめい)な、不純物(ふじゅんぶつ)のない

☆ヲクリア(ー)する

①・これらの条件をすべてクリアすれば、採用となるそうだ。

・〈ゲーム〉5つのステージをクリアして、次のステージに進んだ。

②・〈コンピューター〉データをクリアする。

類　ヲ消去スル

821　**トーン**　tone, timbre／声调，色调／톤, 소리

①・説明の重要な部分は、声を大きくし、トーンを上げて話すようにしている。

・彼は男にしては声のトーンが高い。

連　＿が高い⇔低い、＿を上げる⇔下げる　**類**　音調、語調

②・柔らかいトーンの絵

類　色調

822　**ニュアンス**　nuance／语气，语感，细腻／뉘앙스

①・メールの絵文字(えもじ)は、文字(もじ)だけでは伝わりにくいニュアンスを伝える。

・よく似た言葉のニュアンスの違いは、母語話者以外にはなかなかわからない。

②・この作家は、ニュアンスに富(と)んだ文章を書く。

・微妙(びみょう)な色使いで絵にニュアンスを出す。

連　＿がある、＿に富む、＿を出す、＿をつける

823　**フィーリング**　feelings, to get on with someone／感觉，感受／느낌, 필링

・私はあの人とフィーリングがぴったり合う。

・自分のフィーリングを大切にして生活したい。

連　＿が合う　**関**　感覚、気分

2-21

824 **ギャップ** gap／差距／갭, 차이

・あの夫婦は考え方に大きなギャップがある。 ・ギャップを埋めるよう努力する。

・会社に入って、理想と現実とのギャップに失望した。

連 ニ＿がある⇔ない、＿が大きい⇔小さい、＿を埋める **類** 隔(へだ)たり、差

825 **ステレオタイプな** stereotype, stereotypical／定向思维, 固有概念／스테레오 타입인, 틀에 박힌

・創造力(そうぞうりょく)をつけるためには、ステレオタイプ｛な／の｝考え方を捨てることだ。

・日本人は、血液型を聞くと、その人の性格についてステレオタイプなイメージを持ちやすい。

関 紋切(もんき)り型(がた)

826 **レッテル** label／扣帽子；商标, 标签／라벨, 딱지

①・授業(じゅぎょう)にいつも遅刻する彼は、クラスで怠(なま)け者のレッテルを貼(は)られている。

・敵国(てきこく)に恋人のいた彼女は、周りから裏切(うらぎ)り者のレッテルを貼(は)られて苦しんだ。

連 ニ＿を貼(は)る ※よくない意味で使うことが多い。

②・このジャムは、レッテルからするとフランス産のようだ。

類 ラベル

827 **フィルター** filter／过滤, 过滤器／필터

①・レンズにフィルターをかけて特殊効果(とくしゅこうか)を狙(ねら)う。

・この写真はフィルターがかかったように、全体がぼんやりしている。

連 ニ＿がかかる・ニ＿をかける

②・水をこのフィルターにかけると、不純物(ふじゅんぶつ)が取り除かれる。

・｛エアコン／タバコ …｝のフィルター

連 ヲ＿にかける **関** ヲ濾過(ろか)スル

③・社会人になり、仕事というフィルターを通して世の中を見るようになった。

連 ＿を通して見る

828 **ベース** base, basis, bass／基地, 基础, (棒球的) 垒／기반, 베이스

[base]

①・この劇団は、大阪(おおさか)にベースを置いて全国で活動している。

・彼の小説のベースになっているのは、幼(おさな)いときの体験だ。

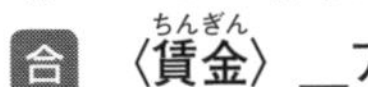

連 ＿にする・＿になる、ニ＿を置く **合** 〈賃金(ちんぎん)〉＿アップ **関** 基本(きほん)、土台、本拠(ほんきょ)

②・野球のベース

[bass]

・バンドのベース ・ベースギター

829 **インフラ　<インフラストラクチャー**　infrastructure／基础设施／구조 기반，하부 구조

・社会の発展のためには、インフラの整備が不可欠だ。

・戦災でインフラが崩壊し、人々の生活は困難を極めた。

連　__を整える、__を整備する、__を敷く、__を築く

830 **ネットワーク**　network, connections／网络，社会关系／네트워크，방송망，인맥

・インターネットは、世界をつなぐ巨大なネットワークだ。　・テレビ局のネットワーク

・あの人は顔が広くて、いろいろなネットワークを持っている。

合　__システム

831 **テクノロジー**　technology／技术／과학 기술

・テクノロジーの進歩によって、人間の生活は飛躍的に向上した。

・新しいコンピューターには、最先端のテクノロジーが応用されている。

合　ハイテク<ハイテクノロジー、バイオ__、ナノ__　**類**　科学技術

832 **テクニック**　technique／技巧／테크닉，기술

・あのピアニストは素晴らしいテクニックを持っている。　・高度なテクニックが必要な作業

連　__がある⇔ない、__を持つ、高度な__　**類**　腕、技、技能、技術　**関**　テクニシャン

コラム 19　漢語の省略語①

Abbreviations of Words of Chinese Origin (1)／汉语词汇的省略语①／한자의 생략어①

◆労働		Work／劳动／노동
年休	年次有給休暇	annual paid vacation／年度有薪休假／연차 유급 휴가
有休	有給休暇	paid holiday／带薪休假／유급 휴가
産休	出産休暇	maternity leave／产假／출산 휴가
育休	育児休暇	maternity/paternity leave／育儿假／육아 휴가
就活	就職活動	job hunting／求职活动／취직 활동
職安	公共職業安定所	Public Employment Security Office／公共职业安定所／공공 직업 소개소
大卒	(学歴が) 大学卒業	university/college graduate／大学毕业的学历／(학력이) 대학교 졸업
高卒	(学歴が) 高校卒業	high school graduate／高中毕业的学历／(학력이) 고등학교 졸업
新卒	新規卒業	new graduate／应届毕业生／신규 졸업
春闘	春季闘争	spring salary negotiations／春季要求提高工资的斗争／춘계 투쟁 (임금협상)
労組	労働組合	labor union／工会／노동조합
日教組	日本教職員組合	Japan Teachers Union／日本教职员工会／일본 교직원조합
時短	時間短縮	reduction of working hours／(改变劳动条件的措施) 缩短劳动时间／시간 단축
労基法	労働基準法	Labor Standards Act／劳动基准法／노동 기준법

833　**メカニズム**　mechanism／机械装置，机构，构成／메커니즘，구조

①・この機械の内部のメカニズムを知りたい。　・市場のメカニズム

※「メカ」という省略語は、機械そのものを指すことが多い。　類　構造、機構、仕掛け

関　システム

②・記憶のメカニズムは、まだよくわかっていないことも多い。

・{地球温暖化／地震／ガン発生　…}のメカニズムを解明する。

類　①②仕組み

834　**プロセス**　process／流程，过程／프로세스，과정

・工場を見学して製品ができ上がるまでのプロセスがわかった。

・社長は、廃業(はいぎょう)を決定するに至(いた)ったプロセスを説明した。

類　過程

835　**フィードバック　ヲフィードバック(ヲ)スル**　feedback／反馈／피드 백

・テストを返すときには、教師からのフィードバックが必要だ。

・勤務の評価(ひょうか)を社員にフィードバックすると、仕事への動機づけになる。

連　__を与える⇔受ける

836　**コンセプト**　concept／理念，想法／콘셉트，개념，발상

・新しく創刊(そうかん)する雑誌のコンセプトを、編集会議で話し合った。

・「この化粧品(けしょうひん)は、女性の自然な美しさを引き出すというコンセプトで作られております」

関　考え、概念(がいねん)、アイデア

837　**ポリシー**　policy／政策，原则／정책，책략

・この病院は、患者に行き過ぎた治療をしないというポリシーを持っている。

・彼は、仕事を生活の中心にするというポリシーを変えた。

連　ニ__がある⇔ない、__を持つ、__を貫(つらぬ)く　合　プライバシー__　関　信念、方針(ほうしん)

838　**アピール　ガ／ヲアピール(ヲ)スル**　appeal, attract／宣传，有吸引力／어필，호소

①・この商品は、お年寄りでも簡単に使えることを消費者にアピールしている。

・デモ行進で核廃絶(かくはいぜつ)のアピールを行った。

関　ヲ訴(うった)える　☞ 739

②・入社試験では、面接官にアピールするような自己紹介(じこしょうかい)をするといい。

・アイドルには若者にアピールする魅力(みりょく)がある。

合　自己(じこ)__、セックス__　関　関心を引く

839　**シミュレーション　ヲシミュレーション(ヲ)スル**　simulation／模拟试验／시뮬레이션

・パイロットの飛行訓練では、機械で実際の操縦(そうじゅう)のシミュレーションを行う。

・経済シミュレーションで、来年の動向を予測する。

連　__をする　合　__ゲーム、__実験、__装置(そうち)、経済__　関　模擬実験(もぎじっけん)

840　**アクセス**　　**ガアクセススル**　　access／访问，交通／액세스，접근

①・この会場はアクセスが悪く、車がないと行くことができない。

・お店のホームページには、たいていアクセスの仕方が載(の)っている。

連　＿がいい⇔悪い　**合**　交通＿

②・〈コンピューター／インターネット〉芸能人のブログにアクセスする。

841　**Uターン**　　**ガUターンスル**　　U-turn, return home／掉头，U形转弯；返乡，回老家／유턴

・この道はUターン禁止だ。　・正月の帰省客(きせいきゃく)のUターンラッシュは、1月3日頃(ごろ)がピークだ。

・都会に出た若者が出身地にUターンして就職(しゅうしょく)するケースが増えている。

合　＿ラッシュ　**関**　ガI(アイ)ターンスル

842　**シフト**　　**ガ／ヲシフトスル**　　shift／换班，转移／시프트，이동

①・来週学校のテストがあるので、アルバイトのシフトを変えてもらった。

②・多くのメーカーが、生産拠点(きょてん)を国内から海外へシフトした。

・この国は、主要産業が工業から情報産業にシフトしつつある。

類　ガ／ヲ移行スル

843　**チェンジ**　　**ガ／ヲチェンジスル**　　change, substitute／改变，更换／체인지，교체，교대

①・彼女は髪を切ってイメージチェンジした。　・車のモデルチェンジ

合　イメージ＿、モデル＿　**類**　ガ変化スル

②・「この席、前の人の頭で舞台がよく見えないわ」「じゃ、僕(ぼく)の席とチェンジする？」

・〈チームスポーツ〉けがをした選手が途中でチェンジした。

合　メンバー＿　**類**　ヲ交換(こうかん)スル、ガ／ヲ交替(こうたい)スル

844　**フォーム**　　form／姿势，表格／폼，자세，양식

①・ゴルフはフォームが悪いと球が全然飛ばない。

連　＿がいい⇔悪い　**類**　体勢

②・「このフォームに必要事項(ひつようじこう)を書き込んでください」

類　書式、様式　**関**　フォーマット

845　**ポーズ**　　pose, front, pause／姿势，装样子，停顿／포즈，사이

[pose]

①・絵のモデルがポーズを取っている。　・ポーズを決めて写真に写る。

連　＿をする、＿を取る、＿が決まる・＿を決める　**関**　体勢、姿勢(しせい)

②・彼は悪ぶった態度(たいど)を取るが、それは一種のポーズに過ぎない。

連　〜＿をする、〜＿を取る

[pause]

・朗読(ろうどく)では、場面が変わる際に十分なポーズを入れる。

連　＿をとる、＿を入れる　**関**　休み

846 **タイミング** timing／时机／타이밍

・気になる人に声をかけたいが、タイミングがつかめない。

・友達を食事に誘(さそ)おうと思っていたら、タイミングよく電話がかかってきた。

・会社を作りたいが、不況の今はタイミングが悪い。

連 __がいい⇔悪い、__をつかむ⇔逃(のが)す、__をはかる、__よく

合 グッド__ **類** 好機

847 **ラスト** last, finale／最后，末尾／라스트，마지막

・マラソンでラストの一人がゴールすると、観客から拍手(はくしゅ)がわいた。

・ドラマのラストで主人公(しゅじんこう)の二人は結ばれる。

・採用試験には年齢制限があるから、今年がラストチャンスだ。

合 __シーン、__チャンス、__スパート、〈レストラン〉__オーダー

対 トップ ☞ N3 520、先頭、最初 **類** 最後、最終

848 **スムーズな** smooth, smoothly, without problem／顺利／순조로운，원활한

・転校した当初は、周りの環境(かんきょう)にスムーズにとけ込めなかった。

・ものごとがスムーズに {進む／運ぶ／いく}。 ・相手とのスムーズな意思疎通(いしそつう)を図(はか)る。

・スムーズな {操作(そうさ)／動き／手続き／進行／交渉(こうしょう)／コミュニケーション …}

類 円滑(えんかつ)な ☞ 869、なめらかな ☞ 201 **関** すんなり（と） ☞ 569

849 **サイクル** cycle／周期／사이클，주기

・動物は、１年の自然のサイクルに従(したが)って生活している。

・LED 電球は、交換までのサイクルが普通の電球に比べるとずっと長い。

連 __が長い⇔短い **合** ライフ__ **類** 周期 **関** 循環(じゅんかん)

850 **ジェンダー** gender／男女社会性差异／성별

・ジェンダーとしての男女の役割は、昔と大きく違ってきている。

類 （社会的な意味での）性、性別 ※「セックス」は生物学的な性、性別

コラム 20 漢語の省略語②

Abbreviations of Words of Chinese Origin (2)／汉语词汇的省略语②／한자의 생략어②

◆政治・社会		Government/Society／政治・社会／정치・사회
改憲	憲法改正	constitutional reform/amendment／修改宪法／헌법 개정
護憲	憲法擁護	protection of the constitution／拥护宪法／헌법 옹호
行革	行政改革	administrative reform／行政改革／행정 개혁
安保	安全保障	national security／安全保障／안전 보장
入管	入国管理局	Immigration Bureau／（出）入境（国）管理局／입국 관리국
国保	国民健康保険	National Health Insurance／国民健康保险／국민 건강 보험
生保	生命保険	life insurance／生命保险／생명 보험
損保	損害保険	damage insurance／（财产）损失保险／손해 보험
◆経済		Economy／经济／경제
日銀	日本銀行	Bank of Japan／日本银行／일본 은행
東証	東京証券取引所	Tokyo Stock Exchange／东京证券交易所／도쿄 증권거래소
外貨	外国通貨	foreign currency／外国货币／외국 통화
都銀	都市銀行	city bank／都市银行／도시 은행
地銀	地方銀行	regional bank／地方银行／지방 은행
信販	信用販売	sales on credit／信用销售／신용 판매
独禁法	独占禁止法	Anti-Monopoly Act／垄断禁止法／독점 금지법
公取委	公正取引委員会	Fair Trade Commission／公正交易委员会／공정거래위원회
◆産業		Industry／产业／산업
量産	大量生産	mass production／大量生产／대량 생산
特注	特別注文、特別発注	special order, special order／特别订货／특별 주문，특별 발주
空輸	空中輸送	air transport／空中运输／항공운송
農協	農業協同組合	agricultural cooperative／农业协作组合／농업 협동조합
漁協	漁業組合	fishery cooperative／渔业合作社／어업 협동조합
◆国際		International／国际／국제
軍縮	軍備縮小	disarmament／裁减军备／군비축소
軍拡	軍備拡大	expansion of armaments／扩充军备／군비 확대
国連	国際連合	United Nations／联合国／유엔
安保理	安全保障理事会	UN Security Council／（联合国）安全理事会／안전보장이사회
◆文化		Culture／文化／문화
国体	国民体育大会	National Athletic Meet／国民体育大会／국민 체육 대회
重文	重要文化財	Important Cultural Property／重要文化遗产，重点文物／중요 문화재
民放	民間放送	commercial broadcasting／民营广播电视／민간 방송
◆生活		Daily Life／生活／생활
家電（品）	家庭用電気製品	home electronic goods／家用电器／가정용 전기 제품
通販	通信販売	mail order／邮购，函售／통신 판매
車検	自動車検査	vehicle inspection, MOT／汽车检查／자동차 검사
原付	原動機付き自転車	moped, scooter／小型摩托车／스쿠터
自販機	自動販売機	vending machine／自动售货机／자동 판매기
生協	生活協同組合	co-operative association/store (co-op)／生活协同组合／생활 협동조합
特保	特別保健用食品	Food for Specified Health Uses (FOSHU)／特別保健用食品／특별 보건용 식품

Unit 10 カタカナB 801 ～ 850

練習問題 I

Step 1 2 3 4

I （　　）に助詞を書きなさい。

1. 理想（　　）現実（　　）のギャップ
2. 店のホームページ（　　）アクセスする。
3. 面接官（　　）自分（　　）アピールする。
4. 調査結果（　　）協力者（　　）フィードバックする。

II 「～する」の形になる言葉に○を付けなさい。

アピール　アクセス　サイクル　シフト　ソフト　チェンジ　クリアー　Uターン

III ナ形容詞になる言葉に○を付けなさい。

インパクト　カジュアル　ピーク　シンプル　セーフ　ドライ　シビア　ピンチ
ソフト　パワー　ダイナミック　ニュアンス　スムーズ　コントラスト　クリアー

IV 「～がある⇔ない」の形になる言葉に○を付けなさい。

パワー　バイタリティー　クライマックス　インパクト　マンネリ　スタミナ
ポリシー　テクニック　バラエティー　フォーマル　ギャップ　アクセス

V 対義語を書きなさい。

1. カジュアルな　⇔（　　　　　　）　2. ソフトな　⇔（　　　　　　）
3. ウェットな　⇔（　　　　　　）　4. セーフ　⇔（　　　　　　）

VI （　　）に下から選んだ語を書いて、一つの言葉にしなさい。

1. ドライ（　　　　）　2. ソフト（　　　　）
3. ベース（　　　　）　4. ハード（　　　　）
5. ラスト（　　　　）　6. イメージ（　　　／　　　）
7. バラエティー（　　　　）　8. シミュレーション（　　　　）
9. （　　　　）アピール　10. （　　　　）サイクル　11. （　　　　）タイミング

アップ	グッド	クリーニング	ゲーム	スケジュール	
スパート	チェンジ	ドリンク	ライフ	自己	番組

（二度使う語もある）

VII 正しい言葉を〔　　〕の中から一つ選びなさい。

1. コントラストが〔 高い　強い　明るい 〕。　2. サイクルが〔 大きい　強い　長い 〕。
3. ギャップが〔 大きい　強い　早い 〕。

Ⅷ　似た意味の言葉を下から選んで（　　　）に書きなさい。

1．テクノロジー　―（　　　　　　）　2．シミュレーション　―（　　　　　　）

3．メカニズム　　―（　　　　　　）　4．フォーム　　　　　―（　　　　　　）

5．プロセス　―（　　　　）　6．サイクル　―（　　　　）　7．ポリシー　―（　　　　）

科学技術　過程(かてい)　周期　仕組み　書式　信念　模擬(もぎ)実験

Ⅸ　一緒(いっしょ)に使う言葉を下から選んで（　　　）に書きなさい。

A　1．（　　　　　）な評価　2．（　　　　　）な口調(くちょう)　3．（　　　　　）な料理

4．（　　　　　）な進行　5．（　　　　　）な画面　6．（　　　　　）な性格

7．（　　　　／　　　　／　　　　／　　　　）な考え方

クリアー　シビア　シンプル　ステレオタイプ　スムーズ　ソフト　ドライ

（二度使う語もある）

B　1．カジュアルな（　　　　　）　2．ダイナミックな（　　　　　）

3．声の（　　　　　）　4．言葉の（　　　　　）

5．エアコンの（　　　　　）　6．新商品の（　　　　　）

動き　コンセプト　トーン　ニュアンス　フィルター　服装

C　1．ピークに（　　　　）。　2．スタミナが（　　　　）。　3．スタミナを（　　　　）。

4．レッテルを（　　　　）。　5．ポーズを（　　　　）。　6．インフラを（　　　　）。

7．ピンチに（　　　　）。

陥(おちい)る　切れる　達する　つける　整(ととの)える　取る　張(は)る

D　1．（　　　　　）が合う。　2．（　　　　　）を受ける。

3．（　　　　／　　　　）に富(と)む。　4．条件を（　　　　）する。

5．故郷に（　　　　）する。　6．（　　　　）を埋(う)める。

インパクト　ギャップ　クリアー　バイタリティー　バラエティー　フィーリング　Uターン

Ⅹ　（　　　）に入る言葉を下から選んで書きなさい。

1．このドラマは5年も続いているので、そろそろ（　　　　　）化してきた。

2．議論しているうちに、問題点が（　　　　　）になってきた。

3．仕事を通していろいろな（　　　　　）を築(きず)くことができた。

4．工場は3交替(こうたい)勤務で、（　　　　　）が決まるのは1カ月前だ。

5．いつ新商品を売り出すか、（　　　　　）をはかっている。

6．（　　　　　）というのは社会的性別という意味で、比較的新しい概念だ。

7．あの音楽ホールは（　　　　　）が悪くて不便だ。

アクセス　クリアー　ジェンダー　シフト　タイミング　ネットワーク　マンネリ

Ⅰ （　　）に入れるのに最もよいものを、a・b・c・dから一つ選びなさい。

1．真空（　　）になっている食品は、長期にわたって保存できる。
a　パック　b　バッグ　c　グッズ　d　パネル

2．（　　）にとらわれず、自分の目でよく見て判断することが大切だ。
a　イニシャル　b　レッテル　c　フォーム　d　ポーズ

3．あの大学は世界的にみても（　　）の高い大学だ。
a　リスト　b　パワー　c　シビア　d　ランク

4．地震発生の（　　）がわかれば、予知もできるのだろうか。
a　テクニック　b　テクノロジー　c　メカニズム　d　ダイナミック

5．私にとって犬のジョンはペットではなく、人生の（　　）だ。
a　ヒーロー　b　ファン　c　フリーター　d　パートナー

6．優勝チームはオープンカーで大通りを（　　）することになっている。
a　アピール　b　パレード　c　デビュー　d　ライブ

7．今回の出張のスケジュールは（　　）だ。
a　ソフト　b　セーフ　c　ハード　d　チェンジ

8．農家は自然の（　　）に合わせて働いている。
a　プロセス　b　サイクル　c　ペース　d　ピーク

9．政府は節電を促す（　　）を大々的に行った。
a　キャンペーン　b　フェスティバル　c　ディスプレイ　d　シンポジウム

10．競争は（　　）条件で行われなければならない。
a　ドライな　b　ダブルの　c　フォーマルな　d　フェアな

Ⅱ ＿＿＿の言葉に意味が最も近いものを、a・b・c・dから一つ選びなさい。

1．この料理、とてもおいしいね。<u>ヘルシー</u>だし。
a　量が多い　b　日本的　c　健康的　d　スパイシー

2．あの二人の考え方には大きな<u>ギャップ</u>がある。
a　欠点　b　溝　c　共通点　d　壁

3．地震で、<u>電気、ガス、水道などの設備</u>が破壊（はかい）された。
a　インフラ　b　ネットワーク　c　フィードバック　d　シミュレーション

4．交渉は初めから<u>スムーズに</u>進んだわけではない。
a　滞りなく　b　タイミングよく　c　さわやかに　d　滑らずに

5．必要なものだけを持つ、<u>シンプルな</u>暮らしがしたい。
a　貧しい　b　単純な　c　ぜいたくな　d　簡素な

Ⅲ　次の言葉の使い方として最もよいものを、a・b・c・dから一つ選びなさい。

1．マンネリ

a　いつも同じ水準でマンネリの作品を書き続けるのは難しい。

b　あの選手は最近マンネリなのか、あまり活躍していない。

c　以前はヒット作をたくさん作ったあの作曲家も、最近はマンネリ気味だ。

d　特別なことがないマンネリの日こそ、幸せなのかもしれない。

2．マイペース

a　彼はマイペースではあるが、着実に力を付けている。

b　彼はマイペースに周りを引き込む力を持っている。

c　そんなにマイペースで書かずに、時間内に終わるようにしなさい。

d　彼はとてもマイペースな性格なので、多くの人から愛されている。

3．ラスト

a　数学の成績は私がラストだった。

b　あの映画のラストは、映画史に残る傑作(けっさく)だ。

c　人生のラストはふるさとに帰って暮らしたい。

d　テストはラストまであきらめず、粘るべきだ。

4．ボリューム

a　脂肪はボリュームに結びつきやすいので、取り過ぎてはいけない。

b　先月は支出のボリュームが大きかったので、今月は節約しよう。

c　このレポートは長さはともかく、内容のボリュームが足りない。

d　聴解テストの音声が聞こえにくかったので、ボリュームを上げてもらった。

5．インパクト

a　台風10号は各地に大きなインパクトを与えた。

b　お世話になった先生が重病と聞き、インパクトを受けた。

c　彼らの音楽は多くの若者に強いインパクトを与えた。

d　乗っていた車がトラックに追突され、全身にインパクトを受けた。

Unit 11 形容詞B

851 ～ 930

Step 1 2 3 4

2-24

851 **けいそつな** **軽率な** rash, hasty／轻率，草率／경솔한

・先生とけんかして高校をやめたのは、軽率だったと思う。 ・軽率な行為

合 軽率さ 対 慎重な 類 軽はずみな

852 **たいまんな** **怠慢な** negligent／懈怠／태만한

・対策をとるのが遅れ、被害が増大したのは行政の怠慢だ。

・会社は職務に怠慢な社員のリストラを検討している。

合 怠慢さ、職務怠慢 関 ヲ怠ける

853 **いいかげんな** **いい加減な** irresponsible, careless, good, enough／马马虎虎，差不多，算了吧，相当／무책임한，어지간히，작작，적당히

①・あの人は仕事がいい加減で困る。 ・「いい加減なことを言うな」

合 いい加減さ 関 無責任な、安易な

②・「遅くなったから、いい加減なところで帰ろう」

③・「人に甘えるのもいい加減にしろ」

連 いい加減にする

④［(副) いい加減］・毎日同じような食事で、いい加減飽きた。

854 **なげやりな** **投げやりな** careless, irresponsible／草率，不负责任／무책임한，될 대로 되라는 식의

・「もうどうなってもいい」という投げやりな考え方はよくない。

・彼はこの頃仕事が投げやりだ。 ・投げやりな態度を取る。

関 いい加減な、無責任な

855 **そっけない** **素っ気ない** curt／冷淡／무뚝뚝한，쌀쌀한，퉁명스러운

・私が愛想よく話しかけても、彼女は素っ気なく「うん」と言っただけだった。

・素っ気ない態度を取る。 ・素っ気ない返事

合 素っ気なさ 類 すげない、冷たい、よそよそしい

856 **ひややかな** **冷ややかな** cold／冷淡，冷静／차가운，냉정한

・彼女は自分を裏切った友人を、冷ややかに見つめた。 ・冷ややかな態度をとる。

合 冷ややかさ 類 冷淡な、冷たい

857 **なれなれしい** over-familiar／过分亲密／버릇없다，매우 친한 척하다

・初対面の人に、あまりなれなれしく話すものではない。 ・なれなれしい口をきく。

合 なれなれしさ、なれなれしげな

858 **みっともない** unseemly, unbecoming ／不像样，不体面／보기 흉하다, 꼴이 사납다

・電車の中で口を開けて寝るなんて、みっともない。 ・「そんなみっともない格好(かっこう)をするな」

・日本代表チームなのだから、みっともない負け方はできない。

合 みっともなさ 類 格好(かっこう)悪い

859 **たくましい** sturdy, resolute, robust ／健壮，坚强／늠름하다, 씩씩하다, 왕성하다

①・運動選手だけあって、彼はたくましい体つきをしている。

合 筋骨(きんこつ)＿

②・戦後の混乱期を、母はたくましく生き抜いた。 ・商魂(しょうこん)たくましい売り込み

連 想像をたくましくする 合 商魂(しょうこん)＿ 関 したたかな ☞909

合 ①②たくましさ

860 **すこやかな 健やかな** healthy ／健康／건강한

・赤ん坊は両親の愛情のもとで健(すこ)やかに育った。 ・健(すこ)やかな {体／心 …}

合 健(すこ)やかさ

861 **むじゃきな 無邪気な** innocent ／天真烂漫，幼稚／천진한

・赤ん坊の無邪気(むじゃき)な笑顔(えがお)を見ていると、こちらも元気づけられる。

・親が死んだことが理解できず、子供は無邪気(むじゃき)に遊んでいた。

合 無邪気(むじゃき)さ

862 **むしんけいな 無神経な** thick-skinned, immune ／不顾及别人，反应迟钝／무신경한

①・大学に落ちた人の前で、自分の合格を大喜びするのは無神経だ。

・無神経な {人／言葉 …}

②・騒音(そうおん)の中で暮らしていると、音に対して無神経になる。

類 鈍感な

合 ①②無神経さ

863 **むぞうさな 無造作な** casual ／随随便便，随意／손쉽게, 아무렇게나

・彼は1万円札10枚を、無造作にポケットに突っ込んだ。

・重要書類が無造作に机の上に置いてあったので、引き出しにしまった。

864 **ゆうがな 優雅な** elegant, refined ／优雅／우아한

・女王は歩き方も話し方も優雅(ゆうが)だ。 ・{白鳥(はくちょう)／富士山(ふじさん) …} の優雅(ゆうが)な姿(すがた)

・優雅(ゆうが)に踊る。 ・優雅(ゆうが)な生活

合 優雅(ゆうが)さ 類 優美(ゆうび)な

865 **みごとな　見事な**　admirable, total, complete／精彩，完全／뛰어난 , 훌륭한 , 멋진

①・職人の見事な腕前に、見ていた人々から拍手が沸いた。

・大会初出場のAチームの活躍は見事だった。　・見事な {演奏／技術／作品／景色 …}

・高田さんは難しい国家試験に、見事（に）1回で合格した。

合 見事さ　類 すばらしい

②・練習ではうまくいっていたのだが、本番ではものの見事に失敗してしまった。

連 ものの見事に

866 **もうしぶんない　申し分ない**　no objection, does not require comment／无异议／나무랄 데 없다 , 더할 나위 없다

・佐藤氏なら、知名度といい経歴といい、市長候補として申し分ない。

・その学生は申し分（の）ない成績を収めた。

867 **もはんてきな　模範的な**　exemplary／模范的／모범적인

・彼は成績もよく、模範的な学生だ。

・模範的な {態度／答え …}

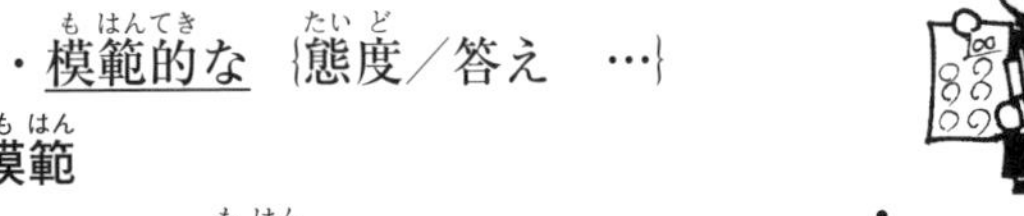

☆模範

・全校の模範となる。　・教師が生徒に模範を示す。

合 ＿解答、＿演技　類 手本

868 **まめな**　diligent／勤快，经常／부지런한

・祖母の健康の秘訣は、まめに体を動かすことだそうだ。

・私はいろいろな会合に、まめに顔を出す方だ。

・「20年、毎日日記をつけています」「まめですねえ」

合 まめさ、筆まめ（⇔筆無精）

869 **えんかつな　円滑な**　smooth／顺利，圆满／원활한

・B社との交渉は円滑に運んだ。　・今日の会議は長かった。もっと円滑な運営を望む。

合 円滑さ　類 スムーズな ☞ 848

870 **じんそくな　迅速な**　swift, rapid／迅速／신속한

・事故が発生した際には、迅速な対処が望まれる。　・問題を迅速に解決する。

・「時間がないので、迅速に行動してください」

合 迅速さ、迅速性　類 素早い、速やかな、スピーディーな

871 **すみやかな　速やかな**　speedy, quick／迅速／신속한 , 빠른

・「地震の揺れが収まったら、速やかに屋外へ避難してください」

・近所で強盗事件が発生した。速やかな解決を望みたい。

合 速やかさ　類 素早い、スピーディーな、迅速な

872 **すばやい** **素早い** fast, quick／快速，敏捷／재빠르다，민첩하다

・どちらの条件が有利か、彼は頭の中で素早く計算した。

・「もう着替えたの？ 素早い！」 ・素早い {動き／行動／処置 …}

合 素早さ

873 **びんしょうな** **敏しょうな** nimble, agile／敏捷／민첩한

・山下選手は体は小さいが、敏しょうな動きで次々とゴールを決めた。

合 敏しょうさ 対 鈍重な 類 機敏な、敏速な

874 **しょうさいな** **詳細な** detailed／详细／상세한

・あの作家は事実を詳細に調べた上で小説を書くそうだ。 ・部下に詳細な報告を求める。

類 詳しい （名） 詳細（例．事件の詳細については、現在捜査中だ。）

875 **ちみつな** **緻密な** carefully thought out, accurate／细致，细密，周到／세밀한

・私は緻密に計画を立てて行動する方だ。 ・緻密な {計算／研究 …}

合 緻密さ、緻密性 類 綿密な 関 精密な ☞204

876 **まれな** rare, uncommon／稀少，稀罕／드문

・最近忙しく、12時前に帰れることはまれだ。

・温暖なこの地方でも、まれには雪が降ることもある。

・田中君は近ごろまれな、礼儀正しい好青年だ。 ・彼女はまれに見る天才だ。

連 まれに見る＋[名詞]、世にも__、近ごろ__ 類 めったにない

877 **ひそかな** secret, private／秘密／은밀한，은근한，남 모르는

・同僚が会社の機密書類をひそかに持ち出していたことが発覚した。

・電車の中の人を観察してあれこれ想像するのが、私のひそかな楽しみだ。

関 ひそやかな、こっそり ☞N2 1126

878 **こまやかな** **細やかな** heartfelt／细致／세심한，두터운

・この旅館は部屋にも料理にも、こまやかなサービスが行き届いている。

・こまやかな {愛情／配慮／心遣い …}

合 こまやかさ

879 **ささやかな** modest／细小，略表心意的小东西／변변치 못한，자그마한

・お世話になったお礼に、ささやかな贈り物をした。

・先日、1年目の結婚記念日をささやかに祝った。

※謙遜して言うときにも使う。 合 ささやかさ 関 ちょっとした

880 **ささいな** trivial／微不足道／사소한

・昨日、ささいなことから母とけんかになってしまった。

連 __こと、__問題 ※これ以外の使い方はあまりしない。 類 小さな

881 **せつじつな　切実な** urgent, serious／切身，迫切／절실한

①・子供が小さいので、受験はまだそれほど切実な問題ではない。

・先進国では、少子高齢化が切実な問題となっている。

類 深刻な ☞ N2 268　関 重大な ☞ N2 267

②・自分がけがをして、バリアフリーの必要性を切実に感じた。

類 痛切な

合 ①②切実さ

882 **つうせつな　痛切な** keenly, acute, deep／深切／통절한，절실한

・病気のときなどは、家族のありがたさを痛切に感じる。

類 切実な　関 痛烈(つうれつ)な

883 **せつない　切ない** heartrending, distressing／心痛，悲伤／애달프다，안타깝다

・お金がない我(わ)が家(や)のことを思って何もほしがらない娘の気持ちを考えると、切なくなる。

・この映画は少女の切ない恋を描(えが)いている。

合 切なさ

884 **うっとうしい** irritating, depressing／麻烦，郁闷，不舒服／후텁지근하다，귀찮다

・梅雨時(つゆどき)は気温も湿度も高くてうっとうしい。　・鼻が詰まって、うっとうしい気分だ。

・長い髪がうっとうしいので短く切った。

合 うっとうしさ　類 不快な

885 **わずらわしい　煩わしい** complicated, troublesome／麻烦，琐碎／번거롭다

・若い頃(ころ)は隣近所(となりきんじょ)との付き合いが煩(わずら)わしかったが、今ではその大切さがわかる。

・保険金(ほけんきん)の請求(せいきゅう)には煩(わずら)わしい手続きが必要だった。

合 煩(わずら)わしさ　類 面倒(めんどう)な、厄介(やっかい)な　(動) ヲ煩(わずら)わす（例.・心を煩(わずら)わす。　・人の手を煩(わずら)わす。）

886 **やっかいな　厄介な** troublesome, bothersome／麻烦，难办，照料／성가시다，폐

①・よくクレームをつける客が、今度は我が社を訴(うった)えると言ってきた。厄介(やっかい)なことになった。

合 厄介(やっかい)さ　類 面倒な ☞ N3 285

②［(名) 厄介(やっかい)］・「すみません、一晩ご厄介(やっかい)になります」　・親に厄介(やっかい)をかけた。

連 __になる、__をかける　類 面倒 ☞ N3 285、世話

887 **たやすい** easy, simple／容易，不难，轻易／쉽다

・毎日運動した方がいいとわかってはいても、実行するのはたやすいことではない。

・私がなかなか身に付けられない技術を、友人はたやすく身に付けてしまった。

合 たやすさ　対 難しい　類 易しい、簡単な

888　**おもわしい**　**思わしい**　satisfactory／令人满意／탐탁하다

・メールによると、祖父の病状は思わしくないそうだ。

・努力しているつもりだが、なかなか思わしい結果が得られない。

※否定的な内容の文で使う。

889　**なやましい**　**悩ましい**　difficult, seductive／烦恼，迷人／괴롭히다，매혹적인

①・共働き(ともばたら)の女性にとって、仕事と家庭の両立は悩ましい問題だ。

②・この絵の女性は悩ましいポーズでこちらを見つめている。

合　①②悩ましさ、悩ましげな

890　**てもちぶさたな**　**手持ち無沙汰な**　being at a loose end／闲得无聊／무료한

・定年退職後、家にいても手持ち無沙汰(てもちぶさた)で落ち着かない。

コラム 21　**三権分立(さんけんぶんりつ)【行政(ぎょうせい)】**　Separation of the Three Branches of Government: Administrative／三权分立“行政”／삼권 분립【행정】

◆国(くに)　State／国家／나라，국가

内閣総理大臣(ないかくそうりだいじん)＝首相(しゅしょう)　Prime Minister／内阁总理大臣（相当于中国的“国务院总理”）＝首相／내각 국무총리＝수상

国務大臣(こくむだいじん)　Minister of State／国务大臣，内阁各部部长／국무총리

中央省庁(ちゅうおうしょうちょう)　Central Government／中央省厅／중앙 관청

内閣府(ないかくふ)　Cabinet Office／内阁府（相当于中国的“国务院办公厅”）／내각부

法務省(ほうむしょう)　Ministry of Justice／法务省（相当于中国的“司法部”）／법무성

外務省(がいむしょう)　Ministry of Foreign Affairs／外务省（相当于中国的“外交部”）／외무성

財務省(ざいむしょう)　Ministry of Finance／财务省（相当于中国的“财政部”）／재무성

文部科学省(もんぶかがくしょう)　Ministry of Education, Culture, Sports, Science and Technology／文部科学省（相当于中国的“教育部”，“科学技术部”，“文化部”）／문부과학성

厚生労働省(こうせいろうどうしょう)　Ministry of Health, Labour and Welfare／厚生劳动省（相当于中国的“劳动和社会保障部”，“卫生部”）／후생노동성

農林水産省(のうりんすいさんしょう)　Ministry of Agriculture, Forestry and Fisheries／农林水产省（相当于中国的“农业部”，“水利部”）／농림수산성

経済産業省(けいざいさんぎょうしょう)　Ministry of Economy, Trade and Industry／经济产业省（相当于中国的“国家经济贸易委员会”）／경제산업성

国土交通省(こくどこうつうしょう)　Ministry of Land, Infrastructure, Transport and Tourism／国土交通省（相当于中国的“国土资源部”，“交通部”，“铁道部”，“建设部”）／국토교통성

環境省(かんきょうしょう)　Ministry of the Environment／环境省（相当于中国的“国家环境保护总局”）／환경성

総務省(そうむしょう)　Ministry of Internal Affairs and Communications／总务省（相当于中国的“民政部”）／총무성

◆地方(ちほう)　Regions／地方／지방

地方公共団体(ちほうこうきょうだんたい)（＝地方自治体(ちほうじちたい)）　regional public body (local government/authority)／地方公共团体（＝地方政府）／지방자치단체

一都一道二府四十三県(いっといちどうにふよんじゅうさんけん)　the whole country (all prefectures)／一都一道二府四十三县／일도 일도 이부 사십삼현

市区町村(しくちょうそん)　cities, wards, towns and villages／市区镇村／시구정촌

Unit 11 形容詞B 練習問題Ⅰ

851 ～ 890

Step 1 2 3 4

Ⅰ　似た意味の言葉を下から選んで（　　　）に書きなさい。

1．円滑な　―（　　　　　　）　2．迅速な　―（　　　　　　）

3．詳細な　―（　　　　　　）　4．まれな　―（　　　　　　）

5．厄介な　―（　　　　　　）

くわしい　　すみやかな　　スムーズな　　めったにない　　めんどうな

Ⅱ　人の性格や様子を表す言葉に○を付けなさい。

たやすい　　素っ気ない　　たくましい　　なれなれしい　　わずらわしい　　まめな

円滑な　　投げやりな　　冷ややかな　　いい加減な

Ⅲ　もの（ごと）の様子を表す言葉に○を付けなさい。

詳細な　　迅速な　　健やかな　　切ない　　緻密な　　ささいな　　ささやかな

無邪気な　　無神経な

Ⅳ　一緒に使う言葉を下から選んで書きなさい。

1．無邪気な　（　　　　　）　2．ささやかな　（　　　　　）

3．敏しょうな（　　　　　）　4．みっともない（　　　　　）

5．こまやかな（　　　　／　　　　）

動き　　笑顔　　贈り物　　かっこう　　心づかい

（二度使う語もある）

Ⅴ　一緒に使う言葉を下から選んで書きなさい。

1．（　　　　／　　　　／　　　　／　　　　）問題

2．（　　　　／　　　　／　　　　／　　　　）態度

3．（　　　　　）体つき　　4．（　　　　　）行為

5．（　　　　　）目で見る。　　6．（　　　　　）毎日を送る。

軽率な　　ささいな　　すこやかな　　切実な　　そっけない　　たくましい 投げやりな　　悩ましい　　なれなれしい　　冷ややかな　　やっかいな

（二度使う語もある）

Ⅵ　正しい言葉を〔　　　〕の中から一つ選びなさい。

1．実験は〔　見事(みごと)に　申し分なく　〕失敗してしまった。

2．パンが〔　無造作(むぞうさ)に　無神経に　〕テーブルに置いてある。

3．数学の問題を〔　素早(すばや)く　敏(びん)しょうに　〕解いた。

4．〔　ささいな　ささやかな　〕ことでけんかになった。

5．梅雨(つゆ)で〔　うっとうしい　わずらわしい　〕天気が続いている。

6．少子高齢化への対策が〔　痛切に　切実に　〕求められている。

7．〔　精密な　緻密(ちみつ)な　〕スケジュールを立てた。

8．一人の〔　軽率(けいそつ)な　怠慢(たいまん)な　〕言動が、全体の問題に発展した。

Ⅶ　（　　　）に入る言葉を下から選び、適当な形にして書きなさい。

A　1．長年の習慣を変えるのは（　　　　　　　　　　）ことではない。

2．入院している祖父の病状は（　　　　　　　　　　）そうだ。

3．バレリーナは、うっとりするほど（　　　　　　　　　　）踊った。

4．発足時(ほっそくじ)から今まで、会の運営は（　　　　　　　　　　）進んでいる。

5．祖母は、毎日（　　　　　　　　　　）体を動かして健康を保っている。

6．田中(たなか)選手は、敵のゴールに（　　　　　　　　　　）シュートを決めた。

7．「火災の場合は、非常口から（　　　　　　　　　　）避難してください」

8．この薬は安全だが、（　　　　　　　　　　）アレルギーを起こすことがある。

9．もう楽しかった昔には戻れないと思うと（　　　　　　　　　　）気持ちになる。

10．山本(やまもと)さんは誰(だれ)にも言わないで（　　　　　　　　　　）転職の準備を進めていた。

11．あの先生は（　　　　　　　　　　）学生には特に評価が厳しい。

えんかつな	おもわしい	すみやかな	せつない	たいまんな	
たやすい	ひそかな	まめな	まれな	みごとな	ゆうがな

B　1．彼は優等生で、学業も行動も（　　　　　　　　　　）。

2．知らない人が、妙(みょう)に（　　　　　　　　　　）話しかけてきた。

3．彼女は困難を乗り越えて（　　　　　　　　　　）生きてきた。

4．テストが早く終わりすぎて、残りの時間はとても（　　　　　　　　　　）。

5．（　　　　　　　　　　）ことを言って友達を傷つけてしまった。

6．彼は何も言わず、（　　　　　　　　　　）目で私を見ただけだった。

7．手続きが（　　　　　　　　　　）ので、奨学金を申し込まないでいる。

8．私はチャンピオンなのだから、（　　　　　　　　　　）試合はできない。

9．「以上が大体のご説明です。（　　　　　　　　　　）は追ってお知らせします」

10．新しい部屋はすばらしくて、間取(まど)りから設備に至(いた)るまで（　　　　　　　　　　）。

しょうさいな	たくましい	てもちぶさたな	なれなれしい	ひややかな
みっともない	むしんけいな	もうしぶんない	もはんてきな	わずらわしい

2-27

891 **あわい** **淡い** pale, light, faint ／浅，淡，些微，清淡／연하다，옅다，덧없다

①・彼女は淡い(あわ)色が似合う。　・淡い(あわ) {色／光／香り …}

対 濃い、強い、濃厚(のうこう)な

②・もしかしたら合格できたかもしれないと淡い(あわ)期待を抱(いだ)いたが、やはり不合格だった。

連 ＿期待　類 はかない ☞893

合 ①②淡(あわ)さ

892 **たんぱくな** **淡白／淡泊な** plain, simple, frank ／清淡，淡泊，坦率／담백한，욕심이 없는

①・一般に、年を取ると淡白(たんぱく)な味を好むようになると言われる。

対 濃厚な、濃い　類 さっぱりした

②・上原さんは金銭(きんせん)に淡白(たんぱく)な人だ。　・淡白(たんぱく)な性格

類 さっぱりした、執着(しゅうちゃく)しない

合 ①②淡白(たんぱく)さ

893 **はかない** ephemeral, fleeting, momentary ／短暂，不可靠／덧없다，헛되다

①・大自然の前では人間などはかない存在だ。　・はかない命

・日本で桜(さくら)が愛されているのは、そのはかなさゆえだ。

合 はかなさ、はかなげな

②・「もしかしたら」とはかない望みを抱(いだ)いたが、夢に終わってしまった。

類 淡(あわ)い ☞891

894 **あっけない** hollow, disappointing ／太简单，没意思／싱겁다，어이없다，맥없다

・接戦(せっせん)が予想されたが、Aチームはあっけなく負けてしまった。

・「あの映画、途中までは面白かったけど、終わりがあっけなかったね」

合 あっけなさ　関 あっさり、もの足りない

895 **むなしい** futile ／徒然，落空，空虚／헛되다，공허하다

①・政府の方針(ほうしん)がすでに固まっているのなら、審議会(しんぎかい)で議論することなどむなしい。

・船長は船を救うために、むなしい努力を続けた。

・国民の願いもむなしく、オリンピック誘致(ゆうち)は失敗した。

連 ＿努力　関 かいがない

②・「人生とはむなしいものだ」というのが、この物語のテーマだ。

・むなしい {人生／言葉 …}

類 空虚(くうきょ)な

合 ①②むなしさ

896　**なだらかな**　　gently (sloping)／坡度小，平稳／완만한

・なだらかな山道(やまみち)を１時間ほど歩くと頂上に出た。　・なだらかな{坂道／傾斜(けいしゃ)／丘陵地帯(きゅうりょうちたい)　…}

合　なだらかさ　　対　急な　☞ N3 579、険(けわ)しい　☞ N2 255、きつい　☞ N2 257

類　ゆるやかな　　※「なだらかな」は垂直方向(すいちょくほうこう)の傾斜(けいしゃ)に使うことが多い。

897　**ゆるやかな**　　**緩やかな**　　gentle, slow, lenient, loose／缓慢，宽松／완만한，느슨한

①・海岸線はこの辺(あた)りで緩(ゆる)やかにカーブしている。

・緩(ゆる)やかな{傾斜(けいしゃ)／起伏(きふく)／曲線　…}

対　きつい、急な　　類　なだらかな

②・景気は緩(ゆる)やかに回復しつつある。

・緩(ゆる)やかな{流れ／テンポ／変化　…}

対　急な　　類　ゆっくりと（した）

③・うちの学校は規則が緩(ゆる)やかな方だ。

※プラスの意味で使う。　　対　厳(きび)しい

④・ローマ時代の衣服は緩(ゆる)やかなものだった。

対　きつい

合　①～④緩(ゆる)やかさ　　関　①～④緩(ゆる)い　☞ N2 258

898　**のどかな**　　calm, peaceful／晴朗，悠闲／화창한，평화로운

・のどかな春の一日、久しぶりに近所を散歩した。

・定年退職後田舎(いなか)に帰った父は、「田舎(いなか)の生活はのどかでいい」と言っている。

合　のどかさ

899　**なごやかな**　　**和やかな**　　calm, harmonious／安详，和谐／화기애애한

・両首脳の会談は和やかな雰囲気(ふんいき)のうちに進んだ。　・和やかに話し合う。

合　和やかさ　　類　穏(おだ)やかな、柔らかい　　関　和気(わき)あいあい

（動）　ガ和む（例．赤ん坊の笑顔(えがお)を見ると、気持ちが和む。）

900　**しなやかな**　　flexible, supple／柔美，优美／유연한，우아한

①・柳(やなぎ)のようなしなやかな木ほど折れにくい。　・しなやかな{布(ぬの)／体　…}

・彼女の踊(おど)りは動きがしなやかで美しい。

②・彼は芸術家だけあって、考え方や感性がしなやかだ。

※プラスの意味で使う。　　合　①②しなやかさ　　類　①②柔らかい、柔軟(じゅうなん)な

901　**かけがえのない**　　irreplaceable／无可替换的／둘도 없는

・かけがえのない地球をこれ以上汚してはならないと思う。

・事故(じこ)でかけがえのない人を失った。

902　**かくべつな　格別な**　exceptional／特別／각별한

・今回、格別な計(はか)らいにより、寺院内部のテレビ撮影(さつえい)が許された。

・同じ作者の小説の中でも、この作品の面白さは格別だ。

連　＿計(はか)らい　類　特別な

903　**かっきてきな　画期的な**　ground-breaking／划时代的／획기적인

・印刷術は画期的な発明だった。

904　**ちょうほうな　重宝な**　convenient, useful／方便，爱惜／편리한，쓸모가 있는

・電子レンジは重宝な調理器具だと思う。

［(動) ヲ重宝する］・「部屋が寒いので、いただいた膝掛(ひざか)けを重宝しています」

合　重宝さ、ヲ重宝がる（例．手先の器用な弟は、どこでも重宝がられている。）

905　**ぶなんな　無難な**　safe, bland／无可非议，安全／무난한

①・あの政治家のスピーチは無難なだけで、魅力(みりょく)に欠ける。

※ややマイナスの意味で使う。

②・あの辺りは治安(ちあん)が悪いから、近づかない方が無難だ。

類　安全な

906　**かくいつてきな　画一的な**　standard／划一的／획일적인

・画一的な教育では、個性的な人間には育ちにくい。　・考え方が画一的だ。

対　個性的な　関　画一性

907　**まぎらわしい　紛らわしい**　misleading, easy to confuse／容易混淆／헷갈리기 쉽다，혼동하기 쉽다

・新しく作った会社に、大企業(だいきぎょう)と紛(まぎ)らわしい名前をつけるのは、いいこととは思えない。

・「あなたの書く"れ"の字は"わ"と紛(まぎ)らわしいから、気をつけてください」

合　紛(まぎ)らわしさ　関　ヲ紛(まぎ)らす　☞ 1099

908　**なまぬるい　生ぬるい**　lukewarm, halfhearted／温吞，不够严格／미지근하다，미적지근하다

①・今夜は暑く、窓を開けても生ぬるい風しか入ってこない。

・生ぬるい {お茶／スープ／ビール　…}

関　生暖かい

②・あんな生ぬるいやり方では、いい選手は育たないだろう。

対　厳(きび)しい　関　生易しい

※ マイナスの意味で使う。　合　①②生ぬるさ

909　**したたかな**　strong-willed, determined／厉害，顽强／강한，씩씩한

・彼女は弱そうに見えて、実はけっこうしたたかなところがある。

・混乱の時代を、彼はしたたかに生き抜いた。

※マイナスの意味で使うことが多い。　合　したたかさ　関　たくましい

910　もろい　fragile, brittle, weak ／脆，脆弱／약하다 , 부서지기 쉽다

①・年を取ると骨がもろくなる。　・この石はもろくて崩れやすい。

②・彼は強そうに見えて、精神的にもろい面がある。

・父は情にもろく、頼まれると断れない性格だ。

合　涙もろい

合　①②もろさ

911　あやうい　危うい　precarious, dangerous, narrowly ／危险，差点儿，好容易／위태롭다 , 위험하다 , 하마터면 , 간신히

①・今度の衆議院選挙では、あの元大臣も当選が危ういそうだ。

・線路に落ちそうになったが、駅員に危ういところを助けてもらった。

②・道路が渋滞し、危うく飛行機に乗り遅れるところだった。

類　あわや

合　①②危うさ　類　①②危ない　※「危うい」の方がかたい言葉

③・飛行機に乗り遅れるかと思ったが、危うく間に合った。

類　かろうじて

912　ややこしい　complicated ／复杂／까다롭다 , 복잡하다

・この数学の問題は、解き方は難しくないが、計算がややこしい。

・「私の祖父の妹が彼女のおばさんだから、彼女と私の関係は……ああ、ややこしい！」

※会話的な表現。　合　ややこしさ　　類　複雑な

913　まちまちな　diverse ／形形色色／가지각색이다 , 제각각이다

・この街は建物の大きさも色もまちまちで、統一感に欠ける。

・この会社には服装の規定が無く、社員たちはまちまち｛な／の｝服装で働いている。

類　いろいろな、さまざまな　関　ばらばらな

914　なまなましい　生々しい　raw, graphic, vivid ／活生生／생생하다

①・けがをした友人を見舞いに行くと、まだ傷跡も生々しく、痛そうだった。

②・戦場カメラマンの生々しい話を聞き、とても恐ろしかった。

・生々しい｛記憶／映像／描写　…｝

合　①②生々しさ

915　ろこつな　露骨な　frank, plain ／露骨／노골적인

・田中さんに仕事を頼むと、彼は露骨に嫌な顔をした。

・露骨な｛敵意／描写／表現　…｝

合　露骨さ　類　あからさまな、あらわな

916　こうみょうな　巧妙な　clever ／巧妙／교묘한

・犯人は巧妙な手口で多くの人をだました。

※あまりいい意味では使わない。　合　巧妙さ　類　巧みな、うまい

917　**じゅうこうな　重厚な**　imposing, dignified／稳重，厚重／중후한

・社長室には重厚な応接セットが置いてある。

・重厚な｛家具／デザイン／作風／絵画／映画　…｝

合　重厚さ　類　重々しい、どっしりした

918　**おごそかな　厳かな**　dignified, austere／庄严／엄숙한

・ノーベル賞の授賞式が厳かに執り行われた。　・厳かな｛儀式／音楽／雰囲気　…｝

類　厳粛な、荘重な、荘厳な

919　**きはくな　希薄な**　thin, diluted, lacking／稀薄，不足／희박한

①・高い山の上では酸素が希薄になる。

②・｛人間関係／因果関係／愛情／熱意　…｝が希薄だ。

合　①②希薄さ　対　①②濃い、濃厚な　類　①②薄い

920　**おうせいな　旺盛な**　healthy, vigorous, full of vitality／旺盛／왕성한

・選手たちは旺盛な食欲で、料理を残らず食べてしまった。　・好奇心おう盛な子供

合　旺盛さ、食欲__、好奇心__

921　**あっとうてきな　圧倒的な**　overwhelming／绝对性／압도적인

・高橋選手は圧倒的な強さで決勝まで勝ち進んだ。

・投票の結果、反対意見が圧倒的に多いことがわかった。

合　圧倒的勝利　関　ヲ圧倒する（例．相手を圧倒する。）

922　**せいりてきな　生理的な**　physiological／生理(上)／생리적인

①・食欲や排泄欲は生理的な欲求だ。

合　生理的欲求、生理的反応　関　生理→　__現象

②・ゴキブリには生理的な嫌悪感を覚えてしまう。　・生理的に受け付けない。

923　**ちめいてきな　致命的な**　fatal／致命的／치명적인

・食品会社にとって、食中毒事件を起こすことは致命的な打撃になる。

・致命的な失敗をしてしまった。　・致命的な重傷を負う。

関　致命傷

924　**いちじるしい　著しい**　remarkable, very／显著，明显／현저하다，뚜렷하다

・福祉問題に関しては、民主党と共和党は考え方が著しく異なる。

・あの学生のレポートは、進歩の跡が著しい。

合　著しさ　類　甚だしい、顕著な

925 **けんちょな　顕著な**　obvious, striking／显著，明显／현저한

・新しい薬を試してみたが、今のところ、顕著な効果は現れていない。

・この病気は中年男性に顕著に現れる。

合 顕著さ　類 著しい、甚だしい　関 ガ目立つ

926 **ばくだいな　莫大な**　huge, enormous／巨大，大量／막대한

・元会社社長の本田氏は、莫大な遺産を残した。

・地震の被災地には、莫大な量のがれきの山が残った。

合 莫大さ　類 多大な、膨大な ☞210、おびただしい

927 **おびただしい**　large amount, great number／很多／매우 많다，엄청나다

・毎日おびただしい量のごみが、この焼却場に運び込まれる。

・おびただしい群衆が広場を埋め尽くした。

合 おびただしさ　類 膨大な ☞210

928 **はなはだしい　甚だしい**　extreme, excessive／太，甚，非常／터무니없다，지나치다，심하다

・「私が犯人だなんて、誤解も甚だしい」　・AとBは甚だしく異なる。

・{思い上がり／勘違い／時代錯誤　…} も甚だしい。

・あの国では一部の金持ちと庶民との間に、甚だしい格差が存在する。

合 甚だしさ　類 ひどい

929 **たんてきな　端的な**　frank, to the point／直率，直截了当／단적인

①・この事件には現代の矛盾が端的に現れている。　・端的な例を示す。

類 明白な、はっきりした

②・「要点だけを端的に述べてください」　・「端的に言えば、この絵は駄作だ」

類 簡単に

930 **たんのうな　堪能な**　proficient, satisfaction／擅长，享受／능숙한，만끽한

①・語学に堪能な佐藤課長は海外出張も多い。

類 上手な

②［(動) ヲ堪能する］・香港で本場の中華料理を堪能した。

※「～に堪能する」といういい方もある。　関 ガ満足する

Unit 11 形容詞B 891～930

練習問題Ⅰ

Step 1 2 3 4

Ⅰ ＿＿＿の言葉の対義語を書きなさい。

1．色が淡い（あわ）。 ⇔（　　　　　）　2．味が淡白だ（たんぱく）。 ⇔（　　　　　）
3．緩やかな坂（ゆる） ⇔（　　　　　）　4．やり方が生ぬるい（なま）。⇔（　　　　　）

Ⅱ 似た意味の言葉を下から選んで（　　）に書きなさい。

1．露骨な（ろこつ） ―（　　　　　）　2．希薄な（きはく） ―（　　　　　）
3．堪能な（たんのう） ―（　　　　　）　4．顕著な（けんちょ） ―（　　　　　）
5．複雑な ―（　　　　　）　6．重厚な（じゅうこう） ―（　　　　　）
7．あやうい ―（　　　　　）　8．まちまちな ―（　　　　　）

あからさまな	あぶない	いちじるしい	うすい
おもおもしい	じょうずな	ややこしい	ばらばらな

Ⅲ 一緒（いっしょ）に使う言葉を下から選んで書きなさい。

1．巧妙な（こうみょう）（　　　　　）　2．旺盛な（おうせい）（　　　　　）
3．重宝な（ちょうほう）（　　　　　）　4．著しい（いちじる）（　　　　　）
5．端的な（たんてき）（　　　　　）　6．画期的な（かっきてき）（　　　　　）
7．致命的な（ちめいてき）（　　　　　）　8．圧倒的な（あっとうてき）（　　　　　）
9．なまなましい（　　　　　）　10．あっけない（　　　　　）
11．なごやかな（　　　　　）　12．なだらかな（　　　　　）
13．おごそかな（　　　　　／　　　　　）

うそ	儀式（ぎしき）	傷あと	欠陥（けっかん）	結末	坂道（さかみち）	勝利
食欲	進歩	説明	道具	発明	雰囲気（ふんいき）	

（二度使う語もある）

Ⅳ 正しい言葉を〔　　〕の中から一つ選びなさい。

1．彼は〔 淡い（あわ） 淡白な（たんぱく） 〕性格だ。
2．校則が〔 なだらかだ ゆるやかだ 〕。
3．今日は〔 のどかな なごやかな 〕日だ。
4．〔 したたかに しなやかに 〕体を動かす。
5．これは〔 画一的な（かくいつてき） 画期的な（かっきてき） 〕発明だ。
6．ダム建設に〔 莫大な（ばくだい） 膨大な（ぼうだい） 〕費用をかける。
7．骨が〔 あやうく もろく 〕なる。
8．〔 おびただしい はなはだしい 〕量のゴミが出る。

V （　　）に入る言葉を下から選び、適当な形にして書きなさい。

A

1．国王の即位式（そくいしき）が（　　　　　　）とり行われた。
2．強いと評判のチームが、（　　　　　　）負けてしまった。
3．親に反抗的になるのは、思春期（ししゅんき）に（　　　　　　）特徴だ。
4．道路でころんで、（　　　　　　）車にひかれそうになった。
5．ビールはもともと好きだが、仕事の後の一杯はまた（　　　　　　）。
6．やっかいな仕事を頼んだら、彼女は（　　　　　　）嫌な顔をした。
7．この店は年中無休なので、店員たちは休暇を（　　　　　　）時期に取る。
8．俳優になりたいと思ったこともあったが、（　　　　　　）夢で終わった。
9．「長々と説明しないで、必要なことを（　　　　　　）述べてください」
10．家族たちの祈（いの）りも（　　　　　　）、事故の生存者は見つからなかった。
11．彼のスピーチは特に欠点がなくて（　　　　　　）が、面白みに欠ける。

あっけない	あやうい	おごそかな	かくべつな	けんちょな
たんてきな	はかない	ぶなんな	まちまちな	むなしい	ろこつな

B

1．彼女は語学に（　　　　　　）、よく通訳を頼まれる。
2．道路は渋滞しているから、電車で行った方が（　　　　　　）。
3．学生時代に、一生の宝（たから）となるような（　　　　　　）友を得た。
4．この教会は長い歴史を持つ、どっしりと（　　　　　　）建物だ。
5．インフルエンザは、症状が風邪と（　　　　　　）ので注意がいる。
6．私はタバコのにおいも煙も大嫌いで、（　　　　　　）受けつけない。
7．「一緒（いっしょ）にいた母を恋人と間違えるなんて、誤解も（　　　　　　）よ」
8．このカーブは（　　　　　　）が、その割にはけっこう事故が多い。
9．彼はお金に（　　　　　　）、収入がいくらかということはあまり気にしない。
10．この記事に書いてあることは、事実と（　　　　／　　　　）異（こと）なる。

いちじるしい	かけがえのない	じゅうこうな	せいりてきな	たんのうな
たんぱくな	はなはだしい	ぶなんな	まぎらわしい	ゆるやかな

（二度使う語もある）

Unit 11 形容詞 B 練習問題Ⅱ

851 ～ 930

Step 1 2 3 4

Ⅰ （　　）に入れるのに最もよいものを、a・b・c・dから一つ選びなさい。

1．実験を繰り返しているが、なかなか（　　　）結果が得られない。
a　たやすい　b　おもわしい　c　ふさわしい　d　おびただしい

2．失敗して「もうどうにでもなれ」という（　　　）気持ちになった。
a　したたかな　b　投げやりな　c　冷ややかな　d　素っ気ない

3．彼女は実績といい人柄といい、医者として（　　　）人だ。
a　満足な　b　優越の　c　充実した　d　申し分ない

4．最近、この俳優は映画における活躍が（　　　）。
a　ややこしい　b　おびただしい　c　いちじるしい　d　はなはだしい

5．パーティーは終始（　　　）雰囲気に包まれていた。
a　のどかな　b　なごやかな　c　しなやかな　d　ゆるやかな

6．前髪が伸びて（　　　）なったので、美容院で切ってもらった。
a　やっかいに　b　やかましく　c　うっとうしく　d　わずらわしく

7．新しい法案は（　　　）多数で可決された。
a　一方的な　b　画一的な　c　強制的な　d　圧倒的な

8．この子は好奇心が（　　　）、何にでも興味を持つ。
a　旺盛で　b　盛大で　c　豊かで　d　富んでいて

9．教会にオルガンの音が（　　　）鳴り響いた。
a　厳かに　b　厳しく　c　厳重に　d　厳密に

10．被災地の復興をどのように行うかは（　　　）問題だ。
a　切な　b　切ない　c　痛切な　d　切実な

Ⅱ ＿＿＿＿の言葉に意味が最も近いものを、a・b・c・dから一つ選びなさい。

1．あの人は仕事が<u>いい加減だ</u>。
a　手際がいい　b　手際が悪い　c　調子がいい　d　きちんとしていない

2．AよりBの方法を取った方が<u>無難だ</u>。
a　簡単だ　b　平凡だ　c　安全だ　d　完璧だ

3．この二つの薬品は<u>紛らわしい</u>ので注意がいる。
a　よく似ている　b　混じりやすい　c　反応しやすい　d　扱いが難しい

4．けがをしたとき<u>素早く</u>処置をしたので、軽くてすんだ。
a　急速に　b　迅速に　c　機敏に　d　敏しょうに

5．取り引きで致命的な失敗をしてしまった。

a　生死にかかわる　　b　誰（だれ）もしないような

c　今までにないような　　d　取り返しのつかない

Ⅲ　次の言葉の使い方として最もよいものを、a・b・c・dから一つ選びなさい。

1．速やか

a　ランナーたちは速やかにトラックを走った。

b　今まで晴れていた空が速やかに曇ってきた。

c　事件発生後、警察には速やかに対策本部が設置された。

d　今日のテストは、いつもより速やかにできた。

2．円滑

a　会議は最後まで円滑に進んだ。

b　彼女はフランス語を円滑に話す。

c　この布は手触りがとても円滑だ。

d　あの二人はうらやましいほど円滑な仲だ。

3．無造作

a　計画はまだ無造作な段階だ。

b　無造作な行動は誤解を招くもとだ。

c　気がつくと無造作に涙を流していた。

d　ファイルが机の上に無造作に置いてある。

4．かけがえのない

a　かけがえのない地球環境を守りたい。

b　これは論文を書くのにかけがえのないデータだ。

c　ガン治療にかけがえのない薬が開発されつつある。

d　かけがえのない書類を電車に置き忘れてしまった。

5．生々しい

a　彼は、感情をすぐに生々しく顔に出す。

b　生々しい野菜や果物を摂ることは体にいい。

c　この映画には、戦場の生々しい場面が出てくる。

d　父は退職後、毎日楽しそうに生々しく暮らしている。

Unit 12 名詞 D　931 〜 1020

Step 1 2 3 4

2-30

931 **しゅさい** **ヲ主催スル** organizer, sponsor ／主办／주최

・今日の会議の主催は部長だ。　・企業が主催する展覧会がよく開かれている。

合 ＿者　関 ヲ共催スル

932 **きかく** **ヲ企画スル** plan, project ／计划／기획

・この新商品の企画を立て始めたのは、1年前だ。　・新年会を企画する。

連 ＿を立てる　合 ＿立案　関 計画、プラン、立案、企て

933 **しゅし** **趣旨** point, aim ／宗旨／취지，목적

・「本日の会議の趣旨をご説明いたします」　・会費を取るのはこの会の趣旨に反する。

連 ＿に反する⇔沿う

934 **ようりょう** **要領** gist, essentials, knack, cleverness ／要领，诀窍／요령

①・あの人の説明はいつも要領を得ない。　・要領を得た説明　・作業の要領をすぐに覚えた。

連 ＿を得る　類 要点

②・彼女は仕事の要領がいい。

・彼は仕事があまりできないのに出世が早いので、「要領のいい人」と思われている。

※「要領のいい人」という言葉はあまりいい意味で使わない。

連 ＿がいい⇔悪い

935 **ゆうずう** **ヲ融通スル** flexibility, lending (money), financing ／临机应变，融资，通融／융통

①・あの人はマニュアル通りにしか動けない融通のきかない人だ。

連 ＿がきく　関 機転

②・会社を設立するのに、友人に資金の一部を融通してもらった。

・今は子供の教育費がかかるので、家を建てる費用の融通がつかない。

連 ＿がつく・＿をつける

936 **べんぎ** **便宜** convenience, benefit ／方便，权宜／편의

・旅行者の便宜をはかるため、観光地には旅行案内所がおかれている。

・政治家は、自分の知り合いに便宜を与えるような行為をしてはならない。

連 ノ／ニ＿をはかる、ニ＿を与える　合 ＿的な（例．この英和辞書は、便宜的にカタカナで発音を示してある。）、＿上（例．「野菜」「果物」というのは便宜上の分類にすぎない。）

937 **くし** **ヲ駆使スル** a good command of, use freely ／运用，使用／구사

・この車は最新の技術を駆使して作られている。

・野間氏は5カ国語を駆使して交渉をまとめた。

関 ヲ使いこなす

938 **じっせん** **ヲ実践スル** practice／实践／실천

・あの政治家は言うことは立派だが、実践が伴っていない。 ・理論を実践に移す。

・彼女は計画を立てると、それをきちんと実践するところが偉い。 ・実践的研究

合 __的な 類 ヲ実行スル

939 **ちゃくしゅ** **ガ着手スル** launch, start／着手／착수

・そのチームは新しいプロジェクトに着手した。 ・がれきの撤去作業は明日にも着手される。

合 __金 関 ガ着工スル

940 **そち** **措置** measures／措施，处理办法／조치

・警察はドラッグ使用に断固とした措置をとった。

・ハッカーの被害を受けて、各省庁は情報流出防止措置を講じた。

・高齢者には税の特別措置が取られている。

連 ～__を取る、__を講じる 合 特別__ 関 ヲ処置スル、ガ対処スル、ガ対応スル

941 **ぜせい** **ヲ是正スル** correction／订正，更正／시정

・最近の超円高を是正する方策が見当たらない。

・選挙における1票の格差の早期是正が望まれる。 ・{不合理／欠陥／誤り …}を是正する。

関 ヲ訂正スル（例. 新聞記事の誤りを訂正する。）

※「訂正」は書いたり言ったりしたことを直すときに使う。

942 **ぜひ** **是非** pros and cons／是非／시비

①・憲法改正の是非を問う国民投票が行われた。

連 __を問う 関 是か非か（＝良いか悪いか）

②［(副)］ ☞ N3 624

関 是が非でも（＝どうしても）

943 **もさく** **ヲ模索スル** search, exploration／摸索／모색

・問題の解決方法を模索する。

・過疎化した村にどのように人を呼び戻すか模索が続いている。

合 暗中__

944 **せっちゅう** **ヲ折衷スル** blend, combination／折衷，合璧／절충

・日本には洋間と和室がある和洋折衷の家が多い。

・会議ではA案と、B案、それに二つを折衷したC案が討議された。

合 和洋__、__案

945 **きょよう** **ヲ許容スル** permission／容许，允许／허용

・我が党としては、与党のこの政策は許容できない。

・この騒音は許容の範囲を超えている。 ・「X線の年間被曝許容量はどの程度ですか」

合 __範囲、__量 類 ヲ認める、ヲ許す、ヲ容認スル

946 **かんわ** **ガ／ヲ緩和スル** alleviation, mitigation／缓和，和缓／완화

・電車の本数が増えたので、多少混雑が緩和した。　・この薬は痛みを緩和する。

・規制が緩和され、他業種への参入が容易になった。

合 規制＿、緊張＿、金融＿　関 ガ緩む、ヲ緩める

947 **かいじょ** **ヲ解除スル** lifting, rescinding／解除，取消／해제

・台風が通り過ぎ、大雨警報が解除された。　・{警戒／規制／アラーム　…} を解除する。

合 武装＿　関 ヲ解く

948 **じしゅく** **ヲ自粛スル** self-control/self-discipline／自我约束／자숙

・タバコに対する社会の見方が厳しくなったので、タバコ業界はテレビ CM を自粛した。

・節電のため、政府は飲食業者に深夜営業の自粛を求めた。

連 ＿を求める、＿を促す　合 営業＿　関 ヲ自制スル

949 **ちあん** **治安** safe (area), (public) security／治安／치안

・この辺は治安がいいので安心だ。

連 ＿がいい⇔悪い、＿を維持する⇔乱す　合 ＿情勢、＿維持（法）

950 **かんし** **ヲ監視スル** surveillance／监视／감시

・この ATM は 24 時間監視されている。

・ヘビースモーカーの彼は、入院中も看護師の監視の目を逃れて外で吸っていた。

合 ＿カメラ　慣 監視の目を逃れる

951 **きんもつ** **禁物** forbidden (thing)／严禁／금물

・試験中、焦りは禁物だ。冷静に考えよう。　・精密機械に湿気は禁物だ。

※「～は禁物だ」という形で使う。　合 油断＿

952 **ぎわく** **疑惑** suspicion／疑惑／유혹

・刑事は被害者の話に疑惑（の念）を抱いた。　・記者が疑惑の人物を追いかけるのは当然だ。

連 ＿を持つ、＿を抱く、＿が晴れる・＿を晴らす、＿の念　類 疑念

953 **けんかい** **見解** opinion／見解，看法／견해

・来年の経済の見通しについて、政府が見解を述べた。　・見解の相違

・事故原因については、専門家の間でも見解が分かれている。

連 ＿が分かれる、＿を問う　合 否定的＿⇔肯定的＿　類 意見、見方　関 観点

954 **にんしき** **ヲ認識スル** recognition／认识，理解／인식

①・彼女は環境問題に関する認識が {不足している／甘い}。

・対策を立てるためには、まず状況をよく認識する必要がある。

連 ＿が甘い、＿が不足している、＿に欠ける、＿を深める、＿を改める

合 ＿不足、ヲ再＿スル

②・すい星が接近中だということだが、まだ肉眼ではその姿を認識できない。

955 **がいねん** **概念** notion, concept／概念／개념

・脳死判定が行われるようになり、死の概念が変化した。

・「平等」は概念としては理解できるが、実践するのは難しい。

合 __的な

956 **かくう** **架空** imaginary, fictitious／虚构／가공

・この小説は架空の町を舞台としている。

対 実在　類 空想上

957 **しんぴ** **神秘** mystery／神秘／신비

・研究者になって宇宙の神秘を解き明かしたい。

・生命の誕生は神秘のベールに包まれている。　・この音楽は神秘的なムードに満ちている。

連 __に包まれる、__に満ちている、__を解き明かす　合 __的な、__主義（者）

958 **きょうい** **驚異** miracle／惊异／경이

・自然界の驚異に目を見張った。　・昨日のレースで、驚異的な記録が出た。

合 __的な

959 **ゆうすう** **有数** leading／屈指可数／유수

・山梨県は日本（で）有数のワインの産地だ。　・彼は世界（で）有数の生物学者だ。

類 屈指

960 **きざし** **兆し** (show) signs of／征兆／징조，조짐

・先月から、景気は回復の兆しを見せている。

・２月も半ばを過ぎると、春の兆しが感じられる。

連 ～__が見える・～__を見せる　類 前兆、兆候、前触れ

961 **まくあけ** **幕開け** beginning, opening／开幕，开始／개막

・21世紀の幕開けを世界中の人々が祝った。

・この新薬の開発は、ガン治療の新時代の幕開けになるだろう。

対 幕切れ　関 幕

☆幕

・舞台の幕が開くと、いろいろな動物が現れた。

・犯人が逮捕されて、社会を揺るがした大事件は幕を閉じた。

連 __が開く・__を開く⇔閉じる、__が上がる⇔下りる　合 __間　関 カーテン

962 **けいい** **経緯** details, circumstances／原委，经过／경위

・新聞には、事件の詳しい経緯は載っていなかった。　・交渉の経緯を上司に報告する。

類 いきさつ　※「いきさつ」の方が会話的な言葉。　関 経過

963 **なりゆき** **成り行き** development, result ／动向，趋势／추세, 경과, 형편

・その場の成り行きで、私が議長をすることになってしまった。 ・事件の成り行きに注目する。

・今後の成り行き次第では、社長の辞任もあり得る。

連 ＿に任せる、＿に注目する、＿を見守る、＿次第、その場の＿で、ことの＿ 合 ＿任せ

関 経過

964 **いきちがい／ゆきちがい** **行き違い** getting lost, crossing without meeting (letter, person in the street) ／走两岔，感情失和／엇갈림, 오해

①・鈴木さんを駅まで迎えに行ったのだが、途中で行き違いになってしまった。

連 ＿になる

②・最初の恋人とは、ちょっとした感情の行き違いで別れてしまった。

類 ①②すれ違い

965 **みちのり** **道のり** route, way ／路程／거리, 노정

・学校までの５キロの道のりを、毎日歩いて通っている。

・人生の今までの道のりを振り返ってみた。

関 距離

966 **ゆくて** **行く手** way, path ／去路／앞길

・険しい山々が一行の行く手を阻んだ。

・彼女の行く手には多くの障害が待ち受けているだろう。

連 ＿を遮る、＿を阻む 類 進路 関 行く末

967 **はて** **果て** the end, extremity ／最后，末了／끝

・宇宙の果てはどうなっているのだろう。

・彼は職を転々とし、あげくの果てに海外へ渡って行方不明になった。

連 ＿がない、あげくの＿（に） 合 果てしない 類 最後、終わり （動） ガ果てる

968 **けつ** **決** vote ／决定，表决／채결

・決を採ったところ、賛成派が反対派を上回った。

連 ＿を採る 合 多数＿、否＿⇔可＿ 関 ヲ採決スル

969 **めやす** **目安** aim, reference ／大体的推测，大致目标／기준, 목표

①・尿や血液検査の結果は、健康状態を知る目安になる。

関 基準、よりどころ

②・毎日１万歩を目安に歩くようにしている。

関 基準、目標

970 **めど** aim, prospect ／目标，眉目，头绪／목표，전망

①・我が社は来年 10 月をめどに、人員を 1,000 人削減することを決めた。

②・就職活動をしているが、なんとかめどがつきそうだ。

・問題がこじれて、いつになったら解決するかめどが立たない。

連 ＿が立つ、＿がつく　**類** 見通し、見込み

971 **せんこく** **ヲ宣告(ヲ)スル** verdict, sentence, declaration ／宣判，宣告／선고

①・彼は医者に余命 3 カ月の宣告を受けた。

②・裁判官は被告に懲役 10 年を宣告した。

③・審判は選手に退場の宣告をした。

連 ①～③＿を受ける　**関** ①～③ヲ告げる ☞ 736

972 **せいめい** **声明** statement, announcement ／声明／성명

・政府は事故について公式声明を出した。　・住民は市長に抗議声明を手渡した。

連 ＿を出す、＿を発表する　**合** ＿書、＿文、公式＿、抗議＿

973 **じゅりつ** **ガ／ヲ樹立スル** establishment ／建立，创造／수립

①・昨日、新政権が樹立した。　・新党を樹立する。　・国交樹立

②・マラソンで谷内選手が世界新記録を樹立した。

974 **とうそつ** **ヲ統率スル** leadership ／领导，统领／통솔

・上司には部下を統率する力が求められる。　・サルの群れはボス猿によって統率されている。

合 ＿力（例．統率力がある⇔ない）　**関** ヲ指揮(ヲ)スル

975 **せいりょく** **勢力** power, strength, influence ／势力，权势／세력

①・今社内で二つのグループが勢力を争っている。　・彼女は芸能界で勢力がある。

・台風の勢力が衰えた。　・大きな勢力を持つ。

連 ＿がある⇔ない、＿を得る、＿が増す、＿を伸ばす、＿が衰える、＿を失う、＿が強い⇔弱い

合 ＿争い、＿範囲

②・政界に新しい勢力が現れた。

976 **たいとう** **ガ台頭スル** appearance (of), prominence ／出现，抬头／대두

・短距離走の世界に新勢力が台頭してきた。

・経済悪化の状況で保護主義の台頭が懸念される。

関 ガ出現スル、ガ進出スル

練習問題Ⅰ

Ⅰ（　）に助詞を書きなさい。

1．新しい仕事（　）着手する。　2．本田選手が世界新記録（　）樹立した。
3．彼の話は要領（　）得ないものだった。　4．あの人は要領（　）いい。

Ⅱ「～する」の形になる言葉に○を付けなさい。

主催　企画　実践　是正　是非　模索　措置　便宜　解除　監視
神秘　疑惑　見解　認識　概念　驚異　経緯　宣告　声明　有数

Ⅲ 上の言葉の中から、「的」が付くものを五つ選びなさい。

（　）（　）（　）（　）（　）

Ⅳ（　）に下から選んだ語を書いて、一つの言葉にしなさい。

1．（　）折衷　2．（　）緩和　3．（　）争い
4．（　）解除　5．認識（　）　6．主催（　）
7．統率（　）　8．許容（　）

者	力	規制	勢力	範囲	武装	不足	和洋

Ⅴ 一緒に使う言葉を下から選んで書きなさい。

1．是非を（　）。　2．認識を（　）。　3．決を（　）。
4．便宜を（　）。　5．企画を（　）。　6．めどが（　）。
7．融通が（　）。　8．必要な措置を（　）。
9．自粛を（　）。　10．趣旨に（　⇔　）

改める	きく	沿う	立つ	立てる	問う	とる	はかる	反する	求める

（二度使う語もある）

Ⅵ 一緒に使う言葉を選びなさい。（　）の数字は選ぶ数です。

1．［ 融通　要領　便宜　治安 ］がいい。（2）
2．［ 行き違い　成り行き ］になる。（1）
3．［ 疑惑　模索　許容 ］を抱く。（1）
4．［ 概念　見解 ］が分かれる。（1）

Ⅶ □に漢字を1字入れて、正しい言葉にしなさい。

1．この美術館は日本でも□数の規模を誇っている。
2．最寄り駅までは歩いて10分ほどの□のりだ。

3．一行の行く［　］には砂漠（さばく）が広がっていた。

4．20 世紀半ば、人類は宇宙（うちゅう）時代の［　］開けを迎えた。

5．政府は今回の事件に関し、［　］明を発表した。

6．世界経済を引っ張る新興勢力（しんこうせいりょく）が台［　］してきた。

7．これは架［　］の話だが、現実にあり得ないことではない。

8．会議で、私の案は否［　］された。

9．健康のため、1日1時間を［　］安に、歩くようにしている。

10．医者から、あと半年の命だと宣［　］された。

11．田中（たなか）氏は社会的不平等（ふびょうどう）の是［　］に力を尽（つ）くした。

12．A 国と B 国の間で国交が樹［　］された。

Ⅷ　（　　　）に入る言葉を下から選んで書きなさい。

A　1．人間の欲望には（　　　　　）がないと言われる。

2．入院して3カ月、ようやく回復の（　　　　　）が見えてきた。

3．人と上手に付き合うためには、勝手な思い込みは（　　　　　）だ。

4．ようやく経営が安定し、借金返済の（　　　　　）もついた。

5．父は頑固（がんこ）で（　　　　　）のきかない人だが、正義感は強い。

6．私はこれまであまり目標などは立てず、（　　　　　）任せで生きてきた。

7．自然の（　　　　　）には神秘的（しんぴてき）なものを感じる。

8．政府の金融（きんゆう）（　　　　　）政策のおかげで、融資（ゆうし）が受けやすくなった。

かんわ　　きざし　　きょうい　　きんもつ　　なりゆき　　はて　　めど　　ゆうずう

B　1．この新製品は、我が社の持てる技術を（　　　　　）して作り上げたものだ。

2．どんなに立派なことを言っても、（　　　　　）が伴っていなければ、信用されないだろう。

3．生物学的な性とは異（こと）なる「ジェンダー」という（　　　　　）が登場したのは、それほど古いことではない。

4．トラブルの（　　　　　）を上司に報告し、指示を仰（あお）いだ。

5．最近年を取ったと（　　　　　）させられるできごとがあった。

6．入社して1年、最近やっと（　　　　　）よく仕事がこなせるようになった。

7．これ以上の環境悪化を防ぐ（　　　　　）を至急講（しきゅうこう）じる必要がある。だが、その方法となると、どこの国もまだ（　　　　　）の段階だ。

がいねん　　くし　　けいい　　じっせん　　そち　　にんしき　　もさく　　ようりょう

977 **けいせい** **形勢** prospects, condition／形势，局势／형세

・試合の形勢は後半になって逆転した。

・2社が特許をめぐって争っているが、形勢はA社に有利だ。

連 __が変わる、__が逆転する、__が有利な⇔不利な **類** 情勢

978 **とっぱ** **ガ突破スル** break-through, exceeding／突破，冲破／돌파

①・友人は倍率10倍の難関を突破して、国費留学生に選ばれた。

連 難関を__する **合** __口（例. 突破口を開く。）

②・昨年、この国の人口は1億人を突破した。

関 ガ超える

979 **てんかい** **ガ／ヲ展開スル** evolution, development, unfolding／展开，开展，展现／전개

①・二人の学者は激しい論争を展開した。 ・この先の試合の展開はどうなるだろうか。

・事件は思わぬ方向へ展開した。

関 ヲ繰り広げる、ガ進展スル

②・飛行機の窓から下を見ると、すばらしい景色が展開した。

類 ガ広がる

980 **かいたく** **ヲ開拓スル** cultivation, path finding／开垦，开拓／개척

①・明治時代になって、北海道の開拓は急激に進んだ。 ・山野を開拓する。

合 __者、__精神 **関** ヲ開墾スル、ヲ干拓スル

②・新しい｛販路／ルート／分野 …｝を開拓する。

合 新規__

981 **かくさん** **ガ拡散スル** diffusion, spread／扩散／확산

・排気口から出た汚染物質は、風に乗って町中に拡散した。 ・核拡散防止条約

類 ガ広がる

982 **ぼうちょう** **ガ膨張スル** expansion／膨胀／팽창

・空気は暖めると膨張する。 ・この都市は人口が膨張している。

対 ガ収縮スル **関** ガ膨らむ

983 **むすう** **無数** infinite number／无数／무수

・夜空に無数の星が輝いている。

・地球上では、体に感じない地震が無数に起きているという。

※副詞的にも使う。

984 **こしつ** **ガ固執スル** insistence, persistence／固执／고집

・あの人は自分の意見に固執して、人の話を聞こうとしない。

※よくない意味で使うことが多い。 **関** ガ執着スル、ガこだわる

985　**そがい**　**ヲ阻害スル**　obstruction／妨碍，阻碍／저해

・親の過剰な干渉は子供の自立を阻害することもある。

・保護主義は公平な競争を阻害している。

合 ＿要因　対 ヲ促進スル　関 ヲ邪魔スル、ヲ妨げる

986　**ようご**　**ヲ擁護スル**　support, advocacy／拥护，维护／옹호

・人権を擁護する。　・タレントが暴力団を擁護する発言をして問題になった。

合 人権＿　関 ヲ守る、ヲ保護スル

987　**ほしょう**　**ヲ保障(ヲ)スル**　guarantee, assurance／保障／보장

・思想・言論の自由は、憲法によって保障されている。

・{権利／生活／平和　…} を保障する。

合 社会＿、安全＿、災害＿、医療＿、警備＿　※ ヲ保証(ヲ)スル　☞ N2 986

988　**ほしょう**　**ヲ補償(ヲ)スル**　guarantee, compensation／补偿，赔偿／보상

・銀行が倒産した場合、預金は1,000万円まで補償される。　・被害者に補償する。

合 ＿金、＿額　関 ヲ賠償スル、ヲ弁償(ヲ)スル　☞ N2 95、ヲ償う　☞ 1048

989　**ほそく**　**ヲ補足スル**　supplement／补充／보충

・〈会議で〉「先ほどの説明を補足させていただきます」

・レポートで、説明に補足してグラフや図を載せた。

連 ニ＿を加える　合 ＿点、＿説明、＿的な　関 ヲ補う、ヲ補充スル

990　**ほきゅう**　**ヲ補給スル**　supply, replenishment／补给，补充／보급

・マラソンでは、走っている途中で水分を補給することができる。

・車にガソリンを補給する。

合 栄養＿

991　**せっしゅ**　**ヲ摂取スル**　intake, assimilation／摄取，吸收／섭취

・日本人は塩分の摂取が多い傾向にある。　・外国の文化を摂取する。

合 ＿量　関 ヲ取り入れる

992　**けつぼう**　**ガ欠乏スル**　shortage, deficiency／缺乏，不足／결핍

・あの国は内戦状態で、食糧が欠乏している。　・鉄分の欠乏で、貧血になった。

・{資金／物資／酸素　…} が欠乏する。

類 ガ不足スル　関 乏しい

993　**てんか**　**ヲ添加スル**　addition／添加／첨가

・食品に防腐剤を添加する。

合 食品＿物　関 ヲ加える

994 **せいぶん** **成分** component, ingredient／成分／성분

・最近の食品には成分表示がしてあるものが多い。　・米の主要成分はでんぷんだ。

合 __表示、__分析（ぶんせき）

995 **うちわけ** **内訳** itemization／详细内容／내역, 명세

・給与明細（きゅうよめいさい）には給与の内訳（うちわけ）が書いてある。

関 明細（めいさい）

996 **じょがい** **ヲ除外スル** exclusion／除外／제외

・応募者（おうぼしゃ）のうち、未経験者を除外した。

・計画停電の実施（じっし）にあたり、東京23区の一部は除外された。

関 ヲ除く

997 **かんげん** **ヲ還元スル** return, restoration／还原／환원

・企業（きぎょう）は利益（りえき）を消費者に還元（かんげん）することが求められる。

合 濃縮（のうしゅく）__（ジュース）

998 **きょうぞん／きょうそん** **ガ共存スル** co-existence／共存，共处／공존

・このあたりでは、多くの民族が平和的に共存してきた。

・自然と人間との共存を考えるべきだ。

連 __を図（はか）る　合 平和__、__共栄（きょうえい）

999 **しょうれい** **ヲ奨励スル** incitement, stimulation／奖励／장려

・学校は生徒に読書を奨励（しょうれい）した。　・奨励金（しょうれいきん）をもらえるよう頑張（がんば）ろう。

合 __金　関 ヲ勧（すす）める

1000 **ほうしゅう** **報酬** remuneration, reward／报酬／보수

・この仕事はめんどうだが、報酬（ほうしゅう）がいいのでやめられない。

・報酬（ほうしゅう）を｛もらう／得る／支払う　…｝。

合 無__

1001 **たいぼう** **ヲ待望スル** anticipation, long-awaited／盼望，期待／갈망

・待望の子供が生まれた。

・ようやく待望の我（わ）が家（や）を手に入れた。

・閉塞感（へいそくかん）が濃い時代には、英雄待望論（えいゆうたいぼうろん）が出現するようだ。

関 ヲ待ち望む、ヲ期待スル

1002 **せつど** **節度** moderation／适度，节制／절도

・「旅行中は節度（せつど）のある行動をとるように」と先生がおっしゃった。

・お金儲（かねもう）けにも節度（せつど）がある。何をしてもいいというわけではない。

連 __を守る、ニ__がある⇔ない、__をわきまえる　関 分別（ふんべつ）

1003 **ぎり** **義理** duty, debt (of gratitude), in-law／情义，姻亲／의리

①・山本さんには以前助けてもらった義理があるので、依頼を断ることはできない。

・本田さんはとても義理がたい人だ。 ・行きたくなかったが、義理で出席した。

連 ＝__がある⇔ない **合** __人情、__堅い **慣** 義理と人情の板挟み

②・彼女は弟の配偶者なので、義理の妹ということになる。

関 義父、義母、義兄、義姉、義弟、義妹

1004 **じょうちょ／じょうしょ** **情緒** emotion, spirit／情趣，情绪／정서

①・このあたりには下町の情緒が残っている。 ・情緒豊かな港街を散歩する。

連 __がある⇔ない **合** __的な、異国__、下町__、__豊かな

②・彼女は失恋して以来、情緒が不安定だ。

合 __不安定、__障害 **関** 精神、心理

1005 **どうよう** **ガ動揺スル** agitation／不安，心神动摇／동요

・面接で思わぬことを聞かれて動揺し、うまく答えられなかった。

・初恋の人と再会し、心の動揺を抑えることができなかった。

連 __が激しい、__を抑える

1006 **むら** unevenness, patchiness／参差不齐，忽三忽四，斑斑点点／고르지 못함，변덕，얼룩

①・彼の成績は、科目によってむらがある。

・気分にむらがある。

②・布を赤く染めようとしたら、むらになってしまった。

連 __になる、__ができる

連 ①②＝__がある⇔ない、__が大きい

1007 **ふうちょう** **風潮** trend, tendency／潮流，倾向／풍조

・「その場の空気を読む」ことを重視するのが、最近の若者の風潮だ。

・手軽さを求める世の風潮に逆らって、父は手間のかかる有機栽培を続けている。

連 世（の中）の__、時代の__、__に従う⇔逆らう

1008 **じったい** **実態** reality／实际状态／실태

・あの会社は儲かっているように見えるが、実態はひどいらしい。 ・実態を調査する。

類 実状

1009 **ばくろ** **ヲ暴露スル** exposure, revelation／曝光，败露／폭로

・社員の一人が、社長の不祥事をマスコミに暴露した。

・{秘密／スキャンダル／悪事 …} を暴露する。

合 __記事 **対** ヲ隠蔽スル **関** ヲあばく、ヲばらす

2-35

1010 **とうぼう** **ガ逃亡スル** escape, flight／逃走，亡命／도망

・犯人は５年の逃亡の末、警察に捕まった。　・海外へ逃亡する。

関 ガ逃げる、ガ逃走スル

1011 **とうひ** **ガ逃避スル** escape, evasion／逃避／도피

・現実から目を背(そむ)け、夢の世界に逃避(とうひ)しても、何の解決にもならない。

合 現実__　類 ガ逃(に)げる　関 ガ逃亡スル　※「逃避(とうひ)」は精神的な意味で使うことが多い。

1012 **だいさんしゃ** **第三者** third party／第三者，局外人／제삼자

・粉飾決算(ふんしょくけっさん)が明らかになり、A社は役員会に第三者を加えることになった。

・「家族間の問題は複雑なので、第三者に調停を依頼しよう」

対 当事者(とうじしゃ)

1013 **いいぶん** **言い分** point, complaint／主张，想法／이야기，주장

・兄弟げんかをすると、母はそれぞれの言い分をきちんと聞いてくれた。

・あの交通事故(こうつうじこ)では、被害者と加害者の言い分が大きく食い違っている。

連 __がある⇔ない　類 主張(しゅちょう)

1014 **いいなり** **言いなり** yes-man, doing as one is told／唯命是从／시키는 대로 함

・兄は気が弱く、何でも父の言いなりだ。

・「これ以上、あなたの言いなりにはなりません。自分の思う通りにやります」

連 ～の__になる　類 言うがまま　関 ガ服従(ふくじゅう)スル

1015 **もほう** **ヲ模倣スル** imitation, copy／模仿，效仿／모방

・彼の絵は有名画家の模倣(もほう)に過ぎない。　・子供は親の行動を模倣(もほう)する。

対 ヲ創造(そうぞう)スル　類 ヲ真似(ヲ)スル、ヲコピースル　関 独創的(どくそうてき)な、独創性(どくそうせい)

1016 **ちゃくもく** **ガ着目スル** attention, focus／着眼，注目／주목

・免疫(めんえき)の働きに着目して、新しい治療法が開発された。

・売上(うりあげ)だけに着目していると、利益率(りえきりつ)を見逃(みのが)してしまうことがあるので要注意だ。

関 ガ着眼(ちゃくがん)スル、ガ注目スル、ヲ注視(ちゅうし)スル

1017 **おもむき** **趣** charm, appearance／情趣，风情／분위기，정취

①・ここは江戸時代(えどじだい)に造られた庭園で、とても趣(おもむき)がある。

連 __がある⇔ない　類 情趣(じょうしゅ)、風情(ふぜい)

②・このあたりの町並みは、戦前の趣(おもむき)を残している。

連 __を異(こと)にする　類 感じ、雰囲気(ふんいき)

1018 **うず** **渦** swirl, vortex／旋涡／소용돌이

①・洗面台の栓を抜くと、水が渦になって流れていった。 ・波が渦を巻いている。

②・指紋の渦

連 ①②__を巻く **合** ①②__巻き（例．渦巻き状のパン）

③・事件の渦に巻き込まれる。 ・広場は｛歓喜／興奮／怒号 …｝の渦に包まれた。

1019 **みぞ** **溝** drain, gap／雨水沟，唱片的纹儿，隔阂／도랑，홈，틈

①・道の端に雨水を流す溝がある。

・｛タイヤ／レコード …｝の溝

②・子供の教育について意見が対立し、夫婦の間に溝ができた。

・今、与党と野党の間には深い溝がある。

連 __がある、__が深まる、__が大きい

連 ①②__が深い⇔浅い、__が埋まる・__を埋める

1020 **おり** **折(り)** chance, opportunity／正当……时候，机会／때，시，기회

①・姉は米大統領来日の折りに通訳を務めた。 ・〈手紙〉「寒さ厳しき折り、お体、お大切に」

連 折から（例．折からの強風にあおられ、火は見る見るうちに燃え広がった。）

合 折々（例．四季折々の花） **類** 時、時期

②・「その件については、私から折りをみて話しておこう」 ・折りに触れて思い出す。

連 __を見て、__に触れて、__があれば **類** 機会

コラム 22 表現① Expressions (1)／表达①／표현①

◆名詞

ありがた迷惑 unwelcome favor, mixed blessing／帮倒忙／쓸데없는 참견
結婚する気もないのにお見合いを勧められるのは、ありがた迷惑だ。

あることないこと a mixture of fact and fiction, half-truth／有没有的事，莫须有的事／있는 것 없는 것
彼女は週刊誌にあることないことを書き立てられた。

行き当たりばったり haphazard, hit or miss／漫无计划，没有准谱／계획성 없는
仕事では行き当たりばったりのやり方は許されない。

至れり尽くせり thorough, leave nothing to be desired／无微不至，万分周到，尽善尽美／극진한，빈틈없는
このホテルのサービスは至れり尽くせりだ。

至らない点／ところ imperfection/fault／不周到的方面/不周到之处／부족한 점/부족한 부분
「至らない点があったことをお許しください」

一大事 serious, matter of consequence／一件大事／중대사
このたびの社長の辞任は会社にとって一大事だ。

一夜漬け all-nighter, cramming (for a test)／临阵磨枪／당일치기，벼락치기
テストの前に一夜漬けで勉強した。

一点張り persist, stick to／坚持一点（不计其余）／끝까지
いくら聞いても、彼は「秘密だから」の一点張りだ。

聞き分け understanding／听懂／말귀를 알아들음
うちの子は聞き分けがいい（⇔悪い）。「そんな聞き分けのないことを言うな」

Ⅰ　（　　）に助詞を書きなさい。

1．自分の意見（　　）固執(こしつ)する。　　2．先輩（　　）言いなり（　　）なる。

3．彼（　　）は義理がある。　　4．事件は思わぬ方向（　　）展開した。

Ⅱ　「～する」の形になる言葉に○を付けなさい。

阻害(そがい)　擁護(ようご)　摂取(せっしゅ)　節度　欠乏　添加(てんか)　報酬(ほうしゅう)　動揺(どうよう)　成分　除外

還元(かんげん)　共存　情緒(じょうちょ)　風潮(ふうちょう)　模倣(もほう)　暴露(ばくろ)　内訳(うちわけ)　展開　実態　膨張(ぼうちょう)

Ⅲ　「～がある⇔ない」の形で使う言葉に○を付けなさい。

形勢　節度　義理　待望(たいぼう)　情緒(じょうちょ)　趣(おもむき)　共存　むら

Ⅳ　（　　）に下から選んだ語を書いて、一つの言葉にしなさい。

1．（　　　）保障　2．（　　　）補給　3．（　　　）逃避(とうひ)　4．共存（　　　）

5．補足（　　　）　6．開拓(かいたく)（　　　）　7．うず（　　　）　8．添加(てんか)（　　　）

9．補償（　　　）　10．情緒(じょうちょ)（　　／　　）

栄養　共栄　金　現実　社会　精神　説明　的　不安定　物　巻き

Ⅴ　正しい言葉を［　　］の中から一つ選びなさい。

1．［　勢力　開拓(かいたく)　形勢　］が不利になる。

2．彼には彼の［　言い分　言いなり　言いわけ　］があるらしい。

3．新しい顧客(こきゃく)を［　開発　開拓(かいたく)　干拓(かんたく)　］する。

4．被害者に［　補充　補償　補給　］する。

5．彼女は気分に［　動揺(どうよう)　みぞ　むら　］がある。

6．無［　給与　賃金　報酬(ほうしゅう)　］で働く。

7．医者に塩分の［　摂取(せっしゅ)　添加(てんか)　還元(かんげん)　］量を減らすように言われた。

8．美術教師はその子の色使いに［　視野　着目　集中　］した。

9．人権［　擁護(ようご)　弁護　保守　］委員会に訴える。

10．私は警備［　保証　保障　補償　］会社に勤めている。

11．温泉の［　特質　分担　成分　］を分析(ぶんせき)する。

12．一度できた溝(みぞ)を［　直す　閉じる　埋める　］ことは難しい。

13．家に四季［　折り　折々　折から］の花を飾る。

14．1カ月ぶりに［　待望(たいぼう)　本望(ほんもう)　期待　］の雨が降った。

15．今年入学した留学生は50人、国別の［　分別(ぶんべつ)　内訳(うちわけ)　明細(めいさい)　］は次のとおりである。

Ⅵ □に漢字を１字入れて、正しい言葉にしなさい。また、似た意味の言葉を下から選んで（　　）に書きなさい。

1．栄養を摂□する。（　　　　）　2．食料品が欠□する。（　　　　）

3．犯人が逃□する。（　　　　）　4．説明を補□する。（　　　　）

5．汚染（おせん）物質が拡□する。（　　　　）　6．秘密を□露する。（　　　　）

7．売り上げが１億円を突□する。（　　　　）

8．先輩のやり方を□倣する。（　　　　）

9．高齢者に運動を奨□する。（　　　　）

10．人数を数えるときに、子供を□外する。（　　　　）

11．多くの物質は熱を加えると膨□する。（　　　　）

12．このホルモンの不足は子供の成長を□害する。（　　　　）

おぎなう	こえる	さまたげる	すすめる	とる	にげる
のぞく	ばらす	ひろがる	ふくらむ	不足する	まねる

Ⅶ （　　）に入る言葉を下から選んで書きなさい。

1．新しく始まった連続テレビドラマの、今後の（　　　　）が楽しみだ。

2．以前渡米（とべい）した（　　　　）に泊まったホテルに、また泊まりたい。

3．古くなって（　　　　）がすり減ったタイヤは、すぐに取り替えないと危険だ。

4．展望台から、海の水が（　　　　）を巻いているのが見えた。

5．この町は小京都（しょうきょうと）と呼ばれているだけあって、（　　　　）のある古い町並みが残っている。

6．（　　　　）の率直（そっちょく）な意見が聞きたい。

7．このジャングルには（　　　　）の鳥が生息（せいそく）している。

8．加害者を（　　　　）するわけではないが、彼が犯行に至った心情は理解できる。

9．円高（えんだか）で利益を上げた企業が、円高差益（えんだかさえき）（　　　　）セールを行った。

10．「（　　　　）にならないよう、きれいに塗ってください」

11．事故に巻（ま）き込まれて試験に遅刻し、（　　　　）して実力が発揮（はっき）できなかった。

12．汚職（おしょく）事件がニュースになったが、（　　　　）はもっとひどいらしい。

13．部下がミスをした。いい（　　　　）なので、食事をしながら、仕事に対する心構（こころがま）えなどを話して聞かせた。

うず	おもむき	おり	かんげん	じったい	だいさんしゃ
てんかい	どうよう	みぞ	むすう	むら	ようご

（二度使う語もある）

Unit 12 名詞D 練習問題Ⅱ

Ⅰ （　　）に入れるのに最もよいものを、a・b・c・dから一つ選びなさい。

1．この程度の誤差は（　　　）範囲だろう。
a　許容　　b　容認　　c　認可　　d　承諾

2．工場の海外進出について、部長は否定的な（　　　）を述べた。
a　認識　　b　声明　　c　模索　　d　見解

3．「家族」の（　　　）は地域により、年代により、異なる。
a　内訳　　b　概念　　c　成分　　d　形勢

4．あの天文台には、世界（　　　）の望遠鏡が備えられている。
a　有数　　b　無数　　c　有名　　d　無名

5．風はまだ冷たいが、太陽の光には春の（　　　）が感じられる。
a　幕開け　　b　おもむき　　c　きざし　　d　果て

6．店員の（　　　）を得た説明のおかげで、すぐにリモコンの操作方法が理解できた。
a　趣旨　　b　便宜　　c　要領　　d　駆使

7．（　　　）力がなければ、リーダーとしてグループをまとめることはできない。
a　引率　　b　開拓　　c　団結　　d　統率

8．新しいものをどんどん作ってどんどん消費するというのが、現代の（　　　）だ。
a　実践　　b　風潮　　c　展開　　d　経緯

9．途中で（　　　）もあったが、話し合って解決することができた。
a　行き違い　　b　成り行き　　c　言いなり　　d　言い分

10．都市の人口は（　　　）を続けている。
a　収縮　　b　増員　　c　膨張　　d　横ばい

Ⅱ ＿＿＿＿の言葉に意味が最も近いものを、a・b・c・dから一つ選びなさい。

1．この薬は痛みを<u>緩和する</u>働きをする。
a　ゆるめる　　b　やわらげる　　c　うながす　　d　とく

2．いつになったら鉄道が復旧するのか、まだ<u>見通し</u>は立っていない。
a　先行き　　b　見晴らし　　c　めど　　d　めやす

3．<u>架空の</u>話をしてお年寄りから金をだまし取る、という手口の犯罪が増えている。
a　ありもしない　　b　あり得ない　　c　内容のない　　d　頭が空っぽの

4．あの人は言われたことはきちんとやるが、<u>融通がきかない</u>。
a　考え方がかたい　　b　コミュニケーション力が低い
c　実行力がない　　d　自分の考えがない

5．その番組は、宮田教授がノーベル賞を受賞するまでの道のりを振り返るものだった。

a　距離　　b　方法　　c　苦労　　d　人生

Ⅲ　次の言葉の使い方として最もよいものを、a・b・c・dから一つ選びなさい。

1．欠乏

a　失業して収入がなくなり、貯金が欠乏した。

b　この前の試験は問題数が多く、時間が欠乏だった。

c　湿度の欠乏により、最近火災の発生件数が増えている。

d　この病気はビタミンCの欠乏によって起こる。

2．勢力

a　大きな勢力の地震が起こったら、この建物は崩壊するだろう。

b　台風は大きな勢力を保ったまま、日本に接近しつつある。

c　この国の制度では、大統領に強大な勢力が集中するようになっている。

d　有力な選手が数多く入団したので、今年のAチームは勢力が強くなった。

3．義理

a　結婚して、義理の母と同居することになった。

b　田中さんは受けた恩を忘れない、義理のある人だ。

c　昔の小さな会社では、社長と従業員は義理の関係で結ばれていた。

d　困っていたときに助けてもらった義理を、返さなければならない。

4．是非

a　参加不参加の是非を問わず、明日中に連絡してください。

b　親の経済力の是非にかかわらず、全ての子供に教育を受ける権利がある。

c　私の証言が正確かどうか、何度もその是非を尋ねられた。

d　次の国会では、政府のとった政策の是非が問われるだろう。

5．禁物

a　日本国内に麻薬を持ち込むことは、法律的に禁物だ。

b　ダイエットしているのに、禁物の甘いものを食べてしまった。

c　対戦相手がどこのチームであったとしても、油断は禁物だ。

d　健康状態があまりよくなく、医者から喫煙を禁物された。

Unit 13 動詞C

1021〜1110

Step 1 2 3 4

2-36

1021 **つる** **ガ／ヲつる** to cramp, slant, put up, hang／吊，悬，挂／쥐가 나다，달다，매다

①・泳いでいるときに、急に足がつって溺(おぼ)れそうになった。

②・台所に棚(たな)をつった。　・犯人は首をつった状態(じょうたい)で発見された。　・目がつり上がった人

合 ガつり上がる

1022 **つるす** **ヲつるす** to hang, suspend／吊，悬，挂／매달다，걸다

・ベランダに風鈴(ふうりん)をつるした。　・洋服はたたむよりつるした方が探しやすい。

・額縁(がくぶち)をつるす。　・この指輪は、ペンダントとして首につるすこともできる。

1023 **とぐ** **ヲ研ぐ** to sharpen, wash (rice)／磨快，磨光，淘米／갈다，씻다

①・切れなくなった包丁(ほうちょう)を研ぐ。　・動物が爪(つめ)を研ぐ。

合 ヲ研(と)ぎ澄(す)ます（例. {神経／感覚} を研ぎ澄ます。）

②・米を研ぐ。

1024 **もむ** **ヲもむ** to massage, squeeze, be trained, worry, (about), bother (about)／揉，搓，挤，锻炼，操心／주무르다，비비다，힘쓸다，애를 쓰다

①・母が肩(かた)が凝(こ)ったと言うので、もんであげた。　・きゅうりを塩でもむ。

②・毎日人込(ひとご)みにもまれて通勤している。

・彼は卒業後、社会にもまれて驚(おどろ)くほどしっかりした人間になった。

※受身の形で使うことが多い。

③〈慣用表現〉・子供が不登校になりそうで、ずいぶん気をもんだ。

関 ガもめる ☞ 1084

1025 **ゆさぶる** **ヲ揺さぶる** to shake, jolt／摇晃，震动／뒤흔들다，흔들다

・台風で街路樹(がいろじゅ)が激(はげ)しく揺(ゆ)さぶられている。　・意識のない人を強く揺(ゆ)さぶってはいけない。

・盲目(もうもく)のピアニストの話を知って、{心／胸} を強く揺(ゆ)さぶられた。

※「揺(ゆ)すぶる」とも言う。　類 ヲ揺(ゆ)する　（名）揺さぶり→ __をかける

1026 **もたれる** **ガもたれる** to lean, have indigestion, be difficult to digest／倚靠，积食／기대다，거북하다

①・壁(かべ)にもたれて立つ。

合 ガもたれかかる ☞ 382　類 ガ寄りかかる

②・食べ過ぎで胃がもたれる。　・固い食べ物は胃にもたれる。

1027 **しがみつく** **ガしがみつく** to cling／紧紧抓住，不放手／매달리다，집착하다

・ジェットコースターに乗ったとき、ずっと前の手すりにしがみついていた。

・生活のため、どんな目に合っても会社にしがみつかなくてはいけないと、覚悟(かくご)した。

連 過去の栄光に__　関 ガつかまる、ヲつかむ

1028 **つきまとう** **ガ付きまとう** to follow around／纠缠，缠住，影响／따라다니다

①・最近、好きでもない人にしつこく付きまとわれて困っている。

関 ストーカー、ストーキング

②・高所での仕事には危険が付きまとう。 ・不安につきまとわれる。

1029 **なつく** **ガ懐く** to get used to, become emotionally attached／喜欢，接近／따르다

・幼稚園(ようちえん)の新しい先生に子供たちはすぐに懐(なつ)いた。

・買ってきた犬が、なかなか私になつかない。

関 人懐(ひとなつ)っこい

1030 **かまう** **ガ/ヲ構う** to care about, be concerned about, look after／介意，管／상관하다，신경 쓰다，상대하다

〈自〉①・彼女はあまり服装に構わない。

・「ちょっと用事で遅れますから、私に構わないで会を始めていてください」

・私が嫌(いや)な顔をしているのに、彼はかまわず幽霊(ゆうれい)の話を続けた。

・ささいなことに構っていては、ものごとが進まない。

・(取り引き先などで)「何かお飲みになりますか」「どうぞお構いなく」

類 ヲ気にかける

②・「このコピー機を使ってもいいですか」「はい、構いません」

〈他〉・親は二人とも仕事で忙しくて、なかなか子供を構ってやる暇(ひま)がない。

※否定表現として使うことが多い。

1031 **みせびらかす** **ヲ見せびらかす** to show off／显示，夸示／과시하다

・彼は最新のゲーム機を買って、さっそく友達に見せびらかした。

関 ヲ見せつける

1032 **ねだる** **ヲねだる** to pester, coax／死气白赖地要求／조르다

・親にねだってディズニーランドに連れて行ってもらった。

・母は孫にねだられると、何でも買い与えてしまう。 ・{小遣(こづか)い／お土産(みやげ) …} をねだる。

合 おねだり（例. 子供がお母さんにおねだりをする。）

1033 **なだめる** **ヲなだめる** to soothe, calm／使平静，平息／달래다

・姉は泣いている妹をやさしくなだめた。 ・父の怒りをなだめるのは大変だった。

1034 **いたわる** **ヲいたわる** to be considerate, take (good) care of／怜恤，照扶，照顾，安慰／돌보다，아끼다，위로하다

・老人や病人をいたわるのは、人間として当然のことだ。

・「もう少し体をいたわらないと、病気になりますよ」

(名) いわたり（例. 人にいたわりの言葉をかける。）

1035 **ふれあう** **ガ触れ合う** to touch, come into contact／互相接触，互相挨着／접하다

①・手と手が触れ合う。

②・この動物園では動物と触れ合うことができる。

・この町では町民同士が触れ合うイベントを多く催している。

（名） 触れ合い（例. ・親子の触れ合い ・心の触れ合い）

1036 **とぼける** **ガとぼける** to feign ignorance, play the innocent／装糊涂／시치미를 떼다，모르는 체하다

①・父は都合が悪くなると、年のせいにしてとぼける。 ・「とぼけないで、ちゃんと答えろ」

②・あのお笑い芸人は、いつもとぼけたことを言って笑わせる。 ・とぼけた｛表情／口調 …｝

合 おとぼけ

1037 **ごまかす** **ヲごまかす** to deceive, cheat, dodge, cover up／欺骗，蒙蔽／속이다

①・商品の量や重さをごまかすような商人は、信用されない。 ・つり銭をごまかす。

関 ヲだます ☞ N3 445、ヲ欺く ☞ 1075

②・弟は都合の悪いことを言われると、笑ってごまかそうとする。

・失敗をごまかそうとしたが、見破られてしまった。

・｛その場／自分の気持ち …｝をごまかす。

（名） ①②ごまかし

1038 **おびやかす** **ヲ脅かす** to threaten, surprise／威胁／위협하다

・ひどい不況が庶民の生活を脅かした。

・Aチームは今年、昨年優勝のBチームを脅かす存在に成長した。

1039 **おびえる** **ガおびえる** to be frightened, startled／害怕，胆怯／무서워하다，겁먹다，떨다

・赤ん坊が大きな音におびえて泣き出した。 ・｛余震／戦争／悪夢 …｝におびえる。

・子犬はおびえたような目で私を見た。

類 ヲ怖がる

1040 **とまどう** **ガ戸惑う** to be perplexed, not know what to do／困惑，不知所措／망설이다，당황하다

・新しい職場で、前の会社とのやり方の違いにとまどっている。

・会議で突然指名されてとまどった。

関 ガまごつく （名） とまどい→ ＿を覚える

1041 **つつしむ** **ヲ慎む** to be careful, avoid, abstain from／谨慎，慎重，节制／조심하다，삼가다

①・「上司に対して失礼です。言葉を慎みなさい」 ・言動を慎む。

合 慎み深い 類 気をつける （名） 慎み→ ＿がある⇔ない（例. 慎みのある人）

関 慎ましい

②・胃の調子が悪いので、辛いものを慎んでいる。

類 ヲ控える 慣 身を慎む

1042 **わきまえる** **ヲわきまえる** to be well mannered, know one's place ／辨别／가리다，분별하다

・職場では、立場をわきまえたふるまいが求められる。

・{善悪(ぜんあく)／公私(こうし)の別／場 …} をわきまえて行動する。

類 ヲ心得る (名) わきまえ

1043 **おしむ** **ヲ惜しむ** to regret, be sad, skimp ／依依不舍，觉得可惜，吝惜／아쉬워하다，아까워하다

①・出発の日、駅には別れを惜(お)しむ友人たちが大勢(おおぜい)詰めかけた。

・若い芸術家の早すぎる死を惜(お)しむ。 ・友達となごりを惜しむ。

関 ヲ残念がる、ヲ悲しむ **慣** 寸暇(すんか)を惜(お)しんで＋[動詞]

②・いい結果を得るためには、努力を惜(お)しんではならない。

・「あなたのためなら、協力は惜(お)しみません」

関 ヲ嫌(いや)がる **慣** 骨身を惜(お)しまず働く

(イ形) 惜(お)しい ☞ N2 232

1044 **はばかる** **ヲはばかる** to worry about (what other people think) ／怕，顾忌，当权／꺼리다，주저하다

①・「これは外聞(がいぶん)をはばかる話なので、誰(だれ)にも言わないでください」

・道で夫婦が人目もはばからず大声でけんかをしていた。

連 外聞を＿、人目を＿、世間を＿ (名) はばかり

②〈ことわざ〉憎まれっ子世にはばかる。 ※この場合は自動詞。

1045 **てこずる** **ガ手こずる** to have a hard time ／棘手，难对付／애를 먹다

・このパズルは難しくて、かなり手こずった。

・教師をしているが、クラスのわがままな子供に手こずらされている。

類 ガ手を焼く

1046 **こりる** **ガ懲りる** to be disgusted with, to learn from experience ／吃过苦头不想再试／질리다

・カジノで大損(おおぞん)をした。賭(か)け事(ごと)はもう懲(こ)りた。 ・失敗に懲(こ)りず、また挑戦(ちょうせん)したい。

・「これに懲(こ)りたら、これからはもっと慎重(しんちょう)にやりなさい」

合 懲(こ)り懲(ご)り (例. 登山(とざん)はもうこりごりだ。)

1047 **とがめる** **ガ／ヲとがめる** to feel guilty, blame, take to task ／过意不去，责备，盘问／가책을 받다，책망하다，검문하다

〈自〉・親友より先に昇進して、ちょっと気がとがめる。

・本当のことを言わなかったので良心がとがめた。

連 気が＿、良心が＿ (名) とがめ

〈他〉・仕事のミスを上司(じょうし)にとがめられた。 ・バイクに乗っているとよく警官にとがめられる。

類 ヲ責める、ヲ非難する、ヲ追及(ついきゅう)する

1048 **つぐなう** **ヲ償う** to compensate, atone for ／赔偿，赎罪／보상하다，갚다

①・株取引で会社に損害を与えた彼は、損害を償うために1,000万円払った。

類 ヲ賠償する、ヲ補償する ☞988

②・人の命を奪ったとき、どんな方法で罪を償えるのだろうか。

（名） 償い→ ＿をする

1049 **こる** **ガ凝る** to be absorbed in, be particular about, get stiff (shoulders, etc.) ／热衷于；讲究；肌肉酸痛／열중하다，멋지다，뻐근하다

①・最近お菓子作りに凝っている。

合 凝り症 関 ガ熱中する ☞N3 745、ガ夢中になる ☞N3 263、ガふける

②・休みの日は時間をかけて、凝った料理を作るのが私の楽しみだ。 ・凝ったデザイン

・あのレストランは室内の装飾にも凝っている。

※①②はマイナスの意味ではあまり使わない。

③・最近年のせいか、肩が凝る。

合 ガ凝り固まる （名） 凝り

1050 **こらす** **ヲ凝らす** to concentrate, apply ／凝视，屏住呼吸，悉心钻研／집중시키다，죽이다，짜내다

①・暗闇の中で目を凝らすと、遠くに小さな明かりが見えた。 ・息を凝らして見つめる。

連 目を＿、息を＿

②・デザインに工夫を凝らす。 ・この家は、省エネのための工夫が凝らされている。

連 工夫を＿

1051 **こだわる** **ガこだわる** to be concerned with, be particular about ／拘泥，讲究／구애되다，신경 쓰다

①・いつまでも失敗にこだわっていると、前に進めない。

・あの人は小さなことにはこだわらない、おおらかな人だ。

・{つまらないこと／体面／メンツ …} にこだわる。

②・「当店では食材の質にこだわっております」

・ビールは何でもいいが、日本酒の味にはこだわる。

※①はマイナス、②はプラスの意味で使う。

（名） ①②こだわり→ ニ＿がある⇔ない

1052 **てっする** **ガ徹する** to devote oneself to, go through ／彻底；彻夜／전념하다，밤을 새우다

①・今回は裏方に徹して働こうと思う。 ・この車は走りに徹していて余分な飾りがない。

・社長は技術力もあるが、経営者に徹して会社を発展させた。

類 ガ打ち込む、ガ専念する

②・夜を徹して話し合う。

類 ヲ貫く

1053 **きわめる　ヲ極める／究める／窮める**　to succeed, achieve, overcome, go to extremes, master ／达到极限，彻底查明／정복하다，극도로 어렵다，터득하다

［極］①・世界で初めて南極点を極めたのはノルウェーのアムンゼンだ。

・{頂点／山頂　…} を極める。

②・海底にトンネルを掘る作業は困難を極めた。　・{繁栄／栄華　…} を極める。

〈慣用表現〉・彼は口を極めてその絵を {賞賛した／けなした}。

［究／窮］・{真理／芸の道　…} を {究める／窮める}。

〈自〉ガ極まる／窮まる（例.・失礼極まる態度　・どうやってもうまくいかず、進退窮まった。）

1054 **とげる　ヲ遂げる**　to achieve, accomplish ／完成，达到／이루다

①・目的を遂げるまで、国へは帰らないつもりだ。　・{思い／望み／志　…} を遂げる。

合 ヲやり＿、ヲ成し＿　類 ヲ果たす

②・あの学生は短期間にすばらしい進歩を遂げた。

・{発達／急成長／初優勝／悲惨な最期　…} を遂げる。

1055 **かかげる　ヲ掲げる**　to raise, proclaim, promote ／悬挂，升起，树立，登载／달다，내걸다，내세우다

①・会場に参加国の国旗を掲げる。　・看板を掲げる。

類 〈国旗〉ヲ掲揚する

②・若者たちは理想を掲げて団体を設立した。

③・上野教授の論文は、学会誌の巻頭に掲げられた。

1056 **はかる　ヲ図る**　to work on, promote, attempt ／谋求，企图／꾀하다，시도하다，계획하다

・けがで欠場した本田選手は、今再起を図ってリハビリに励んでいる。

・市民センターは、市民の文化活動の推進を図って設立された。

・自殺を図った患者が救命病棟に運び込まれた。

連 便宜を＿、再起を＿　関 ヲ意図する、ヲ計画する

1057 **あやつる　ヲ操る**　to manipulate, be fluent in (language), handle/operate ／操作，操纵，掌握，耍／부리다，조종하다，구사하다

①・この人形は上から糸で操って動かす。　・言葉で人の心を操る。　・運命に操られる。

合 操り人形　関 ヲ操作する

②・あの人は5カ国語を操るそうだ。　・道具を巧みに操る。

1058 **しきる　ヲ仕切る**　to partition, manage ／隔开，掌管／칸막이하다，도맡아서 처리하다

①・子供部屋をベッドとタンスで仕切って、二人で使っている。

類 ヲ区切る、ヲ分ける

②・忘年会は全て彼に任せて仕切ってもらおう。

合 ヲ取り＿

（名）①②仕切り

2-39

1059 **ほどこす** **ヲ施す** to give, apply, help, add, donate／施行，施加，进行，施舍／궁리하다，행하다，장식하다，베풀다

①・患者に治療を施す。　・地球温暖化に対して何らかの対策を施す。

・手の施しようがないほど病状が悪化した。

類 ヲ行う　慣 手の施しようがない

②・写真に修正を施す。　・このテーブルには細かい装飾が施されている。

類 ヲ加える

③・植物に｛水／肥料　…｝を施す。　・貧しい人々にお金を施す。

類 ヲ与える　(名) 施し　※人の場合のみに使う。

1060 **まにあう** **ガ間に合う** to make do with, be enough／够用，临时凑合，来得及／족하다，충분하다

①・１週間の生活費としては、１万円あれば、何とか間に合う。

・しょうゆを切らしてしまった。塩で間に合うだろうか。

〈他〉ヲ間に合わせる（例．花瓶がないのでワインの瓶で間に合わせた。）→ (名) 間に合わせ

②・〈店で〉「新製品の化粧水はいかがですか」「いえ、間に合ってますので」

1061 **こなす** **ヲこなす** to be good at, complete, achieve／很好地扮演，处理，掌握／소화하다，해내다，처리하다

①・あの俳優はどんな役でもうまくこなす。

合 使い__、乗り__、弾き__、着__→ (名) 着こなし

②・これだけの仕事量を一人でこなすのは大変だ。　・｛ノルマ／多量の注文｝をこなす。

・技術は数をこなさなければ身に付かない。

連 数を__

1062 **はかどる** **ガはかどる** to make good progress／进展顺利／잘되다，진척되다

・私は音楽を聞きながらだと勉強がはかどる。

・天候不順で、工事がなかなかはかどらない。

1063 **いきづまる** **ガ行き詰まる** to come up against a wall, reach the limit／停滞不前，陷入僵局／벽에 부딪치다，막다른 상태에 빠지다

・高橋さんは研究に行き詰まって悩んでいる。

・A社は資金難で経営が行き詰まり、倒産した。　・交渉が行き詰まる。

(名) 行き詰まり→ __を感じる

1064 **とどこおる** **ガ滞る** to delay／堵塞，积压，拖延／정체되다，밀리다

①・トラック運転手のストのため、物流が滞っている。　・｛仕事／事務　…｝が滞る。

(名) 滞り→ __なく（例．式は滞りなく終わった。）

②・会社の経営状態がよくないらしく、最近は給料の支払いも滞りがちだ。

・｛家賃／返済　…｝が滞る。

1065 **すえおく** **ヲ据え置く** to erect, defer／放置，维持／설치하다，유지하다

①・校門の横に創立者の銅像が据え置かれた。 ・据え置き型のエアコン

関 ヲ設置する

②・労使の交渉により、賃金は据え置かれることになった。

類 ヲ維持する、ヲ保つ （名） 据え置き

1066 **たずさわる** **ガ携わる** to engage in／参与，从事／종사하다，관계하다

・「お仕事は？」「製薬に携わっています」 ・開発に携わる仕事がしたい。

関 ヲ行う、ヲ営む

1067 **たずさえる** **ヲ携える** to carry/take someone/something with you／携带，偕同／손에 들다，지니다，데리다

①・見知らぬ娘が紹介者の手紙を携えて訪れた。 ・武器を身に携える。

関 ヲ持ち運ぶ

②・家族を大事にする彼は、家族を携えて赴任した。

関 ヲ連れていく

コラム 23 **表現②** Expressions (2)／表达②／표현②

◆形容詞

いい good, advanced／好的（说反话）／좋다

「いい年なんだから、派手なかっこうは似合わないよ」

「もういい大人なんだから、分別を持ちなさい」

へたな not good, ill-advised, half-hearted／笨拙，水平不高／서투른

深刻に悩んでいる人にへたなことは言えない。

この寺は国宝だから、へたに修理はできない。

◆副詞的表現

あてずっぽうに hazard (a guess), a shot in the dark／胡猜，瞎猜／어림짐작

あてずっぽうに答えたら正解だった。／あてずっぽうな答え

いたるところに everywhere, all over／到处／도처，곳곳

日本語学校は、日本のいたるところにある。

こう見えても despite one's appearance／即使看起来这样／이렇게 보여도

「こう見えても、私、世界記録保持者なんです」

ひょんなことから by coincidence／由于意外／뜻밖의 일로

ひょんなことから友だちと遠い親戚だとわかった。

ぴんからきりまで from lowest to highest, the whole spectrum／从开始直到结束／최상급에서 최하급까지

一口にワインといっても、ぴんからきりまである。

我ながら even if I say so myself／连自己都／내가 생각해도，내 스스로도

我ながらとてもおいしい料理ができた。

今回のテストは、我ながらひどいできだった。

～をてこに with ... as the driving force/leverage／以～为手段／～을 / 를 지레로

あの会社は大幅な収益増をてこに、海外に進出した。

Unit 13 動詞C 練習問題Ⅰ

1021～1067

Step 1 2 3 **4**

Ⅰ （　　）に助詞を書きなさい。

1. 悪夢（　　）おびえる。
2. 部屋（　　）本棚（　　）仕切る。
3. 気（　　）とがめる。
4. デザイン（　　）工夫（　　）こらす。
5. 親（　　）小遣い（　　）ねだる。
6. 研究（　　／　　）行き詰まる。
7. 食べ過ぎで胃（　　）もたれる。
8. 油っこい料理は胃（　　）もたれる。

Ⅱ 「ます形」が名詞になる言葉に○を付けなさい。　例：たるむ→たるみ

いたわる　なだめる　ふれ合う　ごまかす　つつしむ　わきまえる　おびやかす

てこずる　つぐなう　こだわる　かかげる　はかどる　行き詰まる　とどこおる

Ⅲ 一緒に使う言葉を下から選んで書きなさい。

A

1. （　　　　）をもむ。
2. （　　　　）をこなす。
3. （　　　／　　　）をごまかす。
4. （　　　　）をとぐ。
5. （　　　　）をおしむ。
6. （　　　　）をとがめる。
7. （　　　　）をつるす。
8. （　　　　）をつつしむ。
9. （　　　　）にこだわる。

カーテン	肩	言葉	つり銭	なごり	ノルマ	包丁	ミス	メンツ

（二度使う語もある）

B

1. （　　　　）がつる。
2. （　　　　）をつぐなう。
3. （　　　　）をわきまえる。
4. （　　　／　　　）を極める。
5. （　　　／　　　）をかかげる。
6. （　　　　）がとどこおる。
7. （　　　／　　　／　　　）をとげる。

足	思い	国旗	困難	立場	頂点	罪	発展	目的	家賃	理想

C

1. 勉強が（　　　　　　　）。
2. 教育に（　　　　　　　）。
3. 良心が（　　　　　　　）。
4. 流れが（　　　　　　　）。
5. 装飾を（　　　　　　　）。
6. 人目を（　　　　　　　）。
7. 自殺を（　　　　　　　）。
8. 家賃を（　　　　　　　）。
9. 人形を（　　　　　　　）。
10. 難しい問題に（　　　　　　　）。

あやつる	すえおく	たずさわる	手こずる	とがめる
とどこおる	はかどる	はかる	はばかる	ほどこす

Ⅳ 正しい言葉を〔　　〕の中から一つ選びなさい。

1. ・病気の老人を〔 いたわる　なだめる 〕。
　・怒っている上司を〔 いたわる　なだめる 〕。

2．・あのお笑い芸人はよく〔　ごまかした　とぼけた　〕ことを言って、人を笑わせる。

・答えたくないことを聞かれ、笑って〔　ごまかした　とぼけた　〕。

3．・パソコンで作業していると、肩(かた)が〔　こる　こらす　こりる　〕。

・一度大損(おおぞん)したので、賭(か)け事(ごと)はもう〔　こった　こらした　こりた　〕。

・この頃(ごろ)食器集めに〔　こって　こらして　こりて　〕いる。

・息を〔　こって　こらして　こりて　〕綱渡(つなわた)りを見つめた。

・〔　こった　こらした　こりた　〕デザインの服

V（　　）に入る言葉を下から選び、適当な形にして書きなさい。

A 1．私は小さい子供によく（　　　　　　　　　）。

2．ストーカーに（　　　　　　　　　）困っている。

3．毎日人込みに（　　　　　　　　　）通勤している。

4．食糧不足により、2万人以上が生存すら（　　　　　　　　　）いる。

5．その音楽を聞いて、激しく心を（　　　　　　　　　）。

6．現代社会では、心の（　　　　　　　　　）が（　　　　　　　　　）いる。

7．初めての海外生活では、習慣の違いに（　　　　　）を（　　　　　）ことも多い。

8．私はラーメンの味には（　　　　　　　　　）がある。

9．さすがモデルだけあって、彼女は着（　　　　　　　　　）がうまい。

おびやかす	おぼえる	こだわる	こなす	つきまとう	
とまどう	なつく	ふれあう	ゆさぶる	もとめる	もむ

B 1．いすの背に（　　　　　　　）座った。

2．怖い犬に（　　　　　　　）子供は母親の腕に（　　　　　　　）。

3．「もし遅れたら、私に（　　　　　　　）、先に始めていてください」

4．彼女はダイヤの婚約指輪をみんなに（　　　　　　　）自慢した。

5．どんな分野においても、その道を（　　　　　　　）のは大変なことだ。

6．優勝するためには、どんな努力も（　　　　　　　）つもりだ。

7．この小説家の特徴は、写実に（　　　　　　　）描写(びょうしゃ)にある。

8．母を病院へ連れて行ったら、「もう手の（　　　　　　　）ようがない」と言われた。

9．手みやげを（　　　　　　　）初めての取引先を訪問した。

10．「すみません、少しお金を貸してもらえませんか」「いくらあれば足りますか」

「3万円あれば（　　　　　　　）と思います」

11．彼女は（　　　　　　　）深い性格だ。

おしむ	おびえる	かまう	きわめる	しがみつく	たずさえる
つつしむ	てっする	ほどこす	まにあう	みせびらかす	もたれる

2-40

1068 つのる　ガ／ヲ募る　to appeal for, invite, become stronger／募捐，招募，思念，越来越厉害／모으다，더해지다，깊어지다，심해지다

〈他〉・被災地(ひさいち)に贈るための募金を募る。　・新しいスポーツジムが会員を募っている。

類　ヲ募集する

〈自〉・国の恋人への思いが募るばかりだ。　・望郷(ぼうきょう)の念が募る。　・寒さが募る。

類　ガ増す

1069 おしよせる　ガ押し寄せる　to surge, descend on／蜂拥而至／밀어닥치다，몰려들다

・台風で高波が押し寄せ、大きな被害が出た。　・敵(てき)の大群(たいぐん)が城(しろ)に押し寄せてきた。

1070 たどる　ガたどる　to pursue, trace／沿路前进，追寻／더듬어 찾다，더듬다

①・海辺(うみべ)へと続く小道(こみち)をたどる。　・家路(いえじ)をたどる。

連　{悪化／破滅(はめつ)　…} の一途(いっと)を＿、平行線を＿、軌跡(きせき)を＿

②・事件の日のアリバイを聞かれ、記憶(きおく)をたどってみた。　・話の筋(すじ)をたどる。

1071 さぐる　ヲ探る　to feel around for, sound out, look for／摸，探听，探访，探险／뒤지다，더듬다，살피다，헤아리다，찾다，탐색하다

①・小銭(こぜに)がないか、ポケットを探った。　・手で探って電気のスイッチを探(さが)す。

合　手探り（例.　・真っ暗な中を手探りで進む。　・手探りで探す。）、ヲ探り当てる

類　ヲ探(さが)す

②・敵(てき)の動きを探る。　・部長の真意(しんい)を探る。

合　ヲ探り出す、ヲ探り当てる　（名）探り→　ニ＿を入れる

③・これまでの仕事がうまくいかなくなったので、新しい道を探っている。

・{原因／解決(かいけつ)／可能性　…} を探る。

関　ヲ探す

④・洞窟(どうくつ)を探る。

類　ヲ探検(たんけん)する

1072 うらづける　ヲ裏付ける　to support, substantiate／证实，印证／입증하다

・彼の犯行を裏付ける証拠(しょうこ)はない。　・この実験結果は田中博士(たなかはかせ)の理論を裏付けるものだ。

合　裏付け捜査　類　ヲ立証(りっしょう)する　（名）裏付け

1073 うかがう　ヲうかがう　to sound out, see/understand／窥视，伺机，看出／엿보다，살피다，노리다

①・父はとても怖い人だったので、私はいつも父の顔色をうかがっていた。

・不審(ふしん)な男が家の中の様子(ようす)をうかがっている。

連　顔色を＿、辺りを＿

②・〈ボクシングの選手が〉パンチを出す好機をうかがう。

・{機会／チャンス／相手のすき　…} をうかがう。

類　ヲ狙(ねら)う

③・彼の顔を見て、{決心の固さ／決意のほど} がうかがえた。

※自発動詞として使われることが多い。

1074 **はかる** **ヲ謀る** to plot, aim to／策划，企图／꾀하다，꾸미다

・テロリストたちは大統領の暗殺を謀った。

・個人情報の流出を謀って、ハッカーたちがネットに侵入した。

類 ヲたくらむ、ヲ企てる 関 陰謀

1075 **あざむく** **ヲ欺く** to deceive, trick／骗欺／속이다

・人を欺いてでも利益を得ようという考え方には同意できない。

・「敵を欺くにはまず味方から」というのは、中国の古い本に出てくる言葉だ。

類 ヲだます ☞ N3 445 関 ヲ偽る

1076 **はばむ** **ヲ阻む** to obstruct, hinder／阻挡，阻碍／가로막다

・登山者は激しい吹雪に行く手を阻まれた。 ・経済格差が景気の回復を阻んでいる。

連 行く手を__ 類 ヲ妨げる ☞ N2 1050、ヲ阻止する、ヲ遮る

1077 **さえぎる** **ヲ遮る** to block, interrupt／遮挡，打断，阻挡／가리다，차단하다，막다，가로막다

①・新しいビルに遮られて、ここから富士山が見えなくなった。 ・ブラインドで直射日光を遮る。

・霧が視界を遮る。

関 ヲ遮断する

②・人の ｛話／発言｝ を遮って話すのは失礼だ。 ・倒れた木が ｛道／行く手｝ を遮っている。

類 ①②ヲ妨げる ☞ N2 1050、ヲ阻む

1078 **さわる** **ガ障る** to affect, harm, get on one's nerves／有坏影响，妨碍，刺耳／해롭다，지장이 있다，거슬리다

①・「そんなに仕事ばかりしていると体に障るよ」 ・私生活の乱れは仕事に障る。

関 ガ差し支える ☞ 697、ガじゃまになる、ガ妨げになる （名） 障り→ __がある

②・ガラスをひっかく音は神経にさわる。

連 気に__、しゃくに__

1079 **むしばむ** **ヲ蝕む** to ruin／侵蚀，腐蚀／좀먹다，해치다，숨다

・覚醒剤は、心も体も蝕んでぼろぼろにしてしまう。

・この森は酸性雨に蝕まれ、すっかり枯れてしまった。

1080 **こもる** **ガこもる** to shut oneself up, be confined, be full of, be indistinct／闭门不出，(房间等)不通气，声音不清楚，集中精力，诚心诚意／틀어박히다，꽉 차다，담기다

①・しばらく家にこもって、小説を書くつもりだ。 ・僧が ｛寺・山｝ にこもって修行する。

合 ガ閉じ__（例. 自分のからに閉じこもる）、ガ引き__→ （名） 引きこもり

②・ふろ場は湿気がこもってカビが生えやすい。 ・部屋に ｛匂い／煙／熱気 …｝ がこもる。

③・耳に水が入ると、自分の声がこもって聞こえる。

④・ほめられて、練習にいっそう熱がこもった。 ・心のこもったプレゼントをもらった。

〈他〉 ヲ込める（例. 気持ちを込めて校歌を歌った。）

1081 **ひそむ** **ガ潜む** to be hidden, to be concealed／隐藏，潜藏／숨다

・犯人は知人のアパートに潜んでいた。　・トラは草むらに潜んで獲物を狙った。

・ひどい頭痛には悪い病気が潜んでいることがある。

類 ガ隠れる、ガ潜伏する

1082 **ひそめる** **ヲ潜める** to hide, conceal, lower, become inconspicuous／隐藏，潜藏，不作声，屏气不出声／숨기다

①・犯人は知人のアパートに身を潜めていた。　・彼は年をとってから強情さが影を潜めた。

連 身を＿、影を＿　類 ヲ隠す　慣 物陰に身を潜める

②・声を潜めて話す。　・息を潜める。

・昔テレビで活躍したタレントが、今はすっかりなりを潜めている。

連 声を＿、息を＿、なりを＿

1083 **ゆらぐ** **ガ揺らぐ** to swing, shake, sway／摇动，晃荡，动摇／흔들리다，동요하다

①・地震で建物の土台が揺らいだ。

・選挙で負けて政権が揺らいだ。

〈他〉ヲ揺るがす（例．社会を揺るがす事件）

②・柳の枝が風に揺らいでいる。

③・会社をやめるつもりだったが、上司の説得で｛気持ち／心｝が揺らいだ。

・失敗して自信が揺らいだ。　・決心が揺らぐ。

類 ガ動揺する

類 ①～③ガ揺れる ☞ N3 496　（名）①～③揺らぎ

1084 **もめる** **ガもめる** to have a dispute, worry／发生争执，焦急／옥신각신하다，초조해하다

①・賃金をめぐって雇用側と労働者側がもめている。　・領土問題でA国とB国がもめている。

・出席者の主張が対立し、会議はもめにもめた。

合 もめ事、大もめ

②〈慣用表現〉・介護の必要な親を抱えていると、いろいろと気がもめる。

関 ヲもむ ☞ 1024

1085 **ひるがえる** **ガ翻る** to flutter, waver／改变，转变，飘扬／펄럭이다，바뀌다

①・旗が風に翻っている。

②・直前になって｛考え／意見／決意／態度 …｝が翻った。

1086 **ひるがえす** **ヲ翻す** to turn over, change one's mind, wave／转，翻，改变，飘扬／바꾸다，휘날리다，날리다

①・手のひらをひるがえして見る。

②・スカーフを風にひるがえしながら歩く。　・体を翻して水中に飛び込む。

③・直前になって｛考え／意見／決意／態度 …｝を翻した。

1087 **くつがえる　　　ガ覆る**　　to be discredited, overturned, reversed, overthrown ／推翻，翻转，翻过来／뒤집어지다，뒤엎어지다

①・新しい発見により、今までの定説が覆った。　・{判定／前提／評価 …} が覆る。

②・中村選手の活躍により、3点差が覆った。　・上下が覆る。

③・ボートが覆る。

④・国家体制が覆る。

類　③④ガ転覆する

類　①～④ガひっくり返る　※「覆る」の方がかたい言葉。

1088 **くつがえす　　　ヲ覆す**　　to overturn, discredit, reverse, overthrow ／推翻，打翻，弄翻／뒤집다，뒤엎다

①・大方の予想を覆し、Aチームが大差で勝った。

・コーチが審判に抗議したが、判定を覆すことはできなかった。

・{評価／予測／定説／常識／理論 …} を覆す。

②・5点差を覆してAチームが勝利を収めた。

③・ボートを覆すような大波が襲った。

④・天下を覆すような陰謀が発覚した。　・政権を覆す。

類　①～④ヲひっくり返す　※「覆す」の方がかたい言葉。

1089 **ゆがむ　　　ガゆがむ**　　to bend, be distorted, be warped ／歪斜，歪曲，不正／휘다，일그러지다，비뚤어지다

①・このメガネは枠がゆがんでいる。　・涙で目の前がゆがんで見えた。

②・親が愛情を与えないと、子供の心はゆがんでしまう。

関　ガ曲がる、ガねじれる　☞109　(名)　ゆがみ→　＿がある⇔ない、＿が生じる

〈他〉ヲゆがめる（例. ・事実をゆがめて報道してはいけない。　・苦いものを食べて顔をゆがめる。）

1090 **こじれる　　　ガこじれる**　　to become complicated, become more serious ／别扭，久治不愈，复杂化／꼬이다，더치다

①・二人とも感情的になったため、話がこじれてしまった。

・{仲／交渉／問題 …} がこじれる。

②・風邪をこじらせて、肺炎になってしまった。

※使役形の他に他動詞「ヲこじらす」もあるが、あまり使わない。

1091 **くいちがう　　　ガ食い違う**　　to differ, clash ／不一致，有分歧／어긋나다，엇갈리다

・目撃者AとBの証言が食い違っているので、警察は困っている。　・意見が食い違う。

(名)　食い違い

1092 へだたる　ガ隔たる　to be distant／相隔，不一致，发生隔阂／거리가 있다，차이가 있다

・故郷から遠く隔たった場所で暮らす。　・二人の考えはかなり隔たっている。

類　ガ離れる　慣　時が隔たる　（名）隔たり→　__がある⇔ない、__ができる（例．転勤がきっかけで夫婦の間に隔たりができた。）

1093 へだてる　ヲ隔てる　to divide, separate／隔开，间隔，离间／사이를 두다，가르다

・A県とB県は川で隔てられている。　・テーブルを隔てて向かい合う。

・20年の時を隔てて親友と再会した。　・周囲の反対が二人の仲を隔てた。

（名）隔て→　__がある⇔ない（例．隔てのない間柄）、__なく（例．兄弟を隔てなく扱う。）

1094 つりあう　ガ釣り合う　to balance, go well together／平衡，相称／알맞다，어울리다

・今月は収入と支出が釣り合っていて、赤字にならなかった。

・恋愛心理学では、人は自分と釣り合う人を好きになる傾向があるそうだ。

・あの大女優に釣り合う男性はなかなかいないだろう。

関　バランス、均衡　☞664　（名）釣り合い　→__が取れる・__を取る

1095 からむ　ガ絡む　to be involved, pick a fight, entwine／缠上，密切相关，攀援／관계하다，치근덕거리다，휘감기다

①・利害が絡むと、公正な判断を下すのは難しくなるものだ。

・この事件には政治家が絡んでいるらしい。

類　ガ関係する　（名）絡み→　［名詞］＋絡み（例．政治家絡みの事件）

②・あの人は、酔うと人に絡む悪い癖がある。

③・フェンスに朝顔のつるが絡んでいる。

類　ガ絡まる

1096 からまる　ガ絡まる　to be entwined, tangled／缠绕／얽히다，휘감기다，감기다

・木の幹にツタが絡まっている。

・毛糸が絡まってほどけない。

・足が絡まって転んでしまった。

類　ガ絡む　関　ガもつれる

1097 からめる　ヲ絡める　to mix with, be in conjunction with／沾上，挽上，与……有关／묻히다，관련시키다

①・焼いた肉にたれを絡めた。　・恋人同士が腕を絡めて歩いている。

類　ヲ絡ませる

②・高齢者の問題は、少子化問題とも絡めて考えなければならないだろう。

類　ヲ関係づける

1098 **まぎれる** **ガ紛れる** to be distracted, diverted, find one's way, be concealed ／混同，排遣／뒤섞이다，틈을 타다，풀리다

①・周りの音に紛(まぎ)れて相手の声がよく聞こえない。

・人込(ひとご)みに紛(まぎ)れて彼女の後ろ姿(すがた)が見えなくなった。

・「忙しさに紛(まぎ)れて、ごぶさたしてしまいました」 ・犯人は闇(やみ)に紛(まぎ)れて逃走した。

合 ガ紛(まぎ)れ込む（例．社員の中に他社のスパイが紛(まぎ)れ込んでいた。）、～紛(まぎ)れ（例．苦しまぎれ、悔(くや)しまぎれ、退屈まぎれ、どさくさまぎれ）

慣 闇(やみ)に紛(まぎ)れる、どさくさに紛(まぎ)れる（例．放火犯は火事のどさくさに紛(まぎ)れて逃げた。）

②・嫌(いや)なことがあっても、好きな音楽を聞くと気が紛(まぎ)れる。

・子供の笑顔(えがお)で悲しみが紛(まぎ)れた。 ・水で冷やすと少し痛みが紛(まぎ)れた。

連 気が＿

1099 **まぎらす** **ヲ紛らす** to distract, conceal ／排遣，解消／달래다

・心配なことがあるとき、音楽を聞いて気を紛(まぎ)らした。

・{痛み／空腹／悲しみ／寂(さび)しさ …} を紛(まぎ)らす。

※「紛(まぎ)らわす」「紛(まぎ)らわせる」という形もある。  連 気を＿ 関 紛(まぎ)らわしい ☞907

1100 **かさばる** **ガかさばる** to be bulky, cumbersome ／体积大，体积，容积／부피가 커지다，부피

・この荷物は重くはないが、かさばって持ちにくい。

☆かさ

・かさが張(は)る。 ・雨で川の水かさが増す。

 類 量

1101 **かさむ** **ガかさむ** to increase ／增加／많아지다，늘다

・この商品はコストがかさむので、利益(りえき)は少ない。 ・{費用／経費 …} がかさむ。

1102 **しなびる** **ガしなびる** to shrivel, wither, wrinkle ／枯萎，干瘪／쭈글쭈글하다，시들다

①・１週間前に買ったみかんがしなびてきた。

・しなびた花を摘(つ)み取ると、新しい花が咲いてくる。

関 ガしおれる、ガしぼむ ☞760、ガ枯(か)れる ☞N2 188

※「しおれる」「しなびる」は回復可能、「枯れる」は回復不能な状態(じょうたい)。

②・しなびた手の皮膚(ひふ)を見て、年をとったと感じた。

1103 **すたれる** **ガ廃れる** to go out of fashion, become obsolete ／衰退，过时／한물가다，사라지다，활기가 없다

・現代社会では、流行は廃(すた)れるのも早い。 ・年長者(ねんちょうしゃ)を敬(うやま)う価値観(かちかん)は廃(すた)れたのだろうか。

・かつてこの辺りで盛んだった林業は、今ではすっかり廃(すた)れてしまった。

類 ガ衰(おとろ)える

2-43

1104 **よみがえる** **ガよみがえる** to be revived, resuscitated／回想，复活／되살아나다，소생하다

・遠い昔の記憶が、ふとよみがえることがある。　・結婚式のときの感動がよみがえった。

・古代人は、死者がよみがえらないよう埋葬に工夫を凝らした。

関 ガ復活する、ガ生き返る

1105 **もたらす** **ヲもたらす** to bring about／带来，招致／가져오다，전하다，초래하다

①・この宝石は、身につけると幸運をもたらすと言われている。

・首相の突然の辞任の知らせが、議員たちにもたらされた。

類 ヲ持って来る／行く、ヲ届ける

②・インターネットは情報の革命をもたらした。　・津波が沿岸地域に甚大な被害をもたらした。

1106 **うるおう** **ガ潤う** to get wet, be moisturized, profit from／润湿，宽绰起来／촉촉해지다，윤택해지다

①・久しぶりの雨で田畑が潤った。　・このクリームを塗ると、肌が潤う。

②・自然の中にいると、心が潤ってくる。

（名）①②潤い

③・新しい工場のおかげで、市の財政が潤った。

1107 **うるおす** **ヲ潤す** to wet, enrich, benefit／润，滋润，宽绰／축이다，윤택해지다，혜택을 주다

①・山登りの途中で水を飲んでのどを潤した。　・川が畑を潤す。

②・芸術は人の心を潤す。

③・財政を潤すため、市は工場の誘致に努めている。

1108 **やわらぐ** **ガ和らぐ** to calm down, mitigate, soften／变柔和，和缓起来／누그러지다，온화해지다，풀리다

①・3月に入って、寒さが和らいできた。　・{衝撃／痛み／怒り　…} が和らぐ。

関 ガ薄らぐ、ガ緩和する　☞ 946

②・心地よい音楽を聞くと気持ちが和らぐ。　・和らいだ表情

・彼女の一言で、緊張したその場の雰囲気が和らいだ。

〈他〉 ヲ和らげる

1109 **とろける** **ガとろける** to melt／溶化，心荡神驰／녹다，녹는다

①・肉が柔らかく煮込んであり、口に入れるととろけるようだ。

・このチーズは熱を加えるととろける。

②・彼の甘い言葉を聞き、心がとろけるようだった。

〈他〉ヲとろかす（例. ・あめを口に入れてとろかす。　・心をとろかすような甘い音楽）

1110 **くつろぐ** **ガくつろぐ** to relax, feel at home／舒畅，轻松愉快／편히 쉬다

・仕事から帰ってうちでゆっくりくつろぐときが、私の幸せな時間だ。

・友達のうちは、自宅のようにくつろげる。

類 ガリラックスする　（名）くつろぎ

コラム 24 表現③ Expressions (3)／表达③／표현③

◆動詞・文

相づちを打つ　to give nods and interjections to show you are paying attention／随声附和／맞장구를 치다
相づちを打ちながら相手の話を聞く。

後回しにする　to leave something until later／推迟，往后推，缓办／뒤로 미루다
「いま忙しいから、その件は後回しにしましょう」

あらさがしをする　to find fault with／找（挑）毛病，挑剔／흠만 보다
「人のあらさがしをするのはやめなさい」

いい気になる　to flatter yourself, to be conceited／得意扬扬，沾沾自喜／우쭐대다
彼は女性にちやほやされていい気になっている。

一段落つく　to calm down, to be less busy／告一段落／일단락하다
仕事が一段落ついた。
これでこのプロジェクトも一段落だ。

浮き彫りになる　to stand out, to be distinct／突出，突显／부각되다
この計画の問題点が浮き彫りになった。

うまくいく　to go well／进展顺利／잘 되다
実験はうまくいった。
あの二人はうまくいっている。

うまくやる　to do well／干得好／잘 하다
息子は会社でうまくやっているようだ。
「彼女とデートすることになった？　うまくやったな」

時間が来る　to come to the time for something／时间到／시간이 오다
出発の時間が来た。

時間になる　to come to the end of the time for something／到时间／시간이 되다
「はい、時間になりました。テストをやめてください」

しらを切る　to pretend to be innocent, to feign ignorance／假装不知道／모르는 일이라고 말하다
容疑者は警察の追及にしらを切り続けた。

そっぽを向く　to turn away, to ignore／置之不理／모르는 체하다
妹は話しかけてもそっぽを向いて返事をしない。

次にいく　to move on／接下去进行／다음으로 가다
「では、次（の問題）にいきましょう」

ぴんと来る　to recognize, remember／马上领会，领悟／즉각 알아차리다
〈指名手配のポスター〉「この顔にぴんと来たら110番」
名前だけではぴんと来なかったが、顔を見たら誰かわかった。

つんとする　to be prim, prissy／摆架子／새침한 척 하다
彼女は何だかつんとしていて親しみにくい。

のびる／ダウンする　to be unable to function, to get sick／因疲劳而倒下 / 病倒／뻗다，녹초가 되다 / 다운되다
徹夜続きでついに｛のびて／ダウンして｝しまった。

Unit 13 動詞C 1068〜1110

練習問題Ⅰ

Step 1 2 3 4

Ⅰ （　　）に助詞を書きなさい。

1．募金（　　）募る。
2．寒さ（　　）募る。
3．話の筋道（　　）たどる。
4．政権（　　）揺らぐ。
5．手（　　）壁（　　）探って、スイッチを探す。
6．飲み過ぎは体（　　）障る。
7．練習（　　）熱（　　）こもる。
8．山（　　）こもって修行する。

Ⅱ 「ます形」が名詞になる言葉に○を付けなさい。 例：こだわる→こだわり

押し寄せる　裏付ける　食い違う　釣り合う　絡める　翻る　ゆがむ　隔たる
隔てる　廃れる　もたらす　潤う　とろける　くつろぐ　和らぐ

Ⅲ 一緒に使う言葉を下から選んで書きなさい。

A
1．（　　　）が廃れる。
2．（　　　）がこもる。
3．（　　　）がこじれる。
4．（　　　）が絡む。
5．（　　　）がかさむ。
6．（　　　）がかさばる。
7．（　　　）が覆る。
8．（　　　）が翻る。
9．（　　　）が揺らぐ。

決心	交渉	経費	匂い	荷物	旗	ボート	利害	流行

B
1．（　　　／　　　）が潤う。
2．（　　　／　　　／　　　）が和らぐ。
3．（　　　）がしなびる。
4．（　　　）をひそめて話す。
5．人の（　　　）を遮る。
6．（　　　）に紛れて逃走する。

怒り	痛み	声	寒さ	話	肌	畑	人込み	野菜

C
1．幸運を（　　　　）宝石
2．痛みに顔が（　　　　）。
3．政治家の暗殺を（　　　　）。
4．二人の証言が（　　　　）。
5．記憶が（　　　　）。
6．審判の判定を（　　　　）。
7．のどを（　　　　）。
8．上司の顔色を（　　　　）。
9．酔って人に（　　　　）。
10　新しい可能性を（　　　　）。

うかがう	潤す	からむ	食い違う	覆す
探る	はかる	もたらす	ゆがむ	よみがえる

Ⅳ 下線の言葉と同じ意味になるよう、□に漢字を１字書きなさい。

1．アパートに<u>潜む</u>。→ 潜□する
2．光を<u>遮る</u>。→ 遮□する
3．気持ちが<u>揺らぐ</u>。→ □揺する
4．痛みを<u>和らげる</u>。→ □和する

Ⅴ　下線部の言葉と似た意味の言葉を下から選んで書きなさい。

1．人を欺(あざむ)く。―（　　　　　　　）　2．好機(こうき)をうかがう。―（　　　　　　　）

3．足が絡(から)まる。―（　　　　　　　）　4．釣(つ)り合いがとれる。―（　　　　　　　）

5．自宅でくつろぐ。―（　　　　　　　）　6．死者がよみがえる。―（　　　　　　　）

7．仕事に障(さわ)る。―（　　　　　　　）　8．行く手を阻(はば)む。―（　　　　／　　　　）

遮(さえぎ)る	差(さ)し支(つか)える	妨(さまた)げる	だます	狙(ねら)う
バランス	復活する	もつれる	リラックスする	

Ⅵ　（　　　）に入る言葉を下から選び、適当な形にして書きなさい。

A　1．遠く（　　　　　　　　）町

2．糸が（　　　　　　　　）ほどけない。

3．心の（　　　　　　　　）プレゼント

4．（　　　　　　　　）のある肌(はだ)

5．かぜを（　　　　　　　　）肺炎(はいえん)になってしまった。

6．テレビが壊(こわ)れ、（　　　　　　　　）映像しか映らない。

7．入院中、退屈（　　　　　　　　）に毎日絵を描(か)いていた。

8．少女はスカートのすそを（　　　　　　　　）走り去った。

9．この国の財政は観光で（　　　　　　　　）いる。

うるおう	からまる	こじれる	こもる
ひるがえす	へだたる	まぎれる	ゆがむ

（二度使う語もある）

B　1．ゼミの夕食会は、教授もノーネクタイで、（　　　　　　　　）雰囲気(ふんいき)だった。

2．「余計なことを言ってしまいましたね。気に（　　　　　　　　）ら謝ります」

3．祖父は全身をガンに（　　　　　　　　）亡くなった。

4．うちと隣の家は、庭の境界線をめぐって（　　　　　　　　）いる。

5．半世紀を（　　　　　　　　）両家は和解した。

6．恋人と腕を（　　　　　　　　）公園を散歩した。

7．郊外に大きなショッピングセンターができたおかげで、昔からある商店街は（　　　　　　　　）しまった。

8．このチョコレートは口に入れるとすっと（　　　　　　　　）、とてもおいしい。

9．ある委員が一人でずっと話し続けるので、司会者がそれを（　　　　　　　　）。

10．家族や友人と頻繁(ひんぱん)にチャットして、寂(さび)しさを（　　　　　　　　）いる。

からめる	くつろぐ	さえぎる	さわる	すたれる
とろける	へだてる	まぎらす	むしばむ	もめる

Unit 13 動詞C 練習問題Ⅱ

Ⅰ （　　）に入れるのに最もよいものを、a・b・c・dから一つ選びなさい。

1．あの新人選手は3年もすれば、チャンピオンを（　　）存在になるだろう。
　a　くつがえす　b　おびやかす　c　あやつる　d　おどす
2．父の怒りを（　　）のは、いつも母の仕事だった。
　a　いたわる　b　ごまかす　c　つぐなう　d　なだめる
3．バスが急ブレーキをかけたので、思わずそばの手すりに（　　）。
　a　しがみついた　b　くっついた　c　つきまとった　d　つきそった
4．うそをついてしまい、良心が（　　）。
　a　とどまる　b　まぎれる　c　とがめる　d　こじれる
5．選手たちは熱意の（　　）目で、新しいコーチの話を聞いていた。
　a　ひそんだ　b　うるおった　c　しみた　d　こもった
6．「お仕事は？」「英語教育に（　　）おります」
　a　関係して　b　携わって　c　徹して　d　営んで
7．予想以上に経費が（　　）、利益は少なかった。
　a　かさみ　b　かさなり　c　かさばり　d　からまり
8．このカーテンは厚くて光を（　　）ので、昼でも部屋を暗くできる。
　a　断つ　b　さまたげる　c　さえぎる　d　はばむ
9．給料は3年前から（　　）置かれたままだ。
　a　据え　b　差し　c　止め　d　取り
10．事実を（　　）報道することは許されない。
　a　ひねって　b　ねじって　c　ゆがめて　d　うらづけて

Ⅱ ＿＿の言葉に意味が最も近いものを、a・b・c・dから一つ選びなさい。

1．電車の中で隣りの人に<u>寄り</u>かかって寝てしまった。
　a　押し　b　もたれ　c　つかみ　d　つき
2．彼女は<u>慎ましい</u>性格だ。
　a　慎重な　b　飾らない　c　素直な　d　控えめな
3．この問題には<u>手こずった</u>。
　a　手間がかからなかった　b　難しくて時間がかかった
　c　解けなくて嫌になった　d　もうこりごりだ
4．いつまでたっても、あの時の悲しみは<u>やわらぐ</u>ことはない。
　a　とろける　b　はなやぐ　c　うすらぐ　d　すたれる

5．人手不足で、工事の予定が遅れている。

a　とどこおっている　　b　はかどっている

c　いきづまっている　　d　きわまっている

Ⅲ　次の言葉の使い方として最もよいものを、a・b・c・dから一つ選びなさい。

1．くつろぐ

a　久しぶりに休みが取れたので、山登りをしてくつろいできた。

b　友達がすばらしい料理でくつろいでくれた。

c　引っ越してきたばかりだが、この町は住みやすくてくつろげる。

d　母は洋式のホテルより和風の旅館の方がくつろげると言う。

2．こる

a　あの子は最近数学にこって、成績が上がってきている。

b　友人は料理の腕もすばらしいが、食器にもこっている。

c　この機械は誰(だれ)にでも操作しやすいよう、工夫がこっている。

d　3カ月寝たきりだった祖父は足がこって、現在リハビリ中だ。

3．なつく

a　一緒(いっしょ)に住み始めてから、祖母は私になついている。

b　彼は入社して日が浅いが、もう会社になついている。

c　結婚して1年、もうすっかりお互いになついている。

d　我が家の犬は、家族の中で娘に一番なついている。

4．ごまかす

a　売り上げをごまかしていたことがわかった店員は、首になった。

b　信頼していた友人が私をごまかして、財産を取ってしまった。

c　彼は一見優しそうに見えるが、実は奥さんをごまかしていたそうだ。

d　老人を甘い言葉でごまかして、財産を奪い取るという事件が相次いでいる。

5．おびえる

a　雨が続き、市では洪水にならないかとおびえている。

b　あなたはまだ若いのだから、失敗をおびえず挑戦してほしい。

c　妹はお化けの話におびえて、トイレに行けなくなってしまった。

d　動物は火をおびえるので、火のそばには寄って来ない。

Unit 14 副詞B＋連体詞 1111～1170

Step 1 2 3 4

2-44

I 行為の様子を表す副詞 Adverbs that express the appearance of actions ／表示行为样态的副词／행위의 상태를 나타내는 부사

1111 いっきに 一気に in one go, without stopping, all together ／一口气，一下子／한숨에，단숨에

・駅の階段を一気に駆け上がったら、息が切れてしまった。

・ビール大ジョッキを一気に飲み干した。

・独裁者が倒されると、民衆は一気に喜びを爆発させた。

1112 きっぱり(と) flatly, plainly ／断然，干脆／단호히

・佐藤さんは鈴木さんからの援助の申し出を、きっぱりと断った。 ・きっぱりした態度

1113 てきぱき(と) briskly, quickly ／麻利，爽快／척척，재빠르게

・母は午前中にてきぱきと家事をこなし、午後からはパートに行っている。

・てきぱき｛働く／片付ける …｝。

関 きびきび、のろのろ、ぐずぐず

1114 だらだら(と) だらだらスル leisurely, sluggish, going on and on, slowly ／磨磨蹭蹭；缓坡；滴滴答答／질질，완만하게，줄줄

①・夏休みは特に何もせず、だらだら過ごしてしまった。 ・会議はだらだらと5時間も続いた。

・「さっさとしろ！ だらだらするな」

関 ガだらける

②・だらだらと続く坂道 ・山道をだらだらと下る。

③・傷口から血がだらだらと流れた。

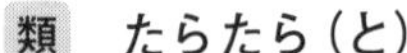

類 たらたら(と)

1115 ぐずぐず(と) ぐずぐずスル lingering, taking a long time, to complain, sniffle ／慢腾腾，拖延，身体不爽，嘟囔／꾸물대다，꾸물거리다，투덜대다

①・寒い日は布団の中でぐずぐずしていて、なかなか起きられない。

・「ぐずぐずしないで、早く食べてしまいなさい」 ・返事をぐずぐずと引き延ばす。

②・「ぐずぐず言わずに、言われたことをやりなさい」

関 ガぐずつく（例. ぐずついた天気）

③・風邪をひいて、鼻がぐずぐずする。

1116 ゆうゆう(と) 悠々(と) leisurely, calmly, easily ／悠悠，不慌不忙，绰绰有余／느긋하게，유유히，여유 있게

①・大きな鳥がゆうゆうと空を飛んでいる。 ・ゆうゆうと歩く。 ・悠々たる態度

関 ゆったり、ゆっくり

②・9時の始業にはゆうゆう間に合いそうだ。 ・ゆうゆう合格する。

関 余裕

1117 **いそいそ(と)** excitedly／高高兴兴地，欢欣雀跃地／들뜬 마음으로

・今日はデートらしく、姉はおしゃれをしていそいそと出かけて行った。

1118 **とっさに** suddenly, at once／瞬间，立刻／순식간에，얼떨결에

・転(ころ)びそうになり、とっさに手をついて体を支えた。

・突然英語で道を聞かれ、とっさのことだったので、うまく言葉が出てこなかった。

連 とっさのこと

1119 **じっくり(と)** without rushing, slowly／慢慢地，仔细地／곰곰이，시간을 들여 정성껏

・すぐに答えを出そうとせず、じっくり考えてみることも大切だ。

・骨付(ほねつ)き肉(にく)をじっくりと煮込(にこ)むと、いいスープになる。

類 時間をかけて、ゆっくり

1120 **おろおろ(と)**　**おろおろスル** flustered, in a daze／坐立不安，惶惑不安／갈팡질팡，허둥지둥

・母が倒れたとき、私はおろおろするばかりで、何もできなかった。

・心配で、おろおろと歩き回る。

1121 **まごまご**　**まごまごスル** confused, be slow／不知所措，磨磨蹭蹭／우물쭈물

・機械の操作方法(そうさほうほう)がわからず、おばあさんがまごまごしている。

・「早くしろ。まごまごしていると置いていくぞ」

関 ガまごつく

1122 **ぶつぶつ(と)** mutter, grumble, spots, pimples／抱怨，牢骚，一个个(粒状)疙瘩／중얼중얼，투덜투덜，뾰루지

①・彼は何やらぶつぶつとつぶやいている。

②・「文句(もんく)があるなら、陰(かげ)でぶつぶつ言ってないで、ちゃんと言った方がいいよ」

③［(名)］・顔にぶつぶつができた。

類 ぼつぼつ ☞ 543

Ⅱ　気持ちや主観を表す副詞

Adverbs that express feelings or a subjective view／表示心情或主观感受的副词／마음이나 주관을 나타내는 부사

1123 **うっとり(と)**　**うっとりスル** spellbound, absorbed／出神，入迷／넋을 잃고，황홀히

・彼女はうっとりと音楽に聴(き)き入(い)っていた。

・スターの写真を眺(なが)めて、彼女はうっとりした表情を浮かべた。

1124 **ゆったり(と)**　**ゆったりスル** comfortable, loose／宽敞舒适，轻松舒畅／느긋하게，넉넉한

①・長期にわたった出張(しゅっちょう)から帰り、久しぶりに家でゆったりとくつろいだ。

類 ゆっくり（と）

②・ぴったりした服より、ゆったりした服の方が体型をカバーできる。

対 きゅうくつな　**類** たっぷりした　**関** ゆとりがある

2-45

1125 **しみじみ(と)** keenly, fully, earnestly／痛切，感慨地／절실히，깊게

①・たまに病気をすると、健康(けんこう)の有(あ)り難(がた)さをしみじみ感じる。

②・冬の夜、10年ぶりに会った友人と、人生についてしみじみと語(かた)り合った。

・長い小説を読み終え、しみじみ(と)した気分になった。

※「しみじみ(と)した」は連体修飾で使う。

1126 **つくづく(と)** thoroughly, seriously, completely／仔细，深切／자세히，절실히，정말

①・最近鏡(かがみ)でつくづくと自分の顔を眺(なが)め、父に似てきたなあと思った。

・40歳を過ぎ、自分の将来をつくづくと考えるようになった。

類 よくよく、じっくり、じっと

②・自分は運のいい人間だとつくづく思う。　・つくづく自分が嫌(いや)になる。

類 心から、しみじみ

1127 **がっくり(と)**　**がっくりスル** drop (to one's knees, one's head), heartbroken, downcast／突然无力地，萎靡不振，突然下降／맥없이，상심하여，뚝

①・1位でゴールしたのに失格(しっかく)と判定され、田中(たなか)選手はがっくりと膝(ひざ)をついた。

②・母に死なれた父はがっくりして、何をする気にもなれないようだ。

・「あんなにがんばったのに不合格だなんて。がっくりきちゃう」

連 ＿くる

③・近所に大型(おおがた)スーパーができると、うちの店の売り上げはがっくり落ちた。

1128 **うんざり**　**うんざりスル** be fed up with, boring／厌腻，厌烦／지겹다

・いくら好きな料理でも、毎日食べるとうんざりする。

・「こんな単調な仕事、もううんざりだ」

・退職した父は、「時間だけはうんざりするほどある」と言っている。

類 飽(あ)き飽(あ)きスル

1129 **てっきり** surely／一定，必定／영락없이

・待ち合わせ場所に誰(だれ)もいなかったので、てっきり私が場所を間違えたのだと思ったが、実際はみんなが遅刻したのだった。

・「えっ、誕生日(たんじょうび)、来週なの？　てっきり今日だと思って、プレゼント持って来ちゃった」

※会話的な言葉。

1130 **いっそ** rather／宁可，索性／차라리

・こんなにつらい思いをするくらいなら、いっそ死んでしまいたい。

・将来性のない会社にいつまでもいるよりは、いっそ（のこと）転職(てんしょく)しようかと思う。

連 ＿のこと＋[動詞]

1131 **きっかり(と)** exactly, precisely ／整，正好／정각，딱，정확히

①・高橋さんは約束通り、9時きっかりにやってきた。 ・代金はきっかり3,000円だった。

類 ぴったり(と) ☞N3 603、ちょうど、きっちり(と)

②・夫婦で家事を分担したと言っても、それほどきっかりと分けたわけではない。

1132 **きっちり(と)** **きっちりスル** properly, thoroughly ／正好，恰好，正合适／확실하게，딱

①・調味料をきっちり測って入れる。 ・彼はお金にきっちりしている。

・私は何でもきっちりと計画を立ててやるのが好きだ。 ・窓をきっちり閉める。

類 きちんと ☞N3 847 関 ちゃんとスル ☞N2 1117

②・間隔をきっちり1メートルずつあけて木を植えた。 ・ここにきっちり百万円ある。

類 きっかり、ちょうど

1133 **まことに** **誠に** very, really ／实在，诚然／정말로，진심으로

・「ご配慮いただき、まことにありがとうございます」 ・「誠に申し訳ありません」

※改まった会話で用いることが多い。 類 本当に、実に

1134 **ことに** in particular ／特别，格外／특히，특별히

・今年の冬は例年になく寒いが、今晩はことに冷える。

・このレポートには、ことに目新しいことは書かれていない。

類 特に ※「ことに」の方がかたい言葉。

1135 **まさに** surely, certainly, just ／的确，正如／바로，막

①・この絵はまさに彼の最高傑作だ。 ・「まさに、おっしゃる通りです」

類 まさしく

②・今まさに、新しい年が明けようとしている。

1136 **ひたすら** nothing but ／只顾，一味，一心／오로지

・妻は帰って来ない夫をひたすら待ち続けた。

・けがをした河内選手は、ひたすらリハビリに励んだ。

類 ただただ、一途に、一心に

1137 **あくまで(も)** to the (bitter) end ／彻底，到底／끝까지，어디까지나

①・こんなひどい差別に対しては、私はあくまで戦うつもりだ。

類 徹底的に

②・会議で話し合うとしても、決定権はあくまで(も)社長にある。

③・空はあくまでも青く、澄み切っていた。

類 どこまでも、完全に

1138 めっきり remarkably ／（变化）显著，急剧／한층 , 현저히 , 눈에 띄게

・日中はまだ暑いが、朝夕(あさゆう)はめっきり涼しくなった。

・父は70歳を越えて、めっきり体が弱くなった。

1139 かろうじて barely, just and no more ／好容易才……，勉勉强强地／간신히 , 가까스로

・かろうじて予選をパスし、決勝に残ることができた。

・危ないところだったが、かろうじて難(なん)を逃(のが)れた。

類 やっと（のことで）、何とか

1140 あえて to go as far as, deliberately ／敢，勉强，不见得／감히 , 굳이 , 일부러

①・会議で誰(だれ)も何も言わないので、あえて反対意見を述べてみた。

・この論文はよく書けているが、あえて言えば、論理の展開(てんかい)に少々強引(ごういん)なところがある。

類 強(し)いて

②・あえて断るまでもないと思うが、これは一般論であって、全(すべ)ての事例にあてはまるわけではない。

※後ろに、「不必要」という意味の表現がくる。　類 特に、わざわざ

1141 あわや in the nick of time, very nearly ／眼看就要，眼看着，险些，差一点儿／자칫하면 , 하마터면 , 위태로운

・車はあわや衝突(しょうとつ)かというところで、やっと止まった。

・あわや予選敗退(はいたい)かと心配した。　・あわやというところで危機を回避(かいひ)できた。

類 危うく　※「あわや〜か」という形で使うことが多い。

1142 もろに right, completely ／迎面／정면으로

・飛んで来たボールがもろに顔に当たった。

※会話的な言葉。

1143 いやに very, awfully ／离奇／무척 , 몹시

・いつもにぎやかな彼女が、今日はいやにおとなしい。どうしたのだろう。

・「まだ梅雨前(つゆまえ)なのに、いやに蒸(む)し暑いですね」

類 妙(みょう)に、やけに

1144 やけに too, awfully ／厉害，要命，非常，特别／몹시 , 괜히 , 이상하게

①・もう10月だというのに、今日はやけに暑い。

類 むやみに、やたらに、いやに

②・彼女は今日、やけに優しい。何か頼みでもあるのだろうか。

類 妙(みょう)に、奇妙(きみょう)に、いやに

※会話的な言葉。

1145 **むやみに** randomly, excessively／胡乱，随便，过分／함부로，무턱대고

①・むやみに人を信じるのはどうかと思う。

②・リストラで人手が減ったせいで、最近むやみに忙しい。

合 むやみやたら(に)　類 やたら(に)

1146 **やたら(に／と)** excessively, impulsively／非常，胡说八道／마구，함부로

・最近やたらにのどが渇く。病気だろうか。

合 むやみ＿、めった＿　類 むやみに、やけに

慣 やたらなこと（例．誰が聞いているかわからないから、やたらなことは言えない。）

1147 **なにしろ**　**何しろ** at any rate, anyway／无论怎样，不管怎样／어쨌든，여하튼，워낙

・「最近寝不足なんです。何しろ忙しくて」・「暖房がないので、何しろ寒くて」

・「ご両親はお元気ですか」「ええ、でも何しろ高齢なもので、世話が大変です」

類 とにかく

1148 **もっぱら**　**専ら** solely, entirely／主要，完全／오로지，한결같은

・休みの日はもっぱら山歩きをしている。

・今度のボーナスは昨年より減るだろうというのが、専らのうわさだ。

連 ＿のうわさ

Ⅳ　その他の副詞　Other adverbs／其他副词／그 외의 부사

1149 **いちおう**　**一応** just in case, tentatively, more or less／姑且，大致／일단，우선，대충

①・断られるだろうと思ったが、一応頼んでみた。

・「テスト、できた？」「答えは一応全部、書いたけど……」

類 とりあえず

②・研修を受けて、一応の仕事の流れはわかった。

類 ひととおり

1150 **いったん**　**一旦** temporarily, for a moment, once／一旦，既然，姑且／일단，한번

①・交差点では自転車から一旦降りて、押して渡らなければならない。

・次の約束時間まで間があるので、いったん会社に戻ることにした。

合 ＿停止　類 ひとまず、一度

②・本田さんは頑固な人で、一旦言い出したら、絶対意見を変えようとしない。

・いったん引き受けておいて後で断るなんて、無責任だ。

類 一度

1151 **ひとまず** for the time being／暂且，暂时／일단

・父の手術が無事に終わり、ひとまず安心だ。

・まだ仕事の途中だが、もう遅いので、ひとまず寝て、明日朝早く起きよう。

類 とりあえず、一旦、一応

1152 **おって** **追って** later, at a later date／不久／추후에，뒤에，나중에

・「会議の日時と場所は次のとおりです。詳細は追って連絡します」

※改まった言葉。 類 後で

1153 **げんに** **現に** actually／实际，现在／실제로

・この頃佐藤さんは集中力に欠けるようだ。現に、今日もつまらないミスをしている。

類 実際、事実

1154 **いわば** **言わば** so-called, so to speak／说起来，可以说／말하자면

・成田空港は言わば日本の玄関だ。

・大学時代を過ごしたこの町は、私にとって、言わば第二の故郷と言ってもいいだろう。

関 言ってみれば

1155 **いかに** how, how much, however much／如何，怎样，无论怎样，怎么样／어떻게，얼마나，아무리

①・青春時代には誰でも、「人生、いかに生きるべきか」と悩んで当然だ。

※「いかに～か」の形で使う。 類 どのように

②・彼がいかにがんばったか、私はよく知っている。 ・その時彼女がいかに悲しんだことか。

※「いかに～か」の形で使う。 類 どれほど

③・いかに苦しくても、途中でやめたらそれまでの努力が水の泡だ。

※「いかに～ても／とも」の形で使う。 類 どんなに、どれほど

※①②③とも「いかに」の方がかたい表現。

[(連) いかなる]・いかなる事情があろうとも、犯罪行為は許されない。

・いついかなる場合においても、迅速に行動できるよう、準備しておくこと。

類 どんな、どのような ※「いかなる」の方がかたい言葉。

1156 **いちりつに** **一律に** uniformly, standard／一律，一样／일률적으로

・アルバイト店員に、ボーナスとして一律に1万円支給された。

・各社一律の値上げは、消費者から見ればおかしなことだ。

関 一様に

1157 **おのおの** **各々** each, individually／各自，各／각각의

・人にはおのおの(の)役割がある。 ・昼食はおのおの {が／で} 準備してください。

類 各自、ひとりひとり、それぞれ、めいめい ☞700

1158 **もはや** already／事到如今已经／이미，벌써

・父は具合が悪いのをずっと我慢していて、病院へ行ったときにはもはや手遅れだった。

・冬の日は短い。もはや日が暮れようとしている。

類 もう、すでに ※「もはや」の方がかたい言葉。

1159 **ともすれば／ともすると** liable to, prone to／往往，每每，动不动／자칫하면 / 가끔，때때로

・人はともすれば楽な方へと流れがちだ。

・私はともすると消極的になるので、そうならないよう気をつけている。

類 ややもすれば、ややもすると

1160 **いぜん(として) 依然(として)** at it was before, still, yet／依然，仍然／여전히

・台風は依然強い勢力を保ったまま、沖縄に近づいてきている。

・犯人は依然として捕まっていない。

類 今だに、まだ

1161 **ばくぜんと 漠然と** vaguely／含混，含糊，隐隐／막연히

・将来のことは、まだ漠然としか考えられない。

・多くの現代人は、地球の将来に対して、漠然とした不安を抱いているのではないだろうか。

・漠然たる不安

※「漠然とした」は連体修飾で使う。 類 ぼんやり(と)

1162 **まして** not to mention, still less／何况，况且／하물며，더구나

・この仕事は若い人でも大変なのだから、まして老人には無理だろう。

・これだけ離れていてもうるさいのだ。まして近くでは、どれほどの騒音だろうか。

連 [名詞] にも__ 類 ましてや ※ 接続詞のように使う。

1163 **なおさら** all the more／更加，越发／더욱더，한층더

・抽象的な言葉の多い文章は難しい。それが苦手な分野の文章だと、なおさら難しく感じられる。

・寝不足のときはベッドから出るのがつらい。寒い冬の朝はなおさらだ。

類 さらに ☞ N2 523、いっそう ☞ N2 524、一段と ☞ N2 525

1164 **ひいては** at least, consequently／进而，不但……而且／더 나아가서는

・我が社の利益がひいては社会の利益につながる、そんな仕事がしたい。

・アメリカの不況は日本に、ひいては我が家の家計にも大きな影響を及ぼす。

1165 **おのずから** as a matter of course, naturally／自然，自然而然地／자연히，스스로

・今は皆私の言うことを信じないが、事実はおのずから明らかになるだろう。

・両者の意見の相違は、よく読めばおのずからわかるだろう。

類 自然に、ひとりでに ※「おのずから」の方がかたい言葉。

連体詞 Noun modifiers／连体词／연체사

1166 **あくる** **明くる** next, following／次，第二／다음

・先週仕事でイギリスに行った。前の晩遅くに到着、明くる日は朝9時から会議だった。

連 ＿日、＿朝、＿年 類 次の、翌(よく)

1167 **きたる** **来る** coming, next／下次的／오는

・来(きた)る15日、中央公園(ちゅうおうこうえん)でフリーマーケットが開かれます。

※年月日を表す言葉の前に付ける。 対 去る 類 次の、今度の

1168 **さる** **去る** last／过去／지난

・去る7月10日、創立(そうりつ)50周年の式典(しきてん)が行われた。

※年月日を表す言葉の前に付ける。 対 来(きた)る 類 この前の

コラム 25 オノマトペ（擬態語(ぎたいご)）Ⅱ【ものごとの様子】 Onomatopoeia (Mimetic Words) II Appearance of Things／拟声（拟态词）Ⅱ【事物的样态】／오노마토페（의태어）Ⅱ【사물의 상태】

	動詞(どうし)	
くるくる(と)	回(まわ)る	to spin round and round (small object)／（轻快地）滴溜溜地转／뱅글뱅글 돌다
ぐるぐる(と)	回(まわ)る	to spin round and round (large object)／团团转／빙글빙글 돌다
ころころ(と)	転(ころ)がる	to roll around (small object)／叽哩咕噜地滚（尤指圆形物体）／까르르 구르다
ごろごろ(と)	転(ころ)がる	to roll around (large object)／叽哩咕噜地滚（尤指有一定重量的物体）／데굴데굴 구르다
ゆらゆら(と)	揺(ゆ)れる	to sway／缓慢地摇晃／흔들거리다
ぐらぐら(と)	揺(ゆ)れる	to wobble／晃晃荡荡，摇摆／흔들거리다
きらきら(と)	光(ひか)る	to glitter, twinkle／闪闪发光，闪耀／반짝반짝 빛나다
ぎらぎら(と)	光(ひか)る	to shimmer, glare／闪耀，刺眼／번쩍번쩍 빛나다
ぴかぴか(と)	光(ひか)る	to shine, sparkle／闪闪发光／반짝반짝 빛나다
ふわふわ(と)	飛(と)ぶ	to float gently／轻飘飘地飘／둥실둥실 날다
つるつる(と)	すべる	to be slippery, smooth／光溜溜，滑溜溜／반들반들 미끄럽다
すべすべ(と)		to be smooth, sleek／光滑，滑腻／매끈매끈하다
ざらざら(と)		rough／粗糙／까칠까칠한
さらさら(と)		rustling, silky／干爽／보송보송한
がらがら		clattering, rattling／空空荡荡／텅 빈
ふかふか(と)		soft and fluffy／松松软软／폭신한
かちかちに	凍(こお)る／固(かた)まる	(frozen/rock) solid／硬梆梆／두근두근
からからに	乾(かわ)く	to dry thoroughly／干得冒烟／바짝 마르다

1169 **れいの**　　**例の**　　that (when the subject is known to both parties)／往常的，（谈话双方都知道的）那个／그，여느 때

・「例の件、どうなった？」「ええ、うまくいきました」　・「例の物を持ってきてくれ」

・「田中(たなか)さん、社長の前でも例の調子だから、こちらがひやひやしたよ」

※話し手・聞き手、両者がよく知っていることがら、ものごとを指すときに使う。　類 あの

1170 **ありとあらゆる**　　every single, every possible／所有，一切／모든，온갖

・ありとあらゆる方法を試してみたが、うまくいかなかった。

※「あらゆる」を強めた言葉。　☞ N2 1158

～する	その他(た)の形	参考
—	くるりと	※人(ひと)にも使(つか)う
—	ぐるりと	※人(ひと)にも使(つか)う
—	ころりと	※人(ひと)にも使(つか)う
○	ごろりと	※人(ひと)にも使(つか)う
○	ゆらりと	※人(ひと)にも使(つか)う　関 ゆらめく
○	ぐらりと	関 ぐらつく
○	きらりと	
○	ぎらりと	関 ぎらつく
○	ぴかりと	
○	ふわりと	※気球(ききゅう)など
○	つるりと	※氷(こおり)、紙(かみ)など
○	～だ	※床(ゆか)、布(ぬの)、肌(はだ)など
○	～だ　ざらりと	※紙(かみ)、床(ゆか)など　関 ざらつく
○	～だ　さらりと	※液体(えきたい)、髪(かみ)など
—	～だ	※電車(でんしゃ)、映画館(えいがかん)など
○	～だ	※布団(ふとん)など
—	～だ	※氷(こおり)など
—	～だ	※空気(くうき)、土(つち)など

Unit 14 副詞 B+ 連体詞 1111〜1170

練習問題 I

Step 1 2 3 4

I 「〜する」の形になる言葉に○を付けなさい。

だらだら　ぐずぐず　おろおろ　ぶつぶつ　まごまご　つくづく　ゆったり
うっとり　がっくり　じっくり　てっきり　きっちり　きっかり

II 次の動詞と一緒(いっしょ)に使う言葉を下から選んで、(　　　) に書きなさい。

1．(　　　　　) 見る　2．(　　　　　) 動く　3．(　　　　　) 断る
4．(　　　　　) 量(はか)る　5．(　　　　　) 感じる　6．(　　　　　) 老(ふ)ける

うっとり	きっちり	きっぱり	しみじみ	てきぱき	めっきり

III 下線の言葉と似た意味の言葉を下から選んで (　　　) に書きなさい。

A

1．友達は 12 時ぴったりにやってきた。→ (　　　　　　)
2．この地方は雪が多いが、特に今年は記録的な大雪だった。→ (　　　　　　)
3．「ご結婚、本当におめでとうございます」→ (　　　　　　)
4．「残りの内容については、後でお知らせします」→ (　　　　　　)
5．どのように資源開発をするべきか、各国で模索(もさく)している。→ (　　　　　　)
6．遭難者(そうなんしゃ)はまだ行方不明(ゆくえふめい)のままだ。→ (　　　　　　)
7．彼は病気なのではないか。実際、病院で見たという人もいる。→ (　　　　　　)

いかに	いぜんとして	おって	きっかり	げんに	ことに	まことに

B

1．事故で電車が遅れたが、なんとか面接には間に合った。→ (　　　　　　)
2．ツアーの自由時間は、各自好きなところを回った。→ (　　　　　　)
3．二浪(にろう)しているから、今年こそ合格しないともう後(あと)がない。→ (　　　　　　)
4．将来は法律家になりたいというぼんやりした希望がある。→ (　　　　　　)
5．この事件の真相(しんそう)は、自然に明らかになるだろう。→ (　　　　　　)
6．いつもにぎやかな彼女が、今日はやけにおとなしい。→ (　　　　　　)
7．父は仕事からいったん帰り、また出かけて行った。→ (　　　　　　)
8．最近、彼はやたらにお酒を飲むようになった。→ (　　　　　　)

いやに	おのおの	おのずから	かろうじて
ばくぜんと	ひとまず	むやみに	もはや

Ⅳ　正しい言葉を〔　　〕の中から一つ選びなさい。

1．休みの日だからといって〔　ぐずぐず　だらだら　〕過ごすのは嫌いだ。
2．ダイヤモンドが本物かどうか〔　じっくり　ゆっくり　〕と鑑定した。
3．突然教授と助手がけんかを始め、学生たちは〔　まごまご　おろおろ　〕した。
4．子供のことは心配だが、〔　あえて　あわや　〕何も言わないようにしている。
5．親の口うるささには、いいかげん〔　うんざり　がっくり　〕する。
6．秋の夕暮れには、〔　しみじみ　つくづく　〕とした情緒がある。
7．〔　てっきり　めっきり　〕鍵を失くしたと思っていたが、バッグの底にあった。
8．彼はお金にとても〔　きっちり　きっかり　きっぱり　〕している。
9．彼女は〔　きっちり　きっかり　きっぱり　〕した人で、ぐずぐずと迷ったりしない。

Ⅴ　（　　　）に入る言葉を下から選んで書きなさい。

1．（　　　　　）5月7日に住民集会が開かれた。
2．（　　　　　）8月1日にコンサートがある。
3．私はクリスマスの（　　　　　）日に生まれた。
4．「（　　　　　）の件、どうなりましたか」「順調です」

あくる　　きたる　　さる　　れい

Ⅵ　（　　　）に入る言葉を下から選んで書きなさい。

A

1．裁判で被告は（　　　　　）無罪を主張した。
2．相手が一人でしゃべり続け、私は（　　　　　）聞き役になっていた。
3．彼女は遅刻しても平気で、みんなの見ている中で（　　　　　）席につく。
4．飛行機は（　　　　　）地面に激突かというところで、機体を持ち直した。
5．旅行はキャンセルになるかもしれないが、（　　　　　）準備だけはしておいた。
6．授業中ぼんやりしていたら、先生に突然指名されて（　　　　　）してしまった。
7．嫌な仕事でストレスをためるより、（　　　　　）すっきりと会社を辞めた方がいい。
8．苦しそうな顔で走ってきた田中選手は、ゴール後、（　　　　　）とひざをついた。
9．さっきから（　　　　　）サイレンの音がしているが、どこか火事なのだろうか。
10．終身雇用制の下で、会社と社員は（　　　　　）家族のような関係で結ばれていた。
11．子供が道路に飛び出しかけたので、（　　　　　）手を引っぱった。

あくまでも　　あわや　　いちおう　　いっそ　　いわば　　がっくり とっさに　　まごまご　　もっぱら　　やけに　　ゆうゆうと

B

1．大学合格をめざして、1年間（　　　　　）受験勉強に励んだ。

2．冬の朝は寒いので、ふとんの中でいつまでも（　　　　　）している。

3．プライバシー保護法は、すべての人に（　　　　　）適用されるものだ。

4．船で釣(つ)りをしていたら、波を（　　　　　）かぶってずぶぬれになった。

5．病気で寝込んだりすると、家族のありがたさを（　　　　　）と感じる。

6．あの政治家のやったことは、（　　　　　）国民への裏切りにほかならない。

7．登山は苦しいが、だからこそ（　　　　　）、頂上を極(きわ)めたときの喜びは格別だ。

8．そのタレントは、自分の政界進出の噂(うわさ)を「あり得ない」と（　　　　　）否定した。

9．この断崖(だんがい)の写真は見るだけでも怖い。（　　　　　）そこに実際に立つと、どれほど怖いことか。

10．この商品は、ネットのクチコミ欄(らん)に（　　　　　）いいことばかり書いてある。気をつけた方がいいかもしれない。

いちりつに	いやに	きっぱり	ぐずぐず	しみじみ
なおさら	ひたすら	まさに	まして	もろに

C

1．母はいつも手際よく、（　　　　　）と家事をこなす。

2．この部屋には、何か（　　　　　）するようないい香りが漂(ただよ)っている。

3．就職してから、学生時代の友達に会う機会が（　　　　　）減った。

4．虫歯(むしば)は、消化(しょうか)器、（　　　　　）全身の健康に影響を及ぼすおそれもある。

5．一人暮らしをしていると、（　　　　　）外食に頼りがちになってしまう。

6．姉はデートにでも行くのか、（　　　　　）と出かけるしたくをしている。

7．今は、インターネットで（　　　　　）知識が手に入ると言っても過言(かごん)ではない。

8．久しぶりに会ったおじは（　　　　　）と私を見て、「大きくなったなあ」と言った。

9．ウイルス感染(かんせん)の恐れがあるので、発信元(もと)が不明なメールは（　　　　　）開けてはいけない。

10．「（　　　　　）まだ新人でわからないことだらけですので、よろしくご指導ください」

ありとあらゆる	いそいそ	うっとり	つくづく	てきぱき
ともすれば	なにしろ	ひいては	むやみに	めっきり

◆動詞・文

話に乗る　to be drawn into something／附和／일에 끼다
怪しいのは承知で、その話に乗った。

乗り気になる　to get excited about, to be keen on／感兴趣，起劲／마음이 내키다
この商売は儲かると聞いて、乗り気になった。

けりがつく・けりをつける　to be settled, settle／解决／마무리가 지어지다，마무리를 짓다
トラブルがあったが、話し合いで｛けりがついた／けりをつけた｝。

拍車がかかる・拍車をかける　to be spurred on, spur on／促进，加剧／박차가 가해지다，박차를 가하다
受験が近づき、学生たちの勉強に拍車がかかった。
円高が企業の業績悪化に拍車をかけた。

のろける　to speak fondly of/praise (one's partner)／津津乐道地谈无聊的事／주책없다
友だちは恋人のことをのろけてばかりいる。／のろけ話

きりがない　to be endless／没完没了／끝이 없다
切手の収集は、やり始めるときりがない。

山をかける　to venture, take a chance／押考题／예상하다
試験のとき、山をかけたら見事にはずれてしまった。

痛くもかゆくもない　to mean nothing, to not care less／不痛不痒／아무렇지도 않다
少々の失敗など私には痛くもかゆくもない。

ただではすまない　to not be able to get away with something／不算完／그냥 안 두다
社員が不祥事を起こしたら、社長もただではすまない。

ぱっとしない　to be dull, unspectacular／不显眼／신통찮다
このタレントは最近ぱっとしない。
この服は何だかぱっとしない。

それはどうだろうか。　I'm not sure if that is true.／那会怎么样／그것은 어떨까
温暖化はないという説があるが、それはどうだろうか。

◆その他

来い　Come on! /Let's go!／过来／와
「負けないぞ、さあ来い！」

やった　Yes! /Hooray! /All right!／成功了／해냈다
「やった！　優勝だ！」

よし　Good! /Right! /Great!／可以，行／좋아，그래，자
（結果を見て）「よし、これでOKだ」／「よし！」
（気合いを入れて）「よし、がんばるぞ」

しまった　Oops! /Shoot! /Bother!／糟了／아차，아이고
「しまった、さいふを忘れて来た」

あしからず　No offence. /Don't take it amiss.／不要见怪，原谅／양해해 주시길
「質問にはお答えしかねます。あしからず」

お楽しみに　Just wait till...／请期待／기대해
「旅行のお土産を送るので、お楽しみに」

なんだ（です）けど　I shouldn't really say this but.../If I do say so myself...／虽然～但是／그렇지만
自分で言うのもなんだけど、私は学校ではトップクラスだ。
「言ってはなんですが、少し生活を改められた方がいいのでは」

Ⅰ （　　）に入れるのに最もよいものを、a・b・c・dから一つ選びなさい。

1．不況は（　　）改善する様子がない。

a　一見　　b　一向に　　c　一概に　　d　一律に

2．父の急な入院・手術で、今、家の中が（　　）している。

a　ごたごた　　b　だらだら　　c　おろおろ　　d　ぐずぐず

3．首脳会談の日程が、3カ月後の（　　）10月1日に決まった。

a　翌　　b　来る　　c　次の　　d　明くる

4．彼は将来有望な芸術家で、平凡な才能の私など（　　）及ばない。

a　今一つ　　b　極めて　　c　とうてい　　d　なおさら

5．結婚した娘は、一人暮らしの私を心配して（　　）顔を見せてくれる。

a　いそいそ　　b　そこそこ　　c　てきぱき　　d　ちょくちょく

6．鈴木(すずき)さんはきちょうめんで、何事も（　　）していないと気がすまない。

a　がっしり　　b　がっちり　　c　きっちり　　d　きっぱり

7．（　　）お腹が空いていたのか、子供はごはんを5杯もおかわりした。

a　さぞ　　b　さほど　　c　よほど　　d　どうやら

8．（　　）旅行ではみんな楽しくやっているだろうな。行けなくて残念だった。

a　今ごろ　　b　今さら　　c　今や　　d　今どき

9．郊外にショッピングセンターができてから、この商店街は（　　）客が少なくなった。

a　てっきり　　b　ばったり　　c　ひっそり　　d　めっきり

10．この書類をA社に送ってください。（　　）、郵便より宅配の方が安いですよ。

a　ならびに　　b　ちなみに　　c　ただし　　d　もっとも

Ⅱ ＿＿＿の言葉に意味が最も近いものを、a・b・c・dから一つ選びなさい。

1．部屋の中は<u>ひっそり</u>している。

a　しいんと　　b　ざわざわ　　c　しみじみ　　d　ごちゃごちゃ

2．これから片づけなければならない仕事の山を見て、<u>うんざり</u>した。

a　がっかり　　b　がっくり　　c　げっそり　　d　ぐったり

3．シンポジウムは<u>なにしろ</u>盛況で、立ち見が出るほどだった。

a　第一　　b　まして　　c　とにかく　　d　なおさら

4．暑いときに<u>あえて</u>熱い食べ物を食べると、体にいいと言われる。

a　ことに　　b　やけに　　c　何なりと　　d　わざわざ

5．禁煙は強い意志さえあれば実行できる。<u>現に</u>私がそうだった。

a　実は　　b　実際　　c　本当は　　d　現実

Ⅲ　次の言葉の使い方として最もよいものを、a・b・c・dの中から一つ選びなさい。

1．てっきり

a　てっきり明日は雨だと思ったら、そのとおりになった。

b　てっきり今日は水曜日だと思っていたら、火曜日だった。

c　てっきり夏休みを長く取ろうと思っていたが、無理だった。

d　この成績ならてっきり合格は間違いないと思うが、どうだろうか。

2．さぞ

a　外はさぞ寒かったのだろう、あの子の顔は真っ赤だ。

b　弟は学校でいじめを受けて、さぞつらかっただろうか。

c　あの女性はさぞ恵子（けいこ）さんの母親だろう、顔がそっくりだ。

d　詐欺師（さぎし）はさぞ本当らしく商品の説明をして、客をだました。

3．言わば

a　会社は重役たちを一新し、言わば「心臓」を入れ替えた。

b　言わば「CG」とは、コンピューターグラフィックスの略である。

c　この商品は失敗作をヒントにして作られた、言わば「成功作」だ。

d　長引く不況のため、言わば「リストラ」を行う企業が増えている。

4．ともすれば

a　忙しいときこそ体を動かすと良い。ともすればストレスも解消できる。

b　この症状は、ともすれば体の冷えからきているのではないかと思われる。

c　あの二人は仲が悪くて、ともすればけんかになるので、周囲も困っている。

d　この子の絵には非凡なものがある。ともすれば将来すごい画家になるかもしれない。

5．もっとも

a　新幹線のチケットを予約センターで予約した。もっとも、支払いはクレジットカード払いになる。

b　パソコンを通販で6万円で購入したが、安くて良い買い物だった。もっとも、実際の店舗では10万円で売られている。

c　彼は、営業職を希望して採用された。もっとも、入社してみると、配属されたのは研究部門だった。

d　ここ数日彼女はずっと欠勤で、会社は困っている。もっとも、お子さんが熱を出したのではしかたないのだが。

語彙索引（50音順）

＊ 左から見出し語、見出し語番号（「コ」はコラム）、ページ。

□おか	丘	コ 6	67
□おがむ	拝む	743	170
□おくびょうな	臆病な	255	63
□おくりつける	送りつける	400	98
□おごそかな	厳かな	918	214
□おこたる	怠る	711	166
□おしいれ	押し入れ	コ 8	83
□おしかける	押しかける	392	97
□おしきる	押し切る	426	101
□おしつける	押し付ける	401	98
□おしむ	惜しむ	1043	241
□おしょうすい	お小水	コ 2	21
□おしよせる	押し寄せる	1069	248
□おそう	襲う	157	42
□おだてる		726	168
□おちいる	陥る	792	181
□おちかかる	落ちかかる	388	96
□おちゃ	お茶	コ 1	15
□おって	追って	1152	266
□おのおの	各々	1157	266
□おのずから		1165	267
□オノマトペ		コ 14	138
□おはな	お花	コ 1	15
□おびえる		1039	240
□おびただしい		927	215
□おびやかす	脅かす	1038	240
□おびる	帯びる	795	181
□おぼれかける	溺れかける	396	97
□おもいかえす	思い返す	419	100
□おもいきる	思い切る	745	171
□おもむき	趣	1017	232
□おもむく	赴く	714	166
□おもわしい	思わしい	888	207
□およそ		552	131
□および	及び	591	136
□おり	折（り）	1020	233
□おろおろ（と）		1120	261
□おろかな	愚かな	254	62
□おろしうりてん	卸売店	コ 3	25
□おんぶ		7	8
□おんわな	温和な	242	60
□おんわな	穏和な	242	60
【か】			
□ガードレール		コ 5	61
□がいか	外貨	コ 20	197
□かいきょう	海峡	コ 6	67
□かいけい	会計	31	11
□かいけん	改憲	コ 20	197
□かいしゅう	回収	65	19
□かいしゅん	買春	コ 9	85
□かいじょ	解除	947	222
□かいしょう	解消	78	21
□かいたく	開拓	980	228
□かいにゅう	介入	632	146
□がいねん	概念	955	223
□がいむしょう	外務省	コ 21	207
□かいもの	買い物	コ 3	25
□がいらい	外来	コ 2	21
□がいらいせいぶつ	外来生物	コ 15	145
□かいりゅう	海流	コ 6	67
□かえりみる	省みる	173	44
□かえりみる	顧みる	174	45
□かおつき	顔つき	13	9
□かがく	科学	コ 18	183
□かかげる	掲げる	1055	243
□かきとる	書き取る	412	99
□かきまわす	かき回す	105	30
□かくいつてきな	画一的な	906	212
□かくう	架空	956	223
□かくさ	格差	648	148
□かくさん	拡散	981	228
□かくしん	革新	96	24
□かくしん	確信	353	87
□かくしんはん	確信犯	コ 9	85
□かくてい	確定	354	87
□かくとく	獲得	66	19
□かくべつな	格別な	902	212
□かくほ	確保	355	87
□かくりつ	確立	356	87
□かげ	陰	693	158
□かげ	影	694	158
□かけがえのない		901	211
□かけつける	駆けつける	398	98
□かける	懸ける	186	46
□かける	賭ける	186	46
□かげん	加減	342	84
□かさばる		1100	253
□かさむ		1101	253
□かざりつける	飾り付ける	406	99
□かざん	火山	コ 6	67
□かざんたい	火山帯	コ 6	67
□かしつちし	過失致死	コ 9	85
□カジュアルな		804	188
□かすかな		213	55
□かぜ	風邪	コ 7	79
□かせきねんりょう	化石燃料	コ 12	121

語	表記	番号	ページ
□ きゅうくつな	窮屈な	271	65
□ きゅうげきな	急激な	215	55
□ きゅうそくな	急速な	216	55
□ きゅうどう	弓道	コ 1	15
□ きょうい	驚異	958	223
□ ぎょうかく	行革	コ 20	197
□ きょうかつ	恐喝	コ 9	85
□ きょうかん	共感	304	75
□ きょうげん	狂言	コ 1	15
□ きょうこうな	強硬な	217	55
□ きょうせい	強制	91	23
□ ぎょうせい	行政	コ 21	207
□ きょうせいわいせつ	強制わいせつ	コ 9	85
□ きょうそん	共存	998	230
□ きょうぞん	共存	998	230
□ きょうちょう	協調	305	75
□ きょうどう	共同	306	76
□ きょうはく	脅迫	コ 9	85
□ きょうよう	教養	669	154
□ ぎょきょう	漁協	コ 20	197
□ きょくたんな	極端な	205	54
□ ぎょっとする		170	44
□ きょひ	拒否	93	23
□ きょよう	許容	945	221
□ きょろきょろ（と）		コ 14	138
□ きらきら（と）		コ 25	268
□ ぎらぎら（と）		コ 25	268
□ ぎり	義理	1003	231
□ きりがない		コ 26	273
□ きりつ	規律	646	148
□ ぎわく	疑惑	952	222
□ きわだつ	際立つ	799	182
□ きわめて	極めて	553	131
□ きわめる	極める	1053	243
□ きわめる	究める	1053	243
□ きわめる	窮める	1053	243
□ きんこう	均衡	664	153
□ きんこけい	禁固刑	コ 11	115
□ きんし	近視	コ 7	79
□ きんじる	禁じる	148	41
□ きんにく	筋肉	コ 4	37
□ きんねん	近年	531	128
□ きんべんな	勤勉な	239	60
□ きんもつ	禁物	951	222
【く】			
□ くいちがう	食い違う	1091	251
□ くいる	悔いる	746	171
□ ぐうぐう		コ 14	138
□ くうはく	空白	323	78
□ くうゆ	空輸	コ 20	197
□ くかん	区間	67	20
□ くぐる		121	33
□ くし	駆使	937	220
□ くじ		51	18
□ くしん	苦心	286	72
□ くすくす（と）		コ 14	138
□ ぐずぐず（と）		1115	260
□ くすぐったい		236	60
□ くだす	下す	141	36
□ くだる	下る	140	36
□ ぐち	愚痴	627	146
□ くつがえす	覆す	1088	251
□ くつがえる	覆る	1087	251
□ くっきり（と）		568	133
□ グッズ		484	118
□ ぐっすり（と）		コ 14	138
□ ぐったり（と）		572	134
□ ぐっと		564	132
□ くつろぐ		1110	254
□ くに	国	コ 21	207
□ くむ		116	32
□ クライマックス		817	190
□ ぐらぐら（と）		コ 25	268
□ クリア（ー）な		820	191
□ クリーンエネルギー		コ 12	121
□ クリニック		コ 2	21
□ くるう	狂う	171	44
□ くるくる（と）		コ 25	268
□ ぐるぐる（と）		コ 25	268
□ くれかかる	暮れかかる	387	96
□ クローン		コ 13	125
□ くわえる		117	32
□ ぐんかく	軍拡	コ 20	197
□ ぐんぐん（と）		571	134
□ ぐんしゅく	軍縮	コ 20	197
【け】			
□ けいい	経緯	962	223
□ けいか	経過	98	24
□ けいかい	警戒	636	147
□ けいかいな	軽快な	270	65
□ けいざい	経済	コ 16, コ 20	149, 197
□ けいざいさんぎょうしょう	経済産業省	コ 21	207
□ けいじさいばん	刑事裁判	コ 11	115
□ けいせい	形勢	977	228
□ けいせん	経線	コ 10	111

☐ じかく 自覚 612 143
☐ しかけ 仕掛け 676 155
☐ じかはつでん 自家発電 コ 12 121
☐ しがみつく 1027 238
☐ じかんがくる 時間が来る コ 24 255
☐ じかんになる 時間になる コ 24 255
☐ しきい 敷居 コ 8 83
☐ じきに 542 129
☐ しきゅう 子宮 コ 4 37
☐ しきる 仕切る 1058 243
☐ しくしく（と） コ 14 138
☐ しくちょうそん 市区町村 コ 21 207
☐ しくみ 仕組み 677 155
☐ しけい 死刑 コ 11 115
☐ しげる 茂る 143 36
☐ じしゅ 自首 コ 9 85
☐ しじゅう 始終 550 130
☐ じしゅく 自粛 948 222
☐ しせつ 施設 68 20
☐ しせん 視線 24 10
☐ したう 慕う 734 169
☐ したしむ 親しむ 740 170
☐ したたかな 909 212
☐ したどり 下取り 28 11
☐ じたん 時短 コ 19 193
☐ じっくり（と） 1119 261
☐ しつげん 湿原 コ 6 67
☐ しっこうゆうよ 執行猶予 コ 11 115
☐ じっせん 実践 938 221
☐ じったい 実態 1008 231
☐ しっと 嫉妬 287 73
☐ してき 指摘 309 76
☐ してん 視点 670 154
☐ じどうしゃ 自動車 コ 5 61
☐ しなびる 1102 253
☐ しなやかな 900 211
☐ じはく 自白 コ 9 85
☐ じはんき 自販機 コ 20 197
☐ シビアな 807 189
☐ しぶい 渋い 196 52
☐ シフト 842 195
☐ しほう 司法 コ 11 115
☐ しぼむ 760 175
☐ しま 島 コ 6 67
☐ しみじみ（と） 1125 262
☐ シミュレーション 839 194
☐ しみる 染みる 178 45
☐ しめいてはい 指名手配 コ 9 85
☐ じもと 地元 39 13
☐ しや 視野 322 78
☐ しゃかい 社会 コ 20 197
☐ しゃくはち 尺八 コ 1 15
☐ しゃけん 車検 コ 20 197
☐ しゃじょうあらし 車上荒らし コ 9 85
☐ じゃっかん 若干 561 132
☐ しゃみせん 三味線 コ 1 15
☐ しゅうかつ 就活 コ 19 193
☐ しゅうぎいん 衆議院 コ 17 179
☐ じゅうきょしんにゅう 住居侵入 コ 9 85
☐ じゅうこうな 重厚な 917 214
☐ しゅうじ 習字 コ 1 15
☐ しゅうじつ 終日 535 128
☐ じゅうじつ 充実 301 75
☐ じゅうどう 柔道 コ 1 15
☐ じゅうなんな 柔軟な 192 52
☐ じゅうぶん 重文 コ 20 197
☐ じゅうぶんな 十分な 208 54
☐ しゅうまついりょう 終末医療 コ 13 125
☐ しゅうわい 収賄 コ 9 85
☐ しゅさい 主催 931 220
☐ しゅし 趣旨 933 220
☐ しゅじゅつ 手術 コ 2 21
☐ しゅしょう 首相 コ 21 207
☐ しゅしょく 主食 43 13
☐ しゅっぴ 出費 30 11
☐ しゅのう 首脳 631 146
☐ じゅりつ 樹立 973 225
☐ じゅんかん 循環 64 19
☐ しゅんとう 春闘 コ 19 193
☐ しょうがい 傷害 コ 9 85
☐ しょうげき 衝撃 638 147
☐ じょうこく 上告 コ 11 115
☐ しょうさいな 詳細な 874 205
☐ しょうじ 障子 コ 8 83
☐ じょうしょ 情緒 1004 231
☐ しょうたい 正体 689 157
☐ しょうだく 承諾 311 76
☐ じょうちょ 情緒 1004 231
☐ しょうちょう 小腸 コ 4 37
☐ しょうてんがい 商店街 コ 3 25
☐ しょうどう 衝動 618 144
☐ しょうねんいん 少年院 コ 9 85
☐ しょうねんほう 少年法 コ 11 115
☐ じょうほ 譲歩 639 147
☐ しょうほう 商法 コ 11 115
☐ じょうほうぎじゅつ 情報技術 コ 18 183

語	漢字	番号	ページ
□ひとまず		1151	266
□ひとめ	人目	379	91
□ひねる		111	32
□ひび		60	19
□びみょうな	微妙な	214	55
□ひやかす	冷やかす	729	168
□ひやく	飛躍	660	153
□ひゃくえんショップ	100円ショップ	コ3	25
□ひややかな	冷ややかな	856	202
□びょういん	病院	コ2	21
□びょうき	病気	コ7	79
□びょうしゃ	描写	675	155
□びょうとう	病棟	コ2	21
□ひょんなことから		コ23	245
□ひりひり（と）		コ14	138
□ひるがえす	翻す	1086	250
□ひるがえる	翻る	1085	250
□ぴんからきりまで		コ23	245
□びんかんな	敏感な	250	62
□ひんじゃくな	貧弱な	258	63
□びんしょうな	敏しょうな	873	205
□ピンチ		808	189
□ぴんとくる	ぴんと来る	コ24	255
□ひんぱんに	頻繁に	549	130
【ふ】			
□ファッションビル		コ3	25
□ファン		503	121
□フィードバック		835	194
□フィーリング		823	191
□フィクション		501	120
□ふいに	不意に	539	129
□フィルター		827	192
□ふうちょう	風潮	1007	231
□ふうりょくはつでん	風力発電	コ12	121
□ふえ	笛	コ1	15
□フェアな		528	124
□フェスティバル		494	120
□フォーマルな		803	188
□フォーム		844	195
□ふかけつな	不可欠な	228	57
□ふかふか（と）		コ25	268
□ふきそになる	不起訴になる	コ11	115
□ふける	老ける	182	46
□ふさわしい		280	66
□ふしょう	負傷	74	20
□ふしん	不振	656	152
□ふしんな	不審な	219	56
□ふすま		コ8	83
□ふち	縁	59	19
□ふっき	復帰	365	89
□ふっきゅう	復旧	366	89
□ふっこう	復興	367	89
□ふっとう	沸騰	63	19
□ぶつぶつ（と）		1122	261
□ぶどう	武道	コ1	15
□ぶなんな	無難な	905	212
□ふにん	赴任	38	12
□ふにんちりょう	不妊治療	コ13	125
□ふみきる	踏み切る	428	101
□ふみんしょう	不眠症	コ7	79
□ブランド		489	119
□フリーター		526	124
□フリーマーケット		490	119
□ふりかえる	振り返る	478	111
□ふりかえる	振り替える	479	111
□ふりこめさぎ	振り込め詐欺	コ9	85
□ふりまわす	振り回す	480	111
□ふれあう	触れ合う	1035	240
□プロジェクト		516	123
□プロセス		834	194
□プロフィール		505	121
□ふわふわ（と）		コ25	268
□ぶんか	文化	コ20	197
□ぶんがく	文学	コ1	15
□ぶんぐてん	文具店	コ3	25
□ぶんさん	分散	663	153
□ぷんぷん		コ14	138
□ぶんぼうぐてん	文房具店	コ3	25
□ぶんれつ	分裂	61	19
【へ】			
□へい	兵	633	146
□へいこうな	平行な	194	52
□へいぼんな	平凡な	202	53
□へいや	平野	コ6	67
□ベーカリー		コ3	25
□ベース		828	192
□ぺこぺこ		コ14	138
□へだたる	隔たる	1092	252
□へだてる	隔てる	1093	252
□へたな		コ23	245
□べたべた（と）		577	134
□ぺらぺら（と）		コ14	138
□ヘルシーな		508	122
□べん	便	コ2	21
□べんかい	弁解	297	75
□べんぎ	便宜	936	220

□みぬく	見抜く	721	167
□みのがす	見逃す	723	167
□みのしろきん	身代金	コ 9	85
□みのまわり	身の回り	15	9
□みぶり	身振り	16	9
□みわける	見分ける	127	34
□みわたす	見渡す	128	34
□みんじさいばん	民事裁判	コ 11	115
□みんぽう	民法	コ 11	115
□みんぽう	民放	コ 20	197

【む】

□むかむか		コ 14	138
□むくちな	無口な	252	62
□むざい	無罪	コ 11	115
□むしば	虫歯	コ 7	79
□むしばむ	蝕む	1079	249
□むじゃきな	無邪気な	861	203
□むしんけいな	無神経な	862	203
□むすう	無数	983	228
□むぞうさな	無造作な	863	203
□むちゃな	無茶な	266	64
□むっとする		168	44
□むなしい		895	210
□むやみに		1145	265
□むら		1006	231
□むらがる	群がる	754	174
□むれ	群れ	688	157

【め】

□めいしん	迷信	25	11
□めいはくな	明白な	225	56
□めいめい		700	159
□メカニズム		833	194
□めちゃくちゃな		267	64
□めっきり		1138	264
□めど		970	225
□めやす	目安	969	224
□めんかい	面会	70	20

【も】

□もうける	設ける	763	175
□もうさいけっかん	毛細血管	コ 4	37
□もうじき		542	129
□もうしぶんない	申し分ない	866	204
□もうれつな	猛烈な	206	54
□もがく		750	171
□もくぜん	目前	686	157
□もさく	模索	943	221
□もしくは		593	137
□もたらす		1105	254
□もたれかかる		382	96
□もたれる		1026	238
□もつ		133	35
□もっか	目下	534	128
□もっとも		597	137
□もっぱら	専ら	1148	265
□もてなす		730	168
□ものがたり	物語	コ 1	15
□もはや		1158	267
□もはんてきな	模範的な	867	204
□もほう	模倣	1015	232
□もむ		1024	238
□もめる		1084	250
□もよおす	催す	764	176
□もる	盛る	762	175
□もろい		910	213
□もろに		1142	264
□もんしんひょう	問診票	コ 2	21
□もんぶかがくしょう	文部科学省	コ 21	207

【や】

□やかましい		268	65
□やくざいし	薬剤師	コ 2	21
□やけに		1144	264
□やじ	野次	628	146
□やしなう	養う	161	43
□やしん	野心	617	144
□やたらと		1146	265
□やたらに		1146	265
□やっかいな	厄介な	886	206
□やっきょく	薬局	コ 2, コ 3	21, 25
□やっつける		151	41
□やとう	雇う	160	43
□やとう	野党	コ 17	179
□やね	屋根	コ 8	83
□やま	山	コ 6	67
□やまをかける	山をかける	コ 26	273
□やや		558	132
□ややこしい		912	213
□やりつける		407	99
□やるき	やる気	282	72
□やわらぐ	和らぐ	1108	254

【ゆ】

□ゆいいつ	唯一	684	156
□ゆううつな	憂鬱な	238	60
□ゆうえつかん	優越感	283	72
□ゆうかい	誘拐	コ 9	85
□ゆうがな	優雅な	864	203
□ゆうかんな	勇敢な	251	62

安藤栄里子（あんどう　えりこ）

明新日本語学校　教務主任

惠谷容子（えや　ようこ）

早稲田大学日本語教育研究センター　非常勤講師

阿部比呂子（あべ　ひろこ）

あたご日本語学校　校長

耳から覚える
日本語能力試験語彙トレーニングN1

発行日　2012年9月1日（初版）
2019年3月6日（第6刷）

著者　安藤栄里子、惠谷容子、阿部比呂子
編集　株式会社アルク出版編集部・有限会社ギルド
翻訳　株式会社ヒトメディア
英語　Jennie Knowles、矢野口礼子
中国語　儲暁菲、松山峰子
韓国語　洪延周、李柱憲
イラスト　中島もえ
ナレーション　大山尚雄・都さゆり・安藤栄里子
録音・編集　株式会社メディアスタイリスト
CDプレス　株式会社ソニー・ミュージックコミュニケーションズ

デザイン・DTP　有限会社ギルド
印刷・製本　萩原印刷株式会社

発行者　田中伸明
発行所　株式会社アルク
〒102-0073　東京都千代田区九段北4-2-6 市ヶ谷ビル
TEL：03-3556-5501　FAX：03-3556-1370　Email：csss@alc.co.jp
Website：https://www.alc.co.jp/

落丁本、乱丁本は弊社にてお取り替えいたしております。アルクお客様センター（電話:03 – 3556 – 5501受付時間:平日9時～17時）までご相談ください。本書の全部または一部の無断転載を禁じます。著作権法上で認められた場合を除いて、本書からのコピーを禁じます。定価はカバーに表示してあります。

製品サポート：https://www.alc.co.jp/usersupport/

©2012　Eriko Ando/ Yoko Eya /Hiroko Abe/ALC PRESS INC.
Moe Nakashima
Printed in Japan.

PC:7012058
ISBN:978-4-7574-2222-3

地球人ネットワークを創る
アルクのシンボル
「地球人マーク」です。

解　答

Unit 01 名詞 A

1 ～ 50
練習問題Ⅰ (P.16)

Ⅰ
ど忘れ、下取り、戸締まり、夜更かし、家出、採用、指図

Ⅱ
縁、毒、とげ、素質、良心

Ⅲ
1. 身
2. 顔
3. 息
4. 身
5. 身

Ⅳ
1. 副食／おかず
2. 不採用
3. 不作／凶作

Ⅴ
1. 痛む
2. 出す
3. 刺さる
4. 浴びる
5. いい
6. 低い
7. お米

Ⅵ
1. 晩年
2. おんぶ
3. 身振り
4. 現役
5. 所属

Ⅶ
1. 操縦
2. 採用
3. 注意
4. 収入
5. 支出
6. 属している
7. 穀物
8. 種（しゅ）
9. 縁起
10. 節約
11. 赴任
12. 予感

Ⅷ

A
1. じもと
2. せけん
3. どく
4. せたい
5. かたこと
6. したどり
7. こうい
8. そしつ

B
1. つかいすて
2. ずぶぬれ
3. よふかし
4. せいしゅん
5. かいけい
6. れいねん
7. しゅっぴ
8. どわすれ

51 ～ 100
練習問題Ⅰ (P.26)

Ⅰ
1. に
2. に
3. に
4. を
5. に
6. に
7. と（／に）
8. に、を

Ⅱ
革新、強制、原則、意図

Ⅲ
意図、活気、迫力、規制、権力

Ⅳ
1. 空
2. 副
3. 生
4. 悪
5. 大

Ⅴ
1. 敗北
2. 保守

Ⅵ
1. 負
2. 獲
3. 感
4. 過
5. 却
6. 存

Ⅶ
1. 拒否
2. 抵抗
3. 規制
4. 意向
5. 運営
6. 投書
7. 向上
8. 長い

Ⅷ

A
1. 入る
2. 引く
3. 大きい
4. 取る
5. ふち
6. すみ

B
1. 薬
2. 不安
3. 環境
4. 雇用
5. アンケート

Ⅸ
1. けんさく
2. けんい
3. あっぱく
4. こうぎ
5. くかん
6. ふっとう
7. しんどう
8. しせつ
9. けた
10. げんそく
11. かたまり

1 ～ 100
練習問題Ⅱ (P.28)

Ⅰ
1. c
2. a
3. d
4. a
5. d
6. c
7. c
8. a
9. a
10. b

Ⅱ
1. c
2. d
3. c
4. b

5. b
6. d
7. b

Ⅲ

1. c
2. d
3. c
4. b
5. d

Unit 02 動詞 A

101 ~ 145

練習問題 I (P.38)

Ⅰ

1. を
2. を
3. で
4. を、に
5. を、に（／で）
6. を
7. を、に

Ⅱ

つまむ、ひねる、ささやく、もつ、言いつける、見分ける、見落とす、歩む

Ⅲ

かき回す（／かき上げる）、築き上げる、くぐり抜ける、摘み取る、泣きわめく、乗り越える（／乗り上げる／乗り回す）

Ⅳ

A

1. 花
2. 鼻
3. チャンス（／消息）
4. 頭／蛇口
5. 髪／花
6. 水
7. 頭／髪
8. あめ
9. ダム
10. 消息

B

1. あおぐ
2. ちぎる
3. くわえる
4. たえる
5. ねじれる
6. しげる
7. ささやく
8. たがやす
9. たらす

C

1. 打ち明ける／告白する
2. 維持する／保つ
3. 途絶える／なくなる
4. 言いつける／命じる
5. 識別する／見分ける

Ⅴ

1. 指令、判決、時代
2. 腹、チャンピオン、評価、判断
3. 腕、こつ、人の心

Ⅵ

A

1. こすら
2. さすって
3. いじって
4. 見かけない
5. 見渡した
6. 見落として
7. 乗り過ごして
8. 乗り越え

B

1. ねじれて、ゆがんで
2. ひねった
3. ねじっても、ひねっても

Ⅶ

1. うつむいて
2. ちぎれて
3. とだえる
4. あゆんだ
5. たばねる
6. はって
7. とぎれて
8. かきまわして
9. もちます
10. なめられて
11. たらす
12. たって

146 ~ 190

練習問題 I (P.48)

Ⅰ

1. に
2. に、を
3. に
4. を、で
5. が、に
6. を
7. で
8. が、に

Ⅱ

励む、からかう、交わる、あせる、心がける、試みる、にぎわう、受け入れる

Ⅲ

1. 体
2. 金
3. 焦点
4. 優劣
5. 願い
6. 眠気

Ⅳ

1. ためす
2. やっつける
3. つかまえる

4. せかす
5. つかむ
6. よせ

V

1. 否
2. 制
3. 用
4. 扶
5. 差
6. 流／際
7. 回
8. 反

Ⅵ

1. 心配
2. 恥ずかしさ
3. 怒り
4. 恐怖
5. 驚き

Ⅶ

1. 手、例、利益、全力
2. 家族、集中力、色彩感覚、英気
3. 気、調子、時計、予定、計算
4. 視線、握手、意見、約束、メール

Ⅷ

A

1. きそって
2. とらえて
3. あがって（／あげられて）
4. しみた
5. にじみ（／にじんで）
6. ふけた
7. うけいれて
8. まじえた
9. ぼやけて
10. あげて
11. はげんだ（／はげんでいる）

B

1. しいられて
2. かばって
3. よこさない
4. あせらず
5. よせ（／よしなさい）
6. よわった
7. せかされて
8. からかわれ（て）
9. かえりみず
10. おそわれ（て）、こごえて（／よわって）

101 ~ 190
練習問題Ⅱ (P.50)

Ⅰ

1. d
2. a
3. c
4. a
5. b
6. d
7. c
8. a
9. d
10. b

Ⅱ

1. b
2. a
3. d
4. c
5. b

Ⅲ

1. d
2. c
3. a
4. a
5. d
6. b

Unit 03 形容詞 A

191 ~ 235
練習問題Ⅰ (P.58)

Ⅰ

1. 柔軟／正当／客観
2. 正当
3. 十分な
4. 公式な

Ⅱ

1. 非凡な
2. 不当な
3. 異常な
4. 不利な
5. 豊かな
6. 悲観的な
7. 主観的な

Ⅲ

1. 線
2. 採決
3. 注意
4. 見解
5. 検査
6. 表現
7. 前途

Ⅳ

1. がんじょうな
2. せんめいな
3. ふしんな
4. えんきょくな
5. ゆうぼうな
6. ふかけつな
7. かすかな
8. せいじょうな

V

1. 急激に
2. 膨大な
3. 乏しい

4．完璧
5．厳しい
6．わずかに
7．余計な
8．正式に
9．華やかな

Ⅵ

1．面
2．事実
3．機械
4．変化
5．におい
6．手触り
7．性格
8．考え
9．述べる
10．評価する
11．反対する

Ⅶ

1．そぼくな
2．てぢかな
3．しぶく
4．きょくたんな
5．もうれつな
6．びみょうに
7．まちどおしい
8．よろこばしい
9．のぞましく
10．うたがわしい
11．せいだいに
12．ゆうりな
13．おおはばに

236 ~ 280
練習問題Ⅰ (P.68)

Ⅰ

1．に
2．に
3．に
4．に
5．に

Ⅱ

1．勤勉な
2．陰気な
3．鈍感な
4．おしゃべりな
（／口数が多い）
5．臆病な

Ⅲ

1．いさましい
2．かしこい
3．みすぼらしい
4．きつい
5．こどもっぽい
6．オーバーな
7．ずうずうしい
8．うるさい

Ⅳ

軽快な、乱暴な

Ⅴ

卑怯な、利己的な、
のんきな、大らかな、
温和な

Ⅵ

1．戦う
2．話す
3．走る
4．考える
5．話す
6．反応する
7．努力する

Ⅶ

1．くすぐったい
2．のんきに
3．寛大な
4．若い
5．賢明な
6．貧弱だ
7．哀れな
8．未熟だ
9．めちゃくちゃに

Ⅷ

A

1．まえむきに
2．あつかましい
3．らんぼうに
4．ごうまんで
5．だいたん
6．ねづよく
7．ひさんな
8．びんかんに
9．むちゃな

B

1．れいせいに
2．ちゅうじつに
3．なさけない
4．やかましく
5．あやふやで
6．ざんこくな
7．みっせつな
8．きゅうくつで
9．ひきょうな

191 ~ 280
練習問題Ⅱ (P.70)

Ⅰ

1．d
2．b
3．c
4．a
5．a
6．d
7．b
8．d
9．b
10．c

Ⅱ

1．c
2．a
3．d
4．c
5．b

Ⅲ

1．d
2．b
3．d
4．b
5．c

Unit 04
名詞 B

281 ～ 330
練習問題 I (P.80)

I

1. に
2. と
3. と（／に）
4. と
5. に
6. と
7. を、に
8. と、で

II

1. 論理、自立、協調、絶望
2. 論理、自立、協調
3. 推理、論理、決断、説得
4. 自立、嫉妬
5. 充実、絶望

III

1. 体
2. 案
3. 者（／金）
4. 額
5. 金

IV

1. 建前
2. 明示
3. 劣等感

V

1. 沈
2. 張
3. 解（／明）
4. 妬

VI

1. 同感
2. 没頭
3. 承諾
4. 理屈
5. 納得
6. 理解
7. 独立
8. 苦労
9. 先入観

VII

1. 深い
2. 狭い
3. かく
4. 出る
5. くだす
6. おかす
7. かける
8. 決裂
9. 入った
10. ぴったりだ

VIII

1. こうしん
2. せいさん
3. つうかん
4. いやがらせ
5. げきれい
6. してき
7. くうはく
8. ねん
9. ないしん
10. ろんり
11. りがい
12. りくつ

Unit 04/ まとめ
名詞 B ＋
同じ漢字を含む名詞

331 ～ 380
練習問題 I (P.92)

I

1. と
2. で
3. に
4. に
5. に
6. に

II

特定、確定、手際

III

反応、手がかり、確信

IV

反応、手際、発育

V

A

1. 力／権
2. 先
3. 力
4. 的
5. 的
6. 策／法（／力）
7. 法
8. 的／力
9. 的／欲（／権）

B

1. 経費
2. 環境
3. 条件
4. 指名
5. 反応
6. 調査
7. 機関

VI

1. 退化
2. 建設／創造

VII

1. 利益／犯人／真実
2. 仕事／鉄道／被災地

VIII

1. 進化
2. 対応
3. 発信
4. 反射
5. 余分
6. 余地
7. 報道
8. 削除
9. 破棄
10. 特定
11. 人気
12. 新組織

IX

A

1. ひとめ
2. はっこう
3. てはい
4. てわけ
5. かげん
6. てほん
7. よち
8. かくほ
9. ひとで

B

1. はんぱつ
2. ついせき
3. かくりつ
4. しんしゅつ
5. とっきょ
6. はっこう
7. いっさい
8. こうけい
9. はんそく

281 ～ 380
練習問題 II (P.94)

I

1. b
2. c

3．d
4．b
5．a
6．d
7．c
8．a
9．b
10．c

Ⅱ
1．d
2．d
3．a
4．b
5．a

Ⅲ
1．b
2．c
3．a
4．d
5．d

Unit 05 複合動詞

381 ~ 428
練習問題Ⅰ (P.102)

Ⅰ
1．に
2．に、を
3．を
4．を、に
5．に
6．に

Ⅱ
取りかかる、働きかける、見せかける、食べかける、押しつける、飾りつける、備えつける、書き取る、乗っ取る、踏み切る

Ⅲ
1．つける
2．取る
3．返す
4．切る
5．つける
6．取る
7．かける
8．返す
9．かかる
10．かけ
11．つけ
12．切った
13．かかって（／かけて）
14．返して
15．つけない
16．かけて
17．つけて、返す

Ⅳ
A
1．聞き
2．つかみ
3．乗っ
4．読み
5．買い
6．抜き

B
1．やり
2．言い
3．決め
4．押し
5．にらみ
6．かけ
7．見せ
8．備え

C
1．つかみ
2．とり
3．問い
4．沈み
5．もたれ
6．暮れ
7．死に
8．詰め
9．押し
10．見せ
11．溺れ

D
1．出し
2．言い
3．のぼり
4．わかり
5．押し
6．使い
7．読み
8．弱り
9．食べ

Ⅴ
1．にげきった
2．たてかけて
3．ふみきった
4．のっとられた
5．つっかかる
6．はたらきかけて
7．よびつけた
8．つみとって
9．かきかけた、おもいかえして

429 ~ 480
練習問題Ⅰ (P.112)

Ⅰ
1．を
2．に
3．を
4．から
5．に、を
6．から、を
7．を
8．を、に
9．を、と／に

Ⅱ
取り立てる、取り組む、取りやめる、取り締まる、取り決める、取り扱う、突き上げる、差し引く、引き上げる、引き締める、引きこもる、振り替える

Ⅲ
1．取り
2．飛び
3．引き
4．取り
5．引き
6．飛び
7．取り
8．振り（振替）
9．突き
10．引き
11．取り
12．突き
13．引き
14．取り（／引き）
15．取り
16．飛び
17．引き
18．突き

19. 取り
20. 差し
21 突き

Ⅳ

A

1. 立て
2. 返し
3. まとめ
4. やめ
5. 扱って
6. 寄せる
7. 付ける
(／まとめる)
8. 巻く

B

1. 止め
2. 出した
3. はねて
4. 散る／散った
5. 上げ
6. 返され（て）
7. 放す
8. 詰めて
9. 歩いて

C

1. 返る
2. 回す
3. 込む
4. 挟む
5. 伸べる
6. 込む
7. 引き
8. 替えて

D

1. 締める
2. 上げ
3. こもり
4. 延ばす
5. 取って
6. 下がる
7. 立てて(／締めて)
8. 止められた

Ⅴ

1. とりたてて
2. ひきあげ
3. つきあわせた
4. とびつく
5. さしひかえさせて
6. とりこんで
7. さしせまって
8. ひきずられ（て）
9. ふりまく
10. ひきとめられた、
とりさげる

381 ~ 480
練習問題Ⅱ (P.116)

Ⅰ

1. b
2. d
3. a
4. d
5. c
6. b
7. a
8. c
9. a
10. d

Ⅱ

1. a
2. b
3. b
4. d
5. c

Ⅲ

1. d
2. c
3. d
4. a
5. b

Unit 06 カタカナA

481 ~ 530
練習問題Ⅰ (P.126)

Ⅰ

パック、デビュー、
トライ、チャレンジ

Ⅱ

ポピュラー、ヘルシー、
マイペース、フェア

Ⅲ

1. ダブル
2. ノンフィクション
3. アウトドア
4. ヒロイン

Ⅳ

A

1. 品
2. 地
3. 小説
4. 旅行
5. 精神
6. 満点
7. 優勝
8. 防災（／旅行）
9. 真空

B

1. ファン
2. ヘルシー
3. ランク／リスト
4. フェア
5. ランク
6. シングル

Ⅴ

1. ライブ
2. イベント
3. リゾート
4. ディスプレイ
5. ミステリー
6. セクハラ

Ⅵ

A

1. きいている
2. 働く
3. 付ける
4. 起こす
5. いい
6. 多い

B

1. ボイコット
2. フリーター
3. シンポジウム
4. セミナー
5. キャンペーン

Ⅶ

A

1. カタログ
2. イニシャル
3. スポンサー
4. プロフィール
(／イニシャル)
5. レジュメ
6. パートナー
7. レシピ

B

1. フリーマーケット
2. プロジェクト
3. パネル
4. ゼミ
5. シンポジウム／
フェスティバル／
フリーマーケット

Ⅷ

1. トライ
2. センサー
3. ポピュラー
4. ランク
5. アレルギー

6. リストラ
7. マイペース
8. ボリューム

Unit 07 副詞 A + 接続詞

531 ~ 600

練習問題 I (P.140)

I

げっそり、ごたごた、べたべた、ごちゃごちゃ

II

1. そくざに、そうきゅうに
2. じきに、ちかぢか
3. ちょくちょく、ひんぱんに
4. いたって、きわめて
5. いくぶん、じゃっかん
6. もっか
7. およそ

III

1. ごく
2. 何なりと
3. がっちり
4. はるかに
5. 不意に
6. ぐんぐん
7. さも
8. 今に
9. 今ごろ
10. さほど
11. かつて
12. すんなり
13. ぐったり
14. くっきり

IV

1. および、ならびに
2. または、もしくは
3. ただし
4. なお
5. もっとも
6. ゆえに、よって

V

A

1. とつじょ
2. ぼつぼつ
3. きんねん
4. しゅうじつ
5. しじゅう
6. いまさら
7. すかさず
8. いちがいに
9. ひといちばい
10. だいいち
11. いっこうに

B

1. さんざん
2. そこそこ
3. とうてい
4. いっけん
5. ろくに
6. なんでも
7. どうやら
8. げっそり
9. そうきゅうに
10. かねて
11. ひととおり、いまひとつ

Unit 08 名詞 C

601 ~ 650

練習問題 I (P.150)

I

1. に
2. に
3. に
4. に
5. を、に

II

自覚、束縛、油断、配慮、侵害、警戒、氾濫、背伸び

III

衝動、衝撃、野心、危機

IV

A

1. 相応
2. 干渉
3. 団らん
4. 侵害
5. 介入
6. 並み
7. 危機
8. 心地

B

1. 自覚
2. 遺産
3. 首脳
4. 格差
5. 整備
6. 衝動
7. 根気
8. 規律

C

1. 危機／正義（／警戒）

2．推進／兵／包容
3．犠牲（／貢献／推進）
4．警戒
5．貢献
6．行楽

Ⅴ

1．成果、危機感、秩序、包容力
2．根気、配慮、自覚、ゆとり
3．意地、体裁、居心地
4．野心、偏見
5．信念、自覚、ゆとり
6．衝撃、声援

Ⅵ

A

1．こぼす
2．飛ばす
3．送る
4．張る（／貫く）
5．守る
6．貫く
7．払う
8．挙げる／送る（／収める）
9．収める

B

1．欠ける
2．あたる
3．駆られる
4．負ける／駆られる
5．かからない

Ⅶ

1．ほんば
2．だいなし
3．あいせき
4．こころがまえ
5．さしいれ
6．はどめ
7．やじ
8．ほうび
9．こうらく
10．だんらん
11．いさん
12．せのび、そうおう
13．ちつじょ、はんらん

651～700
練習問題Ⅰ (P.160)

Ⅰ

1．に
2．に
3．を
4．に、を

Ⅱ

流通、廃止、繁栄、停滞、成熟、両立、蓄積、飛躍、直面、分散、左右

Ⅲ

見込み、教養、つや、さしつかえ、しかけ

Ⅳ

見通し、見積もり、しかけ、群れ、さしつかえ

Ⅴ

A

1．先端
2．公衆
3．流通
4．人材
5．不振
6．教養
7．描写
8．観点

B

1．延べ
2．先
3．枠
4．かげ
5．技
6．先
7．かげ／柄
8．柄／技

Ⅵ

1．把握
2．停滞
3．先
4．不振
5．めいめい
6．つや
7．間際
8．柄
9．唯一
10．均衡
11．過程

Ⅶ

A

1．とる
2．立つ
3．みがく
4．おちいる
5．なす
6．つかむ
7．合う
8．決まる

B

1．かかる／はまる
2．はまる
3．とげる
4．出す／取る
5．出す
6．現す⇔隠す

Ⅷ

A

1．起源
2．群れ
3．両立
4．過程
5．飛躍
6．恒例
7．先端
8．枠

B

1．繁栄
2．停滞
3．蓄積
4．陰
5．間際
6．把握
7．分散
8．廃止
9．直面

C

1．のべ
2．しわよせ
3．してん
4．かげ
5．しくみ
6．さゆう
7．わな
8．なんらか
9．もくぜん

601～700
練習問題Ⅱ (P.162)

Ⅰ

1．d
2．a
3．b
4．d
5．c
6．a
7．c
8．b
9．d
10．b

Ⅱ

1. b
2. d
3. a
4. c
5. b

Ⅲ

1. d
2. b
3. c
4. d
5. a

Unit 09 動詞 B

701 ~ 750

練習問題 Ⅰ (P.172)

Ⅰ

1. を
2. に
3. に
4. を
5. と、を
6. に
7. から、を
8. を
9. を、に
10. に（／の）、を
11. を、に

Ⅱ

訴える、親しむ、見極める、見逃す、おだてる、冷やかす、もてなす、うぬぼれる、ばらまく、打ち切る、割り当てる

Ⅲ

A

1. 注意（／話）
2. 神
3. うそ
4. 初心
5. 客
6. 死者
7. 布
8. 話

B

1. 気配
2. チャンス
3. 責任
4. 望遠鏡
5. 注意
6. 仏像
7. 本質
8. うそ（／本質）

Ⅳ

1. 親しむ
2. 切る
3. 当てる
4. 逃す
5. 目
6. 切った

Ⅴ

1. 戦
2. 進
3. 承
4. 露
5. 任
6. 任（／託）
7. 待
8. 念

Ⅵ

1. 霧、気持ち、疑い、恨み
2. 優勝、チャンス、終電
3. 塩分、入浴、外出
4. 武力、良心、視覚、裁判、警察

Ⅶ

1. 嘆く
2. 憤る
3. 冷やかす
4. けなす
5. うぬぼれる
6. 悔いる
7. おだてる／ちやほやする

Ⅷ

1. 見逃す
2. 見抜いた
3. 見なします
4. 見損なった
5. 見いだす

Ⅸ

1. もがいて
2. ばらまいて
3. さっする
4. つけず
5. またぐ
6. さく
7. みちびく
8. したしみ

751 ~ 800

練習問題 Ⅰ (P.184)

Ⅰ

1. に
2. に
3. で
4. に
5. に
6. に
7. に
8. で、を
9. に、を
10. を、に

Ⅱ

はずむ、ねばる、たるむ、もよおす

Ⅲ

1. ほろびる、ほろぼす
2. ひたる、ひたす
3. とどまる、とどめる
4. みちる、みたす
5. 遠ざかる、遠ざける

Ⅳ

A

1．性格
2．生活
3．才能
4．才能／特色
5．声
6．花
7．いい匂い
8．雑草

B

1．眠気
2．門
3．美観
4．力
5．被害
6．条件
7．決心
8．精神
9．偽札
10．記憶
11．優先

C

1．なす
2．埋め立てる
3．さえる／鈍る
4．負う／担う
5．溶け込む／なじむ
6．しぼむ／膨らむ
7．劣る／勝る

Ⅴ

1．繁
2．亡
3．制
4．置

Ⅵ

1．気持ち、話、ボール
2．湯、思い出、優越感、悲しみ
3．錯覚、スランプ、パニック

Ⅶ

A

1．むらがって
2．はみださない
3．ありふれた
4．まかなって
5．おびた
6．とどまった
7．あいつぎ（／あいついで）
8．とおざかる
9．ひってきする

B

1．なす
2．もった
3．つくした
4．ねばれ
5．さだまらない（／さだまっていない）
6．つきなかった（／つきない）
7．みちた
8．たるまない
9．ばける
10．とどまった

701 ～ 800
練習問題Ⅱ　(P.186)

Ⅰ

1．d
2．a
3．a
4．c
5．b
6．d
7．b
8．a
9．d
10．c

Ⅱ

1．c
2．d
3．a
4．b
5．a

Ⅲ

1．d
2．c
3．a
4．b
5．c

Unit 10 カタカナB

801 ～ 850
練習問題Ⅰ　(P.198)

Ⅰ

1．と、と
2．に
3．に、を
4．を、に

Ⅱ

アピール、アクセス、シフト、チェンジ、クリアー、Uターン

Ⅲ

カジュアル、シンプル、ドライ、シビア、ソフト、ダイナミック、スムーズ、クリアー

Ⅳ

パワー、バイタリティー、インパクト、スタミナ、ポリシー、テクニック、バラエティー、ギャップ

Ⅴ

1．フォーマルな
2．ハードな
3．ドライな
4．アウト

Ⅵ

1．クリーニング
2．ドリンク
3．アップ
4．スケジュール
5．スパート
6．チェンジ／アップ
7．番組
8．ゲーム

9. 自己
10. ライフ
11. グッド

Ⅶ

1. 強い
2. 長い
3. 大きい

Ⅷ

1. 科学技術
2. 模擬実験
3. 仕組み
4. 書式
5. 過程
6. 周期
7. 信念

Ⅸ

A

1. シビア
2. ソフト（／ドライ）
3. シンプル
4. スムーズ
5. クリアー
6. ドライ
7. ステレオタイプ／シンプル／ドライ／シビア

B

1. 服装
2. 動き
3. トーン
4. ニュアンス
5. フィルター
6. コンセプト

C

1. 達する
2. 切れる
3. つける
4. 張る
5. 取る
6. 整える
7. 陥る

D

1. フィーリング
2. インパクト
3. バイタリティー／バラエティー
4. クリアー
5. Uターン
6. ギャップ

Ⅹ

1. マンネリ
2. クリアー
3. ネットワーク
4. シフト
5. タイミング
6. ジェンダー
7. アクセス

Unit 06/10 481～530/801～850
練習問題Ⅱ (P.200)

Ⅰ

1. a
2. b
3. d
4. c
5. d
6. b
7. c
8. b
9. a
10. d

Ⅱ

1. c
2. b
3. a
4. a
5. d

Ⅲ

1. c
2. a
3. b
4. d
5. c

Unit 11 形容詞B
851～890
練習問題Ⅰ (P.208)

Ⅰ

1. スムーズな
2. すみやかな
3. くわしい
4. めったにない
5. めんどうな

Ⅱ

素っ気ない、
たくましい、
なれなれしい、まめな、
投げやりな、冷ややかな、
いい加減な

Ⅲ

詳細な、迅速な、
緻密な、ささいな、
ささやかな

Ⅳ

1. 笑顔
2. 贈り物
3. 動き
4. かっこう
5. 動き／心づかい

Ⅴ

1. ささいな／切実な／悩ましい／やっかいな
2. そっけない／投げやりな／なれなれしい／冷ややかな
3. たくましい
4. 軽率な
5. 冷ややかな

6．すこやかな

Ⅵ

1．見事に
2．無造作に
3．素早く
4．ささいな
5．うっとうしい
6．切実に
7．緻密な
8．軽率な

Ⅶ

A

1．たやすい
2．おもわしくない
3．ゆうがに
4．えんかつに
5．まめに
6．みごとな（／みごとに）
7．すみやかに
8．まれに
9．せつない
10．ひそかに
11．たいまんな

B

1．もはんてきだ
2．なれなれしく
3．たくましく
4．てもちぶさただった
5．むしんけいな
6．ひややかな
7．わずらわしい
8．みっともない
9．しょうさい
10．もうしぶんない

891 ~ 930
練習問題Ⅰ (P.216)

Ⅰ

1．濃い
2．濃厚だ／濃い
3．急な／きつい
4．厳しい

Ⅱ

1．あからさまな
2．うすい
3．じょうずな
4．いちじるしい
5．ややこしい
6．おもおもしい
7．あぶない
8．ばらばらな

Ⅲ

1．うそ
2．食欲
3．道具
4．進歩
5．説明
6．発明（／道具）
7．欠陥
8．勝利
9．傷あと
10．結末（／勝利）
11．雰囲気
12．坂道
13．儀式／雰囲気

Ⅳ

1．淡白な
2．ゆるやかだ
3．のどかな
4．しなやかに
5．画期的な
6．莫大な
7．もろく
8．おびただしい

Ⅴ

A

1．おごそかに
2．あっけなく
3．けんちょな
4．あやうく
5．かくべつだ
6．ろこつに
7．まちまちな
8．はかない
9．たんてきに
10．むなしく
11．ぶなんだ

B

1．たんのうで
2．ぶなんだ
3．かけがえのない
4．じゅうこうな
5．まぎらわしい
6．せいりてきに
7．はなはだしい
8．ゆるやかだ
9．たんぱくで
10．いちじるしく／はなはだしく

851 ~ 930
練習問題Ⅱ (P.218)

Ⅰ

1．b
2．b
3．d
4．c
5．b
6．c
7．d
8．a
9．a
10．d

Ⅱ

1．d
2．c
3．a
4．b
5．d

Ⅲ

1．c
2．a
3．d
4．a
5．c

Unit 12
名詞 D

931 ~ 976
練習問題 I (P.226)

I

1. に
2. を
3. を
4. が

II

主催、企画、実践、是正、模索、解除、監視、認識、宣告

III

実践、便宜、神秘、概念、驚異

IV

1. 和洋
2. 規制
3. 勢力
4. 武装
5. 不足
6. 者
7. 力（／者）
8. 範囲

V

1. 問う
2. 改める
3. とる
4. はかる
5. 立てる
6. 立つ
7. きく
8. とる
9. 求める
10. 沿う⇔反する

VI

1. 要領、治安
2. 行き違い
3. 疑惑
4. 見解

VII

1. 有
2. 道
3. 手
4. 幕
5. 声
6. 頭
7. 空
8. 決（／定）
9. 目
10. 告
11. 正
12. 立

VIII

A

1. はて
2. きざし
3. きんもつ
4. めど
5. ゆうずう
6. なりゆき
7. きょうい
8. かんわ

B

1. くし
2. じっせん
3. がいねん
4. けいい
5. にんしき
6. ようりょう
7. そち、もさく

977 ~ 1020
練習問題 I (P.234)

I

1. に
2. の、に
3. に
4. に／へ

II

阻害、擁護、摂取、欠乏、添加、動揺、除外、還元、共存、模倣、暴露、展開、膨張

III

節度、義理、情緒、趣、むら

IV

1. 社会
2. 栄養
3. 現実
4. 共栄
5. 説明（／的）
6. 精神
7. 巻き
8. 物
9. 金
10. 的／不安定

V

1. 形勢
2. 言い分
3. 開拓
4. 補償
5. むら
6. 報酬
7. 摂取
8. 着目
9. 擁護
10. 保障
11. 成分
12. 埋める
13. 折々
14. 待望
15. 内訳

VI

1. 取、とる
2. 乏、不足する
3. 亡、にげる
4. 足、おぎなう
5. 散、ひろがる
6. 暴、ばらす
7. 破、こえる
8. 模、まねる
9. 励、すすめる
10. 除、のぞく
11. 張、ふくらむ
12. 阻、さまたげる

VII

1. てんかい
2. おり
3. みぞ
4. うず
5. おもむき
6. だいさんしゃ
7. むすう
8. ようご
9. かんげん
10. むら
11. どうよう
12. じったい
13. おり

931 ~ 1020
練習問題 II (P.236)

I

1. a
2. d
3. b
4. a
5. c
6. c
7. d
8. b
9. a
10. c

Ⅱ

1. b
2. c
3. a
4. a
5. d

Ⅲ

1. d
2. b
3. a
4. d
5. c

Unit 13 動詞 C

1021 ~ 1067

練習問題Ⅰ (P.246)

Ⅰ

1. に
2. を、で
3. が
4. に、を
5. に、を
6. が／に
7. が
8. に

Ⅱ

いたわる、ふれ合う、ごまかす、つつしむ、わきまえる、つぐなう、こだわる、行き詰まる、とどこおる

Ⅲ

A

1. 肩
2. ノルマ
3. ミス／つり銭
4. 包丁
5. なごり
6. ミス
7. カーテン
8. 言葉
9. メンツ

B

1. 足
2. 罪
3. 立場
4. 困難／頂点
5. 国旗／理想
6. 家賃
7. 思い／発展／目的

C

1. はかどる
2. たずさわる
3. とがめる
4. とどこおる
5. ほどこす
6. はばかる
7. はかる
8. すえおく
9. あやつる
10. 手こずる

Ⅳ

1. いたわる、なだめる
2. とぼけた、ごまかした
3. こる、こりた、こって、こらして、こった

Ⅴ

A

1. なつかれる
2. つきまとわれて
3. もまれて
4. おびやかされて
5. ゆさぶられた
6. ふれあい、もとめられて
7. とまどい、おぼえる
8. こだわり
9. こなし

B

1. もたれて
2. おびえた（／おびえて）、しがみついた
3. かまわず（／かまわないで）
4. みせびらかして
5. きわめる
6. おしまない
7. てっした
8. ほどこし
9. たずさえて
10. まにあう
11. つつしみ

1068 ~ 1110

練習問題Ⅰ (P.256)

Ⅰ

1. を
2. が
3. を
4. が
5. で、を
6. に
7. に、が
8. に

Ⅱ

裏付ける、食い違う、釣り合う、ゆがむ、隔たる、隔てる、潤う、くつろぐ

Ⅲ

A

1. 流行
2. 匂い
3. 交渉
4. 利害
5. 経費
6. 荷物
7. ボート
8. 旗
9. 決心

B

1. 肌／畑
2. 怒り／痛み／寒さ
3. 野菜
4. 声
5. 話
6. 人込み

C

1. もたらす
2. ゆがむ
3. はかる
4. 食い違う
5. よみがえる
6. 覆す
7. 潤す
8. うかがう
9. からむ
10. 探る

Ⅳ

1. 伏
2. 断（／光）
3. 動
4. 緩

Ⅴ

1. だます
2. 狙う
3. もつれる
4. バランス
5. リラックスする
6. 復活する
7. 差し支える
8. 遮る／妨げる

Ⅵ

A

1. へだたった
2. からまって
3. こもった
4. うるおい
5. こじらせて
6. ゆがんだ
7. まぎれ
8. ひるがえして
9. うるおって

B

1. くつろいだ
2. さわった
3. むしばまれて
4. もめて
5. へだてて
6. からめて
7. すたれて
8. とろけ（て）
9. さえぎった
10. まぎらして

1021 ~ 1110
練習問題Ⅱ　(P.258)

Ⅰ

1. b
2. d
3. a
4. c
5. d
6. b
7. a
8. c
9. a
10. c

Ⅱ

1. b
2. d
3. b
4. c
5. a

Ⅲ

1. d
2. b
3. d
4. a
5. c

Unit 14 副詞B＋連体詞

1111 ~ 1170
練習問題Ⅰ　(P.270)

Ⅰ

だらだら、ぐずぐず、おろおろ、まごまご、ゆったり、うっとり、がっくり、きっちり

Ⅱ

1. うっとり
2. てきぱき
3. きっぱり
4. きっちり
5. しみじみ
6. めっきり

Ⅲ

A

1. きっかり
2. ことに
3. まことに
4. おって
5. いかに
6. いぜんとして
7. げんに

B

1. かろうじて
2. おのおの
3. もはや
4. ばくぜんと
5. おのずから
6. いやに
7. ひとまず
8. むやみに

Ⅳ

1. だらだら
2. じっくり
3. おろおろ
4. あえて
5. うんざり
6. しみじみ
7. てっきり
8. きっちり
9. きっぱり

Ⅴ

1. さる
2. きたる
3. あくる
4. れい

Ⅵ

A

1. あくまでも
2. もっぱら
3. ゆうゆうと
4. あわや
5. いちおう
6. まごまご
7. いっそ
8. がっくり
9. やけに
10. いわば
11. とっさに

B

1. ひたすら
2. ぐずぐず
3. いちりつに
4. もろに
5. しみじみ
6. まさに
7. なおさら
8. きっぱり
9. まして
10. いやに

C

1. てきぱき
2. うっとり
3. めっきり
4. ひいては
5. ともすれば
6. いそいそ

7．ありとあらゆる
8．つくづく
9．むやみに
10．なにしろ

Unit 07/14 531 ~ 600/ 1111 ~ 1170
練習問題Ⅱ　（P.274）

Ⅰ

1．b
2．a
3．b
4．c
5．d
6．c
7．c
8．a
9．d
10．b

Ⅱ

1．a
2．c
3．c
4．d
5．b

Ⅲ

1．b
2．a
3．a
4．c
5．d